华东师范大学出版社六点分社　策划

U0330070

The Peace of Nicias
and the Sicilian Expedition

尼基阿斯和约
与西西里远征

[美] 唐纳德·卡根 (Donald Kagan)

李隽旸 译

华东师范大学出版社

献给我的儿子弗雷德

目　　录

第一编　《尼基阿斯和约》解体

第二编　西西里远征

地　　图

（本书所用地图均为原书地图）

缩 写 表

AHR	*American Historical Review*
AJA	*American Journal of Archaeology*
AJP	*American Journal of Philology*
ASI	E. Badian, ed., *Ancient Society and Institutions*
ATL	B. D. Meritt, H. T. Wade-Gery, and M. F. McGregor, *The Athenian Tribute Lists*
BCH	*Bulletin de correspondance hellénique*
Beloch, *AP*	K. J. Beloch, *Die Attische Politik seit Perikles*
Beloch, *GG²*	K. J. Beloch, *Griechische Geschichte*, 2d ed.
BICS	*Bulletin of the Institute of Classical Studies of the University of London*
BSA	*Proceedings of the British School at Athens*
Busolt, *Forsch.*	G. Busolt, *Forschungen zur Griechischen Geschichte*
Busolt, *GG*	G. Busolt, *Griechische Geschichte*
Busolt and Swoboda, *GS*	Georg Busolt and Heinrich Swoboda, *Griechische Staatskunde*
CAH	*Cambridge Ancient History*
CP	*Classical Philology*
CQ	*Classical Quarterly*
CR	*Classical Review*
Davies, *APF*	J. K. Davies, *Athenian Propertied Families*
FGrH	F. Jacoby, *Die Fragmente der griechischen Historiker*
Fornara, *Generals*	C. Fornara, *The Athenian Board of Generals*
Freeman, *History of Sicily*	E. A. Freeman, *A History of Sicily*
GHI	R. Meiggs and D. Lewis, *A Selection of Greek Historical Inscriptions*

Gilbert, *Beiträge*	G. Gilbert, *Beiträge zur innern geschichte Athens*
Gomme, *Essays*	A. W. Gomme, *Essays in Greek History and Literature*
Gomme, *More Essays*	A. W. Gomme, *More Essays in Greek History and Literature*
GRBS	*Greek, Roman, and Byzantine Studies*
Green, *Armada*	P. Green, *Armada from Athens*
Grote	George Grote, *A History of Greece*
HCT	A. W. Gomme, A. Andrewes, and K. J. Dover, *A Historical Commentary on Thucydides*
Hatzfeld, *Alcibiade*	J. Hatzfeld, *Alcibiade: Etude sur l'histoire d'Athènes à la fin du Ve siècle*
Henderson, *Great War*	B. W. Henderson, *The Great War between Athens and Sparta*
Hignett, *HAC*	C. Hignett, *A History of the Athenian Constitution*
HSCP	*Harvard Studies in Classical Philology*
IG	*Inscriptiones Graecae*
JHS	*Journal of Hellenic Studies*
Kagan, *Outbreak*	D. Kagan, *The Outbreak of the Peloponnesian War*
Kagan, *Archidamian War*	D. Kagan, *The Archidamian War*
Meyer, *Forsch.* II	E. Meyer, *Forschungen zur alten Geschichte*, II
Meyer, *GdA*	E. Meyer, *Geschichte des Altertums*
PCPhS	*Proceedings of the Cambridge Philological Society*
PW	A. Pauly, G. Wissowa, and W. Kroll, *Realenzyklopädie der klassischen Altertumswissenschaft*
REG	*Revue des études grecques*
RIL	*Rendiconti dell' Istituto Lombardo, Classe di Lettere, Scienze morali e storiche*
Riv. Fil.	*Rivista di Filologia e di Istruzione Classica*
RSC	*Rivista di Studi Classici*
Ste. Croix, *Origins*	G. E. M. de Ste. Croix, *The Origins of the Peloponnesian War*
TAPA	*Transactions of the American Philological Association*
Tod	M. N. Tod, *A Selection of Greek Historical Inscriptions*
Westlake, *Essays*	H. D. Westlake, *Essays on the Greek Historians and Greek History*

弁　言

本书是计划中的伯罗奔尼撒战争史论的第 3 卷。这部计划中的伯战史论的最后一卷，也就是第 4 卷，将写到公元前 404 年雅典投降为止。当前这卷史论处理的时间段始于公元前 421 年《尼基阿斯和约》（the Peace of Nicias），终于公元前 413 年雅典西西里（Sicily）远征失败。尽管这一时期的历史通常被拆为两个阶段来处理，本书也遵从这一做法，但我仍然认为，该时期具有基本的历史统一性，其进程展现的是一项无法令人满意的和约是如何失败的。尽管西西里远征并非和约缺陷必然导致的后果，但西西里远征仍然产生于和约的诸项缺陷。我还认为，这一时期的历史统一性还体现在该时期的核心人物——尼基阿斯——身上：尼基阿斯的政策主导了该时期的前半段，尼基阿斯的领导主导了该时期的后半段，其个性、天分、缺点塑造了这两个时段及其后果。我写作此卷的目的如同写作前两卷的目的一样，是通过批判性地考订古代文献来阐明事件进程，从而揭示国内政治与对外政策之间的紧密联系。

我将继续按照修昔底德（Thucydides）的编年史结构进行写作，理由如同我在《阿奇达慕斯战争》一卷弁言中所述。接着，同样地，我处理诸如普鲁塔克（Plutarch）、狄奥多罗斯（Diodorus）等非修昔底德文献时小心谨慎而不轻信。这一做法受到了一些批评，但是我的写作令我坚定相信，古人对于公元前5世纪的所知多于修昔底德选择——或能够——展现给我们的那些，因此，谨慎利用其他古代文献能够帮助我们理解古代。

再次，同样地，我认为修昔底德史书中的演讲词（‐7,8‐）是作者为他在这些演讲词中所给出的理据来制造的一层表面躯壳，无论这层躯壳之外还有何物。最近，我在论文"修昔底德史书中的演说与密提林辩论"（"The Speeches in Thucydides and the Mytilene Debate"，《耶鲁古典学研究》[*Yale Classical Studies*]，第24卷，1975年，第71—94页）中论述了这种处理方法的合理性。这两种做法的合理性将在本卷史论的相应部分得到进一步论证。

我必须再次感谢格奥尔格·布索特（Georg Busolt），他所作出的基础工作令我获益良多。我在写作此卷史论时，比在写作前两卷时都更为倚赖乔治·格罗特（George Grote）那富有洞见的开创性工作。我还获益于与我同时代的许多学者；其中我特别需要致以感谢的有安东尼·安德鲁斯（Antony Andrewes）与多佛（K. J. Dover），对于历史学家来说，他们在戈姆（A. W. Gomme）的修昔底德历史评注中所作出的贡献是不可或缺的帮助；还有罗素·密格斯（Russell Meiggs）和大卫·刘易斯（David Lewis），他们编纂了希腊铭文。

我感谢海因里希·冯·史塔登（Heinrich von Staden）、保罗·莱赫（Paul Rahe）、巴里·施特劳斯（Barry Strauss）和埃尔文·伯恩斯坦（Alvin Bernstein）对该书手稿的部分或全稿所作出的批评。我还要感谢耶鲁大学A.魏特妮·格里斯沃尔德基金（A. Whitney Griswold）支付本书稿的打字费用。

唐纳德·卡根

康涅狄格州纽黑文市

第一编 《尼基阿斯和约》解体

战争制造毁灭，引起混乱，带来沉重负担。421 年 3 月，在长达 10 年的战争结束后，雅典人（Athens）与斯巴达人（Sparta）分别代表自己及盟邦签订和约。他们疲倦，渴望和平，雅典人渴望重获财政收入，斯巴达人渴望赎回 425 年在斯伐刻帖里亚（Sphacteria）被俘的人，渴望在伯罗奔尼撒半岛（the Peloponnesus）重建秩序与安全，双方的主战派领袖都已阵亡，以上所有因素都促使这样一份和约诞生，绝大部分希腊人希望这样一个和约能够真正结束这场大战。事实上，这一和约持续时间还不到 8 年，413 年春季，阿奇达慕斯之子阿吉斯（Agis son of Archidamus）就率领伯罗奔尼撒部队入侵亚狄珈（Attica），像他的父亲 18 年前所做的那样蹂躏其土，并在德西利亚（Decelea）建起永久要塞。[①]

从古代开始，这一和约就被冠以尼基阿斯（Nicias）的名字。[②] 是尼基阿斯促成了和约的诞生，(-17,18-)捍卫这个和约，并努力使其存续。尽管 421 至 413 年这段时期可以被雅典人发动西西里入侵这一事件轻易分为两个阶段，但是尼基阿斯这一中心人物能够赋予这个时期以历史统一性。在这些年间，希腊城邦之间的关系、雅典政治派别之间的关系反复无常，但是雅典仍然是希腊城邦体系中最为活跃的关键权势，尼基阿斯是雅典的中心人物。相比同时代那位光彩夺目的阿尔喀比亚德（Alcibiades），尼基阿斯更加墨守成规，名气稍逊，予人印象也不如前者来得深刻，但是，尼基阿斯却是对事件进程影响最大的人。克里昂（Cleon）去世后，雅典再无人能在经验与名望方面与尼基阿斯相匹敌。雅典在墨伽拉（Megara）与德里昂（Delium）战败，安菲玻里（Amphipolis）及其他北方城邦沦陷，这都使得尼基阿斯对节制和与斯巴达议和的反复申论看起来十分明智。因为战场表现所向披靡、无一败绩，同时还因为虔敬非常、名望卓著，尼基阿斯对于那些有投票权的雅典人的感染

---

① Thuc. 7. 19. 1—2. 学者们对于和约的准确持续时间多有争议，因为修昔底德在 Thuc. 5. 25. 3 评论说，雅典与斯巴达不再入侵对方领土：*καὶ ἐπὶ ἓξ ἔτη μὲν καὶ δέκα μῆνας ἀπέσχοντο μὴ ἐπὶ τὴν ἑκατέρων γῆν στρατεῦσαι*，但修昔底德又记载到，雅典于 414 年夏季攻打了拉戈尼亚（Laconia），这彼此矛盾。既然修昔底德自己也强调，在这期间，战斗从未停止，那么，这一点就不那么重要了。现当代学者将 421 年和约订立到西西里远征失败期间视为一个整体。关于时间顺序问题，参见《修昔底德历史评注》（*HCT* IV），第 4 卷，第 6—9 页。

② Andoc. 3. 8；Plut. *Nic.* 9. 7, *Alc.* 14. 2.

力进一步加强。自伯利克里（Pericles）去世后，还没有哪位雅典政治家拥有尼基阿斯这样的机遇，能够获得这等领袖地位的如此机遇，能够对雅典政策产生深刻烙印的如此机遇。既然我们可以将阿奇达慕斯战争的谋划与执行同伯利克里相互联系起来，那么我们也可以将《尼基阿斯和约》的两个阶段与其主要创造人、维系人相互联系起来。将《尼基阿斯和约》在两个阶段的后果视为尼基阿斯之谋划与执行的产物，这样做既恰如其分，也予人深思。

第一章 动荡的和平

《尼基阿斯和约》给斯巴达和雅典的签字人带来的宽慰与欣喜，都不能掩盖和约之缺陷不足。该和约的批准过程本身就表明其内容稀薄贫乏，效果差强人意；彼欧提亚人（Boeotians），埃利斯人（Eleans），墨伽拉人（Megarians）抵制该和约，拒绝盟誓。① 斯巴达的新盟邦——安菲玻里及色雷斯地区（Thraceward region）的其他城邦——也不接受该和约，因为该和约要求这些盟邦再次服从雅典的统治，实在令人无法接受。② 斯巴达人和雅典人对抗拖延良久，都想让对方先执行条约，最后斯巴达人输了。一则古代传说认为，是尼基阿斯动用庞大的私人财产做到这一点的，但如果这传说不假，那他就是白费钱财。③ 然而，斯巴达人归还了他们所扣留的因犯，并向斯巴达驻安菲玻里布政司刻列力奔（Clearidas）派遣使团，命令刻列力奔交出安菲玻里，同时要求相邻诸邦接受和约（参见地图 1）。不仅色雷斯地区的斯巴达盟邦拒不执行该命令，更糟的是，刻列力奔也拒不执行。刻列力奔指出，他拒不执行命令是因为安菲玻里人并不愿意投降，他自己也无法强迫他们执行，但事实上，他自己也并不认同该命令，不愿执行该命令。④ 刻列

---

① Thuc. 5. 17. 2.

② Thuc. 5. 35. 3.

③ 修昔底德（Thuc. 5. 21. 1）并未提及什么计谋。普鲁塔克（Plut. Nic. 10. 1）讲述了这个故事，并将来源归于迢弗拉司忒（Theophrastus）。

④ Thuc. 5. 21. 1—2. 修昔底德说，刻列力奔拒绝执行该命令"以取悦喀耳基司人（Chalcidians）"。

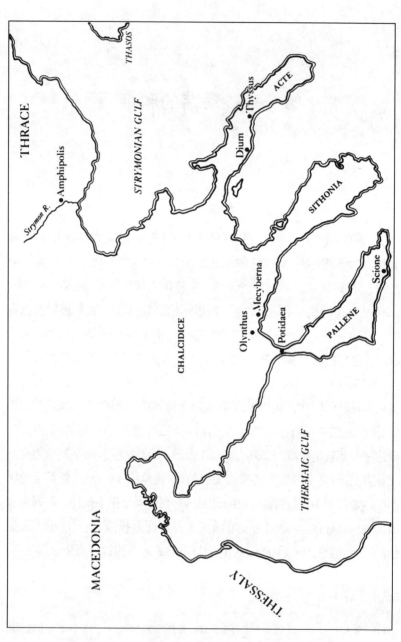

地图1　卡尔息狄斯

力夺赶回斯巴达,(-19,20-)一方面是以防有人控诉他拒不执行命令,他需要为自己辩护,另一方面是想看看条约的条款是否还有改动余地。刻列力夺得知条约已经生效,但他带回安菲玻里的命令还是发生了细微但重要的改变:如果做得到的话,他就要"归还安菲玻里,如果做不到的话,他就要撤走此处的所有伯罗奔尼撒人"。①

这些命令与和约的精神和规定背道而驰。和约要求斯巴达人将安菲玻里交还雅典,而非将安菲玻里丢弃给雅典的敌人。归还安菲玻里是雅典从和约订立中能够获得的最重要的物质利益,但斯巴达人不止没有归还安菲玻里,在其布政司阴谋不肯将其归还雅典时,还容忍姑息,心照不宣。斯巴达的第一步举动就不太可能建立起雅典人对他们的信任。②

与斯巴达距离更近的那些盟邦持续抵制和约,这一情况直接威胁到和约能否持续。刻列力夺赶回斯巴达的时间,必定是在和约签字至少两周以后,但是到了那时,盟邦代表仍然在斯巴达。③ 斯巴达人肯定是在利用这段时间劝说盟邦接受和约,但徒劳耳。每个盟邦都有相当的理由抵制这个和约。墨伽拉,乡村地区曾经遭到反复劫掠,城邦曾经遭到袭击,差一点就落入雅典之手。使得墨伽拉处境雪上加霜的是,她那位于撒罗尼海湾(Saronic Gulf)的主要港口尼赛亚(Nisaea)经已落入雅典手中,而和约并未规定雅典必须归还该港口。这一损失同时威胁着墨伽拉的经济和安全(参见地图 2)。埃利斯(Elis)抵制和约是因为他们与斯巴达有私下的争拗。④

---

① Thuc. 5. 21. 3.

② 爱德华·梅耶(Eduard Meyer,《古代史研究》[*Forsch. Forschungen zur alten Geschichte*],第 2 卷,第 353 页)提出,刻列力夺并无能力将安菲玻里归还雅典,但是修昔底德的叙事表明刻列力夺有此能力,而不愿执行,声称他表示自己无能力执行不过是个借口(Thuc. 5. 21. 2):*οὐδὲ ὁ Κλεαρίδας παρέδωκε τὴν πόλιν, χαριζόμενος τοῖς Χαλκιδεῦσι, λέγων ὡς οὐ δυνατὸς εἴη βίᾳ ἐκείνων παραδιδόναι*(刻列力夺没有将城邦交还,他声希望遵照喀耳基司人的意愿,声称自己没有能力反对他们的意愿)。参见布索特,《希腊历史》(*Griechische Geschichte*,GG),第 3 卷,第 2 册,第 1200 页,注释 1,以及《修昔底德历史评注》,第 3 卷,第 690 页。

③ Thuc. 5. 22. 1;布索特,《希腊历史》,第 3 卷,第 2 册,第 1200 页,注释 2。

④ Thuc. 5. 31;卡根(Kagan),《阿奇达慕斯战争》(*the Archidamian War*),第 335 页。

地图2 亚狄珈与彼欧提亚

彼欧提亚人拒绝接受和约的理据比较难以解释。修昔底德的叙述表明,他们拒绝交还边境上的要塞巴那克敦(Panactum)——这是他们(-20,21 为地图 1,22 为地图 2,23-)于 422 年夺下的;他们也拒绝交还阿奇达慕斯战争中俘虏的雅典战俘。不过,这些都不是彼欧提亚人不愿接受和约的理由,而只是彼欧提亚人不愿接受和约的证据。尽管修昔底德对其他桀骜不驯的斯巴达盟邦作了动机方面的分析,但他没有解释彼欧提亚人的动机,所以我们只能进行一番推测。彼欧提亚人的领袖是忒拜人(Thebans),他们的动机似乎主要源于恐惧。忒拜的权势、威望、野心在这场战争中已经大为膨胀。431 年,或在 431 年之后不久,埃吕忒莱(Erythrae),司嘉堡(Scaphae),司坷庐(Scolus),奥利斯(Aulis),司寇努(Schoenus),坡尼埃(Potniae),以及其他未设城墙的小城邦的公民纷纷移居并安定在忒拜,忒拜城邦的规模由是扩大了一倍①(参见地图 2)。427 年,斯巴达人夺下普拉提阿(Plataea),并将其交给盟友忒拜。不久,忒拜摧毁了普拉提阿城邦,控制了普拉提阿的领土。② 很可能就是从那时开始,忒拜在彼欧提亚邦联议事会(the Boeotian federal council)中的投票权重从两票上涨到四票;"两票代表他们自己的城邦,还有两票用来代表普拉提阿,司坷庐,埃吕忒莱,司嘉斐",以及其他小城邦。③

德里昂战役(Delium)中,雅典人战败,忒拜人在其中发挥了突出作用,其权势和影响由是进一步扩大。④ 423 年夏季,忒拜人充分利用了他们新近获得的权势,摧毁了忒司彼崖(Thespiae)的城墙,理由是忒司彼崖人同情支持雅典人。"他们[忒拜人]一直就想这么做,但现在动手更加容易,因为忒司彼崖最年富力强的年轻人已经在对雅典人

① *Hellenica Oxyrhynchia* XII,3=XVII,3 in the Teubner edition of Bartoletti. 同时参见布鲁斯(I. A. F. Bruce),《〈奥克西林库斯希腊志〉历史注疏》(*An Historical Commentary on the* Hellenica Oxyrhynchia),剑桥,1967 年,第 114 页。

② Thuc. 3.68.

③ *Hellenica Oxyrhynchia* XI,3=XVI,3. 同时参见布鲁斯,《〈奥克西林库斯希腊志〉历史注疏》,第 104—106 页,以及拉尔森(J. A. O. Larsen),《希腊邦联城邦》(*Greek Federal States*),牛津,1968 年,第 37—38 页。

④ Thuc. 4.91.1;卡根,《阿奇达慕斯战争》,第 283—286 页。

的[德里昂]战役中被摧毁了。"①既然忒拜是在雅典忙于从事与伯罗奔尼撒人的征战时获得以上利益的,那么《尼基阿斯和约》对于忒拜的新地位来说就是一个威胁。(-23,24-)斯巴达与阿尔戈斯条约废止,科林斯(Corinth),埃利斯,曼提尼亚(Mantinea)等城邦不满加剧,这都势必令斯巴达手脚全数被缚于伯罗奔尼撒事务。他们无法阻止刚刚从其他事务中挣脱手脚的雅典人来干涉彼欧提亚事务,即便他们想要阻止雅典人这么做。彼欧提亚城邦中的民主派别和分离主义势力一定会向雅典人寻求帮助,而雅典人也很可能会乐于援助他们,并指望通过这样的方式来重新取得对彼欧提亚的控制,正如他们在奥诺斐塔(Oenophyta)战役之后、刻龙尼亚(Coronea)战役之前那样。忒拜人是如此害怕,所以,即便他们拒绝接受《尼基阿斯和约》,他们还是与雅典人议定了一则罕见的——如果不是独一无二的——的休战协定。此协定规定,初始停火期10天,在这10天之后,如果任何一方要求终止休战,必须提前10天通知对方。② 这样一些恐惧,再加上其野心,使得忒拜人希望战争重启,希望雅典人输掉这场战争,还希望雅典权势被摧毁。③

在斯巴达的所有盟邦中,科林斯是对和约最为不满的一个。431年,促使科林斯人把斯巴达人拖进战争的那些不满和缘由,和约一项也没有解决。波提狄亚(Potidaea)仍然被雅典人牢牢控制,波提狄亚公民、科林斯殖民者的后代因此流离失所。柯西拉岛(Corcyra)仍然是雅典的盟邦,墨伽拉被雅典在尼赛亚的驻军所震慑。此外,科林斯在西北方向领土沦陷。娑里坞(Sollium)和安纳沱里坞(Anactorium)仍然被敌军控制,科林斯在整个地区的影响力都被摧毁(参见地图3)。只有摧毁雅典人的权势,科林斯人才能够恢复其往日地位,所以科林斯人拒

---

① Thuc. 4. 133. 1. 拉尔森(《希腊邦联城邦》,第 34、37 页)指出,大约就在这时,忒拜人夺取了夏龙尼亚(Chaeronea),由是削弱了他们的宿敌奥尔科门内(Orchomenus)。

② Thuc. 5. 26. 2. 修昔底德将此停战协定称为"十日停火"(ἐκεχειρίαν δεχήμερον, truce for ten days),我依据的是安德鲁斯(Andrewes)在《修昔底德历史评注》,第 4 卷,第 11 页所给出的明智解释。

③ 忒拜人在伯罗奔尼撒战争最终结束的时候要求摧毁雅典城邦,我们可以从这一要求中窥见忒拜的战争目的(Xen. Hell. 2. 2. 19)。

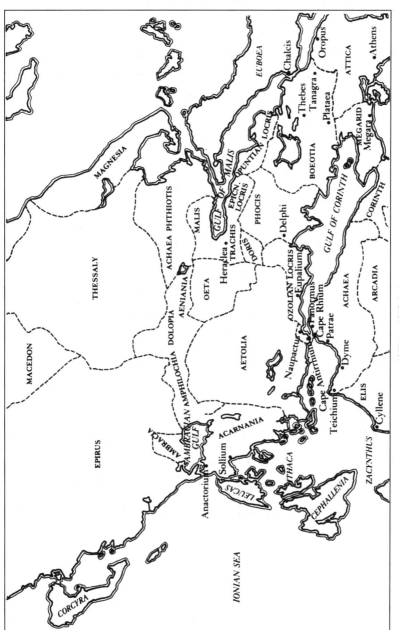

地图3 希腊本土

绝该和约，试图破坏该和约所带来的外交局面。

盟邦总是不接受和约，这令斯巴达人处境危险。他们无法令盟邦参与和约，无法强迫彼欧提亚人(-24,25 为地图 3,26-)归还巴那克敦，也无法交还安菲玻里。外交上死路一条的雅典可能会反对尼基阿斯的政策，并废止他这个和约。甚至如果雅典人不愿如此激进，他们也肯定可以拒绝归还派娄斯(Pylos)和叙铁拉(Cythera)，又或者，最重要的是，他们还可以拒绝交还在司伐刻帖里亚(Sphacteria)俘虏的斯巴达战俘。疏远并孤立雅典是很危险的，特别是考虑到雅典可能会去鼓励阿尔戈斯(Argos)那险恶的野心，而后者不愿与斯巴达重新订立条约就已经表明了这种野心的存在。① 雅典可能与阿尔戈斯结盟，或许还会有埃利斯和曼提尼亚这样的异议城邦加入其中，这对于斯巴达人来说将是一场噩梦，他们必须改变当下情势，避免这一情况出现。②

作为一种解决方案，斯巴达人放弃说服那些顽抗之盟邦的尝试，转而向雅典发出了缔结防守同盟的邀约。这个防守同盟和《尼基阿斯和约》一样，期限为 50 年。双方承诺，相互防卫令对方免于受到袭击，将攻打对方的人视为共同敌人。此外，雅典人承诺，在黑劳士起义的情况下将协助斯巴达人。最后一则条款则允许在双方都同意的前提下更改同盟条款。③ 作为对新盟友表达诚意的象征，雅典人遣还了他们自 425 年以来扣押的斯巴达俘虏。④

修昔底德的措辞暗示，要求结盟的是斯巴达人，他们请求结盟是为了直接解决问题，而非为了兑现《尼基阿斯和约》谈判期间商定的某桩交易。⑤ 修昔底德的两种暗示我们都没有理由去推翻，因为和约谈判者不会知道后来的情况如此糟糕，而我们也已经看到，斯巴达人极度渴

---

① Thuc. 5. 22. 2.

② 卡根，《阿奇达慕斯战争》，第 334—335 页。

③ Thuc. 5. 23.

④ Thuc. 5. 24. 2.

⑤ Thuc. 5. 22. 2：ὡς δ'αὐτῶν οὐκ ἐσήκουον, ἐκείνους μὲν [the allies]ἀπέπεμψαν, αὐτοὶ δὲ [the Spartans]πρὸς τοὺς Ἀθηναίους ξυμμαχίαν ἐποιοῦντο. (and seeing them refused, dismissed them on the one hand, on the other hand made an alliance with the Athenians, 斯巴达人见盟邦不同意，于是解散盟邦，自行与雅典人结盟。)

望与雅典人结盟。① 问题在于:既然斯巴达人没有能够兑现其早先协定中的义务,那么为何雅典人(-26,27-)仍然同意结盟并归还战俘,放弃这些可以帮助他们抵抗入侵的砝码? 当然,绝大部分雅典人仍然渴望和平,如果不结盟,《尼基阿斯和约》随时可能破裂。有人认为,与斯巴达结盟至少能够保证雅典不会受到拒绝和约的那些城邦的侵略。② 然而,如果雅典人继续扣留那些斯巴达战俘,斯巴达人又生活在可能遭受阿尔戈斯袭击的恐惧之中,那么,如果墨伽拉人、彼欧提亚人、科林斯人要攻打雅典的话,伯罗奔尼撒人就不可能支持他们,而如果没有伯罗奔尼撒人的支持,这些城邦对雅典也难以形成威胁。事实上,彼欧提亚人向雅典人所寻求的"十日停火"与科林斯人试图加入"十日停火"③的尝试都表明,是这些持异议的城邦害怕雅典进攻他们,而非雅典害怕这些城邦攻打雅典。也有学者认为,雅典人应该会乐见斯巴达人与盟友不和加剧。④ 尽管这些异议城邦必定将雅典与斯巴达结盟作为他们持不同意见的理由,但这似乎只是个借口。事实上,这些城邦早在雅典与斯巴达结盟之前就持有异见,这些城邦的异见发端于一些更为基本的怨言。如果雅典不同斯巴达结盟的话,阿尔戈斯、埃利斯、曼提尼亚可能更加怨声载道,抱怨起斯巴达来不会迟疑,也不会踟蹰。

尼基阿斯和那些支持他的雅典人同意与斯巴达结盟的原因比上述

① 埃德科(F. E. Adcock,《剑桥古代史》[*CAH*],第5卷,第253页)与弗格森(W. S. Ferguson,《剑桥古代史》,第5卷,第256页)认为,雅典与斯巴达的同盟是在和约谈判过程中就提前安排好了的。(-26,27-)这一观点是基于"雅典已经赢得了战争"这种看法,但是"斯巴达并未被削弱到只能被迫接受没有同盟安全的和约的地步"(《剑桥古代史》,第5卷,第253页)。然而,雅典并未赢得战争,是斯巴达威胁要在亚狄珈(Attica)建立要塞,从而迫使雅典接受了和约,参见 Thuc. 5. 17. 2 以及卡根,《阿奇达慕斯战争》,第346—347页。格罗特(《希腊历史》[*A History of Greece*],第7卷,第4—5页)认为,是尼基阿斯和剌喀司(Laches)向斯巴达人出了这个主意。斯巴达人在提议之前就与尼基阿斯商量过,这并非不可能。要劝服雅典人,工作主要要由尼基阿斯来做,同时,他的支持也至为重要。普鲁塔克(Plut. *Nic.* 10. 2)走得更远,他说,是尼基阿斯劝服了斯巴达人和雅典人在和约之外再缔结同盟。不过,修昔底德的叙述看起来更为可取。
② 布索特,《希腊历史》,第3卷,第2册,第1205页。
③ Thuc. 5. 26. 2, 32. 5.
④ 这一观点是由梅耶提出来的,参见《古代史研究》,第2卷,第353页。布索特接受这种看法,参见《希腊历史》,第3卷,第2册,第1205页。

种种要来得更加隐蔽,更加抽象。尼基阿斯和(-27,28-)围绕在他身边的那些政客想要与斯巴达结盟,是因为他们都有强烈的个人动机和政治动机。斯巴达未能归还安菲玻里,也未能劝服主要的异议盟邦加入和约,这些事实对议和政策及支持议和政策的人形成了威胁,但如果我们就此认为,个人政治动机是他们考虑的头等大事,那我们就错了。我们没有理由去质疑,尼基阿斯及其支持者支持结盟是因为他们认为结盟是件好事,是因为他们将结盟视为一大成就。自从雅典崛起为一个帝国权势,其斯巴达政策就在两个极端之间摇摆往复。起先,在客蒙(Cimon)的领导下,雅典人与斯巴达人保持友好关系,甚至在斯巴达人需要的时候提供帮助。之后,埃斐亚提斯(Ephialtes)与伯利克里及斯巴达人打了第一次伯罗奔尼撒战争,期望雅典制霸。在逃出第一次伯罗奔尼撒战争的时候,雅典人比较走运,其帝国、陆军、海军、田地毫发无损。从445年到伯罗奔尼撒大战爆发之前,在此期间,雅典人与斯巴达人之间保持了和平,而这种和平的基础是双方互不干涉对方的势力范围。在阿奇达慕斯战争期间,雅典人极不情愿地重新拿起武器作战。这次战争结束时,雅典人口减少三分之一,家园、田地、树木、葡萄园都被摧毁,国库空虚殆尽。早在425年,尼基阿斯就希望接受斯巴达人的议和结盟提议,其后发生的事件必定令他对失去与斯巴达议和结盟的这次机会感到更加后悔。与斯巴达结盟的主意来源于回归光荣友好的客蒙政策的愿景。① 然而,421年斯巴达人的结盟提议事实上已经超出了客蒙政策的成就。一方面,在客蒙的时代,斯巴达人是希腊人无可争议的领袖,雅典人不过是其数个盟邦之一。从另一方面来看,421年的同盟是两个权势共同达成的协议,双方平等分享希腊霸权;此外,斯巴达人是为了寻求雅典保护而被迫提出与之结盟的。

客蒙政策曾经使雅典获益良多,在不用卷入希腊大陆战争的情况下,雅典人得以扩充其爱琴海帝国(Aegean Empire),增进其帝国繁荣,

---

① 与客蒙政策的比较,参见梅耶、贝洛赫(Beloch)、布索特。梅耶,《古代史研究》,第2卷,第293、355页;贝洛赫,《希腊历史》,第2卷,第1册,第345页;布索特,《希腊历史》,第3卷,第2册,第1204页。

但是在 462 年,客蒙政策曾因为斯巴达人的疑惧和嫉妒(-28,29-)而被动摇。① 在斯巴达,总有一些人矢志敌视雅典,不愿承认雅典帝国,不愿承认雅典与斯巴达平起平坐的地位。在 5 世纪早期,特别是在亲拉戈尼亚的客蒙领导雅典之时,这些敌视雅典的斯巴达人在斯巴达是少数派,但是在一些关键时刻,这些人能够说服更加平和、更加保守的斯巴达人来执行自己的政策。② 446/445 年,当墨伽拉和优卑亚(Euboea)发生暴动、雅典处于危险境地的时候,这些人就说服了斯巴达人。③ 440 年,萨摩司(Samos)暴动,这些人召开伯罗奔尼撒同盟大会,敦促各方考虑支持萨摩司人。是科林斯人带领其他盟邦一起表示反对,斯巴达人才没有去攻打雅典。④ 在 431 年,当然同样是斯巴达的这个派别说服了斯巴达人与雅典人开战。甚至更为重要的是,430 年,斯巴达人拒绝了雅典人的和平提议。⑤ 425 年,他们自己提出议和与结盟,是因为他们在斯伐刻帖里亚战败,不顾一切想要赎回此役中被俘的战俘。⑥ 甚至在 421 年,即便大部分斯巴达人真心希望议和结盟,但是在眼前的危机解除后,他们也不会再希望继续议和结盟。10 年的艰苦战斗并未软化斯巴达人对雅典的情感,斯巴达政策完全可能再次反复摇摆。每年都有新的监察官当选,这些监察官可能带来全新的政策观点。事实就是,即便雅典人已经与斯巴达结盟并返还了斯巴达战俘,421 年初秋刚刚上任的监察官委员会中,至少仍有两人是反对该和约的。⑦ (-29,30-)

---

① 卡根,《伯罗奔尼撒战争的爆发》(*the Outbreak of the Peloponnesian War*),第 72—73 页(原书页码)。

② 关于斯巴达人对雅典的态度的一个有用的讨论,参见圣·克洛瓦(Ste. Croix),《伯罗奔尼撒战争的起源》(*the Origins of the Peloponnesian War*),第 169—210 页。尽管我认为他夸大了斯巴达敌视雅典派(他将这些人称为"鹰派")的影响,但我认为他的如下表述是有道理的:"在斯巴达,有一大群有影响力的人对于反波斯同盟领导权从斯巴达转移到雅典手中、及其后雅典权势的崛起感到非常憎恨,这些人希望通过武力来重新夺得霸权"(第 169 页)。

③ Thuc. 1. 114.

④ Thuc. 1. 40. 5—6;41. 1—3. 同时参见圣·克洛瓦,《伯罗奔尼撒战争的起源》,第 200—203 页,以及密格斯(Meiggs),《雅典帝国》(*the Athenian Empire*),牛津,1972 年,第 190 页,第 461—462 页。

⑤ Thuc. 2. 59;卡根,《阿奇达慕斯战争》,第 80—85 页。

⑥ Thuc. 4. 19. 1, 4. 18;卡根,《阿奇达慕斯战争》,第 234 页。

⑦ Thuc. 5. 36. 1;《修昔底德历史评注》,第 4 卷,第 38 页。

到了 421 年,再推行客蒙政策已经不可能了。客蒙及斯巴达领导人的政策是建立在不久之前雅典与斯巴达共同抵抗波斯人的辉煌记忆与成功协作之上的。479 年,雅典还不是个显耀的帝国权势,也不是斯巴达霸权的威胁;斯巴达人与雅典人之间还从来没有打过一场像样的战争。然而,到了《尼基阿斯和约》缔结的时代,一切今非昔比。历历在目的是两个城邦之间漫长苦涩的战争和持续不断的敌对。在这两个城邦之间,可供建立持久和平的善意几乎没有。两个城邦之间的信任不是理所应当的,而是必须通过双方努力才能建立起来的。从这个意义上来说,斯巴达与雅典结盟甚至会损害和约本身,因为结盟将令斯巴达得以继续无视和平条约所规定的义务,从而加剧雅典人对斯巴达的疑惧之情。①

尼基阿斯及其同党看待眼前情势并未悲观若此。他们在 425 年时就希望接受斯巴达提议,他们也必定认为,425 至 421 年间的事件已经证明了他们是正确的。墨伽拉战役与彼欧提亚战役的失败,还有德里昂战役与安菲玻里战役的失败都已表明,继续战斗徒劳无功。这些人也许会想,为什么不给和平一个机会呢?既然雅典处于优势,斯巴达又显然不愿履行其承诺,雅典人难道不该慷慨行事、走出建立互信的第一步? 这种情绪值得赞赏,有时也能发挥作用,但是在 421 年,这种做法是愚蠢的。不仅任何纯粹姿态上的表态都不能促使斯巴达人交还安菲玻里,而且,除非斯巴达人交还安菲玻里,不然,绝大部分雅典人都会感到失望,疑惧,愤怒。后果必定是加剧紧张,而非缓和紧张。在此,我们不能不同意格罗特的评判,他说"从来没有人公开赞成克里昂(Kleon)的意见,……与斯巴达结盟并交还战俘是毁灭性的失策"。②(-30,31-)

---

① 格罗特说:"事实上,双方结盟阻止她们履行和约"(《希腊历史》,第 7 卷,第 7 页)。我在此处及此卷全书中都将非常倚赖格罗特的研究。尽管他对雅典政治的理解失于僵化拘谨,与他所处那个时代的英格兰政治过于相似,但是他对这一时期的理解仍然称得上是敏锐而富于洞见的,十分精彩。

② 格罗特,《希腊历史》,第 7 卷,第 8 页。梅耶强烈抨击格罗特的解释,参见梅耶,《古代史研究》,第 2 卷,第 352 页及以下。

如果说，接受斯巴达提议、与之结盟是失策，那么我们就必须弄清楚，除此之外，雅典还有何政策选择。如果我们假定，斯巴达的敌对与嫉妒之情势必持续下去，同时，若无权势均衡的重大变革，和平就一定不可持续，那么，这里似乎就浮现了一个罕有的——如果不是仅有的——机遇。雅典人可以促使伯罗奔尼撒半岛的民主制城邦——包括埃利斯和曼提尼亚——建立同盟，由阿尔戈斯领导。雅典人自己也可以加入这个新同盟，向伯罗奔尼撒半岛派出一支军队，静待情势利于己方的时候，伺机发动战斗。雅典人可以从派娄斯发动黑劳士突袭，也可以从海上突袭海滨城邦，分散斯巴达人的注意力，提高自己的胜算。如果在这样的战役中取胜，雅典人将成功拆散伯罗奔尼撒同盟，瓦解斯巴达权势，正如 50 年后忒拜在琉珂察战役（Leuctra）取胜后所得到的成果。即便雅典在这种战役中失败，战败当然糟糕，但也绝非灾难。这种政策很快将对一些雅典人产生吸引力，但已经不是在 421 年。此时，战争疲倦仍然是雅典的主要情绪，尼基阿斯仍然是雅典政治中的主要人物。克里昂也许会选择这样一种进攻性政策，如他在 425 年所做的那样，同时，克里昂也拥有足以挑战尼基阿斯的劝服能力和个人威望，但是他已经死了，接替他的人没有这样的能力。①

如果在 421 年无法推行进攻性政策的话，那么雅典人难道就不能在谈判中议得更好的价码吗？至少，他们可以坚持要求斯巴达人在结盟和他们归还斯巴达战俘之前交还安菲玻里。② 然而，斯巴达人不太

---

① 在旧喜剧（Old Comedy）中，海珀布鲁斯（Hyperbolus）被当作克里昂的继任者。参见阿里斯托芬的《和平》及《蛙》：Aristoph. *Peace* 679 及以下，Aristoph. *Frogs* 570。海珀布鲁斯似乎是反对《尼基阿斯和约》的（Aristoph. *Peace* 918 及以下），同时，他基本是支持进攻性政策的。参见吉尔伯特（Gilbert），《伯罗奔尼撒战争期间雅典城邦内幕考》（*Beiträge zur innern geschichte Athens im zeitalter des peloponnesischen Krieges*），第 209—215 页。古代作家嘲弄海珀布鲁斯，但他们从不嘲弄克里昂，他们认为，海珀布鲁斯没有克里昂那么能干。例如，修昔底德称海珀布鲁斯为"无耻之徒"（μοχθηρὸν ἄνθρωπον），还说他被放逐是 διὰ πονηρίαν καὶ αἰσχύνην τῆς πόλεως...（因为他是城邦的无赖和羞耻）（Thuc. 8. 73. 3）。阿尔喀比亚德（Alcibiades）的家族与斯巴达人有着千丝万缕的联系，其族人曾经担任过斯巴达人在雅典的"在邦领事"（*proxenoi*），他直到晚近才开始趋附斯巴达人，但也还没有开始反对和约本身（Thuc. 5. 43. 2；6. 89. 2）。

② 这是格罗特的看法，参见《希腊历史》，第 7 卷，第 8 页。

可能派出一支足够庞大的军队前往色雷斯去夺取安菲玻里，即便有雅典人的支持也办不到。斯巴达人在整个阿奇达慕斯战争期间都没有这么做过，也肯定(-31,32-)不会在此刻这样做，因为伯罗奔尼撒半岛已经陷入动荡不安。提议结盟以换得斯巴达人交出安菲玻里，只会使得斯巴达未能履行承诺这一事实愈加凸显，令雅典人更加生气，双方裂痕愈发严重。

如果雅典人既不愿推行进攻性政策、又不愿与斯巴达人强势议价的话，他们还有一个政策选项：雅典人可以拒绝结盟，但不破坏《尼基阿斯和约》，然后静待事情发展。这种计划有其优点。雅典人无需将公民性命置于险境，也无需浪费任何金钱，就可以对斯巴达施压。雅典人扣留了斯巴达战俘，阿尔戈斯新近对斯巴达形成了威胁，这些都能够保障雅典不会受到袭击。即将诞生的阿尔戈斯同盟将会挑战斯巴达在伯罗奔尼撒半岛的霸权。只要雅典避不与斯巴达结盟，斯巴达就无法威慑阿尔戈斯人，事实上，阿尔戈斯人还会因为很快就能与雅典结盟而受到鼓舞。黑劳士可以逃往派娄斯，或许可以煽动又一次起义。事态将如何继续发展，我们就不得而知了；也许，斯巴达会在争夺伯罗奔尼撒霸权的斗争中重新获得科林斯、墨伽拉、彼欧提亚的支持，也许，斯巴达仍然不会获得这些城邦的支持。有这些城邦的支持，或没有这些城邦的支持，斯巴达既有可能打败敌人，也有可能无法打败敌人。无论如何，雅典从这动荡不安中只会渔利；雅典拒不与斯巴达结盟，既会加剧这动荡，也会加剧斯巴达所面临的危险。事件倘若能够按照这一进程发展，一切将会如此温和，如此安全，如此有希望。当我们意识到雅典人还有这样一条万全的应对之策以后，对于雅典决定结盟这一事实，我们只能表示讶异。①

---

① 然而，对于尼基阿斯及与其持相同看法的人来说，即便是这样的政策，那也不是他们想要的。对于他们来说，这是一个不能放过的机遇。如果雅典拒绝与斯巴达人结盟，如果斯巴达人又打败了他们的敌人，那么斯巴达人就再也不会重提结盟之事，而尼基阿斯等人原本指望结盟将会带来和平，将会制止斯巴达人攻打雅典的帝国。

第二章　独　立　同　盟

雅典与斯巴达结盟后，斯巴达人没能说服伯罗奔尼撒各邦使节接受《尼基阿斯和约》，使节们于是各自归国。科林斯人是例外。他们没有回城邦，反而前往阿尔戈斯，与一些阿尔戈斯官员会谈。[①] 科林斯人争辩说，雅典与斯巴达结盟没安好心，说这是为了"奴役伯罗奔尼撒半岛"，还说阿尔戈斯人必须牵头组建新同盟，拯救伯罗奔尼撒半岛于被奴役的命运之中。[②] 看起来，科林斯是在唆使阿尔戈斯，一起组建一个独立同盟，成为希腊世界的第三支势力，与旧有两大阵营不同并与之对抗。然而，科林斯的真正动机与目的，我们根本不清楚。

科林斯人提议组建新同盟的动机——例如，保护伯罗奔尼撒人免受两大强权的奴役——不过只是番托词。斯巴达与雅典的结盟根本不是威胁，在修昔底德看来是如此，在我们今天看来是如此，在狡猾又消息灵通的科林斯人看来更应该是如此。斯巴达人与雅典人结盟是出于防卫理由，是希望打消阿尔戈斯与雅典结盟的念头。雅典人与斯巴达人结盟则是希望挽救濒临瓦解的和约。雅典人与斯巴达人打起仗来的可能性要比雅典人与斯巴达人联合起来攻打其他(-33,34-)伯罗奔尼

---

① Thuc. 5. 27. 2. 我认为 τινας τῶν ἐν τέλει ὄντων (在位之人中的一些) 是指政府官员，而非"某些阿尔戈斯要人"（格里菲斯 [G. T. Griffith]，《历史学刊》[Historia]，第 1 卷，1950 年，第 237 页）。我这么认为的理由，参见《修昔底德历史评注》，第 4 卷，第 23 页。
② 《修昔底德历史评注》，第 4 卷，第 23 页。

撒城邦的可能性大得多。① 科林斯人不可能想要阿尔戈斯取代斯巴达,成为伯罗奔尼撒半岛的霸权。阿尔戈斯与雅典也并无争拗,不太可能发动对雅典的战争。另一方面,科林斯人要弥补自身损失、实现复仇,只能通过雅典与斯巴达的战争来实现;这就是科林斯人拒绝接受和约的原因。此外,伯罗奔尼撒霸权倘若掌握在其邻国阿尔戈斯而非斯巴达人的手中,科林斯自治所面临的危险只会更大。② 一位学者甚至认为,至少在当前,科林斯人是因为斯巴达人的无视疏忽而被激怒,放弃了对自身利益的追求,转而寻求复仇新政。③ 不过,我们没有理由认为科林斯人在此时此刻丧失了理智。科林斯人仍然在追求他们的实际目标,试图收复娑里坞(Sollium)和安纳沱里坞(Anatorium),摧毁雅典权势,他们只不过是在变化了的情势下发现了达到目的的新手段。科林斯人需要重启雅典与斯巴达之间的战争,他们向阿尔戈斯提议结盟,只不过是服务于这个目标的一个手段。④ (-34,35-)

然而,为何组建阿尔戈斯同盟将有助于重启战争? 这一点解释起来比较困难。没有一种政策能够保证成功,也没有一种政策不是在不

---

① 罗宾·西葛(Robin Seager,《古典学季刊》[*CQ, Classical Quarterly*],第70卷,第249—269页)拒斥学界对于科林斯人动机的一般看法,但尽管如此,他也承认,科林斯人的说法更有可能是"纯粹的宣传手段"(第254页)。

② 布索特,《希腊历史》,第3卷,第2册,第1207页。

③ 西葛,《古典学季刊》,第70卷,1976年,第254页:"我们只有假定科林斯暂时抛弃了其实际目标、在此刻所追求的是彻头彻尾的消极性政策,只为削弱斯巴达,我们才能理解科林斯的举措……科林斯开始复仇的方法是摧毁伯罗奔尼撒同盟,以便在伯罗奔尼撒半岛之内剥夺斯巴达人的霸权。这些发展可能对伯罗奔尼撒与雅典之间关系所造成的影响,此时的科林斯似乎全然没有考虑。雅典的恨意无疑加重了科林斯对雅典的愤恨,但这一情感似乎并未对科林斯对外政策的构成发挥影响。"这一观点暗示着,曾经因为对雅典不满而教促着斯巴达人开战、曾经在战争期间在雅典手中遭受了更多轻蔑羞辱的科林斯,已经因为对斯巴达人感到愤怒而忘记了以上所有。这根本不可能。

④ 关于该时期科林斯人的行为动机,材料之少,令人惊讶。布索特(《希腊历史》,第3卷,第2册,第1207页)明智地观察到,这个独立同盟的目标"或许是促使斯巴达政策发生转向"。韦斯特莱克(Westlake,《美国古典语文学期刊》[*American Journal of Philology, AJP*],第61卷,1940年,第413—421页)似乎是第一个深入研究该问题的人。韦斯特莱克的结论是,科林斯人意在重启战争,"方法是阿尔戈斯取代斯巴达成为雅典之敌的领袖"(第416页)。我同意韦斯特莱克关于科林斯人意图的观点,但我在科林斯人达到这一目的的手段这一问题上,看法与韦斯特莱克不同,参见卡根,《美国古典语文学期刊》,第81卷,1960年,第291—310页。

确定性与风险之中运行。要重启战争，当下情势的关键在于斯巴达，在乎其派别争论，在乎其民众心理。赞成与雅典结盟的斯巴达人也支持《尼基阿斯和约》。这些人因为恐惧阿尔戈斯而选择与雅典结盟，斯巴达希望这股恐惧之情被控制住，不会盼望与雅典打仗。如果科林斯不采取行动，那么这些人就有充分理由认为，阿尔戈斯的威胁已经消失。过往经验已经表明，需要这股恐惧来促使斯巴达人参战，没有人比科林斯人更加清楚这一点。①

科林斯影响斯巴达政策最有力的武器，曾经是威胁退出伯罗奔尼撒同盟并与阿尔戈斯结成新同盟。431 年，科林斯人极其成功地运用了这一威胁，刺激斯巴达人投入对雅典人的战争。② 421 年，斯巴达的鸽派也许会认为，被科林斯的威胁所欺骗是一个错误；鸽派要揭露科林斯人，揭开科林斯人对《尼基阿斯和约》的表面怨言，揭露他们不过是在虚张声势。如果科林斯对斯巴达政策能够发挥什么影响的话，那么科林斯首先要表明，阿尔戈斯同盟的威胁是切切实实的。如果能够将可靠的寡头制城邦墨伽拉，彼欧提亚诸邦，铁该亚（Tegea）联合起来组建同盟的话，这确实可以对斯巴达形成恫吓，斯巴达可能因此失去伯罗奔尼撒霸权，让给阿尔戈斯。控制伯罗奔尼撒同盟是斯巴达政策中最根本的要件，是斯巴达的存亡关键；因为害怕失去对伯罗奔尼撒同盟的控制，斯巴达就会愿意追随那些心怀叛意的城邦的目标，重新开启对雅典的战争。这个计划并不能保证百分之百成功，但除此之外，科林斯人别无他法。

我们可以推测，这就是那些在没有许可的情况下主动前去与(-35，36-)阿尔戈斯人开始谈判的科林斯人的想法。如果我们没有理解错这些人的目标，那么，如果希望这个同盟发挥作用，就需要纳入上述所提

① Thuc. 1. 23. 6；τὴν μὲν γὰρ ἀληθεστάτην πρόφασιν, ἀφανεστάτην δὲ λόγῳ, τοὺς Ἀθηναίους ἡγοῦμαι μεγάλους γιγνομένους καὶ φόβον παρέχοντας τοῖς Λακεδαιμονίοις ἀναγκάσαι ἐς τὸ πολεμεῖν（强调符号是我所加，关于科林斯人是如何影响斯巴达的恐惧的），参见 Thuc. 1. 68—72 及卡根：《伯罗奔尼撒战争的爆发》(the Outbreak of the Peloponnesian War)，第 287—292 页，第 309—310 页（原书页码）。

② Thuc. 1. 71. 4；梅耶，《古代史研究》，第 2 卷，第 314—315 页；卡根，《伯罗奔尼撒战争的爆发》，第 292 页，第 309—310 页。

及城邦中的至少几个。一个由阿尔戈斯、埃利斯、曼提尼亚组成的同盟,就算加上科林斯,这一同盟所形成的威胁也不会超过斯巴达与雅典结盟将会得到的好处,但是科林斯人还有另一重理据来劝服寡头制城邦加入这个新的独立同盟,这一理据源自科林斯城邦之内的民主政治。

尽管修昔底德对于尼基阿斯和约时期的叙述使得我们对一些希腊城邦的派别斗争有了认识,这些史料十分难得,但是他并未直接给出关于科林斯城邦政治的资料。然而,若以常识和与其他希腊城邦的类比来推断,我们可以推测,科林斯内部也存在意见分歧,特别是在与阿尔戈斯结盟这样的重大政策转变问题上;我们还可以推测,这种意见分歧有时候会表现为城邦内派别纷争的形式。伯罗奔尼撒战争之后肯定曾出现这样的纷争,①同时,尽管当前情势与战后有所不同,但战后情势能够帮助我们增对《尼基阿斯和约》签订之后的科林斯政治的理解。

395 年,科林斯战争爆发的时候,科林斯是由温和寡头政体统治的,自从公元前 6 世纪溆浦塞黎得(Cypselid)僭政被推翻以来一直如此。② 392 年,曾经促使科林斯结下反斯巴达同盟的寡头们受到了亲拉戈尼亚派(Laconia)的挑战,后者希望结束战争,重新加入斯巴达同盟。政敌阴谋针对亲斯巴达派人物展开大屠杀。亲拉戈尼亚派的幸存者逃往斯巴达,度过了战争的余下岁月,并站在斯巴达一方对自己的母邦作战。③ 色诺芬将这个派别描述为“贞吉之士”(beltistoi),并(-36,37-)说,他们被迫流亡,部分是因为“他们看到自己的土地正在被蹂躏”。所以看起来,我们可以认为,这些人是有土地的贵族。这些人的敌对方,统治科林斯的寡头们,敌视斯巴达,即便科林斯农业受到损失

---

① 参见 Xen. *Hell*. 4. 4. 1—13;Diod. 14. 86,91;*Hellenica Oxyrhynchia* II,3＝VII,3. 同时参见卡根,《历史学刊》第 11 卷,1962 年,第 447—457 页,以及哈密尔顿(C. D. Hamilton),《历史学刊》,第 21 卷,1972 年,第 21—37 页。

② 关于这一时期寡头政权的性质的证据,参见大马士革的尼各劳斯(Nicolaus of Damascus)的作品:《希腊史撰残编》(*FGrH* 2A,60,第 2 卷,第 1 册,第 358 页)。关于这段文字的疏解,参见布索特,《希腊历史》,第 1 卷,第 658 页,以及古斯塔夫·吉尔伯特(Gustav Gilbert),《古代希腊城邦手册》(*Handbuch der Griechischen Staatsalterthümer*),第 2 卷,莱比锡(Leipzig),1865 年,第 87 页。关于这一时期寡头政权所具有的温和与节制,参见品达(Pindar O. 13)与希罗多德(Hdt. 2. 67)。

③ Xen. *Hell*. 4. 4.

也要继续战争。我们很难不将这两个派别与其各自不同的经济利益挂起钩来：贵族有农业利益，寡头有商业利益。① 无论情况到底如何，在392 年，在对外政策与对斯巴达政策这一问题上，确实存在两个派别。421 年的时候，尽管科林斯的问题看起来没有那么严重，我们也没有理由去质疑，在科林斯使节试图组建由斯巴达宿敌所领导的一个同盟这个问题上，科林斯城邦存在类似的意见分歧，区别可能在于，这时的意见分歧也许弱于 392 年的那次。无论这些人的目的是什么，要达到他们的目的，就必须对科林斯政策进行一场革命，叛离伯奔尼撒同盟所提供的安全，与民主制的城邦组建同盟。这样一个计划势必在保守的、想象力更为贫乏的科林斯人那里碰壁。对这一阻碍之存在的预见可以帮助我们解释科林斯人行为中的一些奇特之处，特别是他们试图将寡头制城邦纳入新同盟的这一考虑。

科林斯人向阿尔戈斯人主动示好提议，这很不寻常。没有证据表明，科林斯谈判者得到了授权，可以代表城邦发言；他们选择的对象是一些阿尔戈斯要人，而非公民大会或执政的议事会；他们提供的是一个建议，而不是一个同盟。无疑，单单用谨慎这一条理由，就可以解释为什么这些人不能承诺马上加入新的同盟，也可以解释为什么他们渴望谈话保持秘密，②但是科林斯城邦内的政治问题在此也发挥了作用。如果连那些对寡头制比较接受的几个城邦都劝服不了，那么科林斯的这些活动家就更加不用指望能够劝服他们那些更为审慎的同胞，来与阿尔戈斯结盟。因此，科林斯人在向阿尔戈斯人提供建议时所遵循的上述程序就是为了促使这样一些城邦加入同盟。他们建议阿尔戈斯人投票(-37,38-)允许希腊的任何自治城邦"与阿尔戈斯人结盟，为相互守卫自身领土之故，指派数位全权代表，不要在公民大会进行讨论，这样，没能劝服公民大会的也不会被暴露"。③ 这其中关于秘密

---

① 我之前也是持这种观点，在以下这篇文章中，我似乎过于自信了一些，参见《美国古典语文学期刊》，第 81 卷，1960 年，第 291—310 页；在另一篇文章中，我对此论述得更加充分一些，参见《古代语文》(*Parola del Passato*)，第 80 卷，1961 年，第 333—339 页。

② Thuc. 5.28.2.

③ Thuc. 5.27.2.

协商的条款能够保证与事城邦在谈判失败的情况下也不会激怒斯巴达，这就能够鼓励各邦向阿尔戈斯寻求结盟。这些关于秘密协商的条款还允许一些城邦中的某一个派别能够在自己的政策招来反对者之前，试一试水。

阿尔戈斯人迅速接受了科林斯人的建议，几乎未作调整。有司投票通过所需法令，指派 12 名全权代表，前去与有结盟意愿的所有城邦谈判，除了雅典和斯巴达，因为雅典和斯巴达对外结盟必须经由公民大会同意。① 阿尔戈斯人接受了科林斯人的建议，认为这建议既恰逢其时，又深得民心。阿尔戈斯对斯巴达的敌视至少可以追溯到 6 世纪中叶。② 最实际的争议是阿尔戈里德（Argolid）与拉戈尼亚之间的边疆叙努里亚（Cynuria）。斯巴达人于 6 世纪的时候从阿尔戈斯人手中夺取了叙努里亚之后，阿尔戈斯人就从来没有放弃收复叙努里亚的希望（参见地图 4）。因为斯巴达人不可能接受阿尔戈斯人要他们归还叙努里亚的要求，同时斯巴达和阿尔戈斯之间的《三十年和约》又快要过期，阿尔戈斯人知道，战争在所难免。在阿奇达慕斯战争期间，雅典人与斯巴达人互相厮杀，彼此消耗，阿尔戈斯人却坐享和平，民众日渐富足，野心也日渐高涨；421 年，(-38,39 为地图 4,40-)，阿尔戈斯人所觊觎的，至少是伯罗奔尼撒半岛的霸权。③ 阻碍他们获此地位的只有斯巴达人的重装步兵部队。尽管斯巴达目前麻烦缠身，名誉扫地，但她这支重装步兵部队还没有被其他任何重装步兵部队打败过，看起来依旧所向披靡。

---

① Thuc. 5. 28. 1.

② 在 4 世纪时，阿尔戈斯与斯巴达之间的敌对关系已经司空见惯，并被追溯到更加久远的先前。色诺芬（Xen. *Hell.* 3. 5. 11）的记载中，一个忒拜人（Thebes）问雅典人："阿尔戈斯人对斯巴达人的敌视是否一直如此？"；埃弗鲁斯（Ephorus）（存于 Diod. 7. 13. 2）认为斯巴达与阿尔戈斯之间的战争发生在公元前 8 世纪；亚里士多德（Arist. *Pol.* 1270a）谈及斯巴达与阿尔戈斯之间的战争，认为这发生在第二次美塞尼亚（Messenia）战争之前，也就是早于公元前 7 世纪中叶。托马斯·凯里（Thomas Kelly，《美国历史评论》[*American Historical Review*, *AHR*]，第 75 卷，1970 年，第 971—1003 页，以及《古典语文学》[*Classical Philology*, *CP*]，第 69 卷，1974 年，第 81—88 页）指出，阿尔戈斯与斯巴达人之间的敌对关系既没有古代文献所说的这么古老，也没有古代文献所说的这么强烈，但他即便如此认为，也还是承认说，546 年和 494 年的时候，斯巴达都与阿尔戈斯有一战。

③ Thuc. 5. 28. 2—3；Diod. 12. 75.

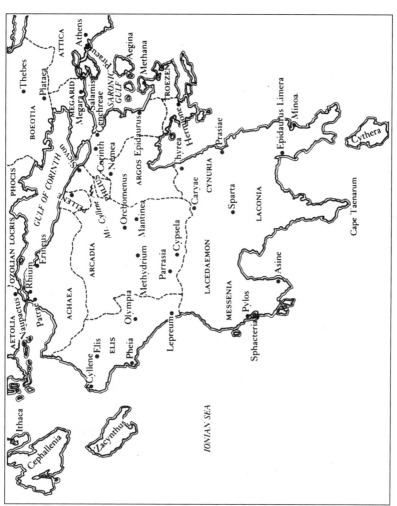

地图4 伯罗奔尼撒半岛

为了克服这个困难,阿尔戈斯人挑选出 1000 名"最强壮、最富有"[①]的年轻人,免去其一切城邦义务,以公共财政供养,将他们训练成能够直面斯巴达重装步兵方阵(phalanx)的精锐部队。正因为有如此手段和如此野心,当科林斯人指出这条道路的时候,阿尔戈斯人也就从谏如流。

曼提尼亚是第一个与阿尔戈斯结盟的城邦。在阿奇达慕斯战争期间,他们扩张领土时损害了邻邦的利益,为此与铁该亚人打了一仗,还在拉戈尼亚边界修建了要塞,[②]所以,他们害怕斯巴达人攻打他们。与雅典人结盟后,斯巴达人似乎可以腾出手来惩戒曼提尼亚了,所以现在,当阿尔戈斯以强大保护者之姿出现时,曼提尼亚人就急不可耐与之结了盟,他们欣然接受是因为曼提尼亚与阿尔戈斯一样,都施行民主政治。曼提尼亚叛离同盟在斯巴达的伯罗奔尼撒盟邦中引起轩然大波。伯罗奔尼撒盟邦原本就已经因为雅典和斯巴达结盟、特别是因为那个允许斯巴达和雅典修改和平条约而无需咨议盟邦的条款而疑虑重重,现在曼提尼亚又倒转了阵营,令盟邦更加吃惊。他们断定,曼提尼亚人比他们"更清楚内情"。[③] 盟邦对于斯巴达与雅典意图的恐惧日益加剧,迫切希望加入新的阿尔戈斯同盟。

斯巴达人很快意识到事态的进展,意识到是科林斯人在挑唆盟邦。他们派出使节前往科林斯控诉,至少终止科林斯人在这阴谋中发挥作用。斯巴达使节控诉科林斯人,说他们挑起事端,还提醒科林斯人,说与阿尔戈斯结盟违背科林斯人对斯巴达的约束性誓言。事实上,因为他们(-40,41-)已经同意接受伯罗奔尼撒同盟多数决议原则,所以,科林斯人拒绝接受《尼基阿斯和约》就已经违背了那些誓言。[④] 科林斯人

---

① Diod. 12. 75. 7.

② Thuc. 5. 33. 1;卡根,《阿奇达慕斯战争》,第 334 页(原书页码)。

③ Thuc. 5. 29. 2:νομίσαντες πλέον τέ τι εἰδότας.

④ Thuc. 5. 30. 1. Thuc. 5. 30. 4 表明,伯罗奔尼撒同盟的多数决议原则,在战争爆发之前就已存在:τῶν παλαιῶν ὅρκων。安德鲁斯充分论述了这一问题:《修昔底德历史评注》,第 4 卷,第 25—26 页。圣·克洛瓦(《伯罗奔尼撒战争的起源》,第 101—102 页)认为我在对伯罗奔尼撒同盟进行描述的时候(《伯罗奔尼撒战争的爆发》,第 9—30 页)忽视了这段文字并提出批评,他是对的。然而,他的观点并未动摇我对伯罗奔尼撒同盟 (转下页注)

并非没有预计到斯巴达使团的到来,他们召集其他异议城邦的代表,前来听取斯巴达的控诉和他们自己对此的回应。显然,不是所有科林斯人都赞同大胆那派别所支持的冒险政策,因为即便是在驳回斯巴达人的控诉与要求后,科林斯的外交活动家们还是无法劝服同胞,劝服自己的城邦马上与阿尔戈斯结盟。①

科林斯活动家们奋起反抗斯巴达的控诉,同时面向保守派科林斯人和其他城邦的代表发表看法。任务委实艰巨。寡头制盟邦和保守派科林斯人都忠于斯巴达的霸权,而现在,科林斯的活动家们却要劝说他们,去支持被斯巴达公开谴责的一项政策。在这一刻,修昔底德令我们窥见了科林斯在这一系列复杂谋划背后的真正动机:科林斯没有收复娑里坞和安纳沱里坞,也没有得到针对其他损失的任何弥补。② 但是科林斯的发言人很清楚,控诉城邦只谈自身利益,这不太可能动摇盟邦的看法,因此他们将这一看法埋藏在心里。相反,"他们提出他们不愿意背叛(-41,42-)色雷斯的盟邦,以之为借口"。③ 他们的理据可以换句话这样来说:"我们已经同波提狄亚人(Potidaea)及我们在色雷斯地区的其他喀耳基司(Chalcidice)友人盟誓。他们仍然受雅典人奴役,如果我们接受《尼基阿斯和约》,就等同于接受他们的这个处境,那么,我们就会违背我们对神祇和英雄的誓言。此外,我们接受同盟多数决议时所起的誓言中有这样一项条款:'除非神祇和英雄有所妨碍'。背叛喀耳基司人就会是这样一种妨碍。不止是我们,还有你们:你们抛弃了盟友,与奴役希腊的人合作,你们也背弃了誓言。"④

[接上页注]的如下认知,那就是:同盟几乎没有宪法条款,同盟的行动取决于实际情况,而非法律框架。421年,科林斯人的举动就是明证。总的来说,我并不反对圣·克洛瓦的如下表述:"规范伯罗奔尼撒同盟盟邦行为的有寥寥数条基本'宪法'规则,我们能够从中辨认出几条来,即便这些规则偶尔会被盟邦无视,或者会失效。有时候是斯巴达自己这样做,有时候是盟邦这样做。这些盟邦可能是很强大的,强大到如果斯巴达试图胁迫其遵守这些规则,那将是很不明智的举措"(第122—123页)。在此,我要强调的不过只是:这些规则很少,但忽视或失效的情况却很多。

①　Thuc. 5. 30. 5.

②　Thuc. 5. 30. 2: *οὔτε Σόλλιον σφίσιν ἀπέλαβον παρ' Ἀθηναίων οὔτε Ἀνακτόριον εἴ τέ τι ἄλλο ἐνόμιζον ἐλασσοῦσθαι.*

③　Thuc. 5. 30. 2: *πρόσχημα δὲ ποιούμενοι τοὺς ἐπὶ Θρᾴκης μὴ προδώσειν.*

④　Thuc. 5. 30. 3—4. 我对修昔底德的疏阔记载微作修饰,加入了他在相邻段落中明显暗示或直接提到的内容。

这理据十分诱人,将新同盟描绘为对雅典僭政的持续抵抗,而斯巴达自私自利,背弃盟邦,这新同盟就是要忠于这些轻信盟邦的手段,而事实上,这新同盟却是科林斯激进派的政策工具。[①] 这样一种理据意在令伯罗奔尼撒异议城邦的使节印象深刻而被劝服,同时也意在劝服那些仍然不愿意接受新政策的科林斯人。或许,这样一种理据还意在为反对和约的斯巴达人提供理据之弹药。人们很快就将看到这样一类斯巴达人的存在。

斯巴达使节回国之后,在场的阿尔戈斯使节要求科林斯人不要再拖延,马上结盟。科林斯拥有权势、财富、战略位置,对其他城邦拥有影响力,是潜在的重要伙伴。科林斯人对斯巴达人的指责奋起反驳,这似乎表明他们愿意采取行动,但他们再一次选择了拖延。科林斯人所做的,不过是要阿尔戈斯人在他们下次召开公民大会时再来。[②] 这又一次拖延不能完全归咎于科林斯外交政策的审慎。[③] 科林斯人邀请异议城邦前来听证,听证他们对(-42,43-)斯巴达的谴责和他们对新同盟的捍卫和支持。科林斯宣布加入阿尔戈斯同盟的最佳时机是在这次大会解散之前。如果科林斯宣布加入阿尔戈斯同盟,其他城邦势必跟着照做;继续拖延只会令科林斯人显得荒唐,令人怀疑他们的态度和诚意。科林斯人没有采取行动,是因为他们无法采取行动。最可能的原因是科林斯的保守派仍旧阻止此事,他们在等待更多城邦加入,特别是与科林斯有着类似政体的那些城邦。

接下来加入这个新同盟的城邦是埃利斯。埃利斯不施行寡头政治,她有一个"温和稳定的民主政体,这个政体有意识地保存了贵族制的要素,同时,因为这个城邦的生活不是基于紧密的市民生活,而是基于开放的乡村生活,所以这个城邦的政体在实践上比在理论上还要更加贵族制一些"。[④]

---

① 将这段聪明的修辞表演与 432 年他们在斯巴达的那番表演作个比较,参见卡根,《伯罗奔尼撒战争的爆发》,第 286—293,307—309 页。

② Thuc. 5. 30. 5.

③ 如西葛所试图说明的那样:《古典学季刊》,第 70 卷,1976 年,第 254—255 页。

④ 格林尼齐(A. H. Greenidge),《希腊政体历史手册》(*A Handbook of Greek Constitutional History*),伦敦,1896 年,第 213 页。亚里士多德(Arist. *Pol.* 1292b 25—35)描述了这一类型的农业民主政体。

埃利斯看起来正是属于亚里士多德所描述的这一类城邦，"农民阶层与小康阶层在按照法律进行治理的城邦中享有主权"。① 尽管严格说来埃利斯并非寡头政体，但是看起来又属于这样一些城邦，"其正式宪法比较民主，但城邦所形成的社会系统与习俗则更像一个寡头政体"。② 埃利斯人在前往阿尔戈斯宣布结盟之前，就与科林斯人结盟，看起来，埃利斯人受到了科林斯激进派的操纵，"仿佛有人指导他们一样"。③ 如果他们在科林斯出现的目的就是为了减少科林斯加入新同盟的阻力，那么，他们达到目标了。"〔在埃利斯人〕之后不久"，科林斯人就带着他们忠实的、激进反雅典的盟友卡尔息狄斯人加入了阿尔戈斯同盟。④

从这时开始，科林斯人的计划出了岔子。当(-43,44-)科林斯人来到墨伽拉和彼欧提亚的时候，墨伽拉人和彼欧提亚人因为阿尔戈斯是民主政体而决定坐观其变，这两个城邦显然是一伙的。⑤ 然后，科林斯人转向了铁该亚。铁该亚战略位置重要，寡头政体牢靠，科林斯人认为，铁该亚的叛变将劝服整个伯罗奔尼撒同盟。虽然铁该亚至少有个派别是愿意接受的，⑥但是铁该亚人拒绝了，这对科林斯人的计划造成了沉重一击。"到那时为止原本都在热切努力的科林斯人，热情褪了下来，他们害怕没有人会加入他们的行动。"⑦

科林斯人进行了最后一次努力，试图挽救他们的计划。科林斯人邀请彼欧提亚人加入阿尔戈斯人的联盟，"共同行动"。这是个计谋的一部分，因为科林斯人不可能真的认为，彼欧提亚人态度有所改变。科

---

① Arist. *Pol.* 1292b.

② Arist. *Pol.* 1292b.

③ Thuc. 5.31.1；*καθάπερ προείρητο.* 关于埃利斯敌视斯巴达的原因，亦可参见卡根，《阿奇达慕斯战争》，第335页。

④ Thuc. 5.31.6. 关于科林斯与卡尔息狄斯人之间持久的密切关系，参见韦斯特莱克，《美国古典语文学期刊》，第61卷，1940年，第417页。

⑤ Thuc. 5.31.6.

⑥ 418年，铁该亚人准备将城邦交给阿尔戈斯同盟，这迫使城邦内的亲斯巴达派请求斯巴达人速来救援，不然的话，"铁该亚将倒向阿尔戈斯及其盟友，距离叛变不过咫尺"(Thuc. 5.62；64.1)。

⑦ Thuc. 5.32.4. 铁该亚人之所以会拒绝科林斯人，这多少受到他们新近与曼提尼亚战争的影响(Thuc. 4.134)。

林斯人还邀请彼欧提亚人与他们一同前往雅典,去陪他们签订"十日停火协议",与彼欧提亚人与雅典人之间的"十日停火协议"一样。最后,他们还要求彼欧提亚人保证,如果雅典人拒绝这一要求,彼欧提亚就要宣布放弃她自己与雅典的停火协议,同时,在没有科林斯人的情况下,不单独与雅典重启停火协议。

科林斯人此举必是出于绝望,因为花招太明显,雅典人势必拒绝。如果彼欧提亚人答应科林斯人的请求,他们将发现,自身已经暴露在雅典的攻击之下,与科林斯绑在一起,还被拖入了阿尔戈斯同盟。彼欧提亚人没有上当,但是他们对科林斯人的要求作出的反应是友好但审慎的。他们继续拖延,迟迟不决定是否加入阿尔戈斯同盟,但他们同意前往雅典,帮助科林斯向雅典要求签订停火协议。雅典人当然拒绝了,他们回答说,如果这些城邦确乎是斯巴达人的盟邦,那么对于科林斯人来说,停火协议已经生效。彼欧提亚人继续他们自己与雅典人的停火协议,这激怒了科林斯人,科林斯人反过来宣布,彼欧提亚人违背了(-44,45-)承诺。科林斯人没有得到过与雅典的停火协议,但事实上他们也确实不需要这样一个停火协议。雅典的政策决定权在赞成和约的人手中,重启敌意绝无机会。① 科林斯人试图通过组建阿尔戈斯同盟来重启战争的努力失败了。

上述复杂的外交谈判进行之时,雅典人对司基昂(Scione)的围歼战终于结束,他们按照克里昂在 423 年动议的法令,杀死司基昂人,奴役幸存者。② 这一事件性质如此之恐怖,以至于到了公元前 4 世纪,仍然需要有人来为此作一番辩解,③但这样的恐怖行径并无助于雅典在卡尔息狄斯和色雷斯地区重新整饬秩序。安菲玻里仍旧被敌军占领,后来到了夏天,狄坞人(Dians)夺下卡尔息狄斯城镇叙修斯(Thyssus),叙修斯位于埃索(Athos)海岬,但这个城镇是雅典人的盟邦。④ 然而,在雅典,仍旧是支持《尼基阿斯和约》的人在控制着政策的制定,所以雅典仍然没

---

① Thuc. 5.32.5—7.

② Thuc. 5.32.1 提及奴役妇孺,但是 Thuc. 4.123.4 提到,伯拉西达将他们疏散到奥林索斯(Olynthus)去了。

③ Isoc. 4.100,109;12.63.

④ Thuc. 5.35.1.参见地图 1.

有采取行动。尼基阿斯及其同党不能或不愿去说服雅典人,放弃严厉惩罚司基昂的克里昂法令,这令人印象尤为深刻。① 也许是为了安抚自身有愧的良心,也许是为了提醒他们自己与其他人,斯巴达人才是带头做出这等行为的城邦,雅典人没有把司基昂留给自己,相反,雅典人将来自普拉提阿(Plataea)的幸存者安置在那里。② 然后,雅典人将提洛岛(Delos)还给 422 年被他们驱赶出岛的提洛人,则似乎是为了减轻神的不悦。③ 然而,尽管雅典人又是取悦神,又是取悦人,但是他们却没有试图收复自己在司跩梦河(River Strymon)失去的殖民地。要收复安菲玻里,就要进行一场围歼战;这场围歼战也许并不会比波提狄亚围歼战要来得轻松、迅捷、便宜。(-45,46-)波提狄亚围歼战持续了两年半,所耗费的资金超过了 2000 塔伦特(talent)。④ 似乎在雅典,并没有人催促着说,要攻打安菲玻里这个叛变的殖民地,这没什么好意外的;但是,对于斯巴达迟迟未能交还安菲玻里,雅典人则肯定十分沮丧,心怀愤怒。

与此同时,斯巴达人正忙于恢复自己在伯罗奔尼撒半岛的地位。他们派出国王普雷斯托阿纳克斯(Pleistoanax),率领全部的斯巴达部队前往帕拉西亚(Parrasia)。帕拉西亚是阿卡狄亚(Arcadia)的一个地区,位于曼提尼亚西边,曼提尼亚人在战争期间曾经征服此地(参见地图 4)。他们还在该地区建造防事,对拉戈尼亚北部形成了威胁。⑤ 斯巴达部队劫掠了帕拉西亚的领土,这样一来,就促使曼提尼亚与阿尔戈斯结成防守性同盟。阿尔戈斯人守卫着曼提尼亚城邦,曼提尼亚部队则试图保护这受到威胁的领土而不得。曼提尼亚人既无法保卫帕拉西

---

① 狄奥多罗斯(Diodorus 12.76.3)告诉我们,雅典人"想令那些被怀疑要计划叛变的人感到恐惧,于是杀鸡儆猴,严厉惩罚了司基昂人"。克里昂对恐怖行径进行精确度量,实施这样的政策意在吓退帝国内盟邦叛变,这种政策似乎说服了雅典人,因为雅典人甚至在克里昂死后也仍然沿用了他的政策。雅典人最初批准这一法令的动机大概与他们后来执行这一法令的动机并无二致。

② Thuc. 5. 31. 1.

③ Thuc. 5. 1. 1.

④ 参见卡根,《阿奇达慕斯战争》,第 97 页,注释 83。

⑤ Thuc. 5. 33. 1. 关于此处地理问题的讨论,参见《修昔底德历史评注》,第 4 卷,第 31—34 页。参见地图 1。

亚的城镇,也无法保卫他们在叙浦瑟刺(Cypsela)的防事;斯巴达人使帕拉西亚人重获独立,摧毁该防事,然后撤退。[1] 随后,斯巴达人转向埃利斯,派出一支驻军在勒浦雷坞(Lepreum)驻扎。勒浦雷坞位于埃利斯与美塞尼亚之间,这个地点也是斯巴达人与埃利斯人之间发生争执的原因。尽管斯巴达最近宣布勒浦雷坞人独立,[2]但是斯巴达人向勒浦雷坞派驻军时根本没有考虑这一事实。这些行动为斯巴达的前线和黑劳士居住的乡村增加了安全,提升了斯巴达的声誉,也削弱了阿尔戈斯同盟的声誉。

然而,斯巴达人同样面临内部问题。刻列力夅将伯拉西达带去安菲玻里的部队全数带回,这支部队中有 700 名黑劳士。这些黑劳士因为他们对斯巴达所作出的贡献而被释放,并被允许随意居住。700 名黑劳士于是随意来往于拉戈尼亚,斯巴达人很快就忧虑起来,(-46,47-)开始寻找替代方案。与此同时,居住在拉戈尼亚的还有另一阶层的人,这些人的存在也令斯巴达人紧张,这就是脱籍黑劳士(*neodamodeis*)。在这个时候,这些人是第一次在斯巴达历史中被人提及,[3]同时,这一社会阶层很可能也正是在这个时候被创造出来的。[4] 他们是被释放的黑劳士,看起来生活自由。我们不知道这些人被释放的途径是怎样的,也不知道这些人被释放的理由是什么,但我们可以推测,这些人有可能也是因为服役而得到解放的。对于斯巴达人来说,这些人给斯巴达人带来的惊惶担忧也许并不比伯拉西达的那些个黑劳士老部下所带来的要少。斯巴达人还面临着的另一个问题,那就是,斯巴达部队汲取新生力量所依赖的人口,规模持续缩水。不管是出于什么理由,在公元前 5 至前 4 世纪的整个时期中,有资格参加斯巴达重装步兵训

---

[1] Thuc. 5. 33. 2—3.

[2] 参见地图 4。关于埃利斯、勒浦雷坞与斯巴达之间的争执,参见 Thuc. 5. 31. 1—5。安德鲁斯(《修昔底德历史评注》,第 4 卷,第 36 页)提出,勒浦雷坞人拒绝了自治,转而投奔埃利斯,任由自己的土地被斯巴达驻军占领。既然我们知道埃利斯与勒浦雷坞之间存在敌意,那么这种情况就不可能存在。更加可能的情况是,斯巴达人为了自身目的占领了勒浦雷坞的部分领土。

[3] Thuc. 5. 34. 1.

[4] 这是安德鲁斯的看法,参见《修昔底德历史评注》,第 4 卷,第 35 页。

练的"朋侪"（homoioi），数目在急剧减少。斯巴达部队的人数规模，479年在普拉提阿是5000人，418年在曼提尼亚下降到2500人（或3360人），371年在琉珂察（Leuctra）进一步下降到1050人。① 既然勒浦雷坞有安置驻防部队的需要，斯巴达干脆一石二鸟，派出伯拉西达的黑劳士旧部和脱籍黑劳士，前往埃利斯前线居住。

斯巴达还面临着另外一个问题。在斯伐刻帖里亚（Sphacteria）投降的人在雅典为囚经年，这些人回到了斯巴达。开始的时候，这些人重新取得了被俘之前他们在斯巴达社会中所占据的显赫地位；其中一些人甚至取得了公职。后来，斯巴达人开始恐惧这些归国战俘，怕他们带来麻烦，而这确实是可能发生的。毕竟，这些归国战俘当初投降而非战死的选择已经震惊了希腊世界，这损害了斯巴达的声誉。修昔底德说，这些人的同胞认为，这些归国战俘害怕自己的社会地位会被正式降低，从而成为危险因素。甚至如果城邦没有对他们采取什么正式措施，他们的日子肯定也不会如意。色诺芬记载了这些人势必将感受到的耻辱感：(-47,48-)

> 在其他城邦，当一个人表现出怯懦的时候，人们不过称他为懦夫……但是在斯巴达，人们以与懦夫共餐为耻，或者会与他打起来。大家玩球类竞赛进行选边分队的时候，没有人会选这个懦夫；在合唱队里，这个懦夫会被推到最可耻的位置上去；在大街上，这个懦夫必须为每一个人让路；这个懦夫甚至得将自己的座位让给比他年轻的人；这个懦夫要在家里养着未婚的姑娘，还得告诉家里的这些姑娘，她们之所以嫁不出去，是因为他是一个懦夫。②

斯巴达人害怕这样的耻辱会刺激这些归国战俘，即便这些人仍旧被允许保有公民资格与权利，他们也会因为受到侮辱而叛变。因此，这些归

---

① 这些数字是由弗罗斯特（W. G. Forrest）提供的，参见其《斯巴达史：公元前950年到公元前192年》（A History of Sparta，950—192 B.C.），伦敦，1968年，第134页。关于人口下降的原因，参见该书第135—137页。

② Xen. Resp. Lac. 9.4—5.

国战俘被取消了公民资格,他们担任公职和进行商业交易的权利也一并被剥夺。[1]

斯巴达秩序面临着来自内部的威胁,这能够帮助我们理解,为何斯巴达持续支持一种审慎、和平的对外政策。埃利斯与曼提尼亚前线安全局势刚刚好转,阿尔戈斯同盟的威胁被削弱降低,这些都鼓舞了斯巴达国内的鸽派。然而,与此同时,斯巴达无法执行《尼基阿斯和约》,雅典人的怒火持续发酵。科林斯、彼欧提亚、墨伽拉仍然拒绝接受《尼基阿斯和约》,即便斯巴达反复威胁说,会和雅典一起来强迫她们接受和约。斯巴达人将择日采取行动,但他们不会选择盟誓后再行动,同时拒绝签署约束性协议,因为他们害怕这些持异议的城邦会因此不惜同时反对雅典和斯巴达。然而,每一项任务的最后期限都在逼近,斯巴达人却仍旧在拖延。强迫这些城邦接受和约必定是雅典结盟的主要目的之一,同时,斯巴达人每拖延一项任务,雅典人的疑惧就上升一些。[2] 雅典人后悔释放战俘,继续占领派娄斯及其他他们原本同意归还给斯巴达的地方。

雅典人对于斯巴达在安菲玻里的行动的愤怒亦与日俱增。(-48,49-)刻列力夺在安菲玻里的行为已经很有问题,斯巴达决定解散其部队而非将城邦交还雅典的做法已经违背了和约。[3] 疑惧不断增长,在这样的气氛之中,许多雅典人肯定对于继续占领派娄斯及其他地方这一做法持赞赏态度,同时对斯巴达人感到愤怒。现当代一些学者认为雅典人的期待不切实际,不值一提:"[斯巴达人]已经允诺雅典,他们在必要的时候将会使用武力,但是根本不会真用战争来强迫旧盟友、取悦雅典人,这样将会令斯巴达人在希腊世界的声誉毁于一旦。更加绝无可能发生的事情是,斯巴达人强迫卡尔息狄斯人接受和约,甚至将安菲玻里这样人口稠密的城邦交给雅典。因为甚至即便斯巴达人真有此意愿,这样的行动也会令斯巴达人的荣誉扫地。如果雅典人真指望斯巴达人会执行这些允诺,那他们真是旧态复萌,

---

[1] Thuc. 5.34.2. 修昔底德告诉我们说,后来,这些人重新获得了这些权利。

[2] Thuc. 5.35.2—3. 我接下来的解释主要基于安德鲁斯的观点(《修昔底德历史评注》,第4卷,第37页),因为他的看法令人信服。

[3] 参见本书上文,第19—20页(原书页码)。

耽于幼稚幻想而已。"①此处所援引的这一观点更多是出自于作者对雅典民主政体的憎恨,②而非出自作者对此处情势的客观分析。斯巴达已经在《尼基阿斯和约》中允诺会归还安菲玻里于雅典,也已经代表盟邦起誓,这是切实存在的事实。雅典人曾经不愿意接受和约,至少有一部分雅典人是因为斯巴达人的这番允诺才投出了赞成票的。斯巴达人与支持和约的雅典人所使用的论辩,很有可能和刚刚所援引的现代学者的那番评价是一样的。如果真是这样,那么斯巴达人——或许还加上他们的雅典友人们——从来就没有指望过去兑现这些艰巨的条款;他们就是通过欺诈才说服了雅典的公民大会。依靠欺诈说服民众这一做法在伦理上的问题,远不及其实际后果严重。当斯巴达人的欺诈行为被揭发后,(-49,50-)雅典公众舆论哗然,群情激愤。雅典人"怀疑斯巴达人居心不良",拒绝归还派娄斯。雅典人"甚至后悔归还从岛上俘虏的战俘,他们继续占据了其他地方,等着斯巴达人兑现他们自己的承诺"。③

斯巴达人争辩说,他们已经尽力,但是他们没有能力归还安菲玻里。他们保证将尽力说服科林斯和彼欧提亚加入《尼基阿斯和约》,说服彼欧提亚人将边界上的巴那克敦归还给雅典人④并释放他们手上的雅典战俘。作为交换,斯巴达要求雅典归还派娄斯,或者如果雅典不能归还派娄斯的话,那么雅典至少要驱逐目前居住在那里的美塞尼亚人和黑劳士。斯巴达没有提供任何新的东西,不过是以新的许诺替换了旧的许诺,这是一些没有兑现的许诺。然而,支持和约的派别在雅典势力足够强大,这些人说服雅典同胞再次作出让步。雅典人同意从派娄斯撤出美塞尼亚人和黑劳士,并将这些人安置在塞法伦尼亚岛(Cephallenia)。⑤

---

① 梅耶,《古代史研究》,第 2 卷,第 353—354 页。布索特采信了他的观点(《希腊历史》,第 3 卷,第 2 册,第 1212 页)。布索特也认为雅典人指望斯巴达人将信守承诺不过是"幻想"。
② 梅耶对一般意义上的民主政体、特别是雅典民主政体的厌恶在其学术工作及其对现当代事件的论述中都表现得相当明显。其中一个典型的例子出现在《希腊历史》,第 3 卷,第 2 册,第 355—356 页,在此处,他总结道:"激进民主政体,究其根本性质而言,是无法处理目的明确、稳定沉着的对外政策的。"
③ Thuc. 5. 35. 4.
④ 巴那克敦于 422 年叛变,倒向彼欧提亚人(Thuc. 5. 3. 5)。
⑤ Thuc. 5. 35. 5—8.

　　无疑,雅典人摆出的这一姿态,是为了支持并巩固斯巴达城邦里支持和约的那个派别,因为修昔底德告诉我们说,到现在为止,有一些斯巴达人也对和约产生了疑惧。① 421 年秋季伊始,新的监察官委员会(ephors)上任。② 在这一届监察官委员会中,至少有两人——色那列(Xenares)与科辽布鲁(Cleobulus)——能够体现斯巴达城邦中对和约的反对情绪,因为修昔底德径直说"他们是最迫切希望废除和约的"。③

---

① Thuc. 5. 35. 2:ὑπώπτευον δὲ ἀλλήλους εὐθὺς μετὰ τὰς σπονδάς. 修昔底德又曾说,只有斯巴达一方惹人疑惧(Thuc. 5. 25. 2)。安德鲁斯(《修昔底德历史评注》,第 4 卷,第 37 页)指出,这两段文字相互抵牾,"并非构思于同一时期"。我同意安德鲁斯的观点,我还认为,修昔底德意在表明斯巴达的观点发生了转变;"如果他注意到此处抵牾的话,他会修改这处地方的"。

② Thuc. 5. 36. 1. 关于监察官就任的日期,参见《修昔底德历史评注》,第 4 卷,第 38 页,以及圣·克洛瓦,《伯罗奔尼撒战争的起源》,第 320—321 页。

③ 修昔底德说"某些"(τινες)新任监察官反对和平条约,还说(Thuc. 5. 36. 1)色那列和科辽布鲁是"监察官中最希望废除条约的人"(οὗτοι οἵπερ τῶν ἐφόρων ἐβούλοντο μάλιστα διαλῦσαι τὰς σπονδάς)。我认为,只有色那列与科辽布鲁观点如此极端,因为如果大部分监察官赞成此二人的政策,那么这两人就完全用不着如此煞费苦心,秘密谋划。(-50, 51-)我之所以说,这两位新任监察官能够"体现"新产生的疑惧之情,而不说新任的监察官能够"代表"这种疑惧之情,原因有二如下。(1)我们不知道监察官被遴选的时间;遴选时间可能早至 4 月,也可能晚至 9 月。遴选时间越早,这些监察官就越不可能是因为他们的好战政策而被选上的(关于这一问题的讨论,参见圣·克洛瓦,《伯罗奔尼撒战争的起源》,第 321 页)。(2)我们并不很清楚监察官的遴选程序,但是监察官不太可能是依据其政治观点和执政纲领来遴选的。柏拉图谈到监察官遴选程序的时候,说遴选程序类似抽签(Plato Laws 692a,5—6)。亚里士多德(Arist. Pol. 1294b 29—34)说,民众选举贵族议事会(Gerousia),但分有监察官委员会(Ephorate),"然而,因为在最重要的两个机构中,民众选举一个,分有一个[他们选举贵族议事会,但分有监察官委员会]"(ἔτι τῷ δύο τὰς μεγίστας ἀρχὰς τὴν μὲν αἱρεῖσθαι τὸν δῆμον, τῆς δὲ μετέχειν [τοὺς μὲν γὰρ γέροντας αἱροῦνται τῆς δ' ἐφορείας μετέχουσιν]),这番话的意思是,监察官并不是民众选举出来的。亚里士多德还说,监察官是"从全体民众中"(ἐξ ἁπάντων)选出来的,他还说遴选方式"过于儿戏"(παιδαριώδης γάρ ἐστι λίαν)(Arist. Pol. 1270b 25—27)。此外,至少有 3 次,亚里士多德提及监察官时都说他们是"靠运气选上的人"(Arist. Pol. 1270b 29,1272a 30,1272b 35—36)。在 Arist. Pol. 1272b 35—36 这段文字中,亚里士多德将监察官——随机选出的人——与迦太基的一百〇四人院(Carthaginian Magistrates,the Hundred and Four)——因杰出而被选上的人——作对比。我感谢保罗·A. 莱赫(Paul A. Rahe)找到这些段落,并提示我这些段落在此问题上的重要性。关于这个问题更加充分的一番讨论,参见莱赫发表在《历史学刊》的论文:《历史学刊》,第 29 卷,1980 年,第 385—401 页。基于以上理由,我们不能认为,监察官是基于其所提倡的执政纲领才被选上的。这并不是说,监察官不会受到公众意见的影响,但是公众意见对监察官发挥影响的时间是在他们获任以后,而非选上之前。

新的监察官委员会就任后(-50,51-)不久,就计划重启对雅典的战争并诉诸行动。斯巴达召开大会,忠实盟邦、彼欧提亚人、科林斯人甚至雅典人悉数赴会,这次会议的目的应当是再试一次,劝说诸邦接受和约。色那列和科辽布鲁很可能正是因为这次会议的失败才决定诉诸自己的复杂谋划。这两位监察官似乎认为,斯巴达人基本上是因为来自阿尔戈斯的威胁、赎回战俘和派娄斯的意愿而决定议和,斯巴达人也是因为这两个理由而决定与雅典结盟以巩固该和约。现在,既然战俘已经赎回,那么目标只剩下收复派娄斯和消除阿尔戈斯威胁。所以,色那列和科辽布鲁的结论是,斯巴达将会准备好,与雅典重新开战。① 这两位监察官秘密行动,与即将离开斯巴达的科林斯使节和彼欧提亚使节密谈。他们建议科林斯和彼欧提亚协调一致立场,还建议彼欧提亚与阿尔戈斯结盟并试着(-51,52-)说服阿尔戈斯与斯巴达结盟。色那列和科辽布鲁指出,建立一个阿尔戈斯同盟将使得征战于伯罗奔尼撒半岛之外变得更加容易。② 他们还要求彼欧提亚人将巴那克敦交给斯巴达人,以便斯巴达人用巴那克敦来同雅典人交换派娄斯,"这样就更方便与雅典开战"。

两位监察官的这番提议给史家提出了许多问题。他们要求科林斯人与彼欧提亚人加入阿尔戈斯联盟并试着策反阿尔戈斯人、投奔斯巴达阵营,但是他们为什么认为阿尔戈斯人会言听计从呢?阿尔戈斯是与斯巴达有争拗,而不是与雅典人。诚然,一些阿尔戈斯人是民主之敌,情愿接受与斯巴达结盟,以换取在阿尔戈斯建立寡头政体。③ 然而,420 年,这部分阿尔戈斯人并无希望夺取权力。他们要求彼欧提亚人归还巴那克敦,这样斯巴达就可以用巴那克敦来赎回派娄斯,但彼欧提亚人为什么要牺牲自己的安全去进行交易、取悦斯巴达人?监察官回答说,这样一些牺牲将加速战争重启,而战争重启对彼欧提亚有利。不过,彼欧提亚人为什么会相信在斯巴达城邦内势力如此弱小、以至于

---

① 这是我对于修昔底德在 Thuc. 5.36 中所描述的二人心理活动的简写。

② Thuc. 5.36.

③ 关于对阿尔戈斯寡头党人的讨论,参见卡根,《古典语文学》,第 57 卷,1962 年,第 209—218 页。

不得不私密行事的这样一个政治派别？这个派别当时便无能力阻止斯巴达与雅典结盟，为什么彼欧提亚人会相信这个派别现在能扭转斯巴达的政策？最后，为什么会有人相信，消除斯巴达两项心头大患——来自阿尔戈斯的威胁，雅典人控制着的派娄斯——能够使得斯巴达重启冒险政策，而非使得斯巴达故态复萌，重归传统保守主义？

这两位监察官完全无视这些问题，继续推行计划。科林斯使节与彼欧提亚使节离开斯巴达回家的路上，被两位阿尔戈斯要人拦住，他们要求彼欧提亚人加入阿尔戈斯联盟。① 阿尔戈斯人已经被拒绝过一次，所以这一次，他们提出建议的方式更加委婉："团结一致,(-52,53-)与斯巴达人或双方所选择的其他任何城邦进行议和或者战争。"我们没有理由认为，提出这番建议的阿尔戈斯人所代表的利益和政策，与前一年组建同盟的那些阿尔戈斯要人所代表的利益和政策会有什么区别。他们的目标看起来仍然是一个全新的伯罗奔尼撒联盟，一个方便阿尔戈斯人及其盟友挑战斯巴达领袖地位的联盟。关于斯巴达人的模糊措辞及提到其他未具名的敌人或盟友，不过是包裹黄连的糖衣；阿尔戈斯如是措辞，等于什么都没承诺。②

彼欧提亚人欣然接受这番邀请，"因为阿尔戈斯人要求他们做的，也正是他们的斯巴达友人要求他们做的"。彼欧提亚邦联将军们（Boeotarchs）听到消息，同样欢喜，理由也是一样。然而，彼欧提亚人并不应该感到欢喜，因为斯巴达人和阿尔戈斯人要求他们采取的行动只是看起来是一样的。的确，双方都希望彼欧提亚加入阿尔戈斯联盟，但是，双方各自的目的大相径庭。③ 彼欧提亚的领导人感到高兴的原因，应该是他看着阿尔戈斯人走入了为他们而设的那个陷阱，但他们根

---

① Thuc. 5. 37. 1, 2. 这些人可能是 Thuc. 5. 47. 9 所提到的"行政要员"（artynai），或 Thuc. 5. 59. 5 所提到的将军。关于这个问题的有用讨论，参见《修昔底德历史评注》，第 4 卷，第 58—59 页，第 121—123 页。

② 托马斯·凯里（《历史学刊》，第 21 卷，1972 年，第 162 页）指出，阿尔戈斯要人是亲斯巴达的，他们与那两位斯巴达监察官同声同气。西葛（《古典学季刊》，第 70 卷，1976 年，第 258 页）则认为阿尔戈斯在诱使彼欧提亚人背叛斯巴达。上述两种观点看起来都是可能成立的，尽管我们没法确认色那列、科辽布鲁以及阿尔戈斯人之间没有互通消息。

③ 《修昔底德历史评注》，第 4 卷，第 41 页。

本不可能目标一致。当阿尔戈斯人派遣使节带着正式的结盟邀约前来时,彼欧提亚邦联将军接受邀约,允诺将派遣使节前往阿尔戈斯,完成结盟;[①]而按照彼欧提亚邦联的宪法,他们需要先行向邦联议事会咨议。

古代作家没有为我们留下关于科林斯对这些事件发展态势之看法的直接记载;修昔底德只记下了科林斯的行动。科林斯人参与了所有的谈判,没有提出任何反对意见,但是我们有理由认为,为了重启战争,科林斯人不会赞成采用那种手法。(-53,54-)斯巴达要人和彼欧提亚要人应该已经被说服,认为阿尔戈斯能够被策反并投入斯巴达阵营,认为斯巴达将在那时与雅典为敌,但是科林斯人有理由质疑这种看法。科林斯人鼓动斯巴达人开战所依赖的从来都是恐惧,而非安全。[②] 一个独立于斯巴达的、强大的阿尔戈斯同盟会刺激斯巴达采取行动,但是与斯巴达及其盟邦安然结盟的阿尔戈斯将无法刺激斯巴达采取行动。[③] 在420 年的时候,科林斯的任务是要阻止彼欧提亚与阿尔戈斯结盟的企图,而这正是一年之前科林斯人试图促成的结盟。然而,他们要表达自己的反对,就不得不将斯巴达的那个好战派别边缘化,而这个派别却正是他们最终要依靠的势力。这样一来,科林斯人的眼下目标势必是想办法拖延,寄希望于眼前情势变动无常,秘密谈判迟早受到影响。

修昔底德告诉我们,阿尔戈斯使节返回城邦以后,等待彼欧提亚正式遣使,"彼欧提亚邦联将军,科林斯人,墨伽拉人,还有色雷斯来的使节们决定先行共同起誓,发誓在必要时候协助他们中需要防卫的任何一方,发誓在没有一致同意的情况下不单独作战,也不单独议和;发誓只有在这时,彼欧提亚人和墨伽拉人(因为他们采取同样的政策)才能与阿尔戈斯人签订条约"。[④] 无疑,这一提议的背后有科林斯人的贡献。当然,色雷斯的卡尔息狄斯不过是科林斯的卫星,正如墨伽拉之于

---

① Thuc. 5. 37. 5.

② 参见本书上文,第 35—36 页(原书页码)。

③ 这一观点被凯里所认可(《历史学刊》,第 21 卷,1972 年,第 162—163 页)。然而,请同时参见韦斯特莱克(《美国古典语文学期刊》,第 61 卷,1940 年,第 418 页),以及西葛(《古典学季刊》,第 70 卷,1976 年,第 258 页)。

④ Thuc. 5. 38. 1.

彼欧提亚。彼欧提亚人自己并不需要这样一个协议,因为彼欧提亚人已经准备要加入阿尔戈斯人一边,同时,因为科林斯已经是阿尔戈斯的盟邦,这个共同协定并不会为彼欧提亚带来任何其他好处。最后,共同行动的计划不过是早先科林斯人没能实现的那个提议的扩大版罢了。①

科林斯人准确理解了彼欧提亚的政治体制和政治气氛,(-54,55-)他们知道,自己的提议能制造麻烦,在最理想的情况下,将会摧毁那个脆弱的谈判;在最不理想的情况下,至少也能拖延住他们。科林斯人清楚,彼欧提亚人并不怎么信任他们,因为彼欧提亚人亲眼目睹了科林斯人早前的整个阴谋,还拒绝了科林斯人。他们视科林斯人为背叛斯巴达同盟的城邦,害怕与他们结盟将被斯巴达人视为冒犯。② 他们听说科林斯已经公然藐视斯巴达人,还对斯巴达的控诉视而不见。科林斯人清楚上述种种,但他们仍然可以指望去利用普通彼欧提亚人对他们的这种不信任,因为彼欧提亚的普通人并未置身于斯巴达监察官主导的那个秘密谈判。

不管怎么说,彼欧提亚邦联将军们都严重误判了形势。他们将与墨伽拉、科林斯、色雷斯的卡尔息狄斯人结盟的决议提交彼欧提亚最高主权机构邦联议事会。③ 他们当然没有提及该提议背后那复杂的秘密计划,因为如果有任何关于秘密谈判的消息传回斯巴达,那么色那列和科辽布鲁就会有大麻烦。彼欧提亚邦联将军看起来似乎是准备用自己的权威来保证提议得到通过。无疑,对于邦联将军们一致推荐的决议,邦联议事会应该一般都会接受,但是此刻并非平凡一日,邦联议事会驳回了邦联将军们的提议,"害怕他们因与斯巴达同盟的叛徒共同起誓而导致与斯巴达人作对"。④ 邦联议事会驳回提议是邦联将军们所没有

---

① 参见本书上文,第43—44页(原文页码)。

② Thuc. 5. 38. 3.

③ Thuc. 5. 38. 2.《奥克西林库斯希腊志》中有对彼欧提亚邦联宪法的描述: *Hellenica Oxy-rhynchia* XI, 2＝XVI. 2. 从技术上来说,4个议事会相互独立,决策过程需要召集4个议事会同时开会,参见《修昔底德历史评注》,第4卷,第42页。

④ Thuc. 5. 38. 3.

想到的,但科林斯人也许对此早有预见。邦联议事会驳回提议后,谈判也无疾而终。科林斯人与卡尔息狄斯人各自回到城邦,彼欧提亚邦联将军们不敢与阿尔戈斯结盟。没有使节前往阿尔戈斯去进行条约谈判,"整件事没人再管,纯粹浪费时间"。① (-55,56-)

斯巴达城邦内的鹰派,为重启战争创造条件的第一次尝试失败了,但是这些人没有放弃,他们再起一计,把重点从阿尔戈斯转向彼欧提亚。如从前那次一样,色那列与科辽布鲁秘密主导了这些私下的非正式谈判。然而,即便在这些非正式谈判无功而返之后,雅典与斯巴达之间的公开正式对话仍然没有中断。斯巴达城邦内有许多人支持和平,人数并不少于支持战争的人,这些人迫切希望收复派娄斯。鸽派们仍然相信,如果他们能让彼欧提亚人归还巴那克敦和他们手中的雅典战俘,那么雅典人就会将派娄斯归还给斯巴达。斯巴达鸽派与雅典人多次会谈后仍然对此深信不疑,所以他们必定是受到了与之谈判的雅典人的影响,而影响他们的人应该就是尼基阿斯及其同党。既然战和两派都赞同,斯巴达人就派出正式使团前往彼欧提亚,要求他们向雅典人归还巴那克敦及雅典战俘。

彼欧提亚人的回复表明,急于重启战争那个派别已另有谋划。彼欧提亚人说,除非斯巴达人像与雅典人缔约那样与他们单独再缔一约,不然他们就不会归还巴那克敦。斯巴达人清楚,这么做是违反与雅典条约的,因为他们与雅典人的条约表明,讲和或作战都必须取得双方一致意见。② 不过,与雅典决裂正是斯巴达鹰派所希望见到的,因此,这些人当然支持与彼欧提亚结盟的建议。然而,鹰派并没有占据多数,因此他们必须取得鸽派当中一部分人的支持。即便所有斯巴达人都希望

---

① Thuc. 5.38.4.

② Thuc. 5.39.3.一些现当代学者指出,既然修昔底德所记载的条约中并无此项条款,那么以下 3 种情况必有一种为真:(1)修昔底德记载有误;(2)修昔底德文本有误;(3)该条款是后来所加,但修昔底德并未记载下来。我认为,此处的可能性并不仅仅局限于以上 3 种,因为斯巴达人反复允诺会劝服彼欧提亚接受《尼基阿斯和约》,这已经表明,与彼欧提亚单独结盟这一举措是不对的。然而,安德鲁斯(《修昔底德历史评注》,第 4 卷,第 45 页)指出,斯巴达人也许口头应诺了修昔底德所提到的这一条。安德鲁斯这一观点应该是对的。

收复派娄斯,那为何会有斯巴达人认为雅典真会交还派娄斯,特别是在斯巴达背叛和约、与彼欧提亚私自缔约的情况下?唯一可能的解释是,斯巴达人相信,雅典鸽派拥有无限的耐性,而这一点十分明显,(-56,57-)斯巴达人还相信,雅典鸽派有能力操纵雅典的政策。420年3月初,斯巴达人与彼欧提亚人缔结了条约。

新的协定保障了彼欧提亚人不会受到雅典的攻击,因为斯巴达人允诺将为此提供或暗或明的支持。彼欧提亚人欣然接受这一条约,将其视为破坏斯巴达与雅典同盟的第一步,但除此之外,彼欧提亚人愿意转变政策,尚有另一重要原因:他们故意要欺骗他们的斯巴达盟友们。彼欧提亚人缔约后不久,他们便开始动手拆除巴那克敦的防事。① 这一行动不仅令雅典失去了一处宝贵的边界防事,还制造了独特的政治利得:这一行动之后果必定为雅典与斯巴达的同盟及《尼基阿斯和约》本身再加一重紧张。

修昔底德告诉我们,拆除巴那克敦防事是由"彼欧提亚人自己"动手的,斯巴达人对此并不知情。② 拆除防事的主意应该是彼欧提亚人出的,但过往经验表明,这番谋划如此精妙有效,不像彼欧提亚人所为。色那列与科辽布鲁应该有份参与其中;③更加可能的情况是,科林斯人是背后主使。毕竟,斯巴达的监察官们希望在战争重启之前拿到派娄斯,但拆除巴那克敦防事使得这一希望化为泡影。另一方面,科林斯人坚信,不满与恐惧——而非适意与安全——将刺激斯巴达投入战斗。

与此同时,阿尔戈斯人还在等待彼欧提亚使节前来就双方说好的那个条约进行谈判,但是无人前来。相反,新传来的消息令他们惊恐:巴那克敦防事被拆除,斯巴达与彼欧提亚缔结了条约。阿尔戈斯人断定,他们已经遭到背叛,斯巴达人是这一切事件的背后主使,斯巴达人清楚巴那克敦防事被拆除,还通过将彼欧提亚纳入同盟、来劝说雅典人接受这一事实。阿尔戈斯人惊恐万分;他们不能再与彼欧提亚及雅典

---

① Thuc. 5. 39. 3. 参见地图 2。

② 修昔底德清楚表明(Thuc. 5. 42. 1)前去接收防事和雅典战俘的斯巴达正式使团在发现防事已遭拆除时感到讶异。

③ 这是凯里提出的观点(《历史学刊》,第 21 卷,1972 年,第 164—168 页)。

缔约了,他们害怕(-57,58-)自己的同盟会分崩离析,叛向斯巴达。阿尔戈斯人的噩梦是,他们将很快面临伯罗奔尼撒人与彼欧提亚人、雅典人的一个同盟,而伯罗奔尼撒人的领袖是斯巴达。被这一前景吓得不轻的阿尔戈斯人"马上"向斯巴达派出两名使节,试图"无论如何要缔结条约,以便享有和平"。①

　　阿尔戈斯人所接收到的消息大部分是真的,但他们对消息的理解是错的。问题关键在于,阿尔戈斯人得知巴那克敦防事拆除早于斯巴达人和雅典人,那么他们的消息来自何处?② 彼欧提亚人不可能是消息的来源,因为在这一消息抵达阿尔戈斯之前,他们与阿尔戈斯人并无联络。最可能的消息来源是色那列与科辽布鲁那一干人等。两位监察官都与彼欧提亚的要员有秘密联系,也与前来谈判的科林斯人有秘密联系。这些人并未参与拆除巴那克敦防事,但发生何事,他们很容易知道。从另一方面来说,这些人也最有动机带着这消息立即前往阿尔戈斯,把消息透露给阿尔戈斯人以服务于自己的目的。如果阿尔戈斯人直到彼欧提亚与斯巴达缔约、巴那克敦防事被拆除路人皆知的时候才得知这些消息,那么,阿尔戈斯人也会在同一时间得知雅典人对此的愤怒反应,他们就没有时间惊恐,没有时间去与斯巴达缔约,因为与雅典缔约原本更为可取,而到了人尽皆知的时候,阿尔戈斯人仍然是能够与雅典人缔约的。然而,如果斯巴达监察官们将这些消息提前传到阿尔戈斯,再捏造说雅典人已经知道此事,说雅典人与斯巴达人串通一气,那么一切都会不一样。这样一来,阿尔戈斯人完全有理由惊恐,完全有理由做出上述那番举动,事实上,他们就是这么做的。所以我们不得不推断,是斯巴达监察官的干预使得阿尔戈斯人如此急切地寻求与斯巴达人结盟。③ (-58,59-)

---

① Thuc. 5. 40. 3.

② Thuc. 5. 42. 1. 安德鲁斯(《修昔底德历史评注》,第 4 卷,第 45 页)认为,修昔底德记载阿尔戈斯对巴那克敦防事拆除知情,这一记载"似是笔误"。我同意凯里的观点(《历史学刊》,第 21 卷,1972 年,第 159 页,第 165 页及以下),凯里认为,我们应当采信这一史料。

③ 凯里的文章(《历史学刊》,第 21 卷,1972 年)是理解这一切复杂谋划最重要的文本。尽管我在几处地方的解读上与他观点未尽一致,但我从他的论文中获益可观。

　　阿尔戈斯人向斯巴达人提出结盟谈判,这反映,双方都很迫切。阿尔戈斯迫切想要就叙努里亚取得第三方仲裁;斯巴达迫切希望径直恢复旧条约,将争议领土叙努里亚留在自己手里。阿尔戈斯人提出,暂时接受五十年条约,但将来任一时刻,双方可以要求就叙努里亚的归属进行有限规模的战争。① 斯巴达人认为这提议甚为荒唐,但转念一想,又同意了阿尔戈斯人的条件,并签署了条约,"因为他们不顾一切地急于获取阿尔戈斯人的友谊"。② 前来谈判的阿尔戈斯人打道归国,将条约交予公民大会进行批准通过。获得公民大会批准后,他们将要再次来到斯巴达,时间大约晚至 6 月末的雅辛托斯节(Hyacinthian festi-val)。③ 是次拖延时间如此之长,这已足够雅典人改弦更张,扭转事态。

---

① Thuc. 5. 41. 1—2. 这种战争模式来源于公元前 6 世纪阿尔戈斯人与斯巴达人的 300 战士决斗,希罗多德(Hdt. 1. 82)记载到,双方各出 300 名士兵,为争夺叙努里亚进行决斗。
② Thuc. 5. 42. 3.
③ 这一日期是由安德鲁斯提出来的(《修昔底德历史评注》,第 4 卷,第 485 页)。布索特《希腊历史》,第 3 卷,第 2 册,第 1217 页,以及《希腊历史》,第 2 卷,第 722 页,注释 2)认为,这节日是在 5 月。

第三章　雅典与阿尔戈斯结盟

在等待阿尔戈斯谈判者的时候，斯巴达人派员接收彼欧提亚人手中的巴那克敦与雅典战俘，以便交还给雅典人。斯巴达人发现，彼欧提亚人已经拆除了巴那克敦防事，但是他们仍然接收了雅典的战俘，并带领这些战俘前往雅典，尽力为争取收复派娄斯做工作。他们交还了雅典战俘，争辩说尽管防事已遭拆毁，巴那克敦也已经算是归还了，因为巴那克敦之于雅典不再是敌军控制的港口了。① 雅典人对这番诡辩无动于衷，他们坚持要求巴那克敦完璧归赵，还对斯巴达与彼欧提亚结盟这一消息倍感烦扰。斯巴达人如此恬不知耻地背信弃义，这不仅违反了缔结新同盟需要与雅典商榷的允诺，还暴露了斯巴达人许诺迫使异议盟邦加入和约不过是种欺骗。雅典人"怒对使节，打发他们走了"。②

这些事件的发生对于雅典的鸽派来说是沉重一击，对于鹰派来说却是一番鼓舞。自从克里昂去世以后，鹰派再也没有人拥有过他那样的权柄。我们知道有一个人延续了克里昂的传统，并且在雅典公民大会取得了领袖地位：来自佩里梭岱德谟（deme Perithoidae）的安缇芬尼斯之子海珀布鲁斯（Hyperbolus son of Antiphanes）。③ (-60,61-)421

---

① Thuc. 5. 42. 1.

② Thuc. 5. 42. 2.

③ 关于海珀布鲁斯，参见索柏答（H. Swoboda），《保—威百科全书》（*PW*），第 9 卷，1916 年，第 254—258 页，以及迦蒙（F. Camon），"海珀布鲁斯的个性与环境"（Figura e ambiente di Iperbolo），《古典学评论》（*Rivista di Studi Classici*，*RSC*），第 4 卷，1961 年，第 182—197 页。同时参见本书上文，第一章，第 17 页，注释①。

年 3 月,《和平》(*Peace*)在大酒神节(the Great Dionysia)上演,阿里斯托芬(Aristophanes)笔下的主人公在回答"是谁据有庇尼刻斯的讲席(the Bema on the Pnyx)"这个问题时说:"现在是海珀布鲁斯。"①在公元前 5 世纪,作家们将 8 个人称之为"民众守护者"(*prostates tou demou*,gardians of the people),②海珀布鲁斯就是其中之一。除了海珀布鲁斯之外,被称为民众守护者的还有克里昂和科辽丰(Cleophon)。喜剧诗人攻击他时常有之,攻击他的其他诗人也数目不少,③这都证明,他是个重要人物。海珀布鲁斯是三列桨战舰舰长(*trierarch*),还是公民大会的活跃成员,常常促成法令的推动和修订,同时,他还可能同时在贵族议事会(*boule*)和将军委员会中任职。④ 有一脉古代文献源流将其视为流氓一名,荒谬可笑,不可信任,甚至连其他民众煽动家都不如。修昔底德称他为"奸诈之徒,人们将他陶片放逐不是因为害怕他权势煊赫,而是因为他卑鄙下贱,令城邦蒙羞"。⑤ 然而,他被陶片放逐,411 年政变时寡头派又认为有必要谋杀已经被流放到萨摩司的他,⑥这两个事实都表明海珀布鲁斯是个重要人物。

海珀布鲁斯显然属于激进派。阿里斯托芬说他心怀帝国野心、目标远至迦太基(Carthage),⑦那无疑是夸张,但这个笑柄能博得观众一笑,必定事出有因。在阿里斯托芬的《和平》中,海珀布鲁斯被热爱和平的男主角和歌舞队特别指名,当作敌人。⑧ 我们能够推断,(-61,62-)

---

① Aristoph. *Peace* 680—681.

② 瑞佛丁(O. Reverdin),《瑞士缪斯宫》(*Museum Helveticum*),第 2 卷,1945 年,第 201—212 页。

③ 游玻利司(Eupolis)《麻隶喀司/娈童》(*Maricas*)的笑柄就是海珀布鲁斯。曾影射过海珀布鲁斯的诗人,除了阿里斯托芬之外,还有科拉提努斯(Cratinus),琉康(Leucon),赫米普斯(Hermippus),西莫利乌斯(Himerius),以及喜剧诗人普拉图(Plato Comicus)。关于这些诗人为海珀布鲁斯的生平提供的证据,参见吉尔伯特(Gilbert),《伯罗奔尼撒战争期间雅典城邦内幕考》(*Beiträge zur innern geschichte Athens im zeitalter des peloponnesischen Krieges*,*Beiträge*),第 209—216 页,同时参见康纳(W. R. Connor),《公元前 5 世纪雅典的新政客》(*The New Politicians of Fifth-Century Athens*),普林斯顿,1971 年,第 79—84 页。

④ 康纳,《公元前 5 世纪雅典的新政客》,第 81—82 页。

⑤ Thuc. 8.73.3.普鲁塔克反复表达了同样的看法(Plut. *Arist.* 7,*Nic.* 11,*Alc.* 13).

⑥ Thuc. 8.73.3.

⑦ Aristoph. *Knights* 1302—1305.

⑧ Aristoph. *Peace* 921,1319.

421 年雅典反对签约、反对议和之后与斯巴达结盟的那些声音当中，海珀布鲁斯就是那领头的。他没能阻止和约签订及双方结盟，也并不令人感到意外，因为即便海珀布鲁斯具备演讲术方面的良好训练与丰富技巧，但他既没有克里昂那般的战功与声誉，也没有富裕虔敬的尼基阿斯那般的声望与影响力。然而，斯巴达新近的背叛之举使得海珀布鲁斯可以再次提出自己的鹰派诉求。只要鹰派此时没有出现一位有能力的政治新人，那么海珀布鲁斯就会崛起为鹰派领袖。

修昔底德告诉我们说，在那些不断要求废除和约的人当中，克雷尼亚之子阿尔喀比亚德（Alcibiades son of Cleinias）也是其中一员。"那时他年纪是很轻的（即或在希腊任何其他城邦中，也可算是年轻的）。"① 420 年，阿尔喀比亚德被选举为将军时，年龄大概是 30 至 33 岁之间，而 30 岁看起来是该职位所要求的起码年纪。② 阿尔喀比亚德如此年轻便有如此显耀地位，原因有几个。首先他很有钱。在雅典民主政体中，财富是宝贵的政治资产。关于这一点，我们在客蒙与尼基阿斯的政治生涯中也可以看到。③

阿尔喀比亚德有钱到能够带领 7 架双轮战车参加 416 年的奥林匹克赛会（the Olympic festival）。在此之前，从来没有任何公民以私人名义带领过如此之多的战车参赛。④ 此外，阿尔喀比亚德异常俊美，不仅"贵族小姐们竞相追逐他"，连男子也追逐他。⑤ 阿尔喀比亚德还在演讲术方面具备超高天赋与良好训练：他曾求教于他那个时代最好的

---

① Thuc. 5.43.2.谢德风译本，第 385 页。

② 关于阿尔喀比亚德的年纪，参见哈茨菲尔德（Hatzfeld），《阿尔喀比亚德：关于公元前 5 世纪末的雅典之研究》(*Alcibiade, Étude sur l'histoire d'Athènes à la fin du Ve siècle*)，第 27—28、62—65 页。关于将军职位的法定年龄限制，参见伊涅特（C. Hignett），《雅典政制史》(*A History of the Athenian Constitution*, *HAC*)，第 224 页。普鲁塔克证明阿尔喀比亚德曾经担任将军（Plut. *Alc.* 15.1），贝洛赫（《伯利克里以降的亚狄珈政策》[*Die Attische Politik seit Perikles*, *AP*]，第 307 页）与佛纳瓦（Fornara）《雅典将军委员会》[*The Athenian Board of Generals*]，第 62 页）都认为阿尔喀比亚德确实曾经担任将军。

③ 关于客蒙的情况，参见卡根，《伯罗奔尼撒战争的爆发》，第 66—67 页。

④ Thuc. 6.16.2.关于日期，参见《修昔底德历史评注》，第 4 卷，第 246—247 页。

⑤ 关于阿尔喀比亚德的美貌，参见，例如 Plut. *Alc.* 1.3, Xen. *Mem.* 1.2.24（色诺芬，《回忆苏格拉底》），以及 Plato *Prt.* 309a（柏拉图，《普罗泰戈拉篇》）。

修辞家,他的演说才能曾经受到德墨司梯尼(Demosthenes)这等伟大演说家的赞扬。① 阿尔喀比亚德的聪明才智在其死后多年曾经由亚里士多德的学生迢弗拉司忒(Theophrastus)所证实,迢弗拉司忒说,阿尔喀比亚德是"在所有的人当中,最善于发现并理解何为必需之物的一个"。② 甚至他的缺点,在令他受苦之余,似乎也能够对他有所助益。(-62,63-)阿尔喀比亚德患有语言障碍,但大家觉得这十分迷人。阿尔喀比亚德任性,骄纵,喜怒无常,肆无忌惮,但这些不合常理的气质带着孩子气,为他赢得的倾慕至少不比因此招惹的嫉妒和反对少。最重要的是,这些举止为他赢得关注和恶名,而这份关注和恶名对他最早进入公共生活是有帮助的。

普鲁塔克观察到,阿尔喀比亚德与苏格拉底的关系对于阿尔喀比亚德声望有巨大的助益,同时我们也无法否认,阿尔喀比亚德在苏格拉底传统中所享有的地位是我们如今对他了解如此透彻的主要原因之一。③ 但是,我们没有任何理由认为,苏格拉底对这年轻人的政治生涯产生过任何影响。阿尔喀比亚德也许认为——如柏拉图记载到,他自己所说的那样——苏格拉底对他的影响甚至超过伯利克里,但是阿尔喀比亚德此处所说的无疑是指情感方面的影响,这番话是私人性质的。④ 此外,苏格拉底的门徒们提供了一致的证据,证明他们的老师对阿尔喀比亚德的影响并没有持续。

对阿尔喀比亚德政治生涯产生最大影响的是他的家族。正如修昔底德所指出的那样,是其祖先的名气使得阿尔喀比亚德在雅典取得了显耀地位,并且如此迅速。⑤ 从父亲那方面来说,阿尔喀比亚德属于萨拉米斯贵族圈(Salaminioi)。他的高祖父阿尔喀比亚德一世,是克里斯提尼的盟友。他的曾祖父克雷尼亚一世(Cleinias I)在月神岬(Artemi-

---

① 普鲁塔克引用了德摩司梯尼的《驳梅迪亚斯》(Dem. *Meid.* 145);Plut. *Alc.* 10. 2。

② Plut. *Alc.* 10. 2—3。

③ Plut. *Alc.* 1. 2. 关于阿尔喀比亚德与苏格拉底的关系的一个有用的讨论,参见哈茨菲尔德,《阿尔喀比亚德:关于公元前 5 世纪末的雅典之研究》,第 32—58 页。

④ Pl. *Symp.* 215E。

⑤ Thuc. 5. 43. 2。

sium)战斗时担任三列桨战舰舰长，使用的是自费装备的舰船。他的祖父阿尔喀比亚德二世（Alcibiades II）大约在 460 年被陶片放逐（ostracism），因此也是个重要人物。他的父亲克雷尼亚二世（Cleinias II）是伯利克里的同党，还可能是那项同名法令的动议人（现当代学者将这则法令称为"克雷尼亚法令"），这则法令的目的是加强落实帝国贡赋征收。克雷尼亚在 447/446 年的刻龙尼亚战役中阵亡。阿尔喀比亚德这个名字是个斯巴达名字，早在公元前 6 世纪，就随着阿尔喀比亚德家族与一个斯巴达家族建立门客关系而被赋给这家族的孩子，与恩迪乌斯（Endius）这名字隔代交替使用。这层关系使得阿尔喀比亚德的家族成为斯巴达在雅典的在邦领事（*proxenos*），但阿尔喀比亚德二世曾宣布放弃与斯巴达的这层特殊关系（-63, 64-），这或许是因为第一次伯罗奔尼撒战争爆发了。然而，阿尔喀比亚德二世这一举动却并未影响与斯巴达的恩迪乌斯-阿尔喀比亚德家族之间的关系。

阿尔喀比亚德的母亲黛诺玛刻（Deinomache）来自阿克美翁岱家族（an Alcmaeonid）。这一家族的重要地位广为人知，其显赫名声可追溯至公元前 7 世纪。克雷尼亚二世死后，他的两个儿子阿尔喀比亚德和克雷尼亚四世（Cleinias IV）被交给其母系家族里的亲戚——伯利克里及其兄弟阿力弗戎（Ariphron）——来监护。这一点还能证明，阿尔喀比亚德的父亲与伯利克里也有很近的亲戚关系，因为监护权一般都被交给父亲一方的男性亲属。① 那么，从大约 5 岁开始，阿尔喀比亚德，还有他那胡闹又无拘无束的弟弟，就在领导雅典的这位国务家的家中被养育。② 伯利克里不一定真与这两个男孩共度了很多时光，也不一定将年轻的阿尔喀比亚德视为自己的接班人。③ 然而，阿尔喀比亚

---

① 关于阿尔喀比亚德家族的讨论，相当倚赖《修昔底德评注》，第 4 卷，第 48—50 页及戴维斯（Davies），《雅典有产家庭论》（*Athenian Propertied Families*，*APF*），第 9—18 页的讨论。

② 柏拉图（Plato *Alc.* 1. 118 及 Plato *Prt.* 320a）的记叙是我们了解克雷尼亚四世年轻时性格的资料来源。戴维斯将克雷尼亚四世描述为"精神错乱的罪犯"（戴维斯，《雅典有产家庭论》，第 18 页），这一描述的强烈程度与临床精确程度相对于我们所能找到的史料证据来说，似嫌太过。

③ 参见哈茨菲尔德，《阿尔喀比亚德：关于公元前 5 世纪末的雅典之研究》，第 28—32 页。

德的少年时期与伯利克里事业生涯如日中天的时期相重合了。在这一时期,伯利克里在雅典独揽大权,影响力无人挑战。天赋极高的少年阿尔喀比亚德,父亲一方的家族传统本就激发了他的野心,拔高了他的期待;在目睹其监护人的权势与荣耀后,少年阿尔喀比亚德势必产生了更为强烈的野心。甚至,对于克雷尼亚二世的儿子和受伯利克里监护的孩子来说,在公共服务领域达成了不起的成就也不够了,鼓励他想象更为无畏大胆的奉承者从没少过。正如普鲁塔克所说:"……阿尔喀比亚德对卓越与名望的爱吸引着大家恭维他、讨好他,使得他过快投入了各种肆无忌惮的阴谋。这些人同时还劝阿尔喀比亚德说,他不过刚刚踏入公共生活,很快就会使得其他庸常的将军和政治领袖黯然失色,不仅如此,他甚至还将在权势和在希腊人中的名望这两个方面超越伯利克里。"①阿尔喀比亚德的家族联系令他充满在雅典公共事务中发挥重要作用的渴望;(-64,65-)在民众仍旧恭顺精英的 5 世纪民主政体中,其家族给予阿尔喀比亚德的优势远远超过与他竞争的人。

到了 420 年,阿尔喀比亚德军事成就极佳,已经值得夸耀一番。他曾经服役于波提狄亚(Potidaea)和德里昂(Delium),是一名出色的骑兵。他因此被选举为将军,尽管从年纪上来说是年轻得有些不寻常了,但也并算不得过于违规。斯巴达在斯伐刻帖里亚(Sphacteria)投降之后,阿尔喀比亚德希望在公共事务中发挥重大作用的野心逐渐显露出来。是役之后,他格外注意斯巴达战俘,依靠自己家族与斯巴达的古老联系,期望恢复其作为斯巴达在雅典的在邦领事的资格。阿奇达慕斯战争行将结束之际,阿尔喀比亚德希望成为与斯巴达谈判的那个雅典人,这样,他将因接下来缔结的这份和约而得到赞赏,但是斯巴达人更愿意同经验丰富、老道可靠的尼基阿斯打交道。阿尔喀比亚德觉得被冒犯、被侮辱了,于是转变了立场。这样,阿尔喀比亚德开始攻击与斯巴达结盟的政策,理由是斯巴达人缺乏诚意,他们与雅典结盟不过是想放开手脚,好对抗阿尔戈斯;一旦阿尔戈斯被搞定,斯巴达就将再次攻打被孤立的雅典人。修昔底德告诉我们说,这并不完全是夸大其词,他

---

① Plut. Alc. 7.3—4. 此处使用的英译来自佩林(B. Perrin)的娄卜(Loeb)版本。

还说，阿尔喀比亚德诚心倾向于与阿尔戈斯结盟，而非与斯巴达结盟；当然，阿尔喀比亚德这样揣测斯巴达的动机，其实并没有冤枉色那列(Xenares)、科辽布鲁(Cleobulus)及支持他们的人。①

420年春天之前，阿尔喀比亚德对鸽派的反对徒劳无功，但是随着巴那克敦防事被拆除，斯巴达与彼欧提亚结盟，一切都被改变了。尼基阿斯的政策已经摇摇欲坠，普鲁塔克为我们总结了阿尔喀比亚德对尼基阿斯政策的攻击："他在公民大会中掀起了针对尼基阿斯的喧嚣骚动，诽谤尼基阿斯，控诉有板有眼。阿尔喀比亚德说，在尼基阿斯自己担任将军的时候，曾经拒绝俘虏被困在斯伐刻帖里亚岛的敌军士兵，而当其他人俘虏了这些人之后，他又把这些人放了，交还给拉栖代梦人(Lacedae-monians)，以讨好拉栖代梦人；然后，还是这些拉栖代梦人，他却没有去劝说这些人不要与彼欧提亚人、哪怕是不要与科林斯人单独结盟，然而，当任何希腊人(Hellenes)想要与雅典亲善或与雅典结盟的时候，他却试图阻止，(-65,66-)除非拉栖代梦人对此感到满意。"②这些公开指控令雅典人从思想上对鸽派有所退却，更易于接受鹰派的新政策。阿尔喀比亚德秘密与阿尔戈斯接洽，试图将阿尔戈斯拉拢到雅典阵营。他捎信给阿尔戈斯民众党派的领袖，敦促他们与埃利斯和曼提尼亚使节一同前来，与雅典结盟："机会已经成熟，自己会竭力合作。"③

阿尔喀比亚德的消息及时到达，阻止了阿尔戈斯与斯巴达结盟。阿尔戈斯人原来错误地认为雅典与斯巴达串通一气，所以他们自己才试图去缔结这样一个不受欢迎的同盟。现在，既然真相大白，阿尔戈斯人终于可以放弃与斯巴达结盟的想法，欣然考虑与雅典结盟，"阿尔戈斯人认为，雅典素来友善，其民主政体与他们自己的政体类似，雅典人在海上拥有强大权势，如果战争爆发，雅典人会站在他们这方战斗"。④

---

① Thuc. 5. 43；Plut. *Alc*. 14. 1—2.

② Plut. *Alc*. 14. 4—5. 我们不知道普鲁塔克是根据何种史料作出如上评述的，但尼基阿斯的有力对手会认为这些评述是恰如其分的。

③ Thuc. 5. 43. 3. 阿尔喀比亚德捎信给民众派领袖这一细节来自于普鲁塔克(Plut. *Alc*. 14. 3)，我们没有理由怀疑这一细节。

④ Thuc. 5. 44. 1.

阿尔戈斯、埃利斯、曼提尼亚的使节立即出发,前去与雅典谈判结盟。

斯巴达人很快得知了事态新进展,这时间足够他们采取预防性举措。① 斯巴达人派出 3 人使团前往雅典,这 3 人在雅典人当中声望甚高:力昂(Leon)、斐洛喀利达斯(Philocharidas)以及恩迪乌斯。恩迪乌斯正是来自于与阿尔喀比亚德家族关系密切的那个斯巴达家族。这一使团的任务是阻止雅典人与阿尔戈斯结盟,同时要求以巴那克敦换取派娄斯。该使团还要就新近与彼欧提亚结盟之事向雅典解释,以表明此举对雅典毫无威胁。② 斯巴达的鹰鸽两派必定都支持该使团,因为这两派都不愿坐视阿尔戈斯与雅典结盟。(-66,67-)

修昔底德对于接下来的事件发展的叙述如此不同寻常,以至于有人指出,这段叙述不足采信。③ 修昔底德告诉我们,斯巴达使节来到雅典的贵族议事会,宣布他们得到全权授权,可以解决一切争议。这令阿尔喀比亚德感到警惕,他害怕如果斯巴达使团去公民大会发表同样的演讲,就能够说服公民大会,也就能够阻止雅典与阿尔戈斯结盟。为断其后患,阿尔喀比亚德劝服斯巴达使节,要他们别对公民大会说他们拥有谈判的全权。作为回报,阿尔喀比亚德允诺,将利用自己的影响力来为他们服务;他将交还派娄斯,并解决其他所有争议。在公民大会里,斯巴达人猝不及防,孤立无援。阿尔喀比亚德问他们具有何种授权权限,他们发誓说,所得授权是有限制的。然后,阿尔喀比亚德背叛了斯巴达使节,转而愤怒地大声攻击他们。阿尔喀比亚德他自己表现得好

---

① 因为阿尔喀比亚德的消息是私下传递的,甚或是秘密传达的(Plut. *Alc.* 14.3),所以斯巴达人是如何迅速得到消息的,并不明确。可能性最大的揣测是,阿尔戈斯那个亲斯巴达的寡头派别向斯巴达传递了消息。关于阿尔戈斯存在这样一个政治派别的证据,参见 Thuc. 5.76.2。关于这个派别在此之前与斯巴达及其盟友的联系,参见卡根,《古典语文学》(*Classical Philology*,*CP*),第 57 卷,1962 年,第 210 页。

② Thuc. 5.44.3.

③ 其他古代信源所述(Plut. *Alc.* 14.6—9;*Nic.* 10.4—6)与修昔底德所述并无实质区别,仅仅加上了若干细节,多少看起来是可信的。对这段叙述表达讶异的现当代学者伙矣。哈茨菲尔德(《阿尔喀比亚德:关于公元前 5 世纪末的雅典之研究》,第 91—93 页)认为这段论述并不正确,他的观点得到了安德鲁斯(《修昔底德历史评注》,第 4 卷,第 51—53 页)带有些许迟疑的认可。布伦特(P. A. Brunt,《希腊研究评论》[*Revue des études grecques*,*REG*],第 65 卷,1952 年,第 66—69 页)则指出,修昔底德的信源是阿尔喀比亚德自己,他还指出,这段叙述的目的在于夸大阿尔喀比亚德所发挥的作用。

像遭到了背叛一般,他质疑斯巴达使团的诚信,还质疑他们使团的目的。公民大会很快被激怒了,准备马上与阿尔戈斯人结盟。尼基阿斯震惊又难堪,因为他对于事件的如是发展毫无准备。无疑,阿尔喀比亚德已经令斯巴达使节发誓保守秘密,特别是令他们不要联系尼基阿斯。但地震发生,雅典与阿尔戈斯没能当场完成结盟。① 斯巴达的使节们既没有时间,也没有机会去控诉阿尔喀比亚德的诡计,同时,雅典人的怒火令他们认为,揭发阿尔喀比亚德的诡计对他们也不会有什么好处。斯巴达使团或许在匆促中离开雅典,返回斯巴达,因为我们手中的证据表明,他们没有出现在公民大会第二天的集会中。

　　这个故事令人困惑,引起了一系列问题。② 为何斯巴达使节接受了阿尔喀比亚德的建议、信任阿尔喀比亚德,而不去与尼基阿斯合作?毕竟,斯巴达使节知道阿尔喀比亚德的立场是敌视斯巴达的。阿尔喀比亚德是如何说服(-67,68-)斯巴达使节,令他们认为在公民大会面前改换说辞能够对其目的有所助益的? 为何斯巴达使节没有揭发阿尔喀比亚德对他们耍的花招? 最后,我们知道恩迪乌斯与阿尔喀比亚德在413/412 年曾经紧密合作过,但如果 420 年阿尔喀比亚德这样戏耍过恩迪乌斯,他们怎么可能到 413/412 年还进行合作?③ 要理解当时的情势,我们就必须要理解斯巴达使节所面临的是怎样艰难的任务。除却他们所得到的"全权"之外,他们几乎没有什么可以提供给雅典人的,但他们对雅典人的索求却很多。事实上,斯巴达使节所拥有的所谓"全权",不过是在雅典人同意使节们得到授权所作的那些提议的情况下,为斯巴达缔结一项有约束力的承诺的权利罢了。④ 斯巴达人仍然不愿意交还安菲玻里,他们也无法将巴那克敦完璧归赵,他们还不愿意与彼欧提亚人解除同盟关系。斯巴达人所能够提供的不过是没有说服力的

---

① 　Thuc. 5. 45. 4;Plut. *Alc*. 14. 8—9.

② 　安德鲁斯(《修昔底德历史评注》,第 4 卷,第 51—53 页)简洁利落地展开了这个问题,我部分地采用了他的分析框架。

③ 　Thuc. 8. 6. 3,12.

④ 　参见哈茨菲尔德,《阿尔喀比亚德:关于公元前 5 世纪末的雅典之研究》,第 91—92 页,以及安德鲁斯,《修昔底德历史评注》,第 4 卷,第 52 页。

诸般借口,还有对将来之诚意的一番保证罢了。尼基阿斯,尽管他仍然倾向于保持和约、与斯巴达结盟,并仍然代表了一支重要的政治力量,但也无法替斯巴达人达到目的。雅典人被斯巴达人新近的举动激怒,他们的怒火也包围了尼基阿斯。

而阿尔喀比亚德呢,从另一方面来看,他带来了新的希望。他可能已经被选举为来年的将军,①但是即便他还没有当选,阿尔喀比亚德的受欢迎程度也使得他在来年当选看起来势在必行。此外,恰恰是他在与斯巴达作对的那个派别中作为领袖的显耀地位,使得他对斯巴达人提供的协助看起来格外诱人。如果阿尔喀比亚德的声音被加到尼基阿斯与斯巴达合作的声音中,那么雅典就不可能有其他政治力量能够抵抗这股合音的影响力。斯巴达人对阿尔喀比亚德之诚意的信任也不应当令我们感到意外。斯巴达使节们知道阿尔喀比亚德是个野心勃勃的年轻人,过去便与斯巴达有特殊的联系,早先就试图扮演斯巴达与雅典之间联系人的角色,并希望从这一功劳中攫取政治利益。斯巴达使节们知道,在斯巴达人轻蔑拒绝他、转而接洽其对手尼基阿斯的时候,他就已经开始与斯巴达作对了。斯巴达使节们怎么会质疑阿尔喀比亚德在新的情势下再次变节的能力呢? 现在,为了挽救受到威胁的和约,同时,在这一过程中,为了取代尼基阿斯的地位,成为斯巴达人所信任和公开尊崇的雅典政治家,(-68,69-)阿尔喀比亚德应该希望在此时成为政治舞台上的核心人物。无论怎么说,斯巴达人选择信任阿尔喀比亚德,并没什么可以失去的,因为如果没有阿尔喀比亚德,如果阿尔喀比亚德反对斯巴达,那么他们也毫无胜算。②

---

① 这是安德鲁斯的看法(《修昔底德历史评注》,第 4 卷,第 52、69 页),我认为这是可能的。

② 有些学者受到普鲁塔克(Plut. *Nic.* 10. 4)的影响,把 Thuc. 5. 45. 1 这句话 (*τòν Ἀλκιβιάδην ἐφόβουν μὴ καί, ἢν ἐς τòν δῆμον ταῦτα λέγωσιν, ἐπαγάγωνται τò πλῆθος…*) 的意思解释为:斯巴达人已经说服了贵族议事会,阿尔喀比亚德害怕他们也能够说服公民大会。我同意安德鲁斯(《修昔底德历史评注》,第 4 卷,第 52 页)的观点,安德鲁斯认为这样解释并无必要。普鲁塔克此番记载看起来更像是基于修昔底德文本错误解读而展开的说法。布伦特(《希腊研究评论》,第 65 卷,1952 年,第 67 页)提出质疑:"阿尔喀比亚德的谋划事实上是否达成了任何目标? 将雅典与阿尔戈斯推向结盟的难道不是双方的外交和军事处境,难道仅凭一人之机敏就可以做到?"对布伦特之问最好的回答是,双方走向结盟,城邦之处境与机敏之个人,缺一不可,因为阿尔喀比亚德捎信(转下页注)

阿尔喀比亚德为了要斯巴达人在公民大会上不说出他们具有全权这一事实而向斯巴达人所说的理由,被普鲁塔克记录下来了:阿尔喀比亚德告诉斯巴达人说,按照一般情况,贵族议事会温和有礼,而公民大会则挑剔苛责。若公民大会知道斯巴达的使节具有全权,那么他们势必百般刁难,提出许多无法实现的要求,但若公民大会以为一切协定都需回国交由斯巴达城邦批准通过,那么他们行事就会公平合理一些。① 我们没有理由去怀疑普鲁塔克记载的精确性,也没有理由去怀疑他记载此事的信源。阿尔喀比亚德那样描述贵族议事会和公民大会的特点,并没什么问题;即便阿尔喀比亚德的描述有误,斯巴达使节也没办法辩驳他。斯巴达使节已经决定了要接受阿尔喀比亚德的帮助,他们就别无选择,只能依照他的指示行事;阿尔喀比亚德掌控着这帮斯巴达的使节。②

现在,我们可以转向恩迪乌斯了。恩迪乌斯后来与阿尔喀比亚德——此刻对待他及他的同行使节们如此恶劣的这个人——展开了合作。有一种解释是,经过了 8 年时间,人们会忘记过去的错误,特别是在眼前有利可图的时候。(-69,70)413/412 年的局势足以让恩迪乌斯宽恕阿尔喀比亚德此时此刻对他的戏耍。③ 还有一种情况也是可能的,恩迪乌斯与阿尔喀比亚德在 420 年时就串通一气。这种解释的问题在于,我们没有任何信源可以证明,恩迪乌斯在 420 年的时候有与阿尔喀比亚德串通一气进行协作的动机。④ 无论事实是上述两种情况中

[接上页注]给阿尔戈斯、建议他们与雅典结盟的举动甚为及时,且影响重大。然而,即便没有这欺骗斯巴达人的小伎俩,要挫败斯巴达使节的任务也不是不可能,但这一小伎俩却帮助阿尔喀比亚德成为那个看透斯巴达人的"背信弃义"、在公民大会上公开说出来的人,帮助阿尔喀比亚德借此成为众人瞩目的焦点。

① Plut. *Alc.* 14.6—7.

② 安德鲁斯(《修昔底德历史评注》,第 4 卷,第 51—52 页)指出,普鲁塔克的记叙并不可信,但是他论证这一观点时所使用的论据并无足够说服力。安德鲁斯在拒斥普鲁塔克此处可信性时的一些看法,将在下文的史实重建中得到回应。

③ 安德鲁斯(《修昔底德历史评注》,第 4 卷,第 51 页)如是认为。

④ 恺布利(R. C. Kebric)(《涅默叙涅期刊》[*Mnemosyne*],第 29 期,1976 年,第 72—78 页)试图为恩迪乌斯串通阿尔喀比亚德提供一个动机:恩迪乌斯试图推翻斯巴达君主制,如莱山德(Lysander)后来试图做的那样。没有证据表明恩迪乌斯有这种企图,我们也没有理由去相信这种观点。

的哪一种,阿尔喀比亚德与恩迪乌斯后来的关系都不应当成为我们在此解释阿尔喀比亚德小伎俩的障碍。阿尔喀比亚德临时起意,想出这个伎俩,不仅是为了达成新的外交政策,也是为了给这一政策的捍卫者增光添彩。

第二天,公民大会因为地震而中断的会议重新召开。尼基阿斯仍然没有意识到斯巴达使节为何举止古怪,他继续尽自己所能推行自己的政策。尼基阿斯建议推迟决议与阿尔戈斯结盟一事。他主张,与斯巴达亲善比与阿尔戈斯亲善更为可取,同时还提议,向斯巴达派遣使团,以探明斯巴达之意图。毕竟,阿尔喀比亚德的干预阻止斯巴达使节将他们此行所要说的话说出口。尼基阿斯还提出了另一个论点,这个论点清晰反映了他的观点与性情:雅典人处境良好,好运与安全正眷顾城邦,城邦名誉无可指摘,和平对于雅典人来说有利可图。另一方面呢,斯巴达名誉受损,受到威胁,且不安全,他们需要的是速战一场,重整旗鼓。保守的悲观主义者时刻准备着失败,这番话正是这种保守的悲观主义者会说的话。其他人或许会反过来论争,说现在面对其他城邦结成的有力同盟,斯巴达被削弱、被威胁了,那么当下就正是与斯巴达一决雌雄、为雅典解除多年来的心头大患的适当时机,而尼基阿斯的影响力足够强大,能够说服公民大会推迟决议与阿尔戈斯结盟一事,同时还决议向斯巴达派遣使团,尼基阿斯本人也随团出使。交给该使团的任务,是去要求斯巴达人将巴那克敦完璧归赵,交还安菲玻里,以及(-70,71-)如果彼欧提亚人不接受《尼基阿斯和约》,斯巴达人就不得与彼欧提亚人结盟。该使团还被要求去向斯巴达人指出,若雅典真有什么不良企图,那么雅典就早已同阿尔戈斯结盟了。雅典的使节们结束演说后,根据他们所得到的指示宣布,如果斯巴达人不放弃与彼欧提亚人结盟,那么雅典就会与阿尔戈斯结盟。我们应当看到,如果尼基阿斯能够自主措辞,他就不会作这样的使团指令。无疑,尼基阿斯是希望斯巴达的鸽派能够站出来,至少放弃与彼欧提亚结盟,来避免重启战事,但是参与起草使团指令的除了尼基阿斯,肯定还有阿尔喀比亚德及其同党。雅典使团强硬苛刻的语气毁掉了和解的希望。色那列、科辽布鲁及其派别中人——也就是普鲁塔克所称的

"彼欧提亚党"①——最终胜出,斯巴达人拒绝了雅典人的要求。看在尼基阿斯的面子上,又或许是为了安抚斯巴达自己的鸽派,斯巴达同意对《尼基阿斯和约》重新起誓,但是这不过是个空洞的姿态。斯巴达将坚持与彼欧提亚人结盟,那么可以预见,雅典人也将与阿尔戈斯结盟。

使团回国,报告任务失败。阿尔喀比亚德利用雅典人的怒火,让阿尔戈斯、埃利斯、曼提尼亚的使节也参与讨论。雅典人决议,与伯罗奔尼撒半岛的这三个民主城邦订立条约。该条约时效长达 100 年,包含互不侵犯条约,双方建立海陆防御同盟,一方是这三个伯罗奔尼撒半岛的民主城邦及其附庸邦,另一方是雅典人及其属邦。如果雅典受到攻击,阿尔戈斯、埃利斯及曼提尼亚有义务前来援助;而如果这三个伯罗奔尼撒半岛的民主城邦遭受侵略,雅典人也有义务前来援助。②

该协定是阿尔喀比亚德的胜利,该协定也为雅典带来了新的政策路线,但是古代作家与现当代学者(-71,72-)都不能就其功效达成一致意见。尽管修昔底德希望我们将这一协定列为伯利克里继任者的诸多愚蠢错误之一,但他没有明确评价这一协定,甚至没有给出一些模棱两可的述评,如他评价西西里远征那样。③然而,值得注意的是,在 415 年,甚至在斯巴达人在曼提尼亚击败新的同盟之后,阿尔喀比亚德不以为耻,反以为荣,吹嘘是自己促成了该事。"你们要记着,我没有使你们冒很大的危险和花很多的经费,而组织了一个伯罗奔尼撒同盟,使斯巴达冒着一切的危险,以争取在门丁尼亚[曼提尼亚]一天战争的胜利;在战场上他们虽然胜利了,但是至今他们还没有完全恢复他们的信心。"④当然,考虑到演说者的自保目的及其修辞上的夸张手法,我们对此番说词要有所保留,不能全信;但是,如果绝大部分雅典人都认为与阿尔戈斯结盟行为愚蠢、后果可怕的话,那么阿尔喀比亚德根本无法这样自吹自擂。

---

① Plut. *Nic.* 10. 7:τῶν βοιωτιαζόντων.
② 关于完整细节,参见 Thuc. 5. 47. 1—12,同时参见《修昔底德历史评注》,第 4 卷,第 54—63 页的评注。
③ Thuc. 2. 65. 11.
④ Thuc. 6. 16. 6. 谢德风译本,第 436—437 页。

当然,在 420 年,还是有一些雅典人仍然不愿放弃与斯巴达修好的希望,拒绝与阿尔戈斯结盟。古代作家几乎没有留下这部分雅典人的论辩,①但爱德华·梅耶尝试弥补这一空白。在他看来,与阿尔戈斯结盟对雅典来说毫无益处,因为阿尔戈斯作为盟友而言并无用处,461 年的结盟已经证明了这一点,曼提尼亚战役的失败即将再次证明这一点。相反,与阿尔戈斯结盟只会给雅典带来负担,阿尔戈斯的麻烦会拖累雅典,分散雅典的注意力、精力、资源,雅典无法将这些注意力、精力、资源投入更为紧要的任务。雅典需要和平,主要目的是积累财富,恢复人口。雅典的精力只应集中在一个区域,那就是北爱琴海地区,安菲玻里邻近地区沦陷的属邦是必须要收复的。如果雅典拒绝与阿尔戈斯结盟,继续与斯巴达修好,就将一切顺遂。伯罗奔尼撒半岛的动荡将使得斯巴达彻底投入雅典的怀抱。雅典要尽一切努力,保证亲雅典党在斯巴达继续当权。伯罗奔尼撒半岛的分歧将自然就会愈演愈烈。甚至,即便斯巴达人最终能够打败(-72,73-)敌人,他们也需要花个 10 年时间。在此期间,雅典休养生息,将不必惧怕来自伯罗奔尼撒半岛的任何威胁。当然,要执行这样的政策方针,就少不得要有伯利克里那样的领袖,"而不是像阿尔喀比亚德那样觊觎权力、趁乱渔利、好让自己当上雅典和全希腊的王"的领袖。②

以上就是梅耶的看法。这看法中的缺陷是很明显的。雅典人早前与阿尔戈斯结盟的时候,并不是在斯巴达遭受了一系列失败蒙羞之后;雅典与阿尔戈斯结盟,斯巴达盟友也并未群起叛离同盟,也并未组成新的同盟来挑战斯巴达的霸权。现在的这个阿尔戈斯,在军事上和外交上都更加准备充分,可以随时挑战斯巴达。此外,在 420 年与阿尔戈斯结盟,防御斯巴达入侵亚狄珈效果一流。只要阿尔戈斯、曼提尼亚、埃利斯的部队同心备战,斯巴达就不能离开伯罗奔尼撒半岛。只要雅典人选择利用这个同盟,这个新的同盟就可以成为一次性彻底摧毁斯巴

---

① 尼基阿斯整体上来说是反对积极有为政策的,他在 415 年反对西西里远征的演讲中应当表达了其中部分观点(Thuc. 6.10)。

② 我总结了梅耶在《古代史研究》,第 2 卷,第 354—356 页的论述。

达权势的武器。这一方案的风险——正如阿尔喀比亚德所吹嘘的——像其代价一样微不足道。此外,梅耶的分析完全忽略了斯巴达的实际政治情况。鹰派对于与雅典修好并无兴趣,而依据现有条件,这一派别在斯巴达城邦中势必不日得势。只要斯巴达人没有兑现他们的承诺,他们就不能要求雅典人兑现他们的承诺。只要派娄斯还有雅典人或美塞尼亚人(Messenians),斯巴达人就无法保障和平。两大权势和平共处,无论有多好,都无法实现。如果雅典人拒绝了阿尔戈斯人的主动表态,他们所得到的结果势必是他们所不想见到的:或者阿尔戈斯人将重新与斯巴达结盟——他们差不多已经要重启这一进程了,或者阿尔戈斯将面临战事——伯罗奔尼撒半岛的 3 个民主城邦将与伯罗奔尼撒的其他城邦和彼欧提亚作战。梅耶应该是认为,这样一场战争可以持续10 年,但阿尔戈斯自己的举动和曼提尼亚战役表明,情况并非如他所预计。无论是阿尔戈斯重新与斯巴达结盟,还是与伯罗奔尼撒其余城邦及彼欧提亚作战,雅典很快都将要面对伯罗奔尼撒半岛统一并与彼欧提亚结盟,权势总和将是(-73,74-)她在阿奇达慕斯战争中所面临的权势总和的数倍,可现在反观自身,雅典人口减少了十分之一,雅典金库已近干涸。建立阿尔戈斯同盟的本意可能是防御手段,也可能是对进攻的反应措施,雅典人可能为这其中任意一个理由而支持这个同盟,但无论是为了防御,还是为了应对进攻,这个同盟都配得上普鲁塔克的赞扬:"阿尔戈斯同盟建立,整个伯罗奔尼撒半岛陷入分裂,陷入骚动;一夜之间,曼提尼亚竖满了与拉栖代梦人作战的盾牌;战争及其风险被置于离雅典很远的地方,这样,当拉栖代梦人打败敌人,胜利受益有限,反之,一旦拉栖代梦人被打败,斯巴达自身存亡危急。"①

雅典与斯巴达关系急转直下,两个城邦各自缔结独立同盟,至少违背了雅典-斯巴达同盟的精神,但即便如此,雅典和斯巴达都没有宣布终止同盟。这大概是由于,双方都不希望给对方以借口来发动进攻性举动,也不希望因此承担破坏和约的责任。与此同时,挑起了诸端矛盾的科林斯人,继续狡诈行事。科林斯人拒绝加入阿尔戈斯与雅典的新

---

① Plut. *Alc.* 15.1,此处使用的英译来自 B·佩林的娄卜英译本。

同盟，一如他们拒绝加入阿尔戈斯先前与埃利斯和曼提尼亚的攻守同盟。① "科林斯人没有加入这同盟，再次倒向了斯巴达人。"②若我们正确理解了科林斯人的动机，那么科林斯人此举就不会让我们感到惊讶。科林斯人已经得到了他们所要的：斯巴达和雅典发生龃龉，鹰派在斯巴达掌权，战争看起来即将重启。我们需要问的不过是：为何科林斯人继续保持与阿尔戈斯、埃利斯、曼提尼亚的防御同盟？谨慎可能是他们的理由；斯巴达政治不稳定，科林斯人不得不多留个心眼。除此之外，科林斯人对于伯罗奔尼撒半岛民主城邦态度模棱两可；这样一来，在将来的某个关键时刻若科林斯人想前去干涉，也是可以的。(-74,75-)

雅典与伯罗奔尼撒半岛的民主城邦结盟，这直接影响了斯巴达的声望，斯巴达人被攻击被伤害事件日益增多。此类事件的第一件，发生在 420 年夏季第十九届奥林匹克赛会上。《尼基阿斯和约》的第一个条款就规定，③共同的神庙，大家皆可自由出入。奥林匹亚神庙位于埃利斯，埃利斯人管理着赛会，因为他们与斯巴达人有争执，他们就禁止斯巴达人奉献牺牲，也禁止斯巴达人参与赛会。埃利斯人的理据是，斯巴达攻打了一处埃利斯要塞，还在停火协定颁布之后派遣部队前往勒浦雷坞(Lepreum)，违反了神圣停火协定。斯巴达人则声称，他们采取这些行动时，停火协定还未颁布。这番控诉的对错得失既不清楚，也不重要。显然，埃利斯人意图利用奥林匹克赛会来达到其政治目的。成员主要由埃利斯人构成的奥林匹克委员会(the Olympic court)作出对斯巴达不利的判决，并向斯巴达罚款。斯巴达人拒绝缴纳罚款，埃利斯人就提议，若斯巴达人将勒浦雷坞交还给埃利斯人，那么罚款可减免一半。斯巴达人仍然拒绝。埃利斯人希望至少要羞辱斯巴达人一番，于是他们要求斯巴达人在奥林匹亚宙斯的圣坛前，当着前来集会的希腊人起誓，起誓他们将会在晚些时候缴纳罚款。斯巴达人仍然拒不接受。于是，斯巴达人被禁止进入神庙，供奉牺牲，参加赛会。如果没有外邦

---

① 关于这个攻防同盟，修昔底德在先前的文本中并未提及。参见《修昔底德历史评注》，第 4 卷，第 63—64 页。

② Thuc. 5. 48.

③ Thuc. 5. 18. 1.

的支持,埃利斯人定然不敢采取这样一些高度激怒斯巴达人的举动。事实上,埃利斯人也害怕斯巴达人会使用武力强行进入。于是,埃利斯人动用自己的武装力量,在 1000 名阿尔戈斯士兵和 1000 名曼提尼亚士兵的协助下,保卫着神庙。此外,雅典也派出一支骑兵,驻守在离奥林匹亚不远的哈迄毗尼(Harpine)。①

奥林匹克赛会上气氛已经高度紧张,一名斯巴达人的举动又使得气氛火上浇油。此人是阿耳基西劳之子力卡斯(Lichas son of Arcesilaus)。在斯巴达彼此平等的“朋侪”之间,力卡斯是出类拔萃的。他的父亲曾两次在奥林匹克赛会上赢得比赛。力卡斯自己则十分富裕,不仅有钱参加赛会上的战车竞赛,(-75,76-)甚至还有钱赞助外邦人来斯巴达观礼“儿童裸舞节”(Gymnopaediae)。② 力卡斯是阿尔戈斯人在斯巴达的在邦领事,同时,我们还将会看到,力卡斯与彼欧提亚人关系密切。这使得我们会将他与色那列、科辽布鲁认作一伙,因为没有人比他更加适合执行斯巴达人、阿尔戈斯人、彼欧提亚人之间秘密谈判这一任务了。③ 然而,力卡斯在 420 年奥林匹克赛会上的举动大胆唐突,这表明他这个人目中无人。埃利斯人禁止斯巴达人参赛已经对斯巴达的声誉造成冲击,力卡斯则决心表明斯巴达人不会轻易接受这一禁令。他将自己的战车交给忒拜人(Thebes),以忒拜人的名义参加比赛。这架战车取得了第一名,力卡斯进入赛道,将一顶花冠戴到获胜战车的御车手的头上,表明这架战车属于他。这目中无人的举动激怒了埃利斯人,于是他们让参加赛会的人�}其以鞭,将他赶出了赛会。不过,这番羞辱性举动使得众人更加害怕,害怕斯巴达军队会随时出现,但斯巴达按兵不动,其他的希腊人由是相信,斯巴达被雅典及其伯罗奔尼撒盟友恐吓住了。④ 这次联合武力炫耀瞄准的应当是科林斯及斯巴达,这是因为就在奥林匹克赛会之后,阿尔戈斯人又一次接洽科林斯人,请求科林斯人加入新的攻守同盟,连同雅典在内。阿尔戈斯人很可能是希望斯巴

---

① Thuc. 5. 49. 1—50. 3;《修昔底德历史评注》,第 4 卷,第 64—66 页。

② Paus. 6. 2. 2;Xen. *Mem.* 1. 2. 61.

③ 关于力卡斯的在邦领事身份,参见 Thuc. 5. 76. 3。

④ Thuc. 5. 50. 4;Xen. *Hell.* 3. 2. 21;Paus. 6. 2. 2.

达孱弱的表现将令科林斯人重新将目光投向他们。斯巴达人也来到了科林斯,可以推断他们是在就阿尔戈斯人的结盟提议进行反驳,谈判因此延长。斯巴达明显积弱,这使得科林斯人不愿终止对话,然而,碰巧发生地震,会议被打断,而此时的会议还没有来得及决议采取任何行动。①

然而,斯巴达所受到的羞辱还没有结束。420/419 年冬季,斯巴达在忒拉喀斯的赫拉克利亚(Heraclea in Trachis)的殖民地遭到邻邦结伴攻打。(参见地图 3)这片殖民地建立于 426 年,②自那时以来,当地民众就对该殖民地持敌对态度。(-76,77-)这年冬季,当地民众打败了赫拉克利亚的殖民者,杀死了布政司柯尼迪之子色那列(Xenares son of Cnidis)。可以推断,这名布政司就是前一年担任斯巴达监察官的那名鹰派官员。赫拉克利亚的殖民者被驱赶至城墙之内,他们向忒拜人请求援助,忒拜人于是精心挑选并派遣 1000 名重装步兵(hoplites)前去拯救该城邦。③419 年 3 月初,④忒拜人利用赫拉克利亚人积弱的时机,占领了斯巴达的这块殖民地。忒拜人宣称斯巴达布政司海基息庇达(Hegesippidas)治理无方,驱逐了他。修昔底德告诉我们说,忒拜人因为害怕雅典人会占据这块殖民地才接管了赫拉克利亚,因为斯巴达人正被伯罗奔尼撒半岛事务分心,无法保卫这块殖民地。⑤ 无疑,这种担心是真实的,但是我们仍应该推测,随着忒拜人因为在德里昂的胜绩而越来越大胆独立,他们将拥抱这次机会,趁机削弱斯巴达在希腊本土的影响力,增强他们自己在希腊本土的影响力。"不过,斯巴达人被他们激怒了。"⑥我们可以推测,

---

① Thuc. 5. 50. 5.

② 参见卡根,《阿奇达慕斯战争》,第 195—197 页。

③ Thuc. 5. 51. 忒拜援助的信息来自于狄奥多罗斯史书(Diod. 12. 77. 4),修昔底德对此只字未提。我同意安德鲁斯(《修昔底德历史评注》,第 4 卷,第 68 页)的看法,他认为,忒拜援助这一细节来自于一个不同于修昔底德的信源,这个信源很可能是埃弗鲁斯。我们没有理由质疑该细节的准确性,特别是考虑到接下来这个春季所发生的种种事件。

④ 修昔底德写道:τοῦ δ᾽ἐπιγιγνομένου θέρους εὐθὺς ἀρχομένου,初夏开始(Thuc. 5. 52. 1)。关于"夏季开始"的日期,参见《修昔底德历史评注》,第 3 卷,第 699—706 页,特别参见第 705—706 页。

⑤ Thuc. 5. 52. 1.

⑥ Thuc. 5. 52. 1.

正是因为听闻雅典与伯罗奔尼撒盟友结成同盟，赫拉克利亚的邻邦埃尼亚尼（Aeniania）、多罗披亚（Dolopia）、马里斯（Malis）、还有帖撒利（Thessaly）才受到鼓舞，前去攻打赫拉克利亚。这些城邦很可能没有料到忒拜会前来干涉，而如果忒拜不干涉，他们原本可能赢下战斗。即便如此，这次行动使得斯巴达人与彼欧提亚人关系紧张了起来。尽管斯巴达人并未遭受什么物质损失，但是雅典人与阿尔戈斯、埃利斯、曼提尼亚结盟，其后效在雅典就同盟名义采取任何实际行动之前，就已经开始显现。

第四章　来自独立同盟的挑战

　　雅典与伯罗奔尼撒半岛的民主城邦结盟,目标并不明确。事实上,不同的雅典人支持该协定的理据也是不同的。一些人应该认为,该协定主要是防御性的,目的是制止斯巴达在伯罗奔尼撒半岛之外采取任何行动。还有一些人应该希望,通过布置数目很少的雅典人力和舰船,他们就能以很小甚或不存在的风险采取行动,摧毁伯罗奔尼撒同盟。更为大胆冒进的雅典人应该是希望,就此在有利于雅典的情况下打一场战役,摧毁斯巴达的实力。修昔底德没有告诉我们雅典人在此的动机,甚至也没有告诉我们该同盟的政策设计者阿尔喀比亚德在此的动机。为了解决这些问题,我们必须对雅典人的行动详加研判。

　　419年初夏,新近再度被选举为将军的阿尔喀比亚德,[1]率领由雅典重装步兵和弓箭手组成的一支小部队,突进伯罗奔尼撒半岛。是次远征由雅典人与阿尔戈斯人及其他伯罗奔尼撒盟邦共同商定计划,并得到了来自这些城邦的兵力支援。修昔底德告诉我们,阿尔喀比亚德"率部路过伯罗奔尼撒半岛",应该是在阿尔戈斯附近登陆,然后向曼提尼亚和埃利斯行进的,并"作了各种与同盟事务有关的接洽"。[2]阿尔喀比亚德从

---

① 　Thuc. 5. 55. 4;佛纳瓦,《雅典将军委员会》,第 62 页。安德鲁斯(《修昔底德历史评注》,第 4 卷,第 69 页)认为此事发生在春季,但是安德鲁斯同时也认为,月份应当是在贺喀沱柏翁月(Hekatombaion),而贺喀沱柏翁月开始的日期通常被认为是 7 月 1 日。

② 　Thuc. 5. 52. 2。这样一条行军路线是由戈姆(Gomme)提出来的,参见安德鲁斯,《修昔底德历史评注》,第 4 卷,第 69 页,谢德风译本,第 394 页。

这里出发，又率部抵达位于海岸边的帕陲崖（Patrae），帕陲崖位于科林斯海湾之外海。(-78,79-)阿尔喀比亚德说服了此地民众与雅典结盟，并建立通往海边的长墙，以保持与雅典通讯联络，借此便可防御斯巴达的进攻（参见地图 5a 及地图 5b）。① 亚该亚（Achaea）的黎坞（Rhiwn）正对着诺帕克都港（Naupactus），位于科林斯湾最狭窄之处，但科林斯、西叙昂（Sicyon），还有其他邻邦不许他们在此建设防事。② 戈姆将这次征战称为"一位雅典将军的雄伟计划，部队主要是雅典人"，他们行进穿越伯罗奔尼撒半岛，嘲弄"声望落在谷底的斯巴达。这番举动之大胆，之夸张，之毫无实际价值，都正是阿尔喀比亚德的特点"。③ 其他学者对这次征战的看法或许没有戈姆那么严厉，但他们也都认为，这次征战无关紧要，与其他事件无甚关联。不过，阿尔喀比亚德的计划不仅仅是在伯罗奔尼撒半岛进行一次行军：这次行军是一整项战略谋划的第一部分。④

诚然，一支敌军能够在伯罗奔尼撒半岛畅行无阻，这一事实本身就是对斯巴达积弱和新同盟力量的宣传，极具价值。同时，雅典此行"进行了各种与同盟事务有关的接洽"，我们也不应当低估其重要性。阿尔戈斯政治派别林立，这使得其并不能成为雅典一个很可靠的盟友。埃利斯和曼提尼亚新近与雅典结盟，对雅典所作承诺的严肃性或许仍存疑虑。此外，要想同盟运行顺畅的话，与各城邦领袖建立私人联系也很重要。然而，是次行军的主要目的还远不止此。

---

① Thuc. 5. 55. 2. 阿尔喀比亚德在此结盟的可能性，是由安德森（J. K. Anderson）看到的，参见《雅典不列颠学校辑刊》（*Proceedings of the British School at Athens*，BSA），第 44 卷，1954 年，第 84 页。

② Thuc. 5. 52. 2.

③ 《修昔底德历史评注》，第 4 卷，第 70 页。

④ 关于这次行军，学者们持有的一般看法可参见格罗特，《希腊历史》，第 7 卷，第 63—64 页，以及弗格森，《剑桥古代史》，第 5 卷，第 268 页。哈茨菲尔德（Hatzfeld）（《阿尔喀比亚德：关于公元前 5 世纪末的雅典之研究》[*Alcibiade*, *Étude sur l'histoire d'Athènes à la fin du Ve siècle*]，第 97—98 页）认为是次行军具有的重要性，比格罗特和弗格森所认为的要高一点。对于这次行军的重要性理解得最为恰当的是布索特，《希腊历史》，第 3 卷，第 2 册，第 1232—1233 页，以及《希腊史研究》，第 149—151 页。我自己在此的叙述主要基于布索特对这些事件的理解和分析。

与帕隉崖结盟并尝试在黎坞设防,目的是为了彻底控制科林斯海湾的入口。修昔底德写得疏阔轻巧,但阿尔喀比亚德在帕隉崖的任务(-79,80 为地图 5a,81 为地图 5b,82-)并不像修昔底德所记载的那样简单。在第一次伯罗奔尼撒战争期间,伯利克里从海上远征至此,已经夺下亚该亚,并使之与雅典结盟,但 446/445 年,在签订《三十年和约》的时候,雅典却不得不放弃了该地。[①] 在阿奇达慕斯战争期间,绝大部分亚该亚城邦都保持中立,除了在 425 年,克里昂要求归还亚该亚,并以此作为他接受斯巴达和约提议的条件之一。[②] 当阿尔喀比亚德于 419 年来到帕隉崖的时候,这座城邦似乎仍然保持了中立,掌权的是一个民主政权。另一方面,这里似乎存在一股寡头派势力,城邦内也政见分歧。[③] 伯利克里先前带来的是一支大舰队,阿尔喀比亚德却只带了一支小型陆军,没有带海军。帕隉崖民众原本完全可以拒绝阿尔喀比亚德的提议,而无任何危险。帕隉崖民众之所以仍然接受了阿尔喀比亚德的提议,无疑是因为斯巴达声望降低,雅典优势渐起,同时还在希腊大陆上拥有盟友——雅典的这种优势也体现在阿尔喀比亚德最近的伯罗奔尼撒半岛行军中。如果我们愿意采信普鲁塔克记载的一则掌故,那么我们还将知道,阿尔喀比亚德的辩才也对于他完成帕隉崖任务有所助益。当时,有人拒绝结盟的理由是雅典人将吞并帕隉崖,阿尔喀比亚德回答道:"或许吧,一点一点地吞掉,从脚开始,但是斯巴达人吞下你们的方式会是从头开始,一次性全吞掉。"[④]

阿尔喀比亚德战略的第二部分是征服埃皮道鲁斯(Epidaurus)。自同一年的夏季开始,阿尔戈斯人已经开始试图征服埃皮道鲁斯。430 年,伯利克里曾经率领大军前来进攻。 修昔底德没有记载那次征战的

---

① Thuc. 1. 111. 3;1. 115. 我看不到在此有何理由拒绝采信这位古代注经家的观点。这位注经家认为,是伯利克里使亚该亚与雅典结盟,我在此处并不赞同安德森的观点,参见《雅典不列颠学校辑刊》,第 44 卷,1954 年,第 81—82 页。

② Thuc. 4. 21. 3.

③ 安德森,《雅典不列颠学校辑刊》,第 44 卷,1954 年,第 84 页。

④ Plut. *Alc.* 15. 3.

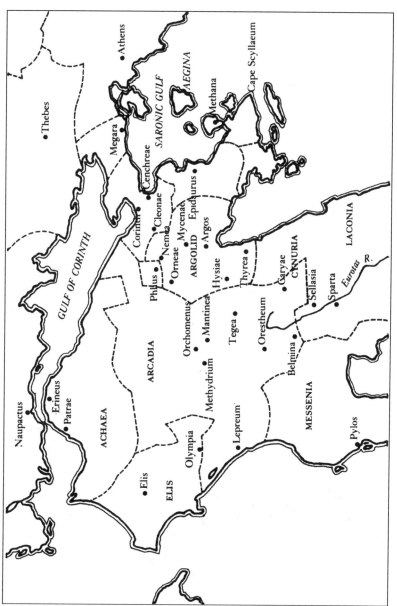

地图5a　在伯罗奔尼撒半岛行动，公元前419/418年

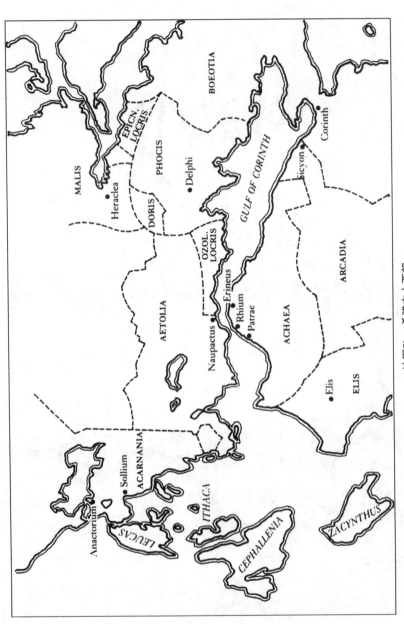

地图5b　希腊本土西部

目的，尽管我们可以推测，伯利克里此番征战意在对伯罗奔尼撒人施压，以敦促他们签订和约。① 在记载 419 年这次征战的时候，修昔底德记录了更多详情。阿尔戈斯人提出的启战理由（*casus belli*）是埃皮道鲁斯人在宗教上不轨，这理由很常见。然而，阿尔戈斯人的真实动机却是为雅典人前来增援他们(-82,83-)打通一条更便捷的通路，②以及最为重要的，"使科林斯人不敢妄动"。③ 我们可以推测，先前在阿尔戈斯与其商量雅典在伯罗奔尼撒半岛的行军计划的时候，阿尔喀比亚德肯定提及了这一次远征。

亚该亚和埃皮道鲁斯的征战是同一个计划的两个不同方面，意在恐吓并孤立科林斯。与帕睡崖结盟后，干扰科林斯贸易及其与西方殖民地的联系更为容易，而埃皮道鲁斯陷落将对科林斯造成巨大的心理影响。尽管埃皮道鲁斯本身并不适于发动对科林斯攻势，但如果埃皮道鲁斯陷落，科林斯人将两面受敌，同时，埃皮道鲁斯的陷落也将表明，阿尔戈斯和雅典有意愿且有能力攻打并攻下与斯巴达结盟的伯罗奔尼撒半岛城邦。接着，如果阿尔戈斯人掌控了埃皮道鲁斯，就可以通过尼米亚路（the Nemea road）向科林斯进发，而与此同时，雅典人则可以从科林斯海岸登陆。尼基阿斯在 425 年就是这么做的。④ 阿尔戈斯和雅典希望，这样一种威胁将迫使科林斯人退出与斯巴达的同盟。如果这些城邦不加入这个新的同盟，那么这些城邦至少也会保持中立。对于新同盟来说，科林斯的中立将具有重要的战略后果。这是因为，如果科林斯维持中立，那么伯罗奔尼撒半岛之外的盟邦——如彼欧提亚和墨伽拉——就无法拥护斯巴达人去反对这个新的同盟。墨伽拉也将因此陷入危险境地，被雅典威胁，却无力从伯罗奔尼撒人那里得到支援。同时，墨伽拉——或许还有其他伯罗奔尼撒城邦——也许会据此推断，保持中立才是明智之举，而继续支持日渐衰弱的斯巴达去反对那个日渐强大的新同盟则很不明智。

---

① Thuc. 2.56；卡根，《阿奇达慕斯战争》，第 72—76 页。
② 参见地图 6。原先，雅典人驰援阿尔戈斯的路径是取道埃基纳岛（Aegina），然后抵达埃皮道鲁斯，再从陆路前往阿尔戈斯。这样就不必经过司曲拉坞海岬（Scyllaeum）。
③ Thuc. 5.53.1. 谢德风译本，第 394 页。
④ Thuc 4.42—44.

如果我们并没猜错阿尔喀比亚德对新同盟的计划,那么就可以总结说,在此番计划中,雅典的人力、钱财投入很低,风险亦低。这个新同盟使用武力不是为了作战,而是为了外交施压,目标既非迫使敌方与之一战,也非耗尽敌方资源,而只不过是劝服敌方转换政策路线。有意思的是,阿尔喀比亚德在419年采取的这两个举动,伯利克里在早先都已实施过;(-83,84-)阿尔喀比亚德和伯利克里的一般战略原则确实具有明显的相似性。我们可以猜到,阿尔喀比亚德仔细研习过其监护人的政治生涯,因此他不仅拒斥尼基阿斯那无效无能的无为政策,同时也拒斥海上或陆上的莽撞冒险。阿尔喀比亚德的计划可能行得通,也可能行不通,但这计划算得上理性且审慎。

阿尔戈斯就出兵进犯埃皮道鲁斯领土的时候,国王阿吉斯(King Agis)刚刚率领斯巴达全军出发。他向阿卡狄亚边境进发,他进发的路线朝西北方可以通往埃利斯,朝北可以通往曼提尼亚,以及朝西北则可以通往阿尔戈斯。斯巴达部队的目标可能是攻打新同盟的任意一座盟邦,或者是制造新的威胁,这样埃利斯和曼提尼亚部队需要坚守本土,将无暇前去支援阿尔戈斯人。修昔底德没有讲述斯巴达这次远征的目标,这一次是因为他不知道。事实上,"没有人知道这支远征军的目的,连那些派遣军队参加作战的盟邦也不知道"。[1]

没有人知道阿吉斯的真正目标。当他在边境上进行例行供奉牺牲时,征兆不祥。斯巴达人决定班师,并捎信给他们的盟友,准备在接下来这个月再次出发,接下来的这个月是佳饽昂月(the Carneian),是多利安人(Dorian)的节日。至于斯巴达人在这一次的事件及其他许多事件上是否真有宗教顾虑,现当代学者意见分歧。一些学者认为,斯巴达这次撤退以及接下来的那次撤退[2]的原因确实是源于虔敬的宗教情感。[3] 我

---

① Thuc. 5. 54. 1. 关于这一阶段军事和外交领域极为不寻常的保密性,布索特提供了精彩的讨论,参见《希腊史研究》,第152—153页。他提出说,我们必须假定,修昔底德在这些问题上的诸多沉默是因为他缺乏信息。谢德风译本,第394—395页。

② Thuc. 5. 55. 3.

③ 波普(H. Popp),《征兆、奉献、节庆对希腊人作战的影响》(*Die Einwirkung von Vorzeichen, Opfern und Festen auf die Kriegführung der Griechen*),维尔茨堡[Würzburg],1957年,第42—46页。安德鲁斯认可并引用了他的观点,参见《修昔底德历史评注》,第4卷,第74页。

们无需怀疑,斯巴达人宗教信仰是真诚的;我们也无需怀疑,不祥征兆——特别是地震或其他自然现象——有时确实会影响斯巴达的政策;但是,418 年夏季,预兆不祥、进而阻止阿吉斯出兵攻打阿尔戈斯人及其盟邦的事件连续出现两次,这种巧合就令我们不得不有所怀疑了。(-84,85-)后来在同一个夏季,斯巴达人因为害怕伯罗奔尼撒同盟将要分崩离析,于是决定采取行动,祭司时的不祥之征兆也没有阻碍他们。当我们读到这件事以后,我们的怀疑更甚。同样,当我们读到斯巴达人急着遣兵阻止铁该亚倒戈阿尔戈斯人,而不祥之征兆也没有阻止他们①的时候,我们的怀疑就更进一步了。在此,我们必须赞同布索特的观点,边境上供奉牺牲时出现的噩兆,不过是"因为突然撤退而需向军队进行解释的借口"。②

如果不能用神意之干涉来解释阿吉斯的行动,那么我们就必须研判政治、外交、军事考虑,寻找斯巴达人基于人情之动机。我们已经看到,科辽布鲁(Cleobulus)和色那列(Xenares)所属的那个政治派别寻求与阿尔戈斯结盟,是作为重启与雅典战争的一个步骤。新近事态只会令这一派的斯巴达政治家更加确信,要打败有阿尔戈斯及其他盟友支持的雅典,殊非易事。420 年,斯巴达曾经差一点就把阿尔戈斯人拉拢到自己一方来,③但是现在再去进攻阿尔戈斯,他们并无必胜之把握,同时,即便他们取得胜利,斯巴达也势必多有伤亡。同时,斯巴达的进攻还有可能增强这个新同盟的力量,毕竟新同盟到目前为止还未曾共同御敌。斯巴达攻打新同盟当中的任何一个盟邦,都势必将其他盟邦卷入战场,也势必令新同盟更加团结。在另一方面,在阿尔戈斯也存在亲斯巴达的一股寡头派政治力量。④ 在之前的一年,这个派别中的一些人曾带头张罗,试图与斯巴达结盟。毕竟后来在 418 年曼提尼亚战役后,阿尔戈斯的寡头党人确实决定要发动政变,推翻民主政权,并加入斯巴达同盟。⑤

①　Thuc. 5. 64.

②　布索特,《希腊史研究》,第 154 页。

③　参见本书上文,第三章。

④　Thuc. 5. 76. 同时参见卡根,《古典语文学》(*Classical Philology*,*CP*),第 57 卷,1962 年,第 209—218 页。

⑤　Thuc. 5. 81.

斯巴达军队这次撤退,应该是阿吉斯及其同党作出决策,目的是先行拖延,暂不与阿尔戈斯发生对峙。阿吉斯及其同党指望阿尔戈斯寡头党能够改变国内政治局势,使阿尔戈斯倒戈向斯巴达,这就不必另起战端,但既然阿吉斯已经收到作战命令,他不能径直撤退,纵使预兆不祥。埃皮道鲁斯人及他们在盟邦中的友人,还有(-85,86-)许多斯巴达人都希望决一死战,永远阻止这些人是不可能的。要求大家在佳馍昂月再次集结的命令,既强调了战斗撤退的动机确实虔敬,又为阿尔戈斯寡头党赢得了时间,还回应了那些叫嚣着要决一死战的声音。

阿尔戈斯人意识到斯巴达人已经撤退,同时肯定也得到消息,知道斯巴达人将在神圣节庆月份佳馍昂月卷土重来,因此迫切想要在此之前攻打埃皮道鲁斯。尽管阿尔戈斯人也是多利安人,但他们并不为这种宗教顾虑所困。然而,在阿尔戈斯,一定有人提出了宗教方面的顾虑问题;因为我们看到,阿尔戈斯人认为他们有必要略施小计,敷衍神明。阿尔戈斯人于佳馍昂月之前那月的第 27 天开始他们对埃皮道鲁斯的进攻,然后将之后的每一天都称作该月的第 27 天,这样就可以避免违反佳馍昂月的神圣律令。埃皮道鲁斯人召集盟友——也就是伯罗奔尼撒同盟的成员城邦——前来支援,但盟邦的回应显示了阿尔喀比亚德的现行政策与斯巴达之犹豫摇摆具有何等重大的影响。一些盟邦以圣月为借口、甚至根本未曾出现,还有一些盟邦行进至埃皮道鲁斯边境就不肯再向前一步。①

在 419 年的佳馍昂月(大约是 8 月),如果阿尔戈斯能够成功纠集所有盟邦共同前去攻打埃皮道鲁斯的话,那么埃皮道鲁斯陷落也许在所难免。然而,在还没有任何阿尔戈斯的盟邦加入攻势的时候,雅典人就在曼提尼亚召开会议,商讨和约。② 一般认为,雅典这次干涉是雅典政治局势变化的结果:尼基阿斯此刻取得了权势,所以才在此时召开这么一次和会。③ 然而,如果我们对阿尔喀比亚德之计划判断无误的话,

---

① Thuc. 5. 54.

② Thuc. 5. 55. 1.

③ 参见,例如,布索特,《希腊史研究》,第 155 页;格罗特,《希腊历史》,第 7 卷,第 68 页;弗格森,《剑桥古代史》,第 5 卷,第 268 页;戈姆,《修昔底德历史评注》,第 4 卷,(转下页注)

这样一次会议与阿尔喀比亚德的计划并无出入，因此，我们无需将这次和会的召开算在尼基阿斯头上。阿尔戈斯人进犯埃皮道鲁斯，斯巴达及其盟邦援助未及，这些事实都给了阿尔喀比亚德一个机会去劝说科林斯人，劝他们在被斯巴达人抛弃之前——就像埃皮道鲁斯人这样——先抛弃斯巴达人。如果战役不能取得成功，又或者，如果(-86，87-)战事持续到佳馁昂月开始，斯巴达人将很有可能被卷入这次冲突，那么科林斯人就不会接受阿尔喀比亚德的建议了。因此我们可以断定，这次和会的目的是使得阿尔喀比亚德的阿尔戈斯政策更加圆满，而不是去破坏阿尔喀比亚德的阿尔戈斯政策。①

　　一切均取决于科林斯人的反应，而科林斯人一如既往，狡诈行事。科林斯的代言人幼斐密答(Euphamidas)控诉新同盟的诸盟邦十分伪善。幼斐密答指出说，盟邦口口声声谈和约，但阿尔戈斯人却正在武装对抗埃皮道鲁斯人。他要求作战双方先行解散，和会再继续进行。②幼斐密答应该是指望阿尔戈斯人拒绝他的要求（因为在433年的时候，科林斯人就拒绝了柯西拉人[Corcyra]的类似要求），③这样就会予他以口实，借此破坏和会。很明显，科林斯人无论如何都不会愿意在新同盟的盟邦所提条件的基础上接受和约，因为后来，即便阿尔戈斯人从战场撤退，和会再次召开，仍然没有任何协定达成。④ 科林斯人肯定也知道，如果他们从斯巴达的同盟中退出，那么伯罗奔尼撒同盟就将解体，雅典就将胜利。科林斯人拒绝和约，和会由此结束，随之落空的还有阿尔喀比亚德单凭外交手段就大获全胜的希望。

　　和谈破裂后，阿尔戈斯人重新开始劫掠埃皮道鲁斯。斯巴达人再

[接上页注]第76页。然而，安德鲁斯（《修昔底德历史评注》，第4卷，第76页）却认为，这次和会也完全可能是由阿尔喀比亚德召集的，目的是在斯巴达人声称和约已遭破坏之前，打造雅典宣传攻势和控诉理据的一块试音板。哈茨菲尔德（《阿尔喀比亚德：关于公元前5世纪末的雅典之研究》，第10页）同样认为是阿尔喀比亚德召集了这次会议。

①　古代文献中，没有任何一项证据表明，也没有任何人提到，尼基阿斯此刻权势有所回升。

②　Thuc. 5. 55. 1.

③　Thuc. 1. 28；卡根，《伯罗奔尼撒战争的爆发》，第226页（原书页码）。

④　Thuc. 5. 55. 2. 阿尔戈斯人愿意从战场撤退似乎进一步表明，这次和会是由阿尔喀比亚德而非尼基阿斯召开的。无疑，我们很难想象，阿尔戈斯人会听从尼基阿斯的命令，在佳馁昂月离开战场、浪费宝贵时间。

次行进至他们的边境，就快抵达迦里崖（Caryae）。迦里崖位于通往东阿卡狄亚和阿尔戈斯的路上（参见地图 5a）。① 这一次，部队将向何方行进不再成疑。阿尔喀比亚德听闻斯巴达人的出征——他应该是从其阿尔戈斯熟人那里听说的——后，劝说雅典人派给他 1000 名重装步兵，前去保护阿尔戈斯盟友。② 阿尔戈斯人自己呢，在劫掠了三分之一的埃皮道鲁斯领土后，撤回自己的城邦。然而，(-87,88-)战斗并未发生，因为当斯巴达人抵达边境后，牺牲供奉再次出现了不祥征兆，随后斯巴达部队就撤退了。斯巴达要进攻只不过是威胁，但这威胁本身就足够为埃皮道鲁斯解围，这令阿吉斯及其同党敢于再次冒险推迟他们与阿尔戈斯人的交锋，而如果可以，他们宁愿根本不与阿尔戈斯人产生冲突。阿尔喀比亚德听闻斯巴达撤退，于是率领他自己的麾下回到雅典。419 年，阿尔喀比亚德的伯罗奔尼撒远征结束了，科林斯仍然与斯巴达结着盟。要摧毁伯罗奔尼撒同盟，光靠外交手段是不够的。③

419/418 年冬天，两大同盟之间的关系进一步紧张起来。斯巴达人表明，即便要采取对斯巴达而言非常冒险的行动，他们也会援助埃皮道鲁斯人，帮助埃皮道鲁斯人自卫。斯巴达人派遣海基息庇达（Hagesippidas）率领 300 人，走海路前去支援在埃皮道鲁斯的驻军。④ 海基息庇达应该是从科林斯在撒罗尼海湾（Saronic Gulf）的主要港口耕格勒港（Cenchreae）出发的，其部队行经了雅典在埃基纳和梅瑟纳（Methana）的海军基地（参见地图 6）。⑤ 阿尔戈斯人已经对雅典干预不力感

---

① 戈姆，《修昔底德历史评注》，第 4 卷，第 76 页。

② Thuc. 5.55.4. 我接受的是由方·柏荼（Fr. Portus）提出的、被安德鲁斯（《修昔底德历史评注》，第 4 卷，第 76—77 页）认可的读法：καὶ Ἀθηναίων αὐτοῖς χίλιοι ἐβοήθησαν ὁπλῖται (-87, 88-) καὶ Ἀλκιβιάδης στρατηγός, πυθόμενος τοὺς Λακεδαιμονίους ἐξεστρατεῦσθαι。这种读法认为，πυθόμενος 之后的 δέ 是篡人之衍文，并非原文。

③ Thuc. 5.55.3—4. 关于斯巴达出兵和撤退、阿尔戈斯撤退、雅典向阿尔戈斯行进这一系列事件，修昔底德并未给出清晰的时间顺序。上述叙述依照的是一种不与修昔底德叙述产生矛盾的时间顺序，但这一时间顺序并非唯一一种可能。

④ Thuc. 5.56.1. 我们没有理由质疑，这个海基息庇达就是彼欧提亚人前一年冬天从赫拉克利亚（Heraclea）赶走的那位布政司。海基息庇达这年被任命为将军，这证明斯巴达人没有将其过失入罪，同时斯巴达人将彼欧提亚人驱逐他的控诉当作了纯粹的托辞。

⑤ 安德鲁斯，《修昔底德历史评注》，第 4 卷，第 77 页。

地图6 伯罗奔尼撒半岛东北部

到失望,而海基息庞达部队的行军路线进一步给了阿尔戈斯人以控诉的理据。因为阿尔戈斯与雅典的条约规定,应当禁止对方的敌人行经自己的领土。所以阿尔戈斯人就控诉说,雅典人没有禁止斯巴达人航行经过埃基纳外海水域,这等于让斯巴达人行经了阿尔戈斯的领土。阿尔戈斯人于是要求雅典人作出补偿,要他们把诺帕克都港的黑劳士和美塞尼亚人都派遣到派娄斯去滋扰斯巴达人。是不是阿尔喀比亚德敦促阿尔戈斯人作出这个要求,我们不得而知;但是他肯定是带头(-88,89-)说服雅典人接受这个要求的人之一。因为在阿尔喀比亚德的动议下,雅典人在他们与斯巴达人所订立条约的石碑底部,镌刻上"斯巴达人没有兑现誓言"等内容。雅典人以此背叛行为作为借口,将原先从派娄斯转移过来的黑劳士遣回派娄斯,去劫掠乡村地区。然而,雅典人并没有正式宣告废除与斯巴达人所订立的条约。我们从这一点可以看出,在雅典,政治平衡是多么脆弱。绝大部分雅典人投票支持(-89,90-)与阿尔戈斯结盟,但是要投票决议与斯巴达重启全面的陆上战争,雅典并不存在这样一个稳定多数选民集体。阿尔喀比亚德有一定影响力,因此雅典人愿意采取一些行动,但是在这些行动中,战斗应该是由阿尔戈斯人、埃利斯人、曼提尼亚人、美塞尼亚人或者黑劳士来进行的。一旦真正的战争看似迫近、雅典人势必亲身作战,支持阿尔喀比亚德的选民就变少了。雅典的这一政治分歧使得一心向战或一心议和的政策皆不能持久,这将在未来给雅典带来巨大的麻烦。

斯巴达的政治分歧也没有弥合。尽管雅典人的行动从字面上看来确实没有违反条约——就连将黑劳士遣回派娄斯这一行为也并没有违反条约——,但是他们的行动真真切切是种挑衅。毕竟,雅典援助阿尔戈斯去攻打斯巴达的一个盟邦,这点没法无视。尽管如此,斯巴达人也仍然没有宣布与雅典人所订立的条约作废,对雅典人的那番宣告也没有作出任何官方回应。在斯巴达,仍然有一些有影响力的人是渴望和平的,但也有些人是渴望重启战争的。这些渴望重启战争的人彼此的分歧在于何为重启战争之最佳策略。一些人倾向于马上与阿尔戈斯及其盟友——如果必要,也包括雅典在内——直接对峙。还有一些人——如果我们没推测错的话——希望能够在与雅典重启战争之前，先用外交和背叛去孤立阿尔戈斯。在这个冬天，雅典和斯巴达都不希望在埃皮道鲁斯战事中卷入更深。阿尔戈斯人持续四处嬉突，但大规模阵地战从未发生。埃皮道鲁斯的军队为保卫乡村地区而四散于野，阿尔戈斯人于是希望通过强攻来夺取埃皮道鲁斯的城邦。埃皮道鲁斯城邦的护卫者有斯巴达驻军撑腰，阿尔戈斯部队无法靠近。是年冬季结束，战事没有进展。①

418 年 3 月初，雅典人选举了该年 7 月将履职上任的将军们。新一届将军委员会中有尼基阿斯，尼各司忒拉图（Nicostratus），剌喀司（Laches），奥托克勒（Autocles），幼熙德慕（Euthydemus），喀力司忒拉图（Callistratus）和德摩斯梯尼。② 这其中没有阿尔喀比亚德的名字。③ 德摩斯梯尼曾（-90,91-）是阿奇达慕斯战争时期最好斗的将军，他应该是支持阿尔喀比亚德的阿尔戈斯政策的；但我们不能完全确定。我们对于喀力司忒拉图所知甚少。幼熙德慕是《尼基阿斯和约》及与斯巴达同盟条约这两份文件的签字人，④但或许我们不该据此就认为他是尼基阿斯的同党。然而，尼各司忒拉图、剌喀司及奥托克勒则被大多数人视为尼基阿斯党。⑤ 将尼基阿斯及其同党当选与阿尔喀比亚德未能当

———————

① Thuc. 5.56.

② 关于将军委员会的这份名单及其相应文献证据，参见佛纳瓦，《雅典将军委员会》，第 62—63 页，同时参见下一条注释。

③ 修昔底德（Thuc. 5.61.2）与狄奥多罗斯（Diod. 12.79）很清楚地记载了，阿尔喀比亚德在曼提尼亚战役的时候并非将军。一些现当代学者试图在一则铭文中读出阿尔喀比亚德的名字，而这则铭文比较残破，记载的是雅典娜金库（the treasury of Athena）在一系列事由上的几笔支出，时间是 418/417 年（托德［Tod］：《希腊铭文选辑》［*A Selection of Greek Inscriptions*]，第 1 卷，第 75 条，第 289 页）；(-90,91-)霭坎（S. Accame）接受了这种读法，参见《古典语文学与古典学教学评论》（*Riv. Fil.*），第 63 卷，1935 年，第 346 页，注释 3。佛纳瓦也接受了这种读法：《雅典将军委员会》，第 63 页。密格斯（Meiggs）与刘易斯（Lewis）认为，这种读法太不可靠，不足采信。我赞同密格斯和刘易斯这种看法（密格斯与刘易斯，《希腊历史铭文选辑》［*A Selection of Greek Historical Inscriptions, GHI*]，第 235 页）。然而，指出该则铭文中可以读出阿尔喀比亚德名字的那些古典学家却认为，在这一年的晚些时候，阿尔喀比亚德通过空缺选举当选为将军，因此他不是在 418 年的 3 月就已经当选的。

④ Thuc. 5.19.2 及 Thuc. 5.24.1。

⑤ 关于尼各司忒拉图、剌喀司、奥托克勒与尼基阿斯及另外一人结党，参见卡根，《阿奇达慕斯战争》，第 169,179—181,218,260,261,305,307,313 页。

选这两件事联系起来看,我们会看到,自前一年夏季以来,许多雅典人的看法已经发生了转变。阿尔喀比亚德去职,阿尔喀比亚德的对手尼基阿斯及其同党占了上风,这表明,民众投票拥护审慎、反对冒险,特别是反对轻易承诺将雅典军队派往伯罗奔尼撒半岛的战场。然而,这种转变并不具有决定性。雅典人并未抛弃与阿尔戈斯的同盟,所以对于伯罗奔尼撒半岛的新盟友,他们仍有援助承诺,但雅典人希望这支部队由更加保守的领袖来指挥。

418 年仲夏,斯巴达国王阿吉斯率领斯巴达全部大军前来对抗阿尔戈斯;与斯巴达大军同来的还有铁该亚人和仍旧忠于斯巴达的其他阿卡狄亚盟邦,他们的数目达到了差不多 8000 名重装步兵。[①] 斯巴达的其他盟友——无论这些城邦位于在伯罗奔尼撒半岛之内,还伯罗奔尼撒半岛之外——都得到命令,在弗立坞(Phlius)集结。这支部队的数目大约是 12000 名重装步兵,5000 名轻装步兵,1000 名骑兵,还有来自彼欧提亚的配马步兵。[②] 这支大军规模非凡,目的肯定不只是为了炫耀武力,集结起来就必有一战;对于阿尔喀比亚德外交路线所造成的威胁,这就是斯巴达的回应。(-91,92-)修昔底德告诉我们,斯巴达人发动作战的原因,是"看见自己的同盟者埃彼道鲁斯[埃皮道鲁斯]遭遇困难,伯罗奔尼撒同盟各国有叛变的,有反对斯巴达的;斯巴达人知道,如果自己还不采取积极行动的话,骚动会继续扩大"。[③] 这种解释反过来也提出了一个问题:为何情势如此紧急,但斯巴达人却等到仲夏才开始作战,而非在夏季之初就动兵呢?一种看法是,斯巴达人注意到雅典将军委员会选举的结果,于是静候议和派将军履职上台,希望这些人在履行他们对阿尔戈斯人的同盟义务时不会像阿尔喀比亚德那么狂热,

---

① 布索特(《希腊历史》,第 3 卷,第 2 册,第 1238 页,注释 1)的估算是,大约有 4200 名斯巴达人,1500 名铁该亚人,2000 名阿卡狄亚人。亨德松(Henderson,《雅典与斯巴达之间的大战》[the Great War between Athens and Sparta],第 304 页)的估算与布索特的估算在本质上是一致的。

② 修昔底德记载了彼欧提亚部队的数目,其中包括 5000 名重装步兵。他还告诉我们,科林斯也派出了 2000 名重装步兵。其余人则来自弗立坞,墨伽拉,埃皮道鲁斯,西叙昂,佩林(Pellene),参见亨德松,《雅典与斯巴达之间的大战》,第 304 页。

③ Thuc. 5.57.2.谢德风译本,第 396 页。

也不会动辄就动用雅典的全部资源。① 这应该是推迟出兵的原因之一,但斯巴达的内部考虑应该同样发挥了作用。阿吉斯及其支持者应该是在继续期待阿尔戈斯政治局势继续发展,直至政变,以避免直接对峙作战,所以他们推迟出兵,静待阿尔戈斯城邦内事态发展。然而,阿尔戈斯政局风平浪静,无事发生,雅典与阿尔戈斯的同盟牢不可破,来自伯罗奔尼撒同盟盟邦的压力令斯巴达不得不采取行动了。我们可以猜到,盟邦压力中的一部分就来自科林斯人,因为科林斯人期待打一场大战。打完这一场战役,伯罗奔尼撒同盟解体的危险将不复存在,同时科林斯还能够将斯巴达再次卷入对雅典的战斗中。

　　同样地,对于阿尔戈斯人来说,与斯巴达人直接对抗看起来无法避免。阿尔戈斯人得到消息,斯巴达军队正在朝着弗立坞行进,约定与其北方盟友在此集结。于是,阿尔戈斯人集结了自己和盟友的部队。阿尔戈斯人的部队规模,据估算,大约是 7000 名重装步兵。埃利斯人派遣了 3000 人,曼提尼亚及其阿卡狄亚盟友则带来了大约 2000 多人。作战部队的总体规模达到了 12000 人。② 雅典人也收到了援助请求,他们最终派出的是一支(-92,93-)由 1000 名重装步兵和 300 名骑兵组成的部队,但是这支队伍到得太迟,没有来得及发挥任何作用。由于静候雅典将军换届,斯巴达人已经推迟作战很久了。③ 阿尔戈斯的将军们意识到,如若他们等到两股敌军汇合,那么他们在数目上将处于极其恶劣的劣势:一方面,是 20000 名斯巴达阵营的重装步兵对 12000 名己方重装步兵;另一方面,是对方有 1000 名骑兵、5000 名轻装步兵,己方却没有骑兵和轻装步兵。因此,阿尔戈斯人的战略任务非常清楚:必须

① 这是布索特的看法,参见《希腊史研究》,第 162—163 页。持类似看法的还有贝洛赫(《伯利克里以降的亚狄珈政策》[*Die Attische Politik seit Perikles. AP.*],第 53 页)和梅耶(《古代史研究》,第 2 卷,第 365 页)。戈姆拒斥所有基于政治计算的解释方法,他拒斥这种看法的言辞是如此激动,完全不符合他一贯的文风,但戈姆自己的看法并无说服力,安德鲁斯的敏锐观察多少中和了戈姆的过激言论(《修昔底德历史评注》,第 4 卷,第 78—79 页)。

② Thuc. 5.58.2. 关于数目估算,参见布索特,《希腊历史》,第 3 卷,第 2 册,第 1238 页,注释 1,以及亨德松,《雅典与斯巴达之间的大战》,第 304 页。本章其余部分主要依据我自己的论文,参见《古典语文学》,第 57 卷,1962 年,第 209—218 页。

③ 关于雅典分遣队的抵达,参见 Thuc. 5.61.1。

在阿吉斯到达弗立坞、与其北方盟友部队汇合之前,阻击阿吉斯之部。阿尔戈斯人向西行进,来到阿卡狄亚。无疑,阿尔戈斯人在途中是依靠侦察兵、还有那些比较亲阿尔戈斯的阿卡狄亚人来时刻盯着斯巴达人行踪的。

从斯巴达到弗立坞,最直接的路线经过铁该亚和曼提尼亚,但是阿吉斯无法选择这条道路,因为在还没有与北方盟军汇合的情况下,他必须规避作战。所以阿吉斯采用了一条比较靠西的路线。这条路线途径北冥纳(Belmina),梅岫陲坞(Methydrium),以及奥尔科门努(Orchomenus)。① 在梅岫陲坞,阿吉斯遭遇了阿尔戈斯人及其盟友,这些人占据了山上的一处地方,拦住了斯巴达人的去路。盟军所占据的位置还锁死了前往阿尔戈斯与曼提尼亚的去路,因为如果阿吉斯移其师向东,那么他就会被孤立在敌军的领土上,在没有援军的情况下与数目占优的敌军被迫一战。阿尔戈斯人取得了战术上的巨大成功,同时,阿吉斯无计可施,只能占据另一座山,面朝敌军。夜幕降临,阿吉斯处境堪忧。他必须在恶劣条件下战斗,或者撤退,继而蒙羞。②

然而,清晨来临之际,斯巴达军队却消失了。阿吉斯趁夜行进,避开了阿尔戈斯人,继续向着与盟军的集结地弗立坞行进。亨德松,一位才华出众的军事历史学家,得出了这样的判断:"阿尔戈斯岗哨之粗心大意,简直令人难以置评。"③以粗心大意来解释军事过失,这绝非孤例;同时,作战部队的无能也足够解释一些军事过失。然而,这却是(-93,94-)阿尔戈斯将军所犯下的一系列的军事失误中的第一桩,而这些军事失误,再加上梅岫陲坞事件前后阿尔戈斯将军所采取的政治行动,则令人不得不怀疑,阿尔戈斯的将军们是否另有考虑。

阿尔戈斯城邦之内存在两个政治派别:民主派和寡头派。④ 我们

① 参见地图5a。同时参见《修昔底德历史评注》,第4卷,第81页,以及亨德松,《雅典与斯巴达之间的大战》,第305页。

② Thuc. 5.58.2;亨德松,《雅典与斯巴达之间的大战》,第305—306页。尽管我并不完全赞同亨德松的数项解读,但是仍然受益于亨德松对于战术细节处理的叙述。

③ 亨德松,《雅典与斯巴达之间的大战》,第306页。

④ Thuc. 5.76.2.

可以肯定的是,绝大部分民主派亲雅典,绝大部分寡头派亲斯巴达,以及阿奇达慕斯战争期间,阿尔戈斯所保持的中立反映了两派之间的某种平衡。更有可能的情况是,审慎令双方都作壁上观,避免在阿奇达慕斯战争中冒险,等待坐收渔利。然而,虽然表面维持中立,但我们有证据表明,阿尔戈斯人曾为斯巴达人效力。430 年,伯罗奔尼撒半岛的使节曾抵达波斯,劝服波斯大王与斯巴达结盟,并提供资金。这些使节中就有阿尔戈斯的波利斯(Pollis),他是以普通公民身份随团出行的。① 阿尔戈斯和波斯之间的友谊可以追溯到 480 年,波利斯肯定是被当成了一位有用的军师。425 年,一些阿尔戈斯人再次为斯巴达出了力。这一次,雅典人攻打科林斯的时候,必须秘密行事才能成功;而雅典人这次行动之所以失败,正是由于科林斯人得到了"来自阿尔戈斯"②的预警。

上述两个事件都表明,在阿尔戈斯,有一些人是希望斯巴达胜利的。这些人为斯巴达效力,肯定属于寡头党。这是因为一旦斯巴达大胜,阿尔戈斯的民主党人是无法从中获得任何利得的,他们还需为此担惊受怕。斯巴达人早被证明是民主政权之敌,他们四处推翻民主政权,建立寡头政权。阿尔戈斯的普通民众或许对于派别政治甚或政体问题没有那么关切,他们更关心的是城邦的权势和荣耀。这些人当然势必更加希望雅典取胜,因为斯巴达是他们的宿敌,仍然占据了叙努里亚(Cynuria)。雅典取得胜利,阿尔戈斯人就将得到复仇与收复沦陷领土、恢复往日光荣的机会。大部分阿尔戈斯人实际上保持了中立,但是他们肯定是希望雅典人赢得伯罗奔尼撒战争的。在没有斯巴达人帮助的情况下,寡头党人无法指望夺权,所以他们与斯巴达人勾连合作。

到 421 年为止,阿尔戈斯人中的很大一部分都希望利用(-94,95-)斯巴达的困境来收复沦陷的领土,以重获伯罗奔尼撒半岛的领导权。所以阿尔戈斯人拒绝与斯巴达人续约,准备加入雅典阵营。阿尔戈斯

---

① Thuc. 2. 67. 1.
② Thuc. 4. 42. 3.

的寡头党人是对这种政策感到最为不快的,他们想扭转这种政策趋势。无疑,在420年的时候,在阿尔戈斯仍然有人建议与斯巴达续约。① 尽管大多数阿尔戈斯人会认为,这些人的目标和举动都属叛国行为,但是寡头党人自己很可能认为,他们的举动是爱国主义的。在古希腊城邦中,将派别利益等同于国家利益,殊非罕见。寡头党或是指望,斯巴达将作出领土上——或许就是叙努里亚——的让步,以换取阿尔戈斯寡头党与斯巴达人合作。阿尔戈斯寡头党人应该甚至还考虑过一种伯罗奔尼撒半岛的双头统治:斯巴达与阿尔戈斯作为伙伴,共治伯罗奔尼撒半岛。

当然,这样的想法只能私下想象,因为在《尼基阿斯和约》签订之后的数年中,阿尔戈斯的民主政权不想与斯巴达建立友好关系。阿尔戈斯人建立独立同盟,挑战斯巴达霸权,他们知道自己势必要与斯巴达强大的重装步兵部队为敌。基于这个理由,阿尔戈斯人迈出了史无前例的——对于其民主政权来说,甚或是相当危险的——一步:挑选1000名青年贵族,组建精英卫兵团"贵族千人团"。② 在阿尔戈斯,城邦内和平有年,民主党对寡头党的疑惧因此日渐减少,他们对阿尔戈斯较高阶层的忠诚逐渐恢复了信心。接下来即将发生的事件将会表明,这信心所托非人。这是因为,组建了贵族千团人这样属于贵族的一支军队,民主党人无异于是将武器交到了他们在城邦之内的政治敌对势力的手中:他们的敌人寡头党人手握这一武器,在未来将有重夺权力的机会。

为建立独立的阿尔戈斯同盟而进行的早期谈判,应当尚未令阿尔戈斯的寡头党感到头疼。这是因为这些谈判是与科林斯、墨伽拉、彼欧提亚,还有施行寡头政体的其他一些城邦展开的,这并不妨碍阿尔戈斯最终与斯巴达结盟。然而,当复杂谋划业已结束,两个针锋相对的同盟被建立起来了。一方面,是伯罗奔尼撒同盟,科林斯人、墨伽拉人、彼欧提亚人回到了斯巴达阵营;另一方面,是一个新的同盟,由

---

① 参见本书上文,第三章。
② Diod. 12.75.7 以及参见本书上文,第二章。

阿尔戈斯、埃利斯、曼提尼亚以及雅典组成,所有这些城邦都实行民主政体。阿尔戈斯的寡头党无法再对眼前情势视而不见。只要阿尔戈斯是这样一个同盟的成员,寡头党就绝无希望(-95,96-)夺权。更糟糕的是,新的同盟志在与斯巴达开战,而阿尔戈斯的寡头党却希望从斯巴达那里获得支持。尽管阿尔戈斯的寡头党势必感到惊惶失望,但他们似乎掩饰住了自己的情绪,因为寡头党仍然在城邦内身居要职,仍然担任将军;而在他们所担任将军的这支部队中,最精锐之部就是贵族千人团。尽管如此,寡头党仍然面临两难境地:如果他们拒绝执行城邦政策,那么就将失去名望和影响,或许还将令自己陷入危险境地;但如果他们继续参与城邦要务,他们的所作所为就将违反自身的利益。阿尔戈斯的寡头派决定,继续据有影响力的职位,然后,在前有女海妖司曲拉(Scylla)、后有喀律步狄(Charybdis)的艰难险阻之间,探一条出路。

这就是阿尔戈斯人向梅岫陲坞行进时的背景情况。阿尔戈斯部队是由寡头党将军率领的。这些人所发挥的作用应该能从这一事实中推测出来:贵族千人团是部队的主心骨。后来,在阿吉斯与忒拉绪卢斯(Thrasyllus)的谈判中,这些人所发挥的作用就很明显了。[1] 如果阿尔戈斯人及其盟友与斯巴达人在梅岫陲坞作战的话,阿尔戈斯将再无任何机会与斯巴达和解,而寡头党人也将再无任何机会在阿尔戈斯实现政权更迭。然而,如果能够避免战斗,谈判的可能性就仍然存在。能够解释阿吉斯为何能够不必战斗就绕开梅岫陲坞的:这或许不是因为岗哨的粗心大意,而是出于某些人的有意为之。

阿吉斯抵达弗立坞,他手下的部队被修昔底德称为"到那时为止集结起来最为优秀的军队"。[2] 大约 17 英里之外,横亘着阿尔戈斯及其守军——在梅岫陲坞错失机会之后,阿尔戈斯部队赶回了家。两军之间横亘着山峦起伏的乡村,仅有穿途道(the Tretus Pass)这一条小路,且只有骑兵可以穿过。穿途道穿过尼米亚南部,在迈锡尼(Mycenae)

---

① Thuc. 5. 59—60.

② Thuc. 5. 60. 3.

的前方延伸(参见地图 7)。① 在穿途道西边还有一条更直接的路径,经过科卢萨山通往(-96,97-)阿尔戈斯平原。尽管骑兵无法通过这条道路,但步兵却可以利用这条通路从弗立坞前往阿尔戈斯。阿尔戈斯人不可能不知道这条路,但他们的将军们却选择率领部队向尼米亚行进,准备迎接自穿途道而来的正面攻击,但这样一来,部队却暴露在通过科卢萨山而来的侧翼机动部队的攻击危险之下。亨德松注意到了这种机动方式的奇特之处:"如果是一位现代将军来防守阿尔戈斯,防止其受到来自北方的攻击,那么他不太会选择其他地方作为其指挥部,他会选择迈锡尼。(-97,98-)因为在迈锡尼,他将可以向尼米亚掷下强有力的先头部队。"②亨德松将这次行动解释为阿尔戈斯人的又一次计算失误,说他们的这番行动"应该是基于以下三个判断:一是阿吉斯会选择最为常见的行动方式;二是他们知道敌军部队拥有骑兵,而骑兵是必须使用穿途道的;三是他们与迈锡尼如此接近,一旦敌军自科卢萨道发动攻势,他们将能够立即回撤自救"。③

这或许确乎是阿尔戈斯人失算了,但即便如此,这也是短短数天之内他们所犯下的第二个同类型严重错误——两个错误的结果都是避免马上开战。所以我推测,这应该是阿尔戈斯的将军们再次选择了拖延时间,因为他们仍然希望见到双方和解。

阿吉斯将其部队一分为三。彼欧提亚人、西叙昂人、墨伽拉人及所有骑兵从穿途道行进。科林斯、佩林、弗立坞的部队从科卢萨山前行,这些人抵达阿尔戈斯平原的地点,很可能就是今天的斐开夏村(Fikhtia)。阿吉斯自己呢,则率领斯巴达人、阿卡狄亚人、埃皮道鲁斯人选择了不

① 柯提思(Curtius)在《伯罗奔尼撒半岛》(*Peloponnesos*)第 2 卷绘制的阿尔戈里德(Argolid)地图以及不列颠陆军军事情报局(Military Information Division of the British Army),1897 年,第 4 版图。关于地形的讨论,参见 E・柯提思,《伯罗奔尼撒半岛》(哥达[Gotha],1851 年),第 2 卷,第 506 页,第 510 页,第 512 页(穿途道的地图),第 468 页,第 479 页(科卢萨山[Kelussa]的地图)及第 478 页及以下(喬奈崖[Orneae]的地图)。安德鲁斯,《修昔底德历史评注》,第 4 卷,第 81—82 页;欧内斯特・梅耶(Ernst Meyer),《宝-威古典学百科全书》,第 16 卷,1935 年,第 2315 页。
② 亨德松,《雅典与斯巴达之间的大战》,第 307—308 页。
③ 亨德松,《雅典与斯巴达之间的大战》,第 308—309 页。

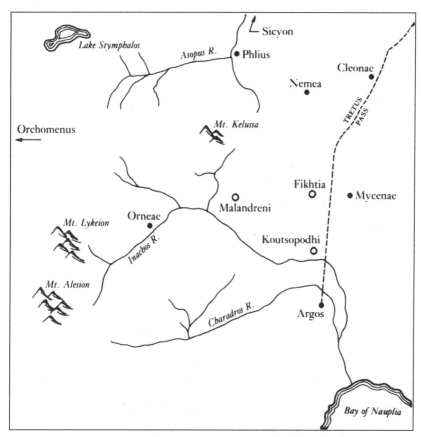

地图7 入侵阿尔戈里德、逼近阿尔戈斯，公元前418年

改编自A·W·戈姆、A·安德鲁斯、K·J·多佛，《修昔底德历史评注》，
第4卷，牛津，牛津大学出版社，1970年。

同于穿途道和科卢萨道的另一条路线,这条通路陡峭艰难。阿吉斯之部抵达阿尔戈斯平原的地点应该是在今天的玛岚墫尼村(Malandreni);不管具体地点在哪里,阿吉斯所选择的这条通路将他们带往的这个抵达地点,可能比科林斯等盟邦部队的尾翼所抵达的地点还要更远。[①] 阿吉斯再次漏夜行军。时至清晨,消息传到位于尼米亚的阿尔戈斯部队,说阿吉斯已经在他们的尾翼部队那边,正在劫掠萨明图镇(Saminthus)及其周边地区。这个地点大致位于今天的库所波堤(Koutsopodhi)附近。[②] 阿尔戈斯人急忙赶回他们的城邦。路上,阿尔戈斯人与弗立坞人、科林斯人发生了小规模战斗,延误了时机,但他们突破重围,冲入了阿吉斯之部与盟军部队之间的地带。修昔底德描述了阿尔戈斯人此刻的危险境地:"……亚哥斯人[阿尔戈斯人]已经四面被包围了。在平原上,他们和他们的城市的联络已经被斯巴达人以及和他们在一起的军队所截断了;在上面的山地,有科林斯人、夫利亚西亚人[弗立坞人]和培林尼人[佩林人];在尼米亚的一方面,有彼奥提亚人[彼欧提亚人]、西息温人[西叙昂人]和麦加拉人[墨伽拉人]。亚哥斯人[阿尔戈斯人]没有骑兵,因为在同盟军中间只有雅典人还没有开到。"[③](-98,99-)

　　斯巴达人矗立在阿尔戈斯人的部队和阿尔戈斯城邦之间,现在阿尔戈斯人准备与他们一战了。两军似乎就要遭遇之时,阿尔戈斯的忒拉绪卢斯和阿尔西弗戎(Alciphron)前来与阿吉斯交谈。令所有人感到意外的是,忒拉绪卢斯和阿尔西弗戎结束谈判归来时,带回来的是 4 个月的停火协定,战斗并没有爆发。更为奇特的是两军的反应。双方都对于丧失战斗机会而感到愤怒。一方面,阿尔戈斯人从一开始就相信,"……战斗将会以有利于他们的方式展开,斯巴达人在阿尔戈斯人的领土上被包围了,而且他们还很靠近自己的城邦"。[④] 大家回到阿尔

---

① 我采信的是欧内斯特·梅耶的看法,安德鲁斯也采信了他的看法,参见《修昔底德历史评注》,第 4 卷,第 81—82 页。

② Thuc. 5.58.5;《修昔底德历史评注》,第 4 卷,第 82 页。

③ Thuc. 5.59.3.谢德风译本,第 397—398 页。

④ Thuc. 5.59.4.

戈斯以后,把怒火撒向忒拉绪卢斯,没收了他的财产,还差一点要判他死刑。而另一边厢,斯巴达人"纷纷严厉指责阿吉斯,因为在作战机遇前所未有之时,他没有征服阿尔戈斯"。①

为何阿尔戈斯人提出谈判?为何阿吉斯同意谈判?如何解释两军的愤怒和失望?亨德松试图单从军事方面提供一个解释:

> 事情没有"依照计划"进行。阿吉斯及其部下已经抵达阿尔戈斯平原。中间的部队也已经抵达,并已经与敌遭遇。但是,左翼部队——这原本是一切之关键——没有抵达。彼欧提亚人教他失望了。战马和士兵都未曾踏上穿途道……
>
> 他现在处于什么境地呢?他发现自己被士气高昂的敌军包围了……还有一座敌对的城邦矗立在近旁……所以毫不令人感到意外的是,阿尔戈斯人的部队什么也没看到,什么也不知道。他们不知道身后的深山密林里藏着什么样的危险,就用石头去砸他们那怯懦的将军。②

这种解释中存在好几个问题。第一个问题,也是最严重的一个问题是,我们没有任何权利去假定彼欧提亚人未曾出现在战场。修昔底德已经明白说了,"阿尔戈斯人已经被四面包围了……在尼米亚的一方面,有彼欧提亚人"。我们没有理由去质疑,彼欧提亚部队抵达了他们既定的战斗地点。③ (-99,100-)第二个问题是,阿尔戈斯人不可能意识不到他们的尾翼部队所面临的危险。他们已经在尼米亚与彼欧提亚部队面对面对峙过。④ 事实上,阿尔戈斯人整个作战计划的基本假定就是,敌军主力部队将从穿途道过来。⑤ 对于阿尔戈斯人来说,有骑兵支援的一

---

① Thuc. 5. 63. 1.

② 亨德松,《雅典与斯巴达之间的大战》,第314—316页。

③ 亨德松推测彼欧提亚人缺席(《雅典与斯巴达之间的大战》,第315页),这只是他自己的猜想罢了。安德鲁斯(《修昔底德历史评注》,第4卷,第83页)同样看到了亨德松此处观点的缺陷。

④ Thuc. 5. 58. 4. 同时参见布索特,《希腊史研究》,第167页。

⑤ 布索特(同上)已经预见到并先行驳斥了亨德松这种看法。

支大军从北方而来,这种危险再明白不过了。最后一个问题是,如果真是彼欧提亚人未及时出现,那么斯巴达人就不可能为此指责阿吉斯。部队及随军官员应该都了解当时的情况,不可能凭此指责阿吉斯避不作战,因为如果彼欧提亚人没有抵达作战地点,那么敌军大致享有三比二的数目优势,同时斯巴达的军队还被敌军围在一座敌对的城邦之前,动弹不得。

只凭借军事理由,我们就无法解释这里所发生的事件,所以还需要用上政治考量来解释。忒拉绪卢斯和阿尔西弗戎都是寡头派,他们想避免与斯巴达关系破裂。① 忒拉绪卢斯和阿尔西弗戎以私人的名义与阿吉斯交谈,没有取得民众的同意。他们或许认为,自己这番举动将会得到民众的赞许,一方面是因为他们这样做,可以令阿尔戈斯军队避免在处于明显危险处境的情况下与敌军作战,另一方面是因为,如果他们这样做,那么未能与斯巴达人交战并打败他们,责任和控诉就可以丢给雅典人,因为雅典人没能带领重装步兵——以及更为重要的骑兵——出现在战场。整个事件都将损害盟友对雅典可靠性的信心,也将令整个同盟都开始怀疑与雅典结盟的价值和意义。强大的斯巴达将再次令人生畏:斯巴达的同盟重新团结起来了,他们攻打的阿尔戈斯,主要盟友未曾在场,所以阿尔戈斯人绝望而无计可施。如果事件这样发展,阿尔戈斯寡头党将再次燃起与斯巴达结盟的希望。忒拉绪卢斯和阿尔西弗戎对阿吉斯说的话一定是这样的:"现在避免战斗",他们一定是这么说的,"不出几个月,就没有必要战斗了"。②

阿吉斯私下接受了他们的提议,只咨询了随军官员中的一位,据推测,这名随军官员应当是一位监察官。因为(-100,101-)按照惯例,两名监察官都会随国王出征,③所以我们似乎可以断定,阿吉斯向两名随

---

① 布索特(《希腊史研究》,第168页)与弗格森(《剑桥古代史》,第5卷,第270页),还有其他一些学者,他们都指出,忒拉绪卢斯和阿尔西弗戎均为寡头派,希望推翻民主政权。

② 关于对于这一系列事件的最佳理解,再次参见布索特,《希腊历史》,第3卷,第2册,第1240—1242页,以及《希腊史研究》,第75—181页。

③ Xen. *Hell.* 2. 4. 36 & *Resp. Lac.* 13. 5.

军监察官中与他观点相同的一位咨询。这名监察官肯定同阿吉斯看法一样，认为要避免同时与雅典和阿尔戈斯作战。阿吉斯顾虑重重。从一方面来说，雅典人可能随时率领骑兵和重装步兵部队出现，至于规模几何，则无人能够预测得到。因为斯巴达军队被耽搁在阿尔戈里德，所以雅典人也许会抓住这个机会，派遣一支舰队去劫掠拉戈尼亚（Laconia）；雅典人甚至可能去煽动黑劳士叛乱。诚然，尼基阿斯及其同党在台上的时候，雅典人不太可能采取这种策略，但是雅典民众是不可捉摸的。从另一方面来说，如果忒拉绪卢斯和阿尔西弗戎信守承诺，斯巴达人就能不费一兵一卒达到目的：终止来自新的阿尔戈斯联盟的威胁，还有，更值得期待的是，摧毁雅典与阿尔戈斯的危险同盟。即便他真有这种想法，阿吉斯肯定也没有办法将这种想法公开示人，而军队是不知道他上述动机的，所以必定会谴责他错失作战良机。但是很明显，这次斯巴达政府并未对阿吉斯采取任何措施，他们必定看到了其决策之中的明智之处。①

到此，我们还没有解决阿尔戈斯人为何如此反应的问题。如果阿尔戈斯部队处境危险，为何阿尔戈斯人会对停火感到出离愤怒？从表面来看，他们的愤怒并无理由，然而，如果我们详加考察，他们的怒火却也不难理解。忒拉绪卢斯肯定是阿尔戈斯部队的指挥官之一，若非如此，忒拉绪卢斯就没有权力同阿吉斯谈判；而作为阿尔戈斯的指挥官，他必定参与了阿尔戈斯将军之前那两项作战失误：第一项，是令阿吉斯有机会在梅岫陲坞避免战斗，第二项，是将阿尔戈斯人困在尼米亚与阿尔戈斯城邦之间。如果考虑到忒拉绪卢斯的决策是要避免在阿尔戈斯平原开战，那么这两项错误就不是粗心大意所致，也不真是失误；相反，这两项错误毋宁说是怯懦胆小所致。在忒拉绪卢斯的指挥下所发生的这一系列事件，现在看起来都令人蒙羞，阿尔戈斯人如此愤怒，他们可能会低估忒拉绪卢斯当时为他们所规避的作战危险。

忒拉绪卢斯被指责怯懦而非叛国，这一点似乎并无疑义，因为怒火

---

① 直到后来，阿吉斯才遭到惩罚（Thuc. 5. 63. 1—2）。

冲着他一个人而去,并未(-101,102-)波及阿尔西弗戎,也未波及整个寡头党。事实上,整个寡头党的影响力,在敌军撤退后,看起来还马上增加了。当雅典人最终赶到的时候,人数寥寥,时机太迟,阿尔戈斯的官员们要他们离开,不让他们出席公民大会。我们可以假定,这些阿尔戈斯官员也是寡头党人。①

雅典人的行为使他们在阿尔戈斯的同党难堪,而且我们很难解释雅典人行为的动机。雅典人只派出了1000名重装步兵和300名骑兵;部队迟到,率领这支部队的将军是剌喀司和尼各司忒拉图,阿尔喀比亚德以使节的身份随军。② 为何雅典人只派出了如此之少的兵力?为何雅典人抵达战场如此之迟?为何雅典人派遣的两名将军都是尼基阿斯的同党,是鸽派,但同时也派出了阿尔喀比亚德,而他是尼基阿斯的政敌,是鹰派政策的设计师?雅典所派出兵力的规模并不特别令人感到意外。诚然,在430年,雅典人曾向埃皮道鲁斯派遣4000名重装步兵,后来在415年,雅典人又向西西里派出了同样数目的重装步兵。③ 然而,自从430年以来,瘟疫和战事使得雅典兵员数目显著大减。西西里远征在此没有可比性,因为发起西西里远征的那个雅典城邦是如此狂热、自信、轻敌。我们还应该注意到,雅典向埃皮道鲁斯只派遣了300名骑兵,向西西里则没有派遣任何骑兵。如果我们对阿尔喀比亚德战略的猜测是正确的话,那么就算是阿尔喀比亚德自己来派兵遣将,他都未必会派出超过300名骑兵更加强大的骑兵兵力。这样做的初衷是以最不威胁到雅典的方式来换取最大的利益。然而,即便有了雅典的4000名重装步兵,这也无法弥补阿尔戈斯一方与伯罗奔尼撒联军之间的数目差距,同时,整支雅典骑兵也

---

① 正如哈茨菲尔德(《阿尔喀比亚德:关于公元前5世纪末的雅典之研究》,第103—104页)所说,"阿尔戈斯的寡头党显然都了解这些谈判的情况,他们宣称他们拥有阻止雅典使节前往公民大会的权利"。

② 狄奥多罗斯(Diod. 12. 79. 1)说,阿尔喀比亚德随军的身份是"普通公民"($\iota\delta\iota\acute{\omega}\tau\eta\varsigma$),但修昔底德明白说到,阿尔喀比亚德拥有正式的使节任命,"作为使节在场"($\pi\rho\epsilon\sigma\beta\epsilon\upsilon\tauo\widetilde{\upsilon}$ $\pi\alpha\rho\acute{o}\nu\tauo\varsigma$, Thuc. 5. 61. 2),我们应当采信修昔底德的说法。也许狄奥多罗斯只是为了强调阿尔喀比亚德没有担任将军。

③ Thuc. 2. 56. 1 & Thuc. 6. 31. 2.

不是彼欧提亚人的对手。1000 名雅典重装步兵正是阿尔喀比亚德在上一年夏季带来的数目，这个数目并没有少到有悖常理。如果这支雅典援军及时赶到，阿尔戈斯及盟友就能燃起斗志，斯巴达就不得不更加审慎行事。(-102,103-)

雅典人的援军没有及时赶到，我们可以肯定，是围绕政策的城邦内争导致了援军迟到。[1] 修昔底德完全没有提及此时的雅典城邦内政，我们可以推测是因为他不了解情况。雅典人在 418 年面临着一个艰巨的问题。从对阿尔戈斯同盟的承诺中，雅典人所得十分有限。科林斯极能抗压，雅典人希望在伯罗奔尼撒半岛孤立斯巴达的目标失败了。419/418 年冬季，局势已经较为清晰：为了保卫阿尔戈斯，阿尔戈斯同盟将需要雅典参与到对斯巴达的陆战中来。雅典人对结盟的狂热随之冷却下来，这导致阿尔喀比亚德未能成功当选将军，也导致尼基阿斯及其同党胜利当选。然而，绝大多数雅典人不愿意放弃与阿尔戈斯人的新同盟，这个新同盟看起来有希望、有前途，能够提供持续威慑，阻止来自伯罗奔尼撒半岛的任何军队入侵亚狄珈。因此，雅典人无法拒绝阿尔戈斯人的援助要求；拒绝援助就意味着正式违约。不过，雅典人派出的援军规模一般，援军的将领又是温和的鸽派将军，雅典人相信，这些将军将会谨慎行事，尽量不冒风险。将整支援军交给尼基阿斯来指挥，在阿尔戈斯人看来，政治上令人疑惑。因为阿尔戈斯人知道，尼基阿斯正是反对与阿尔戈斯结盟的那个党派的领袖，也是与斯巴达结盟政策的设计者。因此，雅典人还派出了尼基阿斯的同党，但是这些人也值得怀疑，正如阿尔戈斯人招待他们的态度所示。雅典人为了使阿尔戈斯人更加接受他们派出的使团，于是同时派出了阿尔喀比亚德。阿尔喀比亚德随行不是以将军的身份，而是以使节的身份。不是作为一名将军，阿尔喀比亚德就没有办

---

[1]　安德鲁斯试图作出的解释（《修昔底德历史评》，第 4 卷，第 83 页）并无说服力："他们迟到的原因，只能是因为海上交通不便，特别是马，在海上运输马匹要耗费更多时间。"雅典人肯定知道远征所需耗费的准备时间、以及他们抵达阿尔戈里德所需耗费的时间；他们已经在 430 年从海路派出过 4000 人和 300 匹马到埃皮道鲁斯，在 419 年他们也曾向阿尔戈斯派出 1000 人。

法命令雅典军队去冒险,但是作为一名使节,阿尔喀比亚德可以帮助雅典人与阿尔戈斯人改善关系。① (-103,104-)何时开拔,决定权是在将军们。② 我们没有理由去假定说,他们是因为收到阿尔戈斯求援消息太迟才导致迟到战场。③ 雅典援军迟到必定是有意为之;他们希望自己到得太迟。哈茨菲尔德清楚阐述了雅典人可能的期待:他们将于战役之后抵达阿尔戈斯,"然后,他们必须与胜利的一方达成协议;如果——同时也是很有可能——斯巴达取得了胜利,那么两位雅典将军剌喀司和尼各司忒拉图,就完全能够胜任与斯巴达人展开谈判,因为他们本来就一直是与斯巴达结盟政策的忠实拥护者;如果——万一——阿尔戈斯人取得了胜利,那么雅典人可以增补阿尔喀比亚德为将军"。④

如果这就是雅典人的计划,那么他们基本上是失败了,因为阿尔戈斯官员根本不让雅典人出席阿尔戈斯公民大会。埃利斯人和曼提尼亚人插手,不断恳求阿尔戈斯人,雅典人才获得了在阿尔戈斯公民大会的听证机会。发言的是阿尔喀比亚德,在关键时刻,他无畏的大胆辩才没有离弃他。阿尔喀比亚德没有为雅典援军迟到道歉,相反,他采取了攻势,控诉阿尔戈斯人,说他们没有权利在未咨询盟友的情况下就签署停

---

① 我在此提出的是一种相对简单的解释方法,而事实上,这应当是比较复杂的一系列决策。首先,雅典人需要投票决议派遣某种规模的远征军,由某些位将军来率领。接着,雅典人需要投票决议任命阿尔喀比亚德为使节并派出。再接着,雅典人需要投票决议远征军军费,每次投票都肯定会引发政策辩论。更为激进的雅典人应该会提出,要派遣一支规模更大的兵力,并将这支部队交给其他将军,例如(-103,104-)德摩斯梯尼。派遣阿尔喀比亚德,似乎是尼基阿斯及其同党被迫向反对派作出的一点妥协。不走运的是,我们所有的古代信源,在此没有给我们提供信息。

② 狄奥多罗斯(Diod. 12.79.1)明明白白告诉我们说,部队走的是海路。

③ 安德鲁斯(《修昔底德历史评注》,第4卷,第86—87页)指出,因为远征费用支付情况未曾记载在418/417年的记录中(参见《希腊历史铭文选辑》第77则铭文,即《希腊铭文集成》,第1卷,第302则铭文,GHI♯77=IGi².302),所以,是次远征这笔费用应当是在正式财政年度开始之前动议和支付的,也就是在7月9日之前。因为斯巴达部队开拔始于"仲"夏,所以阿尔戈斯平原的武力对峙可能发生在5月初到7月底之间的任何时间,参见《修昔底德历史评注》,第4卷,第271页。对我们而言,更有用的信息是,没有任何古代信源指出——甚至没有任何一丝暗示——雅典人战场迟到是因为接到援助传唤太迟。对我们而言,同样有用的信息是,阿尔戈斯人接待雅典人时如此愤怒,但雅典的将军却没有以此提出任何借口(这都说明,接到求援信息太迟并非雅典援军迟到的原因和借口)。

④ 哈茨菲尔德,《阿尔喀比亚德:关于公元前5世纪末的雅典之研究》,第104页。

战协定。接着,阿尔喀比亚德厚颜无耻地说到,既然雅典人恰好在那儿,盟友们应当重启伯罗奔尼撒战争。埃利斯、曼提尼亚及其他盟邦轻易就被他说服了,并选择阿卡狄亚的奥尔科门努作为攻击目标。曼提尼亚人对于这次征战特别积极,因为斯巴达人在奥尔科门努扣押了几名阿卡狄亚人质。此外,奥尔科门努是个恰当的目标,还因为奥尔科门努的战略位置能够方便军队(-104,105-)从科林斯地峡及以外的地点向伯罗奔尼撒半岛的中部和南部移动。① 修昔底德告诉我们,阿尔戈斯人也被说服了,但是阿尔戈斯人没有跟随盟友一起开拔。在迟了一些时间以后,阿尔戈斯人才加入奥尔科门努围歼战。②

奥尔科门努人没有坚持抵抗多久,因为他们的城墙薄弱,卫军人数稀少,同时他们没法指望有援军能够及时到来。奥尔科门努人投降,条件是奥尔科门努人要加入围歼者的同盟。奥尔科门努沦陷,对斯巴达而言是沉重的一击,因为失去奥尔科门努之后,斯巴达与其北方盟友之间联络将更为困难。阿尔戈斯和曼提尼亚已经从两条路线阻碍了他们与北方的联系:东边是拉戈尼亚受到影响,西边是埃利斯受到影响。夺下奥尔科门努,又一条联络通路被切断了(参见地图5a)。

奥尔科门努有条件投降,斯巴达人大怒,这时,他们才决定要惩罚阿吉斯。斯巴达人决定拆掉阿吉斯的房子,向他罚款10000德拉克马(drachmas)。阿吉斯保证下次再临战场一定会将功赎罪,雪洗前耻,斯巴达人才没有对他拆屋罚款。虽然没有拆屋罚款,但斯巴达人为此颁布了前所未有的一项法律:指派10名"参谋"(*xymbouloi*)前去为这位年轻的国王作"参谋"。阿吉斯出征,参谋们随行;在没有参谋同意的情况下,阿吉斯无权率领军队出城。③ 阿吉斯在阿尔戈斯平原的举动及斯巴达人对其行为的理解,都是政治性的,而非军事性的,参谋团的设立为此提供了进一步的证据。如果阿吉斯是因为其战略失败、其勇气不足而应该受到谴责(和惩罚)的话,那么惩罚他的时机应当是在他

---

① 布索特,《希腊历史》,第3卷,第2册,第1242—1243页。

② Thuc. 5. 61. 3.

③ Thuc. 5. 63. 4.

回到斯巴达之后,而非在他回到斯巴达又过了一段时间以后。不过,阿吉斯是在政治上犯错,而非在军事上犯错。阿吉斯决定不出战,是基于阿尔戈斯寡头党的承诺,阿尔戈斯寡头党承诺在城邦发动政变,承诺在不流血的情况下令阿尔戈斯倒戈斯巴达。这番承诺意味着雅典与阿尔戈斯的新同盟将会因此破产。然而,阿尔戈斯人令他失望了,同时,奥尔科门努失守,这表明雅典与阿尔戈斯的新同盟仍有生命力。阿吉斯及其同党的政策失去了人心,所以到了这时,阿吉斯的敌人要求惩罚阿吉斯。

阿吉斯因奥尔科门努失守而蒙羞,他放弃了(-105,106-)与阿尔戈斯恢复友好邦交的所有希望。阿吉斯迫切希望雪清自己犯下的错误的所有记忆,他对阿尔戈斯人明目张胆的背叛感到愤怒。铁该亚遭遇麻烦,消息传到阿吉斯那里,他得到了一个机会。雅典与阿尔戈斯的新同盟的成功,斯巴达人的踟蹰,都令铁该亚城邦中的一个派别受到鼓舞,决定要将城邦交给阿尔戈斯人及其盟友。城邦危机如此严重,以至于铁该亚的亲斯巴达派别不得不捎信去斯巴达,说如果斯巴达不迅速前来解围的话,铁该亚就将倒戈向阿尔戈斯同盟。[①] 对于斯巴达而言,失去铁该亚是不可想象的。敌军掌控了铁该亚,就可以将斯巴达人困在拉戈尼亚,终止斯巴达人对伯罗奔尼撒同盟的掌控,甚至妨碍斯巴达人继续控制美塞尼亚。在公元前 6 世纪,正是铁该亚的加入标志着伯罗奔尼撒同盟的开端,也正是铁该亚的加入标志着斯巴达霸权的开端。所以如果铁该亚叛离,这将意味着伯罗奔尼撒同盟的终结,也将意味着斯巴达霸权的终结。阿吉斯和斯巴达人别无选择,只能向北行进,前去援救铁该亚。

---

① Thuc. 5. 62. 2;64. 1.

第五章　曼提尼亚战役

418 年 8 月底，斯巴达得到消息，铁该亚面临威胁。[1] 斯巴达的回应速度前所未有，[2]捎信给其余阿卡狄亚盟邦，命令大家在铁该亚集结。与此同时，斯巴达人派遣信使前往他们的北方盟邦科林斯、彼欧提亚、佛基斯（Phocis）和洛克里司（Locris），命令诸盟邦尽快赶往曼提尼亚。阿卡狄亚人是可以信赖的，但北方盟友就不好说了。最突出的困难是，自从奥尔科门努（Orchomenus）陷落，自北方前往曼提尼亚最常用、便捷的几条通路已经被敌军占据。北方盟友要安全通过，只能寄希望于先集结部队——可以推测，是在科林斯——然后依靠人多势众吓倒可能随时出现的敌军。既然要先行集结，那么北方盟军抵达战场就要耗费相当的时间。即便北方诸盟邦意愿再强烈，他们也不可能在收到斯巴达求援要求之后 12 至 14 日以内就抵达曼提尼亚。[3] 但我们有理由认为，并非所有北方盟邦都乐于回应(-107,108-)斯巴达的援助请

---

[1] 关于远征和战役的时间，学界有此共识。布索特（《希腊历史》，第 3 卷，第 2 册，第 1246 页，注释 1）就日期进行了简明但充分的论证。

[2] Thuc. 5. 64. 2. 修昔底德告诉我们说，斯巴达人向铁该亚派遣援军：*πανδημεὶ ὀξεῖα καὶ οἵα οὔπω πρότερον*。我同意戈姆的看法（《修昔底德历史评注》，第 4 卷，第 91 页），还有其他学者也持此看法：修昔底德的意思是，斯巴达的回应中，只有速度堪称前所未有。

[3] 我在此采信伍德豪斯（W. J. Woodhouse）所计算的时间顺序（《斯巴达国王阿吉斯及其 418 年在阿卡狄亚的征战》[*King Agis of Sparta and his Campaign in Arcadia in 418 B. C.*]，牛津，1933 年，第 154—155 页）。我对他的时序估算的惟一质疑是，我认为他计算出来的北方盟邦抵达战场的时间稍微有些短。

求,修昔底德的叙述也暗示,一些盟邦觉得斯巴达人召集援助令人不快。① 此外,就在短短几周之前,彼欧提亚人与科林斯人已经与斯巴达人在阿尔戈斯(Argive)平原并肩作战,但结果却是斯巴达单独与敌协定停火,并未咨询他们的意见。勉强与怨恨相互交叠,斯巴达北方诸盟邦援军的抵达时间大概会进一步推迟。

可以预见得到的盟邦援军迟到,使得阿吉斯(Agis)所面临的问题雪上加霜。在那年夏季早些时候,在阿尔戈斯平原的阿吉斯之部——包括北方盟友的兵力——达到了 20000 人,而敌军仅有 12000 人。8月,阿吉斯向铁该亚行进的时候,他应该能预见到,敌军人数不减。②在阿尔戈斯,阿吉斯自己的部队大约是 8000 人。是次出征曼提尼亚,阿吉斯在此之上又增加了一些"脱籍黑劳士"(neodamodeis),其中包括曾经在伯拉西达(Brasidas)指挥下在色雷斯战斗的那些人。此外,因为是在自己的城邦作战,铁该亚部队势必全军加入,阿吉斯的部队势必因此进一步壮大。这些新增兵力使得阿吉斯的部队达到了 10000 名重装步兵(hoplites),但即便如此,敌军部队仍然具有数目优势。

除了数目劣势之外,阿吉斯还面临另外一个问题:斯巴达人对他的指挥缺乏信心。自从他的父亲阿奇达慕斯(Archidamus)于 427/426 年冬季去世之后,阿吉斯曾经两次率领斯巴达部队前去入侵劫掠亚狄珈。426 年,阿吉斯才行进到科林斯地峡,就发生了地震,远征就此终止。次年,阿吉斯入侵了亚狄珈,但是庄稼尚未成熟,他的士兵并没有通过劫掠获得食物,同时,异常强烈的几场风暴令其(-108,109-)部下饥馑雪上加

---

① Thuc. 5. 64. 4: ἀλλὰ τοῖς μὲν ἐξ ὀλίγου τε ἐγίγνετο, καὶ οὐ ῥάδιον ἦν μὴ ἀθρόοις καὶ ἀλλήλους περιμείνασι διελθεῖν τὴν πολεμίαν(ξυνέκλῃε γὰρ διὰ μέσου). "然而,消息来得突然。此外,要跨过敌军土地并不容易,因为他们必须相互等待,然后集结。"

② 因为在那年夏季早些时候,阿尔戈斯人是在保卫他们自己的城邦,所以他们必定派出了全部兵力,再加上盟军部队,总共大约是 7000 人,而此刻要前往曼提尼亚,阿尔戈斯部队要离开城邦,城邦就有被埃皮道鲁斯(Epidaurus)攻打的危险。因此阿吉斯人势必要留下一支两三千人的驻军留守城邦。那么,开拔出征的阿尔戈斯军队就只有四五千人左右。此时,战役要在曼提尼亚展开,所以同样地,曼提尼亚将全军参战,而先前在阿尔戈斯作战的时候,基于同样的理由,曼提尼亚部队应该并非全军动员去了阿尔戈斯。尽管这些估算数字未必百分之百准确,但是阿吉斯有理由相信,敌军人数大约就是 11000 人左右。

霜。短短 15 天之后,这成了伯罗奔尼撒战争史上最短的入侵:消息传来,雅典人在派娄斯设防,阿吉斯不得不率领部队匆匆赶回斯巴达。①

在这两次征战中,阿吉斯没能积累作战经验;在这两次战役中,机运也没有眷顾他。418 年,阿尔戈斯远征也未能提升斯巴达人对这位年轻国王的信心。在这次征战中,阿吉斯两次都因为征兆不祥而从边境撤退。最终,当他有机会作战时,敌军在数目上不如他,在情势上被他包围,但他却拒绝作战。当阿尔戈斯人及盟友夺取奥尔科门努之后,斯巴达人与北方盟邦的联系被切断,这样,原本对阿吉斯战争外交政策抱有理解同情的人也无法再支持他了。铁该亚的噩耗必定令斯巴达人的不快雪上加霜,这样,为何斯巴达人愿意让阿吉斯再次率部出征,就只有一个事实可以解释:另外一位国王,普雷斯托阿纳克斯(Pleisto-anax)比阿吉斯更得不到斯巴达人的信任,但即便如此,正如我们所见,斯巴达人将阿吉斯置于“十参谋”(xymbouloi)的指导之下,这一举措前所未有,简直令国王蒙羞。斯巴达人有不止一个理由去怀疑,阿吉斯能否好好指挥出征大军。肯定有一些斯巴达人不赞同阿吉斯的政策;肯定还有另外一些斯巴达人质疑他的英勇;肯定还有些虔敬迷信的斯巴达人则认为神不眷顾阿吉斯,或至少会认为阿吉斯是个不走运的人。为了避免因为奥尔科门努陷落而遭受惩罚,阿吉斯许诺说,他“愿意在下一次作战的时候,临阵英勇,以赎前愆;万一无功可录,那时任凭国人处罚,绝无异言”。② 曼提尼亚是阿吉斯最后的机会;胜利可以赎罪,而失败则将令他蒙羞。

阿吉斯率领部队离开斯巴达,但他此刻还面临战略上的一个棘手问题。铁该亚发生危机,他应该到得越快越好,以保卫铁该亚;然而,抵达铁该亚后,阿吉斯又不得不先等待北方盟军抵达,因此事必有贻误。在这个等待间歇——时间大约至少会持续一周——阿吉斯将独自面对数目超过自己部下的敌军。从理论上来说,阿吉斯可以躲在铁该亚

---

① 关于阿吉斯继位的日期,参见梅耶,《古代史研究》,第 2 册,第 506—507 页。关于这两次作战的具体情况,参见 Thuc. 3. 89. 1 及 Thuc. 4. 6. 1—2。

② Thuc. 5. 63. 3: ἔργῳ γὰρ ἀγαθῷ ῥύσεσθαι τὰς αἰτίας στρατευσάμενος, ἢ τότε ποιεῖν αὐτοὺς ὅτι βούλονται. 谢德风译本,第 400 页。

城墙之内,拒绝出战,直到盟军抵达,但是这样一来,敌军就有机会劫掠(-109,110-)铁该亚的乡村土地,毁坏农舍,接近城邦,怯战的控诉将飞向斯巴达人和他们的指挥官。换了另外一位将军,上述这些困难应该不至于影响他坚持自己的政策;但阿吉斯显然不能不被这些困难影响。不愿作战、害怕战斗的猜忌,阿吉斯根本经受不起。因此,甚至早在他还没有离开斯巴达的时候,阿吉斯肯定就知道,他会要面对一支数目超过他部队的敌军。这也就是为什么阿吉斯带上了斯巴达全军,还带上了脱籍黑劳士。斯巴达全军出战,城邦无人防卫,美塞尼亚人就盘踞在派娄斯,黑劳士暴动的危险一刻也没有消失过。

　　阿吉斯没有选择从最短通路向铁该亚行进。最短的通路直接向北,经过塞拉西亚(Sellasia)和迦里崖(Caryae,参见地图 5a)。相反,阿吉斯选择了位于更西边的那条通路,沿着欧罗塔斯河(the Eurotas River)。这条通路尽管较长,但却更为适宜人和马车队经过。① 阿吉斯在位于阿卡狄亚的曼纳里垭区(Maenalia)坳热司提坞(Orestheum)略作修整。到了此处,阿吉斯肯定收到消息,说埃利斯人没有加入新同盟在曼提尼亚的同盟部队。这消息令人意外,又鼓舞人心。胜利夺下奥尔科门努之后,阿尔戈斯同盟的成员就同盟的下一个作战目标是什么发生了争执。曼提尼亚人希望攻打铁该亚,因为铁该亚是曼提尼亚的邻邦和宿敌,而埃利斯人却希望盟军开往勒浦雷坞(Lepreum)去作战。铁该亚的战略意义对于雅典人和阿尔戈斯人来说都十分重要,因此雅典人和阿尔戈斯人都支持曼提尼亚人的意见。埃利斯人目光短浅、自私自利,愤而率领自己的 3000 名重装步兵撤退,拒绝加入铁该亚作战。② 阿吉斯肯定是在坳热司提坞得到这一消息的,因为阿吉斯只有是在此地得到消息,我们才能理解他接下来在那里所采取的行动。③

---

① Thuc. 5.64.3. 参见《修昔底德历史评注》,第 4 卷,第 91—93 页,关于路线的论述。

② Thuc. 5.62.

③ 伍德豪斯(《斯巴达国王阿吉斯及其 418 年在阿卡狄亚的征战》,第 108—109 页)看到,这消息对阿吉斯的战略产生了颠覆性的影响,但他认为阿吉斯是在斯巴达人抵达铁该亚之后才得知这一消息的。然而,阿吉斯不可能在不知道埃利斯人叛离撤退的时候、就在坳热司提坞将一部分部队派遣回去。

阿吉斯将自己所率部队的六分之一遣回斯巴达，防守城邦；而这六分之一士兵多是老幼。阿吉斯能够通过这种方式缓解斯巴达人的焦虑不安，因为埃利斯人临阵脱逃，这意味着在这500至700人回撤后，他自己的部队数目上仍将多于(-110,111-)敌军部队。此时的具体对阵情势应该是超过9000名斯巴达人及盟军部队，对抗大约8000名阿尔戈斯同盟军部队。

埃利斯人临阵脱逃彻底改变了战略情势的可能走向。埃利斯人如果没有退缩，那么阿吉斯的战略考虑就会与其个人需求产生冲突；现在，这种冲突不存在了。然而，埃利斯人并不会长久怄气。埃利斯人不久肯定会意识到，他们从盟军中脱逃是多么愚蠢，他们会回到盟军队伍中的。阿尔戈斯同盟军队的规模因为埃利斯人的回归而壮大了。事实上，埃利斯人回到阿尔戈斯同盟军部队中的时间，可能还会早于斯巴达的北方盟友抵达该地区——如果斯巴达的北方盟友真的会来的话。①这样一来，情势就逼迫阿吉斯，命令其部队尽快投入到一场激烈战斗中去。阿吉斯在铁该亚集结清点盟军，向曼提尼亚领土开拔行进，在赫拉克勒斯(Heracles)神庙，也就是赫拉克勒坞(Heracleum)安营扎寨，此地距离曼提尼亚城邦西南尚有一英里多的距离(参见地图8)。②

在这个平原上，坐落着古代城邦铁该亚和曼提尼亚。平原本身海拔大约2200英尺，群山环绕。从北至南，最长处长18英里；从东至西，最宽处宽11英里。③平原自南向北略有斜度，所以曼提尼亚海拔比铁

---

① 埃利斯人抵达曼提尼亚的时间是在战役之后(Thuc. 5.75.5)，与他们同时抵达的，还有1000名额外的雅典重装步兵。我们不能肯定阿吉斯是否知道雅典派出了这些援军。如果阿吉斯知道雅典派出了这些援军的话，那么他就更有理由迅速挑起战斗。斯巴达人的北方盟友后来根本没有来到曼提尼亚(Thuc. 5.75.2)。我们不知道斯巴达的北方盟友在得知斯巴达不再需要他们了的时候，正身处何处。

② Thuc. 5.64.5.

③ 我对于是次战役的地形学的理解，受到了以下文献的启发：罗凌(W. Loring)，《希腊研究期刊》(*JHS*)，第15卷，1895年，第25—89页；弗热(G. Fougères)，《曼提尼亚及阿卡狄亚东部》(*Mantinée et l'arcadie orientale*)，巴黎，1895年，第39—52页，第572—596页；科洛玛耶(J. Kromayer)，《古代战场》(*Antike Schlachtfelder*)，第1卷，柏林，1903年，第47—76页，第4卷，柏林，1926年，第207—220页；安德鲁斯，《修昔底德历史评注》，第4卷，第94页及以下；普利切特(W. K. Pritchett)，《古希腊地形学研究》(*Studies in Ancient Greek Topography*)，第2卷，"战场"(Battlefields)，伯克利与洛杉矶，1969年，第37—72页。

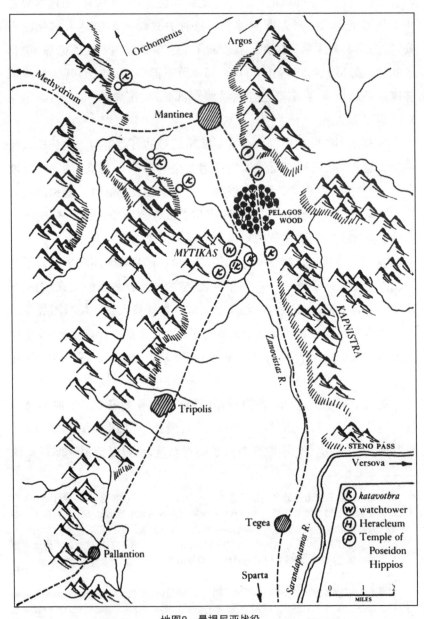

地图8 曼提尼亚战役

改编自A·W·戈姆、A·安德鲁斯、K·J·多佛，《修昔底德历史评注》，
第4卷，牛津，牛津大学出版社，1970年。

该亚要低 100 英尺。曼提尼亚和铁该亚之间的距离是 10 英里。曼提尼亚城南 3 英里多一点儿的距离之外，这片平原突然变窄，夹在两座山脊之间。这一罅隙宽度大约两英里。西边的山脊名叫密提迦（Mytikas），东边的山脊名叫夹浦尼司察（Kapnistra）。我们可以推断，曼提尼亚和铁该亚的边界或位于这处罅隙，或在其南端。① 在离铁该亚不太远的地方，(-111,112 为地图 8,113-)一条溪流涌出并流向北方，流入一处排污河（katavothra），这处排污河位于曼提尼亚平原的西面，流至密提迦的北面。这条溪流今名扎诺维斯塔溪（Zanovistas）。② 还有另外一条溪流，今名挲浪奔河（Sarandapotamos），向北流经铁该亚，然后向东急遽拐弯，经过一条通路，在微索瓦镇（Versova）附近流入 3 条排污河后干涸。这里仍旧属于铁该亚领土。从曼提尼亚出发，有两条向南的通路，其中一条通往西南方向的帕兰穹（Pallantion），另一条通路位于罅隙东面，向南通往铁该亚。曼提尼亚东边矗立着一座山，古人称之为"阿勒匈"（Alesion）。铁该亚通路经过此地，同时，近旁山势渐平之处，立有骑马波塞冬（Poseidon Hippios）神庙。阿勒匈山的南边是一片橡木林，名叫"海林"（Pelagos）。这片树林延伸至夹浦尼司察和密提迦附近。铁该亚通路从这片林子里穿过，帕兰穹通路则自其西边绕行而过。③ 斯巴达人安营扎寨的地点赫拉克勒斯神庙，位于平原的东

① 安德鲁斯，《修昔底德历史评注》，第 4 卷，第 95 页；普利切特，《古希腊地形学研究》，第 2 卷，"战场"，第 43 页。

② 弗热，《曼提尼亚及阿卡狄亚东部》，第 41—43 页，以及戈姆，《修昔底德历史评注》，第 4 卷，第 98 页。普利切特《古希腊地形学研究》，第 2 卷，"战场"，第 42 页）认为，这条在平原中部、密提迦东边就已经干涸，汇入排污河，该溪流并未向北流入曼提尼亚领土。普利切特似乎是唯一一个持此观点的人。

③ 保塞尼亚斯（Pausanias）在 362 年的埃潘米农答（Epaminondas）的曼提尼亚战役中提到了这片树林（Paus. 8.11.1,5），但是修昔底德、色诺芬、波利比乌斯（Polybius）在公元前 418、前 362、前 207 年的 3 次曼提尼亚战役中都没有提到这片树林。然而，我们并无特别理由可以去质疑保塞尼亚斯在此处所描绘的亲眼所见，这番描述清晰又不偏不倚。同样，我们也无特别理由可以去质疑，在修昔底德时代确实存在这样一片树林，因为一般说来，在没有造林的特别证据的情况下，在古希腊发生的一般是森林的砍伐开采，而非植树造林。安德鲁斯（《修昔底德历史评述》，第 4 卷，第 96 页）争辩说，418 年海林是存在的，同时，安德鲁斯是在这一假定基础上展开其曼提尼亚战役叙述的。安德鲁斯对是次战役的叙述很有智慧。

部,阿勒匈山的南边。①

　　阿吉斯的第一个机动动作是经典的优势先招:劫掠敌方土地,迫使敌方在激战中保卫这片领土。不走运的是,斯巴达人来得太迟,没法靠这种做法来给对方施压。曼提尼亚的庄稼已经在6月底至7月底之间被收割完毕。② 到了阿吉斯前来劫掠的时候,庄稼作物及其他一切有价值、能移动之物,悉数被收拣保存起来了,斯巴达人无法对此(-113,114-)造成什么不可挽回的损失。③ 阿尔戈斯同盟军部队在阿勒匈山斜坡的较低处列队集结,占据了强有力的防守位置。他们所选择的列队地点"陡峭,难于接近",④而且只有他们愿意,他们才需要自此挪动位置。此外,按照战略的整体设计,他们应当拒绝战斗,除非以他们自己所认可的条件开始战斗。他们数目上不敌斯巴达人,情势并不允许他们采取激进的进攻战略。同时,进攻的压力来自阿吉斯自己。需要战役、需要胜利来为铁该亚解围、为他自己在斯巴达重新赢回地位的,是阿吉斯。如果阿吉斯因为任何理由再次不战而退,那就等同于阿尔戈斯同盟的胜利。最后,我们知道,埃利斯人得到命令要与其盟友汇合,也已经准备要重归盟军部队了。我们同时还知道,增援部队还将自雅典而来;或许阿尔戈斯同盟军的将军们对这一情况也了如指掌。⑤ 一旦这些增援部队抵达,阿尔戈斯同盟军的数目就将超过斯巴达人,阿尔戈斯的将军们就可以选择适当时机开战(阿尔戈斯的将军们将意识得到,必须在斯巴达的北方盟友抵达之前开战)。不过,在其盟友抵达之前,阿尔戈斯同盟军部队完全有理由留在原地,防御阵地,避免战斗,直到阿吉斯贸然前来挑战他们,

---

① 我采信普利切特的观点(《古希腊地形学研究》,第2卷,"战场",第46—49页)。在此发掘到考古遗址而遗物可能曾属于赫拉克勒斯圣坛的,普利切特是第一个。其他学者关于这一地点(位于何处)的不同看法,参见普利切特,《古希腊地形学研究》,第2卷,"战场",第47页。

② 弗热,《曼提尼亚与阿卡狄亚东部》,第56页。

③ 这一观点由伍德豪斯提出来并予以充分论证,参见《斯巴达国王阿吉斯及其418年在阿卡狄亚的征战》,第110页。

④ Thuc. 5. 65. 1.

⑤ Thuc. 5. 75. 5. 埃利斯人和雅典人于战役发生次日抵达战场。在我们此处所讨论的这一日,雅典增援部队已经行进在路上,而埃利斯人则至少已经开始准备开拔。

而那将是有勇无谋的。

然而,这正是阿吉斯试图要做的事。在上坡地带作战,重装步兵部队面临的困难不可克服,如上所述。尽管如此,阿吉斯还是带领他的部队沿着斜坡向阿勒匈山上冲去。这是绝望之人的鲁莽之举,因为沿斜坡向上冲的部队即便享有一点儿数目上的优势,也很容易被自上而下冲过来的重装步兵部队击溃。向上冲的攻势停止时,斯巴达人才不过冲了"一石之遥,或一射之地"。① 修昔底德告诉我们说,"年纪较大的一位",看到情势之艰难,大声呼喊阿吉斯,说阿吉斯这么做是为了"做一件坏事来矫正另一件坏事"(谢德风译本,第401页)。这位明智长者应该是斯巴达贵族议事会(gerousia)的成员,或许就是"十参谋"中的一位;(-114,115-)我们对此一无所知。显然,此人意识到,阿吉斯莽撞不明智的举动是为了雪洗人们对他在阿尔戈斯行动中的记忆。阿吉斯听从了这位长者的建议——不是因为他觉得这建议有道理,就是因为他尊重这位长者的权威——,尚未与敌军遭遇,就迅速撤退了。② 一些现当代学者拒斥修昔底德在此的看法:修昔底德说阿吉斯撤退是因为最后一刻改变计划,将阿吉斯这番举动视为有意为之的成功佯攻,成功将敌军引诱到平原上来,③但这样一番计划不太可能是实情。一方面,修昔底德自己的描述予人以完全相反的印象,另一方面,其他古代文献

① Thuc. 5. 65. 2.

② Thuc. 5. 65. 2—3. 修昔底德说,阿吉斯选择撤退的原因,是最后一刻意识到自己的进攻是个错误,而不是听从了这位长者的建议。这种解释不太可能是实际情况。总之,修昔底德记载的长者警告是一件真实发生的事情;这番警告最不济也能令阿吉斯三思而行。

③ 伍德豪斯(《斯巴达国王阿吉斯及其418年在阿卡狄亚的征战》,第111—113页)拒斥修昔底德在此处的叙述,他将阿吉斯发动的攻势和撤退视为精心计划的佯攻,还说这次佯攻是整体战略的组成部分,精彩绝伦。伍德豪斯的看法没有赢得多少赞同支持,我认为这种现象是合乎情理的。对于伍德豪斯这种看法,戈姆有一番严厉的评价,参见《希腊历史文学文选》(Essays in Greek History and Literature),第132—155页。伍德豪斯(《斯巴达国王阿吉斯及其418年在阿卡狄亚的征战》,第112页)说:"佯攻冲上阿勒匈山,千钧一发之际回撤。根据修昔底德自己给出的证据,这番计划确实达到了目标。"一般来说,安德鲁斯持论更为谨慎可靠,但在此处他的看法(《修昔底德历史评注》,第4卷,第97页)与伍德豪斯差不多:阿吉斯"应该是经估算考量认为,突然地停止进攻,然后佯装撤退,就能取得成效,而事实上,这番计划也确实取得了这样的成效"。

也没有提供什么不同的信息资料。这计划鲁莽到近乎疯狂。向敌军冲到如此之近的地方,然后掉头跑掉,实际上等同于邀请敌军俯冲下来,追击正在撤退的这支部队的尾翼,造成毁灭性后果。只是因为阿尔戈斯同盟军的将军们不愿被拖入追击,才没有导致这样毁灭性的后果;然而,同盟军的将军们不愿意追击,原本却是没有人可以准确预见得到的。

正当阿吉斯向铁该亚撤退的时候,他肯定感到了前所未有的不安和绝望。他的冒险攻势带来的是责难训斥,而非胜利成果。到目前为止,阿吉斯知道,敌军仍然居于高处,增援部队不到,他们不会轻易俯冲下来。阿吉斯在回撤之后,肯定马上向城邦送信,要求命令他先前从坳热司提坞遣回的驻军①重新回到铁该亚作战。现在阿吉斯意识到,战役将会以敌军选择的时间和地点展开,(-115,116-)战斗将会十分艰难。为了多少克服一些困难,阿吉斯必须冒险,留下斯巴达城邦无人防守一阵子。留守城邦的斯巴达人认真考虑了阿吉斯的要求,决定派遣另外一名国王普雷斯托阿纳克斯率领军队前去支援阿吉斯。②

即便普雷斯托阿纳克斯早于埃利斯人和雅典人抵达、或同时抵达,斯巴达人在数目上仍将处于劣势。所以,阿吉斯尝试了另一套计划,试图诱敌深入平原,在敌军增援部队到达之前展开战斗。早在这次战役之前,铁该亚人和曼提尼亚人就为争夺流经该平原的水路的控制权交战多年。该地区所有的溪流和山洪都消失在土壤之下的石灰岩洞穴中,希腊人把这些溪流叫作排污河。雨水过于充沛的时候,排污河会被阻塞;因为这片土地是倾斜的,所以曼提尼亚就有洪水泛滥之危险。这种情况一旦发生,曼提尼亚"就成了荷兰(Holland)"。③ 曼提尼亚人应该早已发现,要令铁该亚平原洪水泛滥就很不容易,因为堵塞任何一条排污河都只能使得水流向曼提尼亚的土地。要使夹浦尼司察罅隙以南

---

① 参见上文,第 110 页(原书页码)。

② Thuc. 5. 75. 1.

③ 弗热,《曼提尼亚和阿卡狄亚东部》,第 41 页。

洪水泛滥，唯一的办法就是建造一个临时大坝，而这种建造工程将会十分困难。①

对于铁该亚人来说，要使得曼提尼亚洪水泛滥就容易得多了。在雨水(-116,117-)充沛的季节，铁该亚人可以堵住排污河，或开掘一些简易渠沟，令流经附近的溪流改道。无论采用哪种办法，洪水都将轻松流入曼提尼亚领土。使得曼提尼亚平原洪水泛滥的另外一种办法是利用扎诺维斯塔溪；这一方法可以与上述方法同时使用，也可以单独使用。就扎诺维斯塔溪自身而言，它并不会形成什么危险，因为在雨季之外，这条溪流几乎没有什么水。然而，牮浪奋河的水流却十分丰沛。在多雨的季节，牮浪奋河可以令微索瓦峡谷洪水泛滥。因此，铁该亚人就有了双重动力来将牮浪奋河的水引入扎诺维斯塔溪的河床：一方面可以使他们自己在微索瓦地区的庄稼幸免于难，一方面还可以损害他们的邻邦和宿敌曼提尼亚人。要达到这个目的，只需要在两条溪流之间的最窄处，开凿长约 1.5 英里的一条水道即可。铁该亚人有可能已经开凿好了这样一条水道并且一直在使用，同时，他们可能还建造了一条横跨水道的闸门。在需要的时候放下这道水闸，就可以将牮浪奋河的水引回其正常河道。这样，铁该亚人与曼提尼亚人反复不断地争夺水道控制权，铁该亚人可以轻易拆掉这座水闸，引溪流改道，淹没曼提尼亚的土地。②

---

① 几乎没有什么学者研究过曼提尼亚人如何使得铁该亚土地洪水泛滥这个问题，而研究过这个问题的寥寥几位学者就此给出的解释也不是很令人满意。普利切特(《古希腊地形学研究》，第 2 卷，"战场"，第 43 页)假定"曼提尼亚人经常在边境的排污河上建造堤坝[他认为，在排污河上建造堤坝之处，位于夹浦尼司察罅隙南边一点点]，这样就会令洪水流入铁该亚平原，而铁该亚人则势必争取保持渠道畅通，好让水往曼提尼亚平原(Mantinike)流去"，但是即便堵住所有的边境排污河，水流仍旧会从山脊流下去，流入曼提尼亚的领土。安德鲁斯(《修昔底德历史评注》，第 4 卷，第 98 页)认为，"当然，曼提尼亚可以通过阻塞扎诺维斯塔溪的方法摧毁铁该亚的领土"。这样做确实可使水流改道。不过，既然水流是持续向山下流去的，那么最终接收泛滥洪水的就不是铁该亚，而仍是曼提尼亚。曼提尼亚人使得铁该亚洪水泛滥的唯一方法，应该是沿着夹浦尼司察罅隙一路建设堤坝，而堤坝必须高到能够将水流阻遏在山上。这肯定是个艰难的任务，同时，在修昔底德所描述的水利争端中，看起来很有可能的情况是，一般是铁该亚人发动进犯。

② 我采信弗热的看法(《曼提尼亚及阿卡狄亚东部》，第 43—44 页)，科洛玛耶(《古代战场》，第 4 卷，第 210 页)和戈姆(《希腊历史文学文选》，第 138—139 页，以及《修昔[转下页注]

因此,看起来很有可能的情况是,阿吉斯回撤行进到铁该亚,然后将挈浪夅河改道引至扎诺维斯塔溪。当然,除此之外,阿吉斯可能还同时派了人,前去边境堵塞排污河,或去切断那些能够将水流分流而非将水流注入这些排污河的沟渠。但是,仅仅依靠做这些,还无法帮助阿吉斯完成他的目标。修昔底德告诉我们:"阿吉斯的计划是:当地人看见河水流入自己的领土时,(-117,118-)会下山来制止的,那么他就可以和敌人在平原上作战了。"①在排污河上进行这些工作,因为这些排污河距离阿勒匈山尚有一段距离——也就是阿吉斯离开敌军部队的地方——,又因为这些排污河距离曼提尼亚更加遥远——也就是斯巴达部队离开后,敌军部队将会要撤退到的地方——,同时还因为阿勒匈山和曼提尼亚之间还隔着海林,因此,敌军很可能需要好一段时间才能了解到阿吉斯在排污河上做什么。不过,对于阿吉斯来说,关键是掌握时间。敌军不会很快发现他们正在将挈浪夅河改道至扎诺维斯塔溪,因为在 8 月底,扎诺维斯塔溪的河床,几乎可以肯定是干涸的,但是只消不到一天的时间,水流就会沿着河床流过来,蜿蜒流至曼提尼亚的领土上,而之前的经验已经提醒曼提尼亚人,铁该亚人及其盟友是会进行河流改道的。对于曼提尼亚人来说,眼下暂时还没有问题,但曼提尼亚人及其盟友必须在雨季来临之前让敌军把挈浪夅河改道回原本的河道中去——雨季还有几个星期就要来了——,不然的话,他们的土地就会洪水泛滥。

[接上页注]底德历史评注》,第 4 卷,第 98 页)也采信弗热的看法。伍德豪斯(《斯巴达国王阿吉斯及其 418 年在阿卡狄亚的征战》,第 49—50 页)拒绝采信修昔底德对河流改道的叙述,认为河流改道这种事"只不过是纯粹的猜测"。普利切特(《古希腊地形学研究》,第 1 卷,第 122—134 页,第 2 卷,第 42 页)采用了地质学家的意见和帮助,构思出一种水文学演变理论,这种水文学演变理论考察该地区自古代以来的情况,结论是上述河流改道是不可能发生的——如果这种水文学演变理论本身正确无误的话。普利切特列出了他曾经咨询过的地质专家的名字,也报告了这些地质专家对此进行的思考。但是,普利切特并未引用这些地质学家的任何公开发表作品,也没有引用其他人的任何公开发表作用,来支持他自己的观点。在其他的地质学家或业余人士对该理论及其所依赖的各项证据进行验证考察之前,我们似乎不能径直采信这一水文学演变理论。我在此处所作的假定是,尽管在曼提尼亚和铁该亚平原发生了许多改变,但是水道的流经状况未曾发生重大改变。

① Thuc. 5.65.4. 谢德风译本,第 402 页。

我们必须强调，阿吉斯的计划基于希望，而非基于确定的期望。尽管曼提尼亚人必须在接下来的几个星期之中就开始战斗，但在埃利斯人和雅典人抵达之前，他们仍可放心安全等待。阿吉斯必定是假定，怒火和恐惧将领敌军马上出兵、挑衅启战，而原本他们是应该再等候些时间的。这是场赌博，但对于一个绝望之人来说，已经是其力量之极限。阿吉斯在铁该亚近郊用了一天时间将河流改道。次日，阿吉斯率领其部向北行进，朝着曼提尼亚领土上的赫拉克勒坞去。阿吉斯很可能是期望，在敌军看到他前一日之劳作成果之前，就抵达赫拉克勒坞。可以推测，阿吉斯想要夺取这个地点，因为他一开始就认为这是最佳作战地点。阿吉斯将其部队摆出战斗阵型，等待敌军在发现水流来势汹汹，即将流入曼提尼亚领土之后前来应战。①

然而，阿吉斯从未抵达赫拉克勒坞，因为敌军部队的行动与阿吉斯的预计并不一样。阿尔戈斯邦联的将军们被阿吉斯部队的古怪举动所震惊、所迷惑，(-118,119-)但他们仍然坚守处于高位的己方阵地，坚守原来的战略设计，并没有追击阿吉斯的部队；与此同时，阿吉斯部队回撤到铁该亚的领土之内。不过，在这个时间节点上，阿尔戈斯同盟军内部的政治互疑帮了阿吉斯大忙。修昔底德的记叙表明——但即便修昔底德没有记载，我们也能猜到——同盟军部队的实际指挥官是阿尔戈斯人。② 斯巴达部队撤退之后，同盟军部队开始鼓噪抱怨自己的将军们按兵不动："上一次敌人在亚哥斯［阿尔戈斯］城下受了包围，这些将军们让他们逃跑了；现在这些斯巴达人又从容不迫地退却了，没有人追击，而亚哥斯［阿尔戈斯］人是被出卖了。"③最后一句话透露了真相。鼓噪抱怨的部队没有控诉他们的将军怯懦不战，却控诉他们的将军"叛国"（prodidontai）。我们可以推测，将军们仍然是阿尔戈斯贵族千人团（the aristocratic Argive Thousand）的成员，而这些人先前的举动已经令阿尔戈斯民主政权治下的民众们对他们失去了信任。疑惧加剧，

---

① Thuc. 5. 66. 1.
② Thuc. 5. 65. 5.
③ Thuc. 5. 65. 5. 谢德风译本，第 402 页。

控诉声疾，现在，将军们不得不抛弃他们的整体战略。阿尔戈斯同盟军下山来，在平原地带安营扎寨，准备向斯巴达人冲去。[1]

次日，新同盟的盟军部队列队摆出战斗阵型，如果他们遭遇斯巴达人的话，他们就将以该阵型战斗。与此同时，阿吉斯率领其部队向赫拉克勒坞走去，"发现敌人到了自己的面前，都是从山上下来的，并且已经排成了作战的行列。斯巴达人从来没有受过这样的惊慌"。[2] 修昔底德记载，斯巴达人对此完全感到意外，这令现当代学者们困惑，并在现当代学者之中引起了争论。伍德豪斯认为阿吉斯是一位杰出的战略家，他的每一步举动都有其目的，是经过精心设计的，因此，伍德豪斯径直拒绝采信修昔底德，并争辩说斯巴达人并未对此感到意外。阿吉斯从未将河流改道，也未去填壅堵塞排污河；这些情况都是修昔底德或其信源的编造。(-119,120-)在伍德豪斯看来，阿吉斯向铁该亚撤退，只不过是佯攻，他的目的是将敌军从高地引诱下来，而这佯攻确实发挥了作用。"以退为进——像个公羊一样退却，好以头顶撞更坚硬的目标，正如马其顿的腓力(Philip of Macedon)后来那样。阿吉斯的行动表面虽然古怪，但这就是其行动之秘密所在。"[3]因为证据本身出现了问题，伍德豪斯就迅速丢弃了我们手中所掌握的最佳信源。这一做法有些过了，但是他提出的那些问题很有意思。如果斯巴达人确实将河流改道，意在淹没曼提尼亚平原，那么为何阿尔戈斯同盟军部队坐视不管、不去阻止？据我们所知，阿尔戈斯同盟军并不清楚阿吉斯的动向，那么他们在遭遇斯巴达部队的时候，为何恰好列出了战斗阵型呢？如果阿吉斯的意图本身正是诱敌深入平原、迫使敌军与之一战，那么阿尔戈斯同盟部队如何能令阿吉斯部队感到意外呢？更具体的一个问题是，从平原上的任何一个地点都可望见阿勒匈山，阿尔戈斯同盟部队到底是怎样令阿吉斯部队感到意外的呢？如果阿吉斯在阿勒匈山上看不到敌军部

---

[1]　Thuc. 5. 65. 6.

[2]　Thuc. 5. 66. 2. 这段文字很难读懂。关于其中的文本问题，参见《修昔底德历史评注》，第4卷，第102—103页。我的翻译基于德·萝蜜莉(de Romilly)女史在布岱版(Budé)中所使用的文本和翻译。谢德风译本，第402页。

[3]　伍德豪斯，《斯巴达国王阿吉斯及其418年在阿卡狄亚的征战》，第55页。

队,那么他就会知道,阿尔戈斯同盟军部队已经进入平原,因此也就会做好战斗准备,而无法对此感到意外。在提出这个问题之后,我们还必须加上另一个问题——戈姆和安德鲁斯同时都提出了这个疑问:为什么斯巴达不在夹浦尼司察和密提迦这两处高地安排岗哨?如果斯巴达人在此安排了岗哨的话,那么为何他们没有收到关于敌军动向的任何警告信号?

　　我们无法准确回答上述这些问题,但是我们能够就此提出一些看法。回应第一个问题并不难:阿吉斯部队将河流改道的地方,是在铁该亚附近,这太远了,所以从阿勒匈山上是看不到的。[1] 斯巴达人如何能感到意外,这个问题比较难以回答,但也不是完全无法解释。第一,阿尔戈斯同盟军在阿勒匈山所占据的位置,在平原上的某些地方不一定能看到。两军之间还有海林。这片树林也许足够茂密、高大,掩饰了阿尔戈斯同盟军的动向,令阿吉斯无法看得到。此外,当阿吉斯开始行进的时候,阿尔戈斯同盟军可能已经从阿勒匈山上下来了。他们很可能是从他们在平原上的营地出发的,即便阿吉斯正通过铁该亚-曼提尼亚通路穿林而行,也很可能看不见他们。我们有充分理由相信,(-120,121-)在这样一种情形下,阿吉斯也有可能完全看不到敌军。对这一点的一个反驳是,阿吉斯应该能在进入海林之前,就看到敌军已经不再据守在阿勒匈山上了。不过,即便阿尔戈斯同盟军部队已经消失在阿勒匈山上,这也并不等同于告诉这位斯巴达国王说,阿尔戈斯盟军部队已经在平原备战。另一种可能的情况是,阿尔戈斯同盟军部队看到斯巴达人正在撤退,并无理由继续全副武装、坚守山岗,于是也撤退到曼提尼亚城邦内那更为舒服的大本营去了。阿吉斯或许会认为这种情况是比较可信的,因为他对于那些迫使阿尔戈斯将军离开高地的内部政治猜疑一无所知,同时也因为他知道,改道后的河流那时还没有流到曼提尼亚领土上。诚然,经验丰富、行事谨慎的指挥官将会看到可能的其他情况,但是阿吉斯此前的行为记录表明,他并非那种经验丰富、行事谨慎的成熟指挥官。

---

① 这是戈姆提出的看法:《希腊历史文学文选》,第 140 页。

关于阿吉斯看不到敌军动向,还有一种反驳意见。"如果阿吉斯在他第一次行进时就接近了曼提尼亚城邦——大约 1 英里之内——的话,那么他应会把[位于密提迦和夹浦尼司察的]高地岗哨都驱赶殆尽,然后自己占据这些高地。"①阿吉斯匆匆赶往曼提尼亚平原,为的是迫使敌军开战。一旦跨过了夹浦尼司察-密提迦罅隙,阿吉斯就不再需要岗哨了;他能够目测到所有敌军可能出现的地方:平原,阿勒匈山,曼提尼亚。阿吉斯需要安排岗哨的唯一情形,是在他率兵向铁该亚撤退的时候,但是,向铁该亚撤退是匆匆而为,并未经过计划。撤退之时,阿吉斯应该既没有想到,也没有时间在高地上安排岗哨,此外,这些高地肯定是被曼提尼亚人牢牢控制住了。密提迦山的东端山脉上,曾发现过一座建造得十分牢固的瞭望塔(参见地图 8)。这座瞭望塔建造于公元前 4 世纪,而在之前的这个世纪里,同样的防御设施很可能也存在过。② 由此,我们就容易理解(-121,122-)为何斯巴达人为何没有从高地哨兵那里得知敌军动向了。

阿吉斯将部队向北驱离铁该亚的时候,他应该已经意识到,阿尔戈斯同盟军部队已经不在阿勒匈山,但是他无法得知敌军具体在哪:是在曼提尼亚,还是在平原里的某处地方,他无从得知;但是,无论敌军是在曼提尼亚,还是在平原中的某处地方,他都必须继续前进,争取占据罅隙北面的一处地方。如果敌军是在曼提尼亚,阿吉斯将被迫等待;敌军看到扎诺维斯塔溪的河床中有水流入,才会出来应战。如果阿尔戈斯同盟军已经来到了平原地带——看起来,阿吉斯是无法预见到这一点的——,那么他就可以马上发动战斗。无论阿吉斯先前认为敌军在哪,我们都能想到,阿吉斯看到敌军目前所处的位置时会大为吃惊。③

---

① 戈姆,《希腊历史文学文选》,第 140 页,注释 1。安德鲁斯(《修昔底德历史评注》,第 4 卷,第 100—101 页)说:"我同意戈姆的看法,阿吉斯不可能没有密切监视敌军动向……双方意外遭遇(与刻意为之的伏击相比)是很罕见的,在所有的军队中,斯巴达军队是最不可能忽视这种标准训练的。"

② 罗凌,《希腊研究期刊》,第 15 卷,1895 年,第 82—83 页。

③ 修昔底德的记叙并未充分清楚地解释阿吉斯是如何以及为何感到意外的。因此,除非我们像伍德豪斯一样完全拒绝采信修昔底德的证词,不然的话,我们就必须解释并补充修昔底德的说法,来为阿吉斯被突袭作出解释。戈姆《希腊历史文学文选》,[转下页注]

阿吉斯的部队从树林中列队出来，想要回到赫拉克勒坞营地，这时，阿吉斯震惊地发现，敌人早就从山上下来了，近在眼前，并且已经排成了作战的行列。① 阿尔戈斯同盟军部队连夜在平原地带安营扎寨，他们在高地所设的岗哨肯定已经通知阿尔戈斯将军们，阿吉斯已经开拔行进。这样，阿尔戈斯同盟军就得以占据这样一个位置，这个位置离斯巴达人将要从树林里走出来的地点(-122,123-)是如此之近，他们还可以在自己选择的这个地点严阵以待。阿吉斯走入了陷阱。

这位斯巴达国王面临的问题中最迫切的一个是，敌军可能会利用大部队刚刚走出树林、阵型暂时混乱这一点攻打他们；在被攻打之前，阿吉斯要迅速将部队列出战斗阵型。在此，斯巴达军队举世无双的纪律和训练起了作用。阿吉斯需要的只不过是将命令下达给"邦级司令官"(*polemarchs*)——邦级司令官是斯巴达6个集团军(*morae*)各自的长官——然后，指挥系统就会自己按章行事。斯巴达军队与其他的希腊军队不一样，是"由指挥官给指挥官下令，因为执行命令的责任是由许多人一起共同承担的"。② 阿尔戈斯的将军们故意选择不去攻打从树林里刚刚出来的敌军，也没有选择在斯巴达人还没有列出战斗阵型的时候向前冲去。阿尔戈斯的将军们无论选择上述哪一种战术，都有

[接上页注]第140—141页，以及《修昔底德历史评注》，第4卷，第100页)认为，阿尔戈斯盟军是连夜行进至夹浦尼司察-密提迦罅隙的，"至次日清晨，他们在此条线路以南的平原地带部署妥当，准备战斗，离铁该亚城邦的距离不过5英里；阿吉斯看到敌军部队的地点，正是在他前一日回到自己营地的路上。如果起作用的不是那片树林，那么就说明他们是在夜间行军。阿吉斯感到惊奇，这并不难理解"(《希腊历史文学文选》，第141页)，但是修昔底德对于如此困难、又如此不寻常的一次部队机动只字未提，而在上一次阿吉斯率领部队夜间行军的时候(Thuc 5.58.2)时，修昔底德则强调了这一点。此外，修昔底德是位了不起的史家。对于这样一位史家而言，比起忘记提及他可能从未亲眼见到的战场的地形学细节来，忘记叙记如此关键、如此罕见的一次行动是更加严重的写作失误。基于这一理据，我同其他一些学者认为，不应当采信戈姆的意见，而应当赞同安德鲁斯的版本。安德鲁斯强调海林的存在，强调是海林阻碍了阿吉斯的视线(《修昔底德历史评注》，第4卷，第101页)。同时，我还认同他对战场地点的基本看法："(战场是)在曼提尼亚平原之内，在城邦以南较远的地方，但是是在密提迦-夹浦尼司察罅隙的北边，以及树林的北边；……修昔底德很可能是基于口头信源写作这一段的，他很可能并未亲身到过该地点。"

① Thuc. 5.66.2.

② Thuc. 5.66.4.

可能迫使斯巴达人撤退,从而避免战斗,但阿尔戈斯的将军们因为受到同盟军士兵疑惧而被迫决心在是日应敌激战。阿尔戈斯人知道自己仍然享有优势;他们选择了战斗的地点,并在自己所选择的地点严阵以待。斯巴达人匆匆列出战斗阵型,但没有时间将行伍列成最有利的阵型。

考察两军部队的部署以及双方在战斗刚开始的时候所采取的战术我们会发现,阿尔戈斯将军备有战略,斯巴达人狼狈不堪。阿尔戈斯同盟军将最强大的兵力置于右翼:曼提尼亚人,他们为保卫故土而战;在他们身旁的,是其他的阿卡狄亚人,他们的积极性与曼提尼亚人差不多一样高;再旁边是训练精良的阿尔戈斯贵族千人团。这支右翼部队的任务是发动攻势,并在战役中发挥决定性作用。右翼部队旁边的是普通的阿尔戈斯重装步兵,在他们旁边的是吞奈崖人(Orneae)和柯辽奈人(Cleonae)。同盟军左翼部队的任务是坚守防卫,避免被敌军包抄,延缓溃败步伐,直到右翼部队打出致命一击。① 拉栖代梦人(Lacedaemonians)的队列没有什么特别的,说明他们在战斗中(-123,124-),没有任何经过精心计划的战术。拉栖代梦人的左翼部队由司岐里提人(Sciritae)组成。在阿卡狄亚人中,司岐里提人承担的常常是侦察任务,或是与骑兵有关的任务,他们在行列中的传统位置就是在左翼。② 然后是同伯拉西达在色雷斯战斗过的一些脱籍黑劳士。斯巴达主力部队位于队列中央,他们近旁的是来自赫拉崖(Heraea)和曼纳里垭的阿卡狄亚盟友。在右翼的是铁该亚部队,在此还有少数斯巴达人支援他们,位于队伍的最后面。骑兵分散在行列之中,保护着行列左右两翼。③ 斯巴达方面的部署符合惯例,偏于防御,而遭到突袭的部队和将军如此安排,我们似乎不应感到意外。主动权属于阿尔戈斯的将军们。

阿尔戈斯同盟军数目大约是 8000 名重装步兵,排布开来大约宽达

---

① Thuc. 5. 67. 2.

② Thuc. 5. 67. 1. 安德鲁斯,《修昔底德历史评注》,第 4 卷,第 103—104 页。

③ Thuc. 5. 67. 1.

1公里，而伯罗奔尼撒同盟方面的兵力，数目大约是9000名重装步兵，排成队列后，宽度超过敌军100多米。① 因为他们数目占优，所以伯罗奔尼撒同盟的右翼部队，铁该亚人及随军的那一小队斯巴达人，就延展到了对面的敌军部队的外侧，而这一部分敌军部队是由雅典人组成的。不过，人数略微处于劣势的阿尔戈斯同盟军，并未试图向左翼派遣士兵来弥补这一点差距。相反，他们把自己的右翼部队伸展开来，超过了敌军的左翼部队，也就是司岐里提人的队伍。此外，斯巴达人按照他们惯常的缓慢步速行进，依照笛子那有节奏的韵律，但是阿尔戈斯同盟军部队"急切冲动地向前冲去"，仓促投入了战斗。② 很明显，阿尔戈斯同盟军的将军们希望将己方最精锐的部队置于右翼，向敌军发起致命一击，在他们自己的左翼或中央队列失去控制之前就击溃敌军。

　　阿吉斯看到自己的左翼部队处于被包抄的危险之中，于是下令他的部下改变阵型。阿吉斯用信号通知左翼的司岐里提人和伯拉西达旧部，通知他们中断与部队其余部分的联系，并进一步向左延伸队形，直至与曼提尼亚人对齐。当然，这样做会令伯罗奔尼撒队列间隙扩大，出现危险。因此，阿吉斯下令，(-124, 125-)命令邦级司令希波诺伊达（Hipponoïdas）和阿里斯托克勒（Aristocles）率领各自的连队——大约总共是1000名斯巴达士兵——从斯巴达主力部队的右端前来，填补左翼队列中出现的间隙。③

---

① 我采信科洛玛耶在《古代战场》，第4卷，第212—217页对双方兵力规模及占据的空间所进行的估算。关于数目问题的详尽讨论，参见安德鲁斯，《修昔底德历史评注》，第4卷，第111—117页。

② Thuc. 5. 70.

③ 修昔底德（Thuc. 5. 71. 3）说，两个斯巴达连队"自右翼而来"，同时，有一些学者根据其字面意思，认为这几个词的意思是他想要两支斯巴达"连队"（lochoi, λόχοι）自整支伯罗奔尼撒同盟军部队的队列最右端而来。参见，例如科洛玛耶，《古代战场》，第4卷，第218页；弗格森（Ferguson），《剑桥古代史》，第5卷，第273页。此处的问题在于，修昔底德已经专门告诉我们说，在部队右翼，只有很少几个斯巴达人同铁该亚人在一起，因此我们没有理由将这个"很少几个"解读为希波诺伊达和阿里斯托克勒麾下的这1000人。参见伍德豪斯，《斯巴达国王阿吉斯及其418年在阿卡狄亚的征战》，第94页及以下。伍德豪斯认为，修昔底德意在让读者理解，这两支"连队"（lochoi）还是属于重装步兵方阵（phalanx）的中央部队。也就是说，这两支连队在斯巴达人所构成的中央队列中位于右边，而不属于整个伯罗奔尼撒同盟军方阵的右翼部队（《斯巴达国王阿吉斯及其418　[转下页注]

这样一种机动方式,在古希腊战争史中看起来是前所未有的。两军正在相互逼近,在此时改变阵型,在队列中刻意留下间隙,为了填补该间隙又在队列别处制造新的间隙——所有这些机动方式闻所未闻,而且执行起来也十分困难,近乎不可能。修昔底德将这一机动方式归咎为一时冲动的临时决定:"当他们正在相对进军的时候,国王阿基斯[阿吉斯]决定下面一个调整队伍的办法。"①修昔底德推论认为,阿吉斯是在两军即将在右翼相互包抄时——修昔底德声称,这种情况对于所有军队来说都是很典型的,因为重装步兵方阵移动的自然趋势就是朝着没有拿铠甲的那一侧——作出这个决定的。② 如果修昔底德看法无误,那么阿吉斯肯定预见到了方阵的移动趋势,并因势利导设计了这一战术,这一决定无需在最后一刻才一时冲动临时决定。修昔底德在前一节中强调过,大军交战时部队的战斗阵型常有被冲散的危险;③在这一节中,修昔底德清楚表明,阿吉斯的行动显得他并无经验,还接着说,斯巴达人赢得是役(-125,126-)是因为他们作战异常英勇,这种看法实际上进一步强调了阿吉斯的毫无经验:"当然,就战略而论,斯巴达人在各方面都是糟透了的。"④

如果真如修昔底德所说,阿吉斯的命令是临时起意,那么我们就不能采信一些现当代学者试图将其作为整体战略的一部分来解释的看法。有一位学者认为,阿吉斯的计谋是预先计划好的战略的一部分,而该战略曾与阿尔戈斯精英千人团的寡头派领袖协商一致;⑤但这是不

[接上页注]年在阿卡狄亚的征战》,第 99 页)。戈姆采信了伍德豪斯的观点,参见《修昔底德历史评注》,第 4 卷,第 119 页。同样,这种解释的说服力也远远称不上是压倒性的,而且这种解释愈加偏离了修昔底德记叙的原文。然而,没有一种解释能够令人完全满意。我对此持相当的疑虑,但是仍旧选择采信伍德豪斯的观点,尽管伍德豪斯和戈姆都不认为这使得阿吉斯的命令显得更加令人意外、更加危险了。

① Thuc. 5. 71. 1. 谢德风译本,第 404 页。

② Thuc. 5. 71. 1.

③ Thuc. 5. 70.

④ Thuc. 5. 72. 2. 谢德风译本,第 405 页。

⑤ 基历(D. Gillis),《伦巴第学会会刊-文学、道德与历史科学版》(*Rendiconti dell'Istituto Lombardo*,*Classe di Lettere*,*Scienze morali e storiche*,*RIL*),第 97 卷,1963 年,第 199—226 页。

可能的。还有一位学者认为，最后一刻的转变是阿吉斯事先精心构思的战略的一部分；①但这也是不可能的。尽管看起来，修昔底德对这一带的地势情况了解得并不清楚，对这次战役的具体细节也所知不多，但我们还是没有充分理据去拒绝采信修昔底德在此处的判断。阿吉斯遭遇突袭，被迫在完全准备好之前就匆忙应战，而这片战斗地点是敌方选定的。两军即将遭遇时，阿吉斯意识到他的右翼部队不是由斯巴达人，而是由铁该亚人组成的，而铁该亚人将面对的是得到骑兵支援的雅典人，而这正是要对付敌军的包抄机动的那部分兵力。自然，阿吉斯害怕他的左翼部队将很快被敌军的右翼部队包抄蹂躏，而敌军右翼部队正在快速逼近，不是要将他的部队逼向中央，就是要对他的部队进行侧翼包抄，而他自己的部队这时仍耽于同敌军的中央和左翼队列交战。

阿吉斯的最好打算，看起来应该是坚持队形，令自己的右翼部队去包抄围攻敌军左翼部队，将强大的斯巴达军队推向那平平无奇的阿尔戈斯人所组成的中央队列，同时寄希望于其左翼部队能够抵挡敌军的猛攻，能够维持联络和阵型，能够拖住敌军，直到他自己能够带兵向左解围。这样一套战略中的真正危险在于，伯罗奔尼(-126,127-)撒一方的左翼有可能很快就被敌军包抄并退到中央。即便斯巴达人真的遭遇这种意外情况，其他潜在策略危险只会更大。阿吉斯现在需要的是一位经验丰富的指挥官所拥有的判断、信心、决断，但是正如他之前的举动所表明的，判断、信心、决断正是他所缺乏的。所以，他下达了不同寻常的命令，正如我们刚刚所描述的。

我们永远无法知道，如果阿吉斯的策略真的奏效，将会如何实现。阿吉斯的左翼部队遵守命令，开始行动，向外拉长队列以阻击敌军的包抄行动，这样，在左翼部队与斯巴达人所组成的中央队列之间就出现了

---

① 伍德豪斯（《斯巴达国王阿吉斯及其418年在阿卡狄亚的征战》，第80—82页）认为，左翼部队出现的间隙是为了诱使阿尔戈斯贵族千人团俯冲扑空："敌军队列将因为自身的冲力和势头——事实也确乎如此——而被切断、被冲散，而这对他们来说将是致命的……经过遴选的阿尔戈斯精锐部队发起的这一击，将如拳头打在棉花上一样，不能造成任何伤害。"胜利的结果"是显然预见得到的，是经过精心计算的，绝非修昔底德理解的那样"。

间隙,但是位于中央队列右侧的斯巴达人却没有移动。那两个斯巴达邦级司令,阿里斯托克勒和希波诺伊达,径直拒绝执行阿吉斯的命令。① 这样拒绝执行命令,一如阿吉斯的命令本身一样,前所未有,十分罕见。同时,我们还必须问,到底是什么使得这两名邦级司令以这种前所未有的方式行动。修昔底德告诉我们说,他们后来被控临阵怯懦,且因此遭到流放,②对此提出质疑的绝大部分现当代学者都接受了斯巴达法庭的这份裁决;同时在这一过程中,他们也就推断出阿吉斯的命令是可行的,甚至是通情达理的。③ 不过,还是让我们先来详细考察一下两名邦级司令的举动吧。他们在战场上拒绝执行指挥官的直接命令,这应该是种前所未有的举动;他们令自己的连队在方阵中坚守初始位置,也就是坚持留在队列中央,而队列中央是战役取得胜利的地方;事后,他们没有逃亡,没有躲入圣坛寻求庇护,反而回到斯巴达接受审判。这绝不是懦夫所为。同时,我们也不应当对斯巴达陪审团的裁决感到过分意外。关于在斯巴达进行的审判,我们今天所知的每一个案例几乎都与斯巴达国王有关,而且几乎都是政治审判。一个人得有多天真才会相信,以下这些审判的结论是完全依靠事实和法律来裁定的:刻辽门内一世(Cleomenes I),希波战争(the Persian Wars)之后的摄政王泡萨尼阿斯(the regent Pausanias),445 年普雷斯托阿纳克斯,伯罗奔尼撒战争之后的国王泡珊尼阿斯(Pausanias),阿格西劳斯(Agesilaus)时代的斐庇达(Phoebidas)和司斐椎亚(Sphodrias)。当阿里斯托克勒和希波诺伊达接受审判的时候,阿吉斯同时也在接受审判。如果阿里斯托克勒和希波诺伊达(-127,128-)无罪,那么阿吉斯就有罪,但是在审判的时候,阿吉斯是大英雄,是曼提尼亚的胜利者,是为斯巴达恢复了伯罗奔尼撒霸权的那个人。要陪审团对阿里斯托克勒和希波诺伊达作出有利判决,就意味着要说阿吉斯的命令无稽且无法执行,这对于当时的斯巴达法庭来说,肯定是办不到的。无论事实如何,斯巴达在

---

① Thuc. 5. 72. 1.

② Thuc. 5. 72. 1.

③ 例如,科洛玛耶(《古代战场》,第 4 卷,第 220 页)争辩说,两名邦级司令不大可能会以这种方式遭到处罚,"如果大家认为阿吉斯的命令显然很荒谬的话"。

曼提尼亚取得的胜利使得这两名邦级司令的命运已经成为定局。

尽管如此,在战场上拒不执行直接的命令,在任何情况下都绝非小事,特别是在斯巴达。拒绝执行命令的这两名邦级司令肯定清楚,他们拒不执行命令对自身而言有多么危险,然而,他们依然决定冒险。这两人为何如此大胆行动,我们可以用时机来解释。在战役之前,这些经验丰富的士兵就有理由认为,指挥他们的那个人并无法胜任指挥任务。士兵和城邦都如此不信任阿吉斯,以至于在这次战役之前,斯巴达甚至需要派出十参谋来监视他。此外,在与敌军第一次遭遇的时候,阿吉斯就率领部下冒险往山上冲去,在与敌军仅一射之遥的地方,又中途停下,率领大家下山。最终,阿吉斯使得敌军得以自行选择战斗地点并全副武装,严阵以待,进而展开战斗。斯巴达人是遭到这样的突袭而被迫展开战斗的。能够解释这两位邦级司令行动的第二个理由是,阿里斯托克勒是普雷斯托阿纳克斯的兄弟,普雷斯托阿纳克斯同阿吉斯都是斯巴达国王。[1] 阿里斯托克勒希望有效保护他的兄弟,于是劝说同袍希波诺伊达,望其与他共同行事。但是最终促使这两名斯巴达邦级司令如此行动的,应该是看起来荒唐愚蠢的阿吉斯命令和斯巴达军队所面临的可怕危险。即便两名邦级司令拒绝执行阿吉斯的命令,斯巴达人仍然赢得了这场战役;同时,这两名邦级司令拒不执行命令,甚至可能反而造就了这场胜利。当两军交战时,斯巴达一方中央队列的右侧并无间隙,而两名邦级司令所率领的连队也没有"丧失战斗力",(-128,129-)躲在自己方阵的后侧移动。相反,他们增强了斯巴达一方的中央队列,他们所在的位置正是斯巴达人赢得战斗的地方。

斯巴达人所取得的胜利还依赖于敌军的失误。当阿吉斯得知他不

---

① Thuc. 5. 16. 2. 戈姆和安德鲁斯提出质疑,这位名叫阿里斯托克勒的人是否真是普雷斯托阿纳克斯的兄弟,他们的主要理据是,修昔底德没有在此处语境中提及这名阿里斯托克勒和普雷斯托阿纳克斯的关系(《修昔底德历史评注》,第 4 卷,第 120 页)。修昔底德沉默疏漏是常事,此处例子并无分量。我们没有理由质疑,这位阿里斯托克勒就是修昔底德在第 5 卷中早前提及的那位。在斯巴达,阿里斯托克勒并不是一个常用名。参见保卢·泼剌拉(Paul Poralla),《拉栖代梦群英传》(Prosopographie der Lakedaimonier),布列斯劳,1913 年,第 27—28 页。

能再动用其右翼部队来填补左面所造成的空隙之后,他就改变了主意,命令左翼部队缩小间距,但是现在已经太迟了。曼提尼亚人击败了斯巴达一方的左翼部队。接着,在阿尔戈斯精锐部队的帮助下,曼提尼亚人的部队冲入斯巴达左翼部队与中央队列之间的间隙。对于阿尔戈斯人和他们的盟友而言,这是战役当中的关键时刻,也是能够夺取胜利的极为有利的时机。如果他们无视伯罗奔尼撒人那散乱的左翼部队——司岐里提人、脱籍黑劳士、伯拉西达旧部——或者如果他们仅仅派遣一支小部队去击溃对方的左翼,然后马上左转去对抗斯巴达中央队列的侧翼和尾翼的话,那么阿尔戈斯同盟军几乎肯定会取胜,因为斯巴达中央队列仍旧在与其面前的敌军交战。然而,阿尔戈斯同盟军此时却选择右转,全力去摧毁斯巴达一方的左翼,于是,他们就此贻误了胜机,这也导致他们最终战败。① 阿尔戈斯同盟军毫无必要地追击着司岐里提人和脱籍黑劳士部队,阿吉斯和斯巴达一方的中央队列则驱逐了他们面前那支平平无奇的兵力:年长的阿尔戈斯士兵所组成的“五个连队”,还有柯辽奈和呑奈崖的重装步兵。事实上,修昔底德也告诉我们说:“……那些军队没有坚持阵地,马上就退却,有一些急于逃跑,怕被敌人追及,因此自相践踏而死。”②或许修昔底德这段叙述反映的是阿尔戈斯贵族对阿尔戈斯民众的诽谤,③但显然,阿尔戈斯部队所作的抵抗确实虚弱无力。

然而,这时,斯巴达一方的右翼部队开始包抄位于阿尔戈斯同盟军左翼的雅典人。雅典骑兵试图阻止溃败发生,但灾祸仍在逼近。阿尔戈斯同盟军右翼部队没能利用他们的优势,这一点成为了胜败之关键。一些现当代学者指出,右翼部队的失误是斯巴达人与阿尔戈斯贵族派相互勾结的进一步证据。阿尔戈斯寡头党的计划是要保证阿尔戈斯贵族千人团(-129,130-)去击败司岐里提人和脱籍黑劳士——司岐里提人可以

① Thuc. 5. 72. 3. 关于同盟军右转的证据,参见科洛玛耶,《古代战场》,第 4 卷,第 218 页,以及注释 2。

② Thuc. 5. 72. 4. 谢德风译本,第 405 页。

③ 正如戈姆(《修昔底德历史评注》,第 4 卷,第 123 页以及《希腊历史文学文选》,第 153 页,注释 1)所指出的。

被牺牲,而脱籍黑劳士对于斯巴达来说十分危险——,但他们不能去攻打斯巴达的主力部队,而这就是这番计划的一部分。① 没有证据可以支持这样一种解释;事实上,解释阿尔戈斯同盟军之行为应当诉诸纯粹军事上的理由。曼提尼亚人和阿尔戈斯精锐部队冲过斯巴达人队列当中的豁口,他们的所作所为相当自然,也不难完成。曼提尼亚人和阿尔戈斯人向右转,而不是向左转,是因为在右边,面对他们的是敌人没有铠甲掩护的一侧,作为攻击目标,这一侧更吸引人、更安全;而在左边,面对他们的却是由铠甲掩护的斯巴达人。我们要记得,阿尔戈斯同盟军在向敌军方阵逼近时,看到敌军方阵在他们面前出现了空隙,他们很可能会感到很惊讶;毕竟,在他们开始向敌军逼近的时候,这个空隙还没有出现。在一开始的时候,阿尔戈斯同盟军的将军所下的命令,必定是令右翼的精锐部队集中兵力对抗敌军左翼部队,迅速彻底地击败敌军左翼部队;只有击退敌军左翼部队之后,阿尔戈斯同盟军的右翼部队才可以转向中央队列作战。阿尔戈斯同盟军的士兵必定将击败敌军的左翼部队作为他们的主要目标,而他们也确实完成了这一任务。斯巴达中央队列的左侧突然出现空隙,计划不得不有所转变;但是,重装步兵方阵一旦开始行进,这时要改变战斗计划就会很艰难,如果不是完全不可能做到的话。阿吉斯也发现了这一点。如果是一位了不起的将军在指挥,如果这位将军指挥着的是一支人员组成单一、训练精良、配合熟练的军队的话,那么改变战斗计划并取得成功是可能做到的。然而,我们不知道谁是阿尔戈斯同盟军的将军,同时我们知道,阿尔戈斯同盟军的士兵是从不同城邦募集而来的。盟军的所作所为符合常情,他们因此输掉了战役。

　　攻守之势扭转之后,阿吉斯下了一系列命令,这一系列命令决定了斯巴达人最后所取得的胜利的性质。阿吉斯没有令其右翼部队继续去追击正在他们面前撤退的雅典人,相反,他命令全军都前去援助面临重压、正在溃退的左翼部队。这样一来,雅典人和阿尔戈斯普通部队的一部分就得以逃跑。② 我们可以只是基于军事方面的理由去理解阿吉斯

---

① 基历,《伦巴第学会会刊-文学、道德与历史科学版》,第 97 卷,1963 年,第 221—223 页。

② Thuc. 5. 73. 3.

的决策;斯巴达的国王肯定希望拯救自己的部队,避免他们遭到进一步损失,同时也肯定希望摧毁敌军的精锐曼提尼亚人和阿尔戈斯的精英部队。然而,这种解释方法并不是说,阿吉斯完全没有政治动机。我们(-130,131-)要记得,尽管看起来很古怪,可是严格说来,此时的雅典和斯巴达仍然处于和平之中。斯巴达在曼提尼亚摧毁了一支雅典部队,这肯定会助长雅典城邦内斯巴达之敌的势焰。从另一方面来看,斯巴达胜利的消息传来,再加上斯巴达人在战斗中有所克制的证据,这能够在斯巴达逐渐恢复权势、重建声誉的时候,说服雅典人采取温和政策,并与斯巴达维持双边和平。

在战场的另一端,看到己方节节败退、敌方整支大军步步逼近,曼提尼亚人和阿尔戈斯的精英部队很快丧失了士气。他们开始逃跑,曼提尼亚人伤亡惨重,但是"阿尔戈斯精英千人团的大部分人得救了"。我们很难理解,为什么这两支部队并肩战斗,一支差不多被歼灭,另一支却几乎毫发无损。修昔底德解释说,这是因为他们逃跑时,敌军没有激烈追击,也没有长距离地追击他们,"因为斯巴达人能持久作战,能在战场上坚守阵地,直到他们打垮敌人时为止;但是目的达到以后,他们并不穷追敌人,也不长久地追击敌人"。① 这种解释空洞无力,因为这种解释还是没有告诉我们,在阿尔戈斯人得以逃脱的同时,为何曼提尼亚人伤亡如此严重。我们几乎可以肯定,修昔底德的消息来源——应该是斯巴达人,或者是阿尔戈斯的寡头派——清楚此事的缘由,但却向修昔底德提供了一个缺乏说服力的借口。

事实上,狄奥多罗斯的叙述给我们提供了另一种解释方法:

> 斯巴达人击溃敌军的其他部分、歼敌许多之后,他们转向了阿尔戈斯的精英千人团。斯巴达人利用数目优势包围了千人团,希望将其全歼。精英千人团尽管人数不敌对方,但是他们勇气过人。斯巴达人的国王身先士卒,直面危险,他原本可以全歼敌军——因为他迫切想要兑现他对国人的承诺:英勇战斗,以赎前愆。这是因

---

① Thuc. 5. 73. 4.

为斯巴达参谋斐剌刻司(Pharax)——他也是一位在城邦享有盛名的斯巴达人——命令阿吉斯给阿尔戈斯精英千人团留出一条逃亡路线,还命令他不要(-131,132-)剥夺已经毫无生之希望的人的机会,不要去试探被机运抛弃之人的勇气。所以,因为收到了这些命令,国王阿吉斯依据斐剌刻司的判断,被迫允许他们逃亡。[1]

戈姆完全无视这段叙述,认为这段叙述是一则"愚蠢的小掌故,是平民埃弗鲁斯的典型手笔",[2]但是我们没有理由这样去怀疑这段叙述的真实性。究其本身而言,这段叙述并非全然不可信;这段叙述不仅没有与修昔底德提供的事实相矛盾,相反还提供了修昔底德忽视的一些细节,提供了一种不同的解释。[3] 阿吉斯特别想要摧毁阿尔戈斯的精锐部队,我们不应当对此感到惊讶,因为这支部队曾令他蒙羞。摧毁阿尔戈斯精英千人团,最能兑现阿吉斯对城邦的承诺,明明白白又令人满意,因为阿吉斯承诺要在战斗中英勇表现,以赎前愆。我们也不该对参谋斐剌刻司的干预感到太过意外。作为参谋,斐剌刻司不过是在预先考虑战役结果及其对斯巴达地位的影响。阿尔戈斯士兵中的普通民众已经大部分逃亡,在这种情况下,歼灭阿尔戈斯的贵族部队就显得极为不明智。因为如果歼灭阿尔戈斯的贵族部队就意味着在战后,阿尔戈斯将继续与施行民主政体的其他城邦——雅典,埃利斯,曼提尼亚——结盟。从另一方面来说,如果阿尔戈斯的精英千人团得到逃亡生路,在与斯巴达作对的政策遭受如此大的失败之后返回城邦,那么贵族千人团将能够使阿尔戈斯倒戈斯巴达,摧毁那个危险的敌对同盟。没什么经

---

[1] Diod. 12.79.6—7. 显然,狄奥多罗斯认为,阿吉斯必须听从十参谋的意见,但是在早先的一个事例中,斯巴达的指挥官阿尔西达(Alcidas)可以拒绝参谋伯拉西达的建议,因为后者职权不够(Thuc. 3.79.3)。狄奥多罗斯——或者,是他的消息来源——认为,在曼提尼亚,指挥官和十参谋之间的关系是不同的,他这样认为是对的。不过,即便他这种看法错了,阿吉斯要拒绝十参谋的意见也需要额外的勇气,因为阿吉斯有他自身的问题。

[2] 戈姆,《希腊历史文学文选》,第151页。

[3] 安德鲁斯(《修昔底德历史评注》,第4卷,第125页),尽管他显然不准备采信这段叙述,但是他仍然指出,这则叙述的内在并非不可信,同时他还指出,戈姆夸大了(修昔底德和狄奥多罗斯)两个版本之间的区别。

验又刚愎自用的阿吉斯首要目的是决意恢复自己的名誉，在激烈战斗中，他决计是无法预见到这一点的，但这正是斯巴达人指派十参谋的目的。① (-132,133-)

在曼提尼亚，败北之师并未被全歼。② 但是修昔底德强调曼提尼亚战役的重要性，这是恰如其分的："这的确是好久以来，是在希腊各邦中发生的第一次大战役，参加作战的都是希腊最有名的城邦。"③对于斯巴达人而言，曼提尼亚战役最为重要的结果是，他们没有输。如果阿尔戈斯贵族千人团成功利用斯巴达队列中出现的空隙击败斯巴达人及其盟友的话，那么斯巴达在伯罗奔尼撒半岛的控制权就会终结于 418年，而非 371 年。在斯伐刻帖里亚（Sphacteria）陷落和阿尔喀比亚德的伯罗奔尼撒半岛行军之后，斯巴达的威望将再度受到沉重打击，斯巴达霸权将因此受到致命威胁。铁该亚沦陷——同时，也就是阿尔戈斯同盟军在曼提尼亚取得胜利——将是对斯巴达更为具体、更为致命的打击，这一击将夺走斯巴达的战略要地。敌方占据了铁该亚之后，斯巴达人将与他们所有的盟邦失去联系，甚至连控制美塞尼亚也会有困难。我们必须意识到，如果阿尔戈斯同盟军在曼提尼亚取得胜利，那么伯罗奔尼撒战争就一定会在此时结束，雅典及其盟友将就此取得胜利。相反，斯巴达人在曼提尼亚取得胜利，斯巴达的信心和声誉都将得到恢复："过去斯巴达人受到希腊人的责难，因为在斯法克特利亚[斯伐刻帖

---

① 这段叙述给出了斐刺刻司的名字，这正是这段叙述之可信性的可靠证据。尽管他是一名士兵（参见泼刺拉，《拉栖代梦群英传》，第 123 页），但他并不是什么名人，因此传说轶闻并不会围绕这个名字泛滥成灾。所以如果他未曾参与此事，狄奥多罗斯并没有理由 (-132,133-) 把他编入此处史书，因此，我们有充分的理由采信这段叙述。这段叙述的信源应该是埃弗鲁斯，埃弗鲁斯是狄奥多罗斯关于这段时期史书的主要信源。埃弗鲁斯在公元前 4 世纪进行写作，他应该有条件接触到可信的口头信源。我们知道，埃弗鲁斯曾经利用《奥克西林库斯希腊志》(*Hellenica Oxyrhynchia*)，而《奥克西林库斯希腊志》作为公元前 5 世纪末和前 4 世纪初史料的一个来源，是相当可靠的。埃弗鲁斯可能还能接触过其他可靠的书面信源，我们所不知道的一些书面信源。总之，我们没有什么根据去拒绝采信这段叙述。

② Thuc. 5.74. 2.修昔底德记载到，阿尔戈斯同盟军伤亡情况如下：阿尔戈斯、峦奈崖和柯辽奈总共损失 700 人；曼提尼亚损失 200 人，雅典损失 200 人，包括他们的将军。

③ Thuc. 5.74. 1.我采用了安德鲁斯（《修昔底德历史评注》，第 4 卷，第 126 页）的意译，而这一段是我自己没办法满意地翻译出来的。（谢德风译本，第 406 页。）

里亚]岛上遭到灾难,就说他们是懦弱无能,有时候,说他们决心不够;这些责难,现在都因为这一战役而一齐洗掉了。现在大家都认为他们虽然有时受到挫折,但斯巴达人还是斯巴达人,和以前的斯巴达人还是一样的。"①

斯巴达人的大捷也是寡头政治原则的胜利。② 参加阿尔戈斯同盟军的所有城邦都施行民主政体。一旦在曼提尼亚取得胜利,(-133,134-)阿尔戈斯、埃利斯、曼提尼亚的民主政权就会得到巩固,获得声誉,而民主政权的这种声誉将很有可能在伯罗奔尼撒半岛催生其他民主城邦。相反,民主政权在曼提尼亚的失败严重影响了民主政体的声誉,削弱了伯罗奔尼撒半岛城邦的民主党对他们各自城邦的统治。曼提尼亚战役,正如布索特所说,是"希腊政治发展的转折点……寡头政治在历经波折反复之后,最终凭借这次战役,占领了整个希腊"。③

斯巴达人没有迅速跟进他们的胜绩。战役结束之后,人们很快就迎来了佳馁昂节庆(Carneian festival),斯巴达人回到城邦,庆祝节日。在曼提尼亚战役之前的一天,埃皮道鲁斯人进犯了阿尔戈斯,他们知道阿尔戈斯人无暇应战,只会进行一些简单抵抗;曼提尼亚战役结束之后,埃皮道鲁斯人仍然在那里继续攻打阿尔戈斯人的驻军。在曼提尼亚战役结束之后,3000 名埃利斯人和 1000 人组成的雅典增援部队来到了曼提尼亚。如果这部分增援兵力能够及时抵达、参与作战,那么阿尔戈斯同盟军的中央队列就会得到加强,而我们几乎可以肯定,曼提尼亚战役的结果将会有所不同,但是现在援军只能向着埃皮道鲁斯行进,围魏救赵,解除埃皮道鲁斯人对阿尔戈斯的攻打,而此时,斯巴达人正在庆祝佳馁昂节。阿尔戈斯同盟军开始在埃皮道鲁斯周围建造城墙,但是只有雅典人完成了他们的建造任务,其他人很快就厌倦了这项建造工作。所有这些人都加入了当时留守的驻军,他们在雅典人修建的防御工事后面躲着,这防御工事修建在高处,此处有一座赫拉神庙。大

---

① Thuc. 5.75.3. 谢德风译本,第 407 页。

② 这个观点是布索特提出来的,参见《希腊史研究》(*Forsch.*),第 179—181 页。

③ 布索特,《希腊历史》,第 3 卷,第 2 册,第 1251 页。

军班师,夏季结束了。民主城邦的同盟还没有破裂,但是士气低迷,危在旦夕。①

大约在 11 月开始的时候,阿尔戈斯同盟军已经撤退,斯巴达人开始采取措施,收获他们在曼提尼亚战斗中进行选择性自我克制的成果。②斯巴达人的目标是阿尔戈斯,但他们却向铁该亚派出了军队,因为他们希望通过外交而非战争来劝服阿尔戈斯。自铁该亚,斯巴达人又派出了阿尔戈斯在斯巴达的在邦领事(proxenus)力卡斯(Lichas),带着和约提议前往阿尔戈斯。斯巴达人的军队留在铁该亚,很可能是为了保证(-134,135-)阿尔戈斯人会认真倾听。③ 在叙述这段谈判过程的时候,修昔底德揭露了关于阿尔戈斯城邦内政的一些重要信息。修昔底德认为在此之前,在阿尔戈斯就有一些人是斯巴达之友,"想推翻[阿尔戈斯的]民主政权"。我们可以推测,阿尔戈斯贵族千人团就是这些人中的一些。④ 自曼提尼亚逃跑以后,这些人是阿尔戈斯仅有的、值得一提的军事力量。此外,贵族千人团的声誉还因为他们在战场上的英勇表现而得到加强,而他们在战场上的英勇表现与阿尔戈斯军队中的普通民众士兵所表现出来的怯懦形成了鲜明对比。雅典人在曼提尼亚表现得三心二意,阿尔戈斯的民主党因此更加尴尬气馁。正如修昔底德所说,"现在战事结束,这个党派更有力量劝导人民接受斯巴达人的建议"。⑤

力卡斯来到阿尔戈斯公民大会,他的提议激起了公民大会的热烈辩论。阿尔喀比亚德,尽管他此时的身份仍是普通公民,但他还是来到了阿尔戈斯,试图尽己所能,挽救自己力推的政策路线。⑥ 然而,现在,

---

① Thuc. 5. 75. 4—6.

② 关于日期,参见戈姆,《修昔底德历史评注》,第 4 卷,第 130 页。

③ 修昔底德没有告诉我们斯巴达军队的指挥官是谁,或许这个人并非阿吉斯。

④ 狄奥多罗斯(Diod. 12.80.2)径直说,这些人就是躲在对民主政体的攻击背后的人,他们的目的就是建立"贵族政权,由他们自己统治"。

⑤ Thuc. 5. 76. 2.(译注:谢德风译本,第 407 页。)亚里士多德(Arist. *Pol.* 1304a 25)说:"在阿尔戈斯,声名显赫的富有之辈(γνώριμοι)在曼提尼亚战役中提升了他们的声誉,颠覆了民主政权。"

⑥ 修昔底德(Thuc. 5. 76. 3)说阿尔喀比亚德碰巧在那里(ἔτυχε γὰρ καὶ ὁ Ἀλκιβιάδης παρών)。当然,阿尔喀比亚德的出现肯定并非偶然,亦非随机。这段叙述与另外一段相互呼应(Thuc. 1. 72. 1)。参见卡根,《伯罗奔尼撒战争的爆发》,第 294 页。

阿尔戈斯寡头党已经有足够信心来公开讨论并公开赞同斯巴达人的提议。曼提尼亚战役之后果所产生新现实,再加上无敌的斯巴达大军出现在铁该亚,这是阿尔喀比亚德的辩才和机智也无法与之对抗的。阿尔戈斯人接受了条约,条约要求他们归还所有的人质,放弃奥尔科门努,从埃皮道鲁斯撤退,并协助斯巴达人,促使雅典人也完成上述条件。① 阿尔戈斯人接受了条约,既然已经没有必要继续留守,斯巴达军队就撤回了城邦。这还只是开始。(-135,136-)阿尔戈斯寡头党信心不断增长,他们劝服阿尔戈斯人放弃了与埃利斯、曼提尼亚和雅典人的同盟,并与斯巴达人结盟。② 至此,阿尔戈斯寡头党的政策才算是圆满胜利。

　　阿尔戈斯脱盟,这对民主城邦同盟来说是致命一击,特别是,阿尔戈斯人对于与斯巴达协作,热忱高涨。阿尔戈斯人拒绝与雅典人进行任何外交接触,除非雅典人从要塞撤离,并从伯罗奔尼撒半岛撤退。阿尔戈斯人向马其顿和色雷斯派遣使节——他们在这两处地方都有可观的影响力——,要求与他们亲善的人加入他们和斯巴达人一方。阿尔戈斯人还要求雅典人从埃皮道鲁斯撤退,情势变易,这一次,雅典人应允了。③ 因为阿尔戈斯脱离同盟、因为民主同盟分崩离析,曼提尼亚变得极为孱弱,所以她也投降并与斯巴达签订条约,放弃了阿卡狄亚的几座城邦。接着,阿尔戈斯贵族千人团与人数相同的一支斯巴达部队一起,远征西叙昂。这支远征军在西叙昂建立了可靠的寡头政权,替代了先前的政体。最终,寡头党的策略和他们对斯巴达事业的忠诚最终得到了回报:当这支联合远征军班师的时候,阿尔戈斯民主政权垮台,寡头党取得了政权。④

　　因此,到了417年3月,斯巴达人依靠战争和颠覆手段,动摇了民

---

① Thuc. 5. 77.

② Thuc. 5. 77—79.

③ Thuc. 5. 80. 3.

④ Thuc. 5. 81. 2. 狄奥多罗斯补充了细节,他说寡头党处死了民众领袖,在公民当中施行恐怖统治,摧毁了法制(Diod. 12. 80. 3)。布索特拒绝在此处采信狄奥多罗斯所提供的证据(《希腊历史》,第3卷,第2册,第1255页,注释5),但我们似乎没有什么特别理由去拒绝采信狄奥多罗斯在此处所提供的证据。

主城邦的同盟,终结了该同盟给斯巴达安全及给斯巴达对伯罗奔尼撒半岛的控制所带来的威胁。在曼提尼亚取得的胜利避免了灾祸的发生,但是这场大捷并不会成为和平的永久保障。雅典人仍旧强大,阿尔喀比亚德仍然中意积极进取之政策。或许,斯巴达人下一次就不会再有如此好运:在关键的那一天,他们的头号敌人并不在任。伯罗奔尼撒半岛的稳定局势也并非牢不可破。雅典持续据有派娄斯,而雅典人在派娄斯的存在,不断诱使着黑劳士暴动叛乱。埃利斯看起来并不在斯巴达的(-136,137-)控制之中。[1] 接下来的事件发展将很快表明,阿尔戈斯寡头党的统治并不牢固。最重要的是在斯巴达城邦之内,政治分歧仍然存在。曼提尼亚战役的重要意义,将因此被逐渐抹去。

---

[1]　安德鲁斯,《修昔底德历史评注》,第 4 卷,第 148 页。

第六章　曼提尼亚之后:斯巴达与雅典的政治和政策

417年夏季,大约是在8月的时候,阿尔戈斯(Argive)民主党暴动,叛离掌权的寡头党。① 叛乱不是突然发生的,事先谋划已有一段时间,这是因为阿尔戈斯寡头党的统治似乎相当难以忍受。正如格罗特所指出的,"在民主的废墟上使用武力建立的寡头政权,很少有持久的"。② 在任何一个希腊城邦,一旦较低阶层习惯了民主的生活方式,他们就不再能够和平地接受寡头政权的建立。而对于寡头党来说,他们因为很久没有掌过权,所以也很可能滥用机遇,阿尔戈斯的寡头党也是如此。狄奥多罗斯告诉我们:"首先,寡头党逮捕那些习惯于作民主领袖的人之后,就把他们处死;接着,寡头党在全体阿尔戈斯人之中实行恐怖统治,摧毁法制,将公共事务牢牢把持在自己手里。"③

替代那些被处死的民众领袖成为民主党骨干的人静待时机; (-138,139-)与此同时,不满日渐增长,民众的勇气也日渐增长。他们

① Thuc. 5. 82. 1. 关于日期,参见布索特,《希腊历史》,第3卷,第2册,第1263页,以及安德鲁斯,《修昔底德历史评注》,第4卷,第150—151页。

② 格罗特,《希腊历史》,第7卷,第98页。

③ Diod. 12. 80. 3. 保塞尼亚斯记载了一个名叫卜吕亚司(Bryas)的人所犯下的一桩暴行。这个卜吕亚司是贵族千人团(the elite Thousand)统帅。他不仅对普通民众粗暴无礼,还在绑架并强奸了一个姑娘,而这个姑娘当时正在赶赴婚礼的路上。保塞尼亚斯说这是民主党暴动的导火索(Paus. 2. 20. 2)。布索特(《希腊历史》,第3卷,第2册,第1263页,注释2)和安德鲁斯(《修昔底德历史评注》,第4卷,第150页)认为这桩暴行并不是导致暴动的直接原因,我赞同他们的看法,但是这则掌故本身的真实性并没有什么理由可以质疑。

计划在寡头党的斯巴达盟友举行儿童裸舞节（Gymnopaediae）庆祝活动的时候，发动叛乱；他们一举成功了。阿尔戈斯城邦爆发了战斗，民众党杀死并流放了许多寡头党。阿尔戈斯再次落入了民主党的手中。幸存下来的寡头党不断地向斯巴达疯狂求援，但是在相当一段时间里，对他们的阿尔戈斯友人，斯巴达人充耳不闻，节日庆祝仍在继续。当斯巴达人最终停下庆祝活动、派出援军的时候，援军却只行进到铁该亚，到了铁该亚，斯巴达援军已经得到消息，阿尔戈斯寡头党战败了。尽管阿尔戈斯的流亡寡头党不断恳求，但斯巴达人还是径自班师，回到城邦，继续庆祝儿童裸舞节去了。①

斯巴达对阿尔戈斯叛乱的反应令人惊讶。斯巴达人付出了如此多的努力，好不容易夺下了对这个制造麻烦的邻邦的控制，将之置于亲善政权的统治之下，为何斯巴达人会允许该城邦如此轻易地逃出自己的控制？或许他们一开始低估了危险；或许他们仍然不愿意付出太多，除非他们更加清楚地了解雅典人的意图。② 不过，他们最终还是停下了节日庆祝活动，这样做表明他们至少对危险有所知悉。接着，斯巴达人派遣了援军，但他们并没有用到这支援军。这种游移不定的态度必定是因为斯巴达城邦之内意见不统一。直到阿尔戈斯民主叛乱时为止，绝大部分斯巴达人是乐于与阿尔戈斯结盟的。对于斯巴达的鸽派来说，与阿尔戈斯人结盟终止了在伯罗奔尼撒半岛发生战争的危险；而对于斯巴达的鹰派来说，与阿尔戈斯人结盟为重启与雅典的战争移除了障碍。然而，最近在阿尔戈斯发生的事件，那些反对战争的审慎斯巴达人势必对与阿尔戈斯结盟这一政策提出了质疑。或许，这些人到现在才开始明白阿尔戈斯寡头党与斯巴达激进派之间关系有多密切。阿尔戈斯叛乱表明，只有很少一部分阿尔戈斯人才对斯巴达亲善，而绝大部分阿尔戈斯人一直在等待机会叛乱，此事或许令所有斯巴达人都感到吃惊。这意味着斯巴达将有持续麻烦；心怀不满的阿尔戈斯人将一直

---

① Thuc. 5.82.1—3.

② 这两种看法都是布索特提出来的（《希腊历史》，第3卷，第2册，第1264—1265页），看起来，只有布索特看到了这个问题。

期待雅典的(-139,140-)帮助；而斯巴达人势必得一直准备着干涉阿尔戈斯内政，以便帮助对自己亲善的那一少部分寡头党人。在审慎的斯巴达人看来，与实行民主政体但局势稳定的阿尔戈斯结盟，似乎更加可取。或许这部分斯巴达人的不愿和反对，就是斯巴达对阿尔戈斯民主革命反应如此犹豫迟疑的原因。

这样一种解释，还有助于我们理解接下来发生的事情。阿尔戈斯民主党派出使节前往斯巴达，不仅寻求他们自己的合法性，同时也寻求与斯巴达建立友好的双边关系，甚或结盟。① 民主党对自己的孤立境地感到害怕，害怕寡头党流亡者会劝服斯巴达人，通过武力来复辟寡头统治。阿尔戈斯使节向斯巴达人及其应召而来的盟邦说明情况、提出要求，阿尔戈斯寡头党反驳了阿尔戈斯的使节。辩论持续良久，但是最终，斯巴达人决定听从阿尔戈斯的寡头党，投票决议向阿尔戈斯进发。即便如此，在一段时间之内，"日子过去了，远征的日期不断地迁延下去"。② 修昔底德对这次公民大会的疏阔记叙令我们想起他对431年那些公民大会的详尽记叙，在那些大会中，斯巴达人投票决议对雅典人开战。斯巴达人及其盟友政策意见并不统一；他们投票决议采取行动，但有所耽搁。

遭到斯巴达人的断然拒绝之后，阿尔戈斯民主党再一次向雅典寻求结盟。阿尔戈斯民主党人充分利用了斯巴达人的犹疑，采信了阿尔喀比亚德的建议，开始修建连接阿尔戈斯城邦与大海的长墙。③ 显然，曼提尼亚战役没有摧毁一些伯罗奔尼撒半岛城邦——大概包括曼提尼亚和埃利斯——抵抗斯巴达的志气和决心，"伯罗奔尼撒也有些城邦知道他们在建筑长城的"。④ 完成长墙的修建以后，阿尔戈斯国防安全将

---

① Thuc. 5. 82. 4. 修昔底德没有特别提及结盟的要求，但是修昔底德的叙述看起来使得布索特的如下假定（《希腊历史》，第3卷，第2册，第1264页）颇有理据：布索特认为，阿尔戈斯人提出了结盟。

② Thuc. 5. 82. 4. 谢德风译本，第411页。

③ Thuc. 5. 82. 5. 尽管修昔底德没有提到阿尔喀比亚德，但是普鲁塔克（Plut. *Alc*. 15）说，这个主意是这位雅典人想出来的。这一次，我们有充分理由相信他。参见布索特，《希腊历史》，第3卷，第2册，第1265页，注释3。

④ Thuc. 5. 82. 6. ξυνῄδεσαν δὲ τὸν τειχισμὸν ...字面意思是，"已经知道了城墙修筑工程"。正文译文，谢德风译本，第411页。

得到极大提升,因为这样一来,阿尔戈斯可以持续对雅典开放海上通路。所以阿尔戈斯人急于完成这项修建工作。他们(-140,141-)将男人、女人、奴隶都投入这项工程,雅典人也派出了木匠和泥瓦匠。然而,阿尔戈斯城邦距离海边大约有 5 英里,[①]这项修建工程在夏季结束的时候也没有完成。而到了这个时候,阿尔戈斯与雅典结盟并修建长墙的消息刺激了斯巴达人,他们不得不采取行动了。他们派出一支由斯巴达人和伯罗奔尼撒盟邦组成的联军,由国王阿吉斯(Agis)率领,向阿尔戈斯进发,希望从仍在城邦内的寡头党那里得到支援。然而,虽然这支斯巴达援军没有得到其阿尔戈斯寡头党盟友的协助,但援军还是摧毁了正在修建中的长墙。阿吉斯还夺下了叙希崖(Hysiae),这是一个阿尔戈斯人的城邦。阿吉斯杀死了他所俘虏的所有自由民,停下征战,回到城邦。修昔底德记载了这桩暴行,未加评论。[②]

在斯巴达的盟友当中,只有科林斯人没有参加这次远征。科林斯人为何缺席,我们必须对此加以解释。科林斯人不仅没有参加 417 年斯巴达对阿尔戈斯的远征,在接下来的那个冬季的战事中,科林斯人也是伯罗奔尼撒盟邦中唯一缺席的,[③]而我们知道,科林斯人仍然对雅典抱有敌意。[④] 布索特认为,科林斯人临阵退缩,是因为他们不想将阿尔戈斯人赶到雅典人的怀抱中去,[⑤]但是阿尔戈斯人已在雅典阵营之中,如果这一点在 417 年暂时还未清楚显现出来,那么在一年后也肯定清楚显现出来了。如往常一样,没有古代作家记载过科林斯的政治考量,所以我们只能靠猜。或许,尽管科林斯人的具体理据与斯巴达的鸽派并不一样,但科林斯人和斯巴达的鸽派一样,都因为阿尔戈斯短暂的寡头统治而转变了看法。科林斯人在斯巴达同盟内的特殊影响和地位,很大程度上依赖于一个强大而独立的阿尔戈斯对斯巴达形成的威胁。[⑥] 但是在

---

① 戈姆,《修昔底德历史评注》,第 4 卷,第 152 页。

② Thuc. 5. 83. 2.

③ 417 年:Thuc. 5. 83. 1;416 年:6. 7. 1。

④ 修昔底德(Thuc. 5. 115. 3)说,在 416 年,科林斯人与雅典人开战,"是因为私人分歧"。

⑤ 布索特,《希腊历史》,第 3 卷,第 2 册,第 1264 页及注释 2。

⑥ 维尔(E. Will),《科林斯志》(Korinthiaka),巴黎,1955 年,第 628 页。

寡头党的统治下，阿尔戈斯曾经且一直是斯巴达的卫星城邦，因为寡头党政治基础不甚牢固，他们必须依赖斯巴达的政治支持。(-141,142-)一旦阿尔戈斯的威胁消除，斯巴达的恐惧及其由此对科林斯的需要就将消失；那么，科林斯依照自身利益操纵伯罗奔尼撒同盟的能力就将下降。或许，我们还从科林斯的不情愿中看到了一丝他们对斯巴达干涉盟邦内政的疑惧；在伯罗奔尼撒战争之后，科林斯和忒拜都因为斯巴达干涉盟邦内政与斯巴达决裂。

阿吉斯的部队撤退，阿尔戈斯人腾出手来，前去攻打弗立坞（Phlius），绝大多数阿尔戈斯寡头党流亡者都生活在弗立坞。这种进攻反复多次，阿尔戈斯人还采取步骤保护民主政权，以免寡头党人趁机叛国、颠覆城邦政权。在416年，阿尔喀比亚德率领一支舰队前往阿尔戈斯，除掉了300名被怀疑左袒斯巴达的人，并将他们流放，四散于雅典治下的群岛之中；但即便这样做，阿尔戈斯民主政权所面临的危险也没有终结，因为在这一年的晚些时候，阿尔戈斯人逮捕了更多嫌疑犯，同时，还有其他一些人在被逮捕之前流亡。[1] 然而，阿尔戈斯人仍然遭到斯巴达人的威胁，所以他们继续敦促雅典人，更加投入、更加主动地来帮助他们：不仅要保卫他们，同时还要攻打斯巴达。[2] 雅典与阿尔戈斯的同盟关系仍在持续，但是在曼提尼亚战役结束之后，这种同盟关系已经不会带来太多机会，也不会形成过多危险。

曼提尼亚战役令雅典城邦内的政治局势更为扑朔迷离。战场失败、阿尔戈斯同盟解体、阿尔戈斯与斯巴达立约，显然都对阿尔喀比亚德和他所倡导的外交政策没有好处；但是不出3年，阿尔喀比亚德回望他那导致这次战役的政策，必定感到十分自豪。[3] 阿尔喀比亚德肯定可以争辩说，问题不在政策本身，而在于政策执行，在于那些在418/417年不肯选举他出任将军的雅典人。政策执行当然大可批评：雅典先前派出的部队规模太小，后来派出的援军（他们派出援军这一举动本

---

① 弗立坞：Thuc. 5. 83. 3；115. 1，阿尔戈斯：Thuc. 5. 84. 1；115. 1.

② Thuc. 6. 7. 1—3，105.

③ Thuc. 6. 16. 6.

身就表明,雅典人意识到,他们先前派出的部队不能解决问题)到得太迟;雅典人没能看准机会、分散敌军的注意力,也没能通过从海上发动对伯罗奔尼撒半岛的攻击、或使用派娄斯作为基地来煽动黑劳士起义,分散其兵力;最后,参与曼提尼亚战役的将军们不是阿尔喀比亚德,也不是阿尔喀比亚德的同党,而是(-142,143-)对整个征战毫无兴趣——如果不说是激烈反对的话——的一些人。曼提尼亚战役失败,尼基阿斯及那些反对冒进政策的那些雅典人所受到的损害与导致战役的激进派别所受到的伤害,并无二致。

417 年早春时节的将军选举揭示了雅典政治的无常和分歧。尼基阿斯和阿尔喀比亚德都成功当选,[①]与此同时,尼基阿斯和阿尔喀比亚德仍然政见不合。在新情势下,双方都各行其是,尽己所能,推行自己的政策。阿尔喀比亚德,正如我们已经看到的,继续支持并鼓动他在阿尔戈斯的友人。但是,在埃利斯和曼提尼亚不参与的情况下,重启伯罗奔尼撒征战是毫无指望的。尽管在这时,拥有血色乐观特质的阿尔喀比亚德应该还没有完全放弃重新结盟、重启决战的计划,只不过到了这一次,战役应当由阿尔喀比亚德亲自指挥。尼基阿斯的政策是收复雅典人因为败给天才伯拉西达而失去的卡尔息狄斯和马其顿领土。这种政策的优点是能够避免与斯巴达产生冲突,与此同时,这种政策也审慎、实用。卡尔息狄斯和马其顿地区对于雅典而言是关键的,因为该地区能够提供资金和木料,但更为重要的是,雅典需要在叛乱燎原之前收复沦陷的领土和叛离的盟邦,恢复帝国声誉。自从 421 年和约签订以来,事实上,卡尔息狄斯地区的盟邦叛离雅典的案例较之以前有所增加。[②]

雅典远征卡尔息狄斯和安菲玻里的理由本就足够充分,马其顿国王沛耳狄喀(Perdiccas)的可疑举动则令雅典远征有了更充分的理据。[③]

---

① 佛纳瓦,《雅典将军委员会》,第 63 页。同时当选的还有台遏斯(Teisias)和科辽密底(Cleomedes),参见同上,但是我们不清楚这两位将军的政治倾向。

② 在 421 年,狄坞人(Dium)夺取了位于埃索岬(Athos)的叙修斯,参见 Thuc. 5. 35. 1;下一个冬季,奥林索斯人(Olynthians)从雅典驻军手中夺取了陌叙卑纳(Mecyberna),参见 Thuc. 5. 35. 1;417 年,狄坞叛乱,倒戈向喀耳基司的叛徒们,参见 Thuc. 5. 82. 1。参见地图1。

③ 关于沛耳狄喀政治生涯的有用叙述,参见科尔(J. W. Cole),《凤凰学刊》(Phoenix),第 28 卷,1974 年,第 55—72 页。

418 年,斯巴达人和阿尔戈斯寡头党一起,劝服沛耳狄喀与他们起誓结盟,即便沛耳狄喀非常审慎,并未就此与雅典人决裂。① 大约在 417 年 5 月,雅典人策划远征,由尼基阿斯指挥部队向卡尔息狄斯人和安菲玻里逼近,强沛耳狄喀所难,逼他就范。② (-143,144-)在雅典所有的北方冒险中,很多事情都依赖于沛耳狄喀的态度。这一次,沛耳狄喀拒绝满足雅典人对他的期待,因此雅典人被迫放弃了远征,尽管远征所需的资金已经自公共金库借出并支付给了尼基阿斯。③ 马其顿的国王阻挠了尼基阿斯的政策。雅典人目前所能做的就是,命令他们已经抵达该地区的部队封锁马其顿海岸,但是他们肯定也知道,封锁海岸这样的举动对于已经背叛他们的沛耳狄喀来说是不起作用的。④ 雅典人无法达成任何一以贯之的政策,同时,雅典的两名主要领袖轮流坚持各自的不同主张,这在雅典造成了政策挫败和政治僵局。

插手打破僵局的是海珀布鲁斯(Hyperbolus),他使用的是老办法:陶片放逐。在这四分之一个世纪里,在雅典,似乎无人遭到陶片放逐;能够确定的遭到放逐的上一个人,还是 443 年的美莱西亚斯之子修昔底德斯(Thucydides son of Melesias)。陶片放逐看起来能够完美解决雅典在 416 年的问题:因为雅典人将在尼基阿斯政策和阿尔喀比亚德政策之间明确选择一个。不过,陶片放逐制度本身所具有的特点,令双方都不会动议使用它。失败的代价过于高昂,只有对自己能够取得多数信任有绝对信心的领袖会青睐陶片放逐制度。然而,自从伯利克里去世之后,在雅典,没人能有这种信心;同时,在 416 年,尼基阿斯和阿尔喀比亚德所获得的支持差不多是一样的,因此双方都不敢冒险一搏。从另一方面来看,海珀布鲁斯呢,看起来没什么可以失去的。阿尔喀比亚德崛起为激进派别的领袖,这令海珀布鲁斯——如普鲁塔克所

---

① Thuc. 5. 80. 2.

② Thuc. 5. 83. 4. 关于日期,参见安德鲁斯,《修昔底德历史评注》,第 4 卷,第 154 页。

③ 布索特(《希腊历史》,第 3 卷,第 2 册,第 1262 页,注释 1)及其他现代学者认为,这次远征流产的时候,雅典人已经行进至色雷斯。然而,修昔底德的措辞无法支持这种解释。参见安德鲁斯,《修昔底德历史评注》,第 4 卷,第 154 页。关于记录了向尼基阿斯支付战争费用的一则铭文,参见《希腊历史铭文选辑》,第 77 则铭文,第 229—236 页。

④ Thuc. 5. 83. 4;安德鲁斯,《修昔底德历史评注》,第 4 卷,第 153—154 页。

说——"不再是陶片放逐的对象",因为在过去,只有主要的政治领袖和各个派别的领导人,才会成为被陶片放逐的对象。①

普鲁塔克告诉我们,海珀布鲁斯"希望在二人之中的一人(-144,145-)流亡之后,他自己能够成为留下来那人的主要政敌"。② 对于普鲁塔克而言,这可能不过是个猜想,但这个猜想不无道理。海珀布鲁斯有充分理据认为,无论除掉尼基阿斯,还是除掉阿尔喀比亚德,他自己的地位都会有所上升。尽管海珀布鲁斯在古代作家那里名声不佳,但他应该还是把雅典利益摆在首位的。海珀布鲁斯理应认为,陶片放逐后,雅典将有更加稳定、更加清晰的政策路线。无论他的动机到底是哪个,我们都没有理由去怀疑,海珀布鲁斯就是那个劝说雅典人在第六届议事会主席团(prytany)任期内——很可能是416年1月初——举行陶片放逐投票的人。③ 要理解为何海珀布鲁斯能够赢得多数人的赞同,

---

① Plut. *Nic.* 11. 4.

② Plut. *Nic.* 11. 4.

③ Plut. *Alc.* 13. 4. 这次陶片放逐通常被认为发生在417年,其主要文献证据是迢彭浦斯(Theopompus)的一则残篇(*FGrH* 115 F96b)。在这则残篇中有一部分文字如下:*ἐξωστράκισαν τὸν Ὑπέρβολον ἓξ ἔτη, ὁ δὲ καταπλεύσας εἰς Σάμον καὶ τὴν οἴκησιν αὐτοῦ ποιησάμενος ἀπέθανε* ...."他们流放了海珀布鲁斯,他先是去了萨摩司并建造了自己的房子,6年后,他死了……"因为修昔底德告诉我们,海珀布鲁斯是在411年死亡的(Thuc. 8. 73. 3),所以现当代学者径直将 *ἓξ ἔτη* "6年后"推断为411年,并据此将这次陶片放逐的时间推定为417年。然后,伍德海德(A. G. Woodhead)(《西土学刊》[*Hesperia*],第18卷,1949年,第78—83页)解读了另外一则铭文(译注:这则铭文是 *IG* I² 95)。伍德海德将那则铭文解读为,417年议事会第十任主席团任期内,海珀布鲁斯为雅典公民大会的一则法令动议了一则修订案。伍德海德对这则铭文的训诂及其阐释都很重要。麦格雷戈(M. F. McGregor)(《凤凰学刊》,第19卷,1965年,第31,43—46页)支持他的解读。这样一来,海珀布鲁斯就不可能在417年遭到陶片放逐,因为这次放逐投票发生在议事会在该年的第八任主席团任期内。劳彼茨切克(A. E. Raubtschek)(《美国古典语文学会通讯》[*Transactions of the American Philological Association*],第79卷,1948年,第191—210页)采信安多基德斯第四篇演讲词《驳阿尔喀比亚德》(*Andocides IV Against Alcibiades*)作为文献证据,试图将这次陶片放逐投票推断为415年,并将这次投票置于西西里远征的语境之中。这篇演讲词虽然被归在安多基德斯的名下,但许多现当代学者并不认为这是安多基德斯的作品,具体理据已经经由格罗特(《希腊历史》,第7卷,第106页,注释1)详细阐发,并且经由查尔斯·孚夸(Charles Fuqua)作了简明扼要的梳理提炼(《美国古典语文学会通讯》,第96卷,1965年,第173—175页)。孚夸认为投票发生在416年,他给出的理据能够说服我。我们可以同时采信这则铭文的含义和迢彭浦斯提供的证据,因为孚夸指出,希腊人在提及执政官(archon)年度时,是把开始那一年和结束那一年都算进去的,所以"*ἓξ ἔτη*应该是按照把始终二年都算进去的(转下页注)

就更加困难了，因为他的主要政敌都反对举行陶片放逐。也许是因为海珀布鲁斯突然动议，众人始料未及；毕竟，陶片放逐已经四分之一个世纪没有成功举行过了。

　　我们对这次陶片放逐的了解，信息来自普鲁塔克，但普鲁塔克给了我们 3 个不同的故事版本。在一个版本中，只有尼基阿斯和阿尔喀比亚德被提出来，作为被放逐的候选人；① 在另一个版本中，(-145,146-) 被放逐的候选人是阿尔喀比亚德和某个名叫斐哀刻司（Phaeax）的人，并非尼基阿斯；② 在第三个版本中，上述 3 人都是被放逐候选人。③ 根据普鲁塔克的叙述，斐哀刻司和他的政敌阿尔喀比亚德一样，出身高贵，政治生涯刚刚开始。修昔底德告诉我们说 422 年，他曾率领外交使团前往西西里和意大利。既然那时他曾经指挥两艘舰船，那么那时他可能已经担任了将军。④ 据说，他的私人对话很有水平，但公开演讲的才能却不及阿尔喀比亚德。他的父亲名叫伊拉斯特拉图（Erasistratus），他的儿子或侄子也叫伊拉斯特拉图斯（Erasistratus）。⑤ 因为有一位名叫伊拉斯特拉图斯的人——很可能是他的儿子或侄子——出现在了 404 年的三十僭主（the Thirty Tyrants）名单上。⑥ 人们据此认为，斐哀刻司是同情寡头政体的。⑦ 在这一脉古代文献源流中，斐哀刻司在这次陶片放逐中的作用并不是很清楚。现当代学者对此进行了思考。一些学者争辩说，斐哀刻司是阿尔喀比亚德的工具。还有一些学者声称说，斐哀刻司被尼基阿斯利用了。⑧ 两种解释方法都没有足够

　　（接上页注）做法来计算的，也就是从 417/416 年到 412/411 年这 6 个执政官年度"（第 168 页），这样可以推出，这次陶片放逐发生在 416 年。

① Plut. *Nic.* 11, Plut. *Arist.* 7. 3.

② Plut. *Nic.* 11. 7. 普鲁塔克在此处的信源是迢弗拉司忒（Theophrastus）。

③ Plut. *Alc.* 13.

④ Thuc. 5. 4.

⑤ 关于提到斐哀刻司的古代作家，参见《修昔底德历史评注》，第 3 卷，第 633—634 页。

⑥ Xen. *Hell.* 2. 3. 2.

⑦ 孚夸，《美国古典语文学会通讯》，第 96 卷，1965 年，第 173 页。

⑧ 前一种观点是由哈茨菲尔德（Hatzfeld）提出来的：《阿尔喀比亚德：关于公元前 5 世纪末的雅典之研究》（*Alcibiade, Étude sur l'histoire d'Athènes à la fin du Ve siècle*），第 112—118 页；后一种观点是由卡柯彼诺（J. Carcopino）提出来的，参见《雅典陶片放逐制》（*L'ostracisme athénien*），第二版，巴黎，1935 年，第 230—232 页。

的文本证据。此外,斐哀刻司在这其中到底有没有发挥作用,我们仍然不得而知,但至少可以效仿普鲁塔克,拒绝采信迢弗拉司忒,和普鲁塔克一样认为斐哀刻司与此事无关。①

一旦众人决定举行陶片放逐,尼基阿斯和阿尔喀比亚德就别无选择,只好准备面对危险。正如可以预见到的那样,阿尔喀比亚德采取了行动,他与尼基阿斯进行了接触,建议说他们不如共同协作,将陶片放逐的危险转向海珀布鲁斯。尽管双方政治实力都不够,在没有共谋的情况下,双方都没有信心能够在陶片放逐中取得胜利,但是一旦他们联合起来,他们就能保证战胜海珀布鲁斯;海珀布鲁斯遭到陶片放逐,并死在流亡途中。

416 年的"陶片放逐投票"(ostrakophoria)揭示了该制度的致命弱点:该制度可以保障拥有明确多数支持的领袖和政策,但是如果多数支持并不明确,该制度就无能为力。我们可以推测,这才是(-146,147-)雅典再未使用过陶片放逐的真正理由,而所谓海珀布鲁斯不配成为陶片放逐的对象,并不是雅典抛弃陶片放逐制度的真正理由。②普鲁塔克推测,如果尼基阿斯"冒险与阿尔喀比亚德进行陶片放逐投票对抗的话,要么他将胜出,驱逐政敌以后,在城邦里过着安全的生活;要么,如果他失败了,他将在自己最终的不幸降临之前就离开城邦,并可以维持自己作为一名杰出将军的声誉"。③ 抛弃个人利得的角度来看,如果尼基阿斯和阿尔喀比亚德这两股主要的敌对势力没有私下议价的话,雅典将从这次投票获益极大;然而,416 年 3 月发生的陶片放逐意味着雅典仍旧无法形成清晰连贯的政策路线,政治领导权也仍旧无法统一。

在海珀布鲁斯被放逐以后不久,雅典举行了将军选举。尼基阿斯

---

① Plut. Nic. 11. 7:"我并不是没有注意到,迢弗拉司忒说,当海珀布鲁斯被陶片放逐时,斐哀刻司——而非尼基阿斯——是阿尔喀比亚德的政敌;但是大部分作家的说法同我是一样的。"

② 普鲁塔克(Plut. Arist. 7. 3 及 Plut. Nic. 11. 6)说,自从该制度转而被用来对付卑鄙小人如海珀布鲁斯之后,该制度就被抛弃了。

③ Plut. Nic. 11. 7.

和阿尔喀比亚德都成功当选。我们还知道其他 4 名将军的名字，拉马库斯（Lamachus），科辽密底，台遐斯，以及斐洛克拉底（Philocrates），[①] 但是除了拉马库斯之外，我们无从分辨其他人的政治观点、政策偏好、派别属性，而拉马库斯似乎也更像一名士兵，而非一位政客。看起来，这次选举反映的仍然是雅典城邦政治中持续存在的僵局。

要理解雅典人在这些年中的行为，我们就必须去想象，在这所谓的 5 年和平里，他们有多失望。尼基阿斯期待两大强权城邦恢复邦交、重修旧好，但斯巴达不愿履行和约条件，尼基阿斯的期待难以实现。阿尔喀比亚德的计划大胆冒进，他希望通过与伯罗奔尼撒半岛的强国结盟来击败斯巴达，他的计划同样遭到了挫折，一蹶不振。尼基阿斯在色雷斯和卡尔息狄斯收复雅典失地的计划颇为适度而不过分，但却永远停留在计划阶段。然而，和平环境允许雅典人在经济上得到喘息；到了 415 年，雅典人的储备资金大约达到 4000 塔伦特。[②] 新一茬的年轻人步入成年，他们没有战争经验，(-147,148-)对斯巴达的入侵也没有切身记忆。雅典夸口自己的海军力量无人匹敌，吹嘘自己的陆军实力可观，然而，雅典人似乎既无法使用其力量与生气去获得真正的和平，也无法用这股力量与生气去赢得真正的胜利。雅典人需要释放能量，也需要释放不满。416 年春季，攻打弥罗斯（Melos）就是这样一个释放渠道。

先前的事件和雅典人的情绪或许可以帮助我们理解这次征战的时机，但或许不能帮助我们理解这次征战的目标。为什么目标是弥罗斯？弥罗斯位于环形群岛（Cycladic islands）之中，但弥罗斯是环形诸岛里唯一一个拒绝加入提洛同盟（Delian League）的城邦。他们享受着雅

---

① 佛纳瓦，《雅典将军委员会》，第 63—64 页。

② 安多基德斯（Andocides）说，因为《尼基阿斯和约》的缘故，雅典人在卫城储备了 7000 塔伦特，参见 And. 3. 8。《雅典贡赋表》(the Athenian Tribute Lists) 的编者们（第 3 卷，第 346—457 页）指出，安多基德斯的意思是，雅典意欲偿还所有于阿奇达慕斯战争期间向神庙借贷的资金。《雅典贡赋表》的编者们认为，421 年的时候，雅典人支付了 1000 塔伦特，此后，他们每年支付了 500 塔伦特。马丁理（H. B. Mattingly）接受了他们的观点，参见《希腊研究通讯》(Bulletin de correspondance hellénique，BCH)，第 92 卷，1968 年，第 461—462 页；亦可参见密格斯（Meiggs），《雅典帝国》(The Athenian Empire)，第 340—343 页。

典帝国的好处,但拒绝承担任何帝国负担。弥罗斯人属于多利安人,同时,在阿奇达慕斯战争期间,他们似乎曾向斯巴达人提供援助,而他们自己正是来自斯巴达的殖民者。尽管雅典人从 425 年开始,将弥罗斯纳入了贡赋列表,但是在 426 年,弥罗斯还曾击退雅典人的入侵,顽固地维持城邦独立。① 进一步冲突在所难免,因为雅典的意愿和权威竟然一直遭到环形群岛中这样一个蕞尔小邦的嘲弄,雅典无法长久忍受。弥罗斯人的安全依赖于他们同斯巴达的特殊关系,②同时,讽刺的是,这一依赖却同时可以解释雅典人为何选择这个时机来攻打弥罗斯。雅典人对斯巴达在伯罗奔尼撒半岛的武装情况感到挫败,对斯巴达在北方的外交政策感到挫败,他们迫切想要证明——至少是在海上证明——斯巴达人还是没有能力伤害雅典。

修昔底德没有直接提及引发进攻的导火索;宿怨这个理由似乎已经足够。雅典人派出了 30 艘舰船,1200 名重装步兵,300 名弓箭手,还有 20 名配马弓箭手。雅典的盟邦——可能绝大部分是来自岛屿地区的盟邦——派出了 8 艘舰船和 1500 名重装步兵。盟邦和岛屿民众参与率如此之高,这表明——正如安德鲁斯所说——"表面看起来,这次进攻不是什么荒唐暴行"。③ 没有史料显示,雅典人在攻打弥罗斯这件事情上存在任何意见分歧。尼基阿斯应该不能反对重启他自己 426 年(-148,149-)没能成功完成的计划,④我们也知道,好战的阿尔喀比亚德会同意这个计划。这次远征如此无关紧要,用不着动用尼基阿斯,也用不着动用阿尔喀比亚德,任务留给第二等的人物去完成就可以了。

台遄斯和科辽密底率领盟军出征。他们在弥罗斯岛上安营扎寨,同时,在他们开始劫掠弥罗斯的田地之前,他们派遣了使节前往弥罗斯,劝说他们投降,避免被围歼,避免战斗。弥罗斯执政官拒绝雅典使节向弥

---

① 卡根,《阿奇达慕斯战争》,第 197—200 页(原书页码);密格斯,《雅典帝国》,第 327—328 页。

② Thuc. 5. 104.

③ Thuc. 5. 84. 1. 关于岛屿民众的数目及其重要意义,参见安德鲁斯,《修昔底德历史评注》,第 4 卷,第 157 页,以及密格斯,《雅典帝国》,第 437—438 页。

④ 卡根,《阿奇达慕斯战争》,第 197—200 页。

罗斯民众发言，大概是因为他们害怕民众将会愿意投降，所以相反，弥罗斯执政官们安排雅典使节在要员们中发表演讲，而这很可能是一个寡头性质的贵族议事会。① 对于接下来进行的讨论，修昔底德的叙述所引起的讨论，是他整部史书引起学术讨论最为激烈之处。在整部史书中，这段文字体裁样式独特：这是戏剧形式的对话，对话一方是"雅典人的使节"，对话另一方是"弥罗斯的议事会成员"。② 同样令人震惊的还有雅典人辩论措辞之方式与内容，异常生硬冷酷。雅典人指出，雅典与弥罗斯之间悬殊的实力对比，使得后来关于正义与不公的这些讨论毫无意义，因为事实上在真实的人类事务中，这类讨论只会在实力相当的双方之间产生，因为相当的实力能够阻止一方将自己的意愿强加给另外一方。③ 弥罗斯人要雅典人考虑神祇之报应的可能性，雅典人的回复值得注意："所以谈到神祇，我们没有理由害怕我们会处于不利的地位……我们对于神祇的意念和对人们的认识都使我们相信自然界的普遍和必要的规律，就是在可能范围以内扩张统治的势力。"④

这段叙述采用对话体裁，对话讨论内容抽象，雅典人不道德的言辞坦白直率，这些都使得我们不得不质疑，(-149,150-)修昔底德这段叙述是否真实可信。现当代学者怀疑修昔底德当时根本接触不到可信的消息源头，但是修昔底德可以很容易地从参与对话的雅典人那里，甚至从逃脱屠杀——那场大屠杀中，绝大部分弥罗斯人毙命——的弥罗斯人那里得到消息。⑤ 对话风格和结构的问题，并不难解决，但是要理解修昔底德为何选择这样的风格和结构，就比较困难。尽管弥罗斯对话

---

① 我们不知道弥罗斯施行的是何种政体。修昔底德(Thuc. 5. 84. 3)提到了 τὸ πλῆθος，雅典人不可以向他们发表演说；修昔底德也提到了 ταῖς ἀρχαῖς καὶ τοῖς ὀλίγοις，雅典人向他们发表了演说。即便在严密的寡头政体中——当时的弥罗斯似乎就是这样严密的寡头政体——战争与和平的问题仍然通常是让类似公民大会的某种机构来处理的。弥罗斯的领袖明显对民众不放心，认为他们不会支持自己顽固又危险的政策。

② 阿奇达慕斯与普拉提阿(Plataeans)对话的体裁样式，与此处极为类似(Thuc. 2. 71—74)。

③ Thuc. 5. 89.

④ Thuc. 5. 105. 谢德风译本，第 417 页。

⑤ 关于幸存的弥罗斯人，参见 Xen. Hell. 2. 2. 9。关于弥罗斯对话这段叙述所引发的问题，安德鲁斯有精彩的论述参见《修昔底德历史评注》，第 4 卷，第 182—188 页。

不是对整个会议的逐字记录,而是一个简写了的、风格化的、戏剧性地拔高了的叙述,但是我们仍可将这段叙述视作真实谈话内容的可靠记载。真正引发怀疑论者质疑的是对话内容本身,是雅典人发表的那些生硬残忍的言辞。当然,雅典人或任何其他人都不可能这样说话,丝毫不为自己辩解、丝毫不掩饰生硬残酷的态度。怀疑论者坚持认为,真实的对话绝无可能如修昔底德的记载那样,他们还推断说,这肯定是一种修昔底德式的捏造。①

这种怀疑论并无理据。我们要记得,整个讨论过程是私下进行的,并没有面对大庭广众,参与其中的只是少数官员。在这样的情况下,对话完全有可能更加坦率。同时,雅典使节出于完成使命的务实理由,也确实用得上坦率态度和强硬言辞。雅典人使团的目的是劝服弥罗斯人放弃抵抗,马上投降,所以他们应该是希望通过恐吓威胁——而非其他手段——来实现劝敌投降的目的。同时,这种方法与雅典人最近残暴处置司基昂人(Scione)的方法是一致的,在司基昂,面对顽固不化的盟邦时,雅典人放弃了温和政策,转而采取恐怖统治。② 在历史上,每当类似情势发生时,类似的生硬粗暴演说并不少见。格罗特对弥罗斯对话的处理,应该能够平息一个世纪以来怀疑论者的争辩,但是很奇怪的是,格罗特的研究没有获得太多关注与回应。格罗特提醒(-150,151-)他的读者,说英国人1807年对哥本哈根的攻击就发生于和平时期,而且丹麦并未挑衅,强大的不列颠就入侵了弱小的丹麦。丹麦摄政王提出抗议,不列颠的发言人"回应时,义愤中掺杂着一种熟悉的傲慢无礼,他说,战争就是战争,这是一场必须由必然性来决定的战争,是一场弱者必须向强者低头的战争"。③ 最后,雅典人这番直白冷酷的措辞也并不是在他们与弥罗斯人的对话中才见得到。伯利克里和克里昂都愿意

---

① 关于这一类看法的总结,参见阿密特(M. Amit),《雅典娜神庙期刊》(*Athenaeum*),第 46 卷,1968 年,第 225—227 页。

② Thuc. 5. 32. 1.

③ 这是我自己对梯也尔(L. A. Thiers)之叙述的翻译,参见《法兰西执政府与法兰西第一帝国史》(*Histoire du Consulat et de l'Empire*),第 7 卷,第 190 页,转引自格罗特,《希腊历史》,第 7 卷,第 110—111 页,注释 1。

在公开演讲中，将雅典帝国称为僭政，同时，432 年，在斯巴达的雅典发言人所使用的措辞，与弥罗斯对话中所使用的措辞也很相似："我们所作的没有什么特殊，没有什么违反人情的地方；只是一个帝国被献给我们的时候，我们就接受，以后就不肯放弃了。三个很重要的动机使我们不能放弃：安全，荣誉和自己的利益。我们也不是首创这个先例的，因为弱者应当屈服于强者，这是一个普遍的法则。"①

基于所有以上理由，我们大体上无需质疑弥罗斯对话的真实性，但是这个问题仍然存在：为何修昔底德选择用这种独见的方式记载这篇对话？试图回应这个问题的学术研究源源不断，这表明这个问题是多么困难，多么复杂。在古代，哈利卡纳苏斯的狄奥尼修斯（Dionysius of Halicarnassus）谴责修昔底德，说他让雅典人措辞像海盗和强盗一样，说他这样做是为了令雅典蒙羞，因为是雅典流放了史家本人。② 一些现当代学者认为，修昔底德意图令弥罗斯对话体现出雅典人在伯罗奔尼撒战争进程中的德行沦落。③ 与此相反的是，另外一些现当代学者认为，修昔底德是借用这个机会，对人类行为作一番总结描绘，尽管这图景令人不快，但却十分重要。④ 还有一种有趣的解释，是说修昔底德（-151, 152-）将弥罗斯对话作为努力解决帝国和德行问题的机会，帝国和德行之间的问题正是修昔底德一直就无法解决的。⑤

修昔底德完全可以在史书其他地方插入这样一般化的讨论。例如在描述摧毁司基昂决策的时候，如果想要编写演讲词或谈论该论题的话，修昔底德同样可以插入这样的一般化讨论。或许，修昔底德

---

① 伯利克里：Thuc. 2. 63. 2；克里昂：Thuc. 3. 37. 2；雅典人在斯巴达：1. 76. 2。谢德风译本，第 55 页。

② Dion. Hal. *Thuc.* 37—42.

③ 芬力（J. Finley），《修昔底德》（*Thucydides*），麻省剑桥市，1942 年，第 208—212 页。

④ 施塔尔（H. P. Stahl），《修昔底德：历史进程中个人之地位》（*Thukydides*），慕尼黑，1967 年，第 158—171 页；伍德海德，《修昔底德论权力本质》（*Thucydides on the Nature of Power*），麻省剑桥市，1972 年，第 3 页，第 8—10 页。

⑤ 安德鲁斯，《剑桥古典语文学会会刊》（*Proceedings of the Cambridge Philological Society*，*PCPhS*），新编，第六卷，第 1—10 页。

之所以记叙在弥罗斯发生的讨论,是因为讨论双方有所辩论,而这番论辩十分重要,引起了他的注意。又或许,当时情境意味反讽,引起了他的好奇。弥罗斯人拒绝雅典的要求是因为弥罗斯人确信,他们的事业和理据是正义的,他们有神的保护;也是因为弥罗斯确信,斯巴达人将前来援助他们;同时还因为他们希望,机运将以某种无法预计的方式,帮助他们实现目标,即便在雅典权势更胜一筹的情况下。我们已经知道,雅典人是如何回应所谓神将保护正义一方的说法的。同样地,在看待斯巴达是否会干预的问题时,雅典人亦采取务实态度,认为斯巴达人不会干预。雅典人承认,斯巴达人在自己的城邦处事时是有德行的,但他们补充道:"……在我们所知道的人民中,斯巴达人最显著的特点就是他们认为他们所爱做的就是光荣的,合乎他们利益的就是正义的。这样的态度对于你们现在不合情理的安全要求是没有用处的。"①雅典人断言说,较之其他任何人,斯巴达人只会在确信他们权势更胜一筹的时候,才会动身行动,"因此,在我们控制海洋的时候,斯巴达人是不会横渡海洋到一个岛屿上来的"。② 弥罗斯人的期待很快就会落空,而雅典人的预言却被后来发生的事情所证实。弥罗斯人依赖于希望,雅典人对此同样表达了轻蔑,但是在我们听来,在修昔底德听来,这些表达轻蔑的话语却如此反讽。就在弥罗斯事件发生不到一年之后,不走运的雅典人向西西里发起了远征。或许修昔底德是想以更为戏剧的手法来描述后伯利克里时代雅典所处的环境:就在这一年,雅典人还在用这套完整理据去教导、建议他人;而在接下来的那年,雅典人却在自己的事业中径直忽视了这教导和建议。

雅典人没能成功说服弥罗斯人屈服,(-152,153-)于是设下围歼,建造城墙,留下部分军队守卫城墙。雅典留下的围歼部队规模不大,弥罗斯人漏夜突围,通过长时间作战,终于突破重围,补充了一些供给,后来甚至成功夺取了雅典人所修建的城墙的一段。事态变化促使雅典人

---

① Thuc. 5.105.3. 谢德风译本,第 418 页。
② Thuc. 5.109. 谢德风译本,第 418 页。

派出援军。弥罗斯人陷入饥馑。面对不断增长的敌军，他们士气消沉，又害怕城邦内有人叛变，于是向雅典人投降。① 雅典人投票决议杀掉所有男人，将所有妇孺卖作奴隶。② 修昔底德描述这些事件的时候，未加评论；但他在记叙司基昂和叙希崖的暴行时，却多有评论。后来的古代作家将这则法令——或者至少，是对该法令的支持——归在阿尔喀比亚德的名下，我们没有理由怀疑，阿尔喀比亚德确实赞同这则法令。③ 但是与此同时，我们也没有理由认为，尼基阿斯或者其他任何人会反对该法令。④ 雅典人处理弥罗斯的方法只不过是变本加厉了他们摧毁司基昂时所用的方法而已。在古代文献中，没有证据表明，雅典有任何一个政治派别对于伯罗奔尼撒战争中日益增长的丑恶行径表示过反对。

　　在雅典城邦之内，争夺政治领导权的斗争仍在持续，特别是在两大重要人物尼基阿斯和阿尔喀比亚德之间。尼基阿斯与阿尔喀比亚德争夺民心，他们之间的敌意令人想起后来的那些政治竞选活动。在这种政治竞选活动中，领袖个性比政治议题更加重要，每名政客都试图通过公开活动，来表达出讨人喜爱的"形象"。尼基阿斯想呈现出来的形象是虔敬，417 年，他公开表达过他对神的忠诚奉献。那一年，雅典人完成了献给阿波罗神庙，位于提洛岛，雅典人在 8 年之前就已经许诺要建造它了。⑤ 尼基阿斯利用落成典礼，大肆炫耀他对神的虔敬。先前的(-153,154-)惯例是，城邦派出的歌队在唱神的赞歌时，方式是比较随便散漫的。尼基阿斯完全改变了这种惯例，方式极为戏剧化。他自己

---

① Thuc. 5. 115. 4 及 116. 3；阿里斯托芬在《鸟》(Aristoph. *Birds* 186)中取笑了弥罗斯人挨饿的情况，而这部剧写于 414 年春天。

② Thuc. 5. 116. 4. 决议得以执行，后来，弥罗斯人被雅典殖民者占据了。然而，一些弥罗斯人得以逃脱，随之在伯罗奔尼撒战争结束以后，莱山德将这座岛屿还给了这些弥罗斯人(Xen. *Hell.* 2. 2. 9)。

③ 安多基德斯(And. 4. 22)将这则法令归在阿尔喀比亚德名下，同时，普鲁塔克(Plut. *Alc.* 16. 5)说阿尔喀比亚德支持该法令。

④ 确实有一脉古代信源认为，尼基阿斯就是使用饥馑攻陷弥罗斯的人。参见安德鲁斯，《修昔底德历史评注》，第 4 卷，第 190 页。

⑤ 关于神庙的日期和尼基阿斯对此的大肆炫耀，参见库尔庇(F. Courby)，《希腊研究通讯》，第 45 卷，1921 年，第 174—241 页。

领着雅典的游行队列。在歌队预计登陆那日的前一天,尼基阿斯率领雅典的一支部队,带着奉献用的牺牲和必要的装备,前往附近的勒馊亚岛(Rheneia)。尼基阿斯还带上了船桥,这座船桥是特别为横跨这两座岛而建造的,长度正好适用于两座岛之间的距离,并饰以最华丽、最炫目的织锦绣帷,而这一切准备工作都是连夜完成的。日出时,尼基阿斯自己率领神圣队列横跨船桥;歌队衣着华丽美观,在尼基阿斯队列前进时伴随歌唱。奉献牺牲、歌队比赛、宴席结束之后,尼基阿斯将一棵青铜棕榈树献给了阿波罗,后来,这棵树马上就出了名。此外,尼基阿斯还将价值不低于 10000 德拉克马的一块土地献给阿波罗。耕种这块土地产生的收入将被用于献祭宴席,献祭宴席的作用是向神请求,保佑捐助宴席的人。普鲁塔克记载了这番引人注目的表演,并未质疑尼基阿斯的虔敬,但普鲁塔克还是指出,"这其中有些是粗俗的卖弄,目的是增加其声誉,满足其抱负"。① 但是,绝大部分雅典人都因此相信,对于这样一个慷慨、虔敬之人,神将眷顾他,甚至,神也可能受到感动。

次年,阿尔喀比亚德进行了不亚于此的一次炫耀。在 416 年的奥林匹克赛会上,他在战车竞赛中派出了 7 辆战车参加比赛。据阿尔喀比亚德自己后来吹嘘说,这个参赛战车数字是以公民个人身份参与比赛中最多的,而且其中 3 辆战车分别取得了第一名、第二名、第四名。② 阿尔喀比亚德没有掩饰,他在宗教节庆上进行这番昂贵炫耀,背后存在政治动机;他寻求的不是显示自己的虔敬,而是炫耀雅典的实力。这种财富炫耀前所未有,结果就是"过去有一个时候,希腊人以为我们的城邦已经被战争所摧毁,……他们才开始把我们城邦的伟大,估计得超乎实际情况之上"。③ 然而,我们可以想象得到,在给希腊人留下深刻印象之余,阿尔(-154,155-)喀比亚德还意在给雅典人留下深刻印象。阿尔喀比亚德在奥林匹亚的大肆炫耀是对尼基阿斯在提洛岛华丽表演的

---

① Plut. *Nic.* 3. 4—4. 1.

② Thuc. 6. 16. 2. 关于日期,参见布索特,《希腊历史》,第 3 卷,第 2 册,第 1268 页,注释 3,以及多佛(Dover),《修昔底德历史评注》,第 4 卷,第 246—247 页。多佛还对另外一脉古代文献信息进行了讨论,这一脉信源认为,阿尔喀比亚德的战车队包揽了前三甲。

③ Thuc. 6. 16. 2. 谢德风译本,第 435 页。

政治回应。尼基阿斯表现了成熟、虔敬的形象，他就要针锋相对，表现得年轻、无畏。这一切都表明，竞选仍在持续，且将对雅典政策产生重要影响；但是就当下而言，尼基阿斯或阿尔喀比亚德都无法取得压倒对方的持久选票优势。陶片放逐投票失败后，雅典政体已无机制可以用来解决城邦内危险的分裂。修昔底德回顾伯利克里去世之后雅典遭遇的困境，批评伯利克里的继任者们行事根据的是个人的野心和贪欲。"他的继承人，彼此都是平等的，而每个人都想要居于首要的地位，所以他们采取笼络群众的手段，结果使他们丧失了对公共事务的实际领导权。"①无论是尼基阿斯或阿尔喀比亚德，他们都并未曾受到对金钱的贪念的驱使，也不并想将"公共事务的实际领导权"交给民众。然而，尼基阿斯和阿尔喀比亚德都野心勃勃，在雅典城邦中，他们都"想要居于首要的地位"；雅典曾经存在过某种政治情势，在机运巧合之时能够造就客蒙或伯利克里这样的政治家，但尼基阿斯或阿尔喀比亚德都不曾享有这种情势。雅典的灾祸就在于，尽管尼基阿斯和阿尔喀比亚德都想要成为奥林匹斯神一般的伯利克里的继承人，但是尼基阿斯和阿尔喀比亚德实际上能做的却只不过是扰乱彼此的计划。

---

① Thuc. 2.65.10. 谢德风译本，第150页。

第二编　西西里远征

415年6月初,一支宏伟的雅典大军自比雷埃夫斯港(the Piraeus)启航,前往西西里。[1] 两年之后,这支大军与其增援部队被歼灭,人员几乎被全歼,雅典人损失了一支庞大的舰队。此后,雅典人再也没有能够从物质上和人员上完全弥补损失,也再没有能够恢复她在这次灾祸之前享有的威望与信心。修昔底德认为这次惨败意义重大,他将这次惨败列于雅典人在伯利克里(Pericles)死后犯下的"诸多愚蠢错误"之列,他认为正是这些"愚蠢错误"导致雅典最终战败。绝大部分学者认同,西西里远征的惨败是伯罗奔尼撒战争的转折点,是雅典方面的重大错误。在处理这些问题时,现当代学者较一般状况下更为倾向于修昔底德的叙述,并不加质疑地接受了修昔底德对于事件的解释。[2] 这种态度可以理解,因为西西里远征叙事部分是修昔底德史书中最为精雕细琢的篇章,精心布置以突出戏剧效果,震撼人心因而格外可信。

不过,历史学家有一项不可推卸的责任,那就是去质疑哪怕是最权威的解释。修昔底德的西西里远征篇章恰恰激发了这样一些问题。我们甚至无法肯定修昔底德是否认为(-157,158-)此次远征有机会取胜,因为,即便他称这次远征为一个愚蠢的错误,在同一段话中,他对这种说法也作出了限制:"西西里远征不是一个判断上的错误,如果我们考虑到我们所要对付的敌人的话;这个错误是在于国内的人没有给予海外的军队以适当的支援。"[3]这样一番评价不仅自身并不清晰,其后半句还与修昔底德自己的对于作战的叙述相抵触。[4] 同时,修昔底德心目中雅典人攻击的正确战略是什么,他又是如何评价雅典人的领袖的,这些问题同样并不清晰。由于以上及其他种种原因,我们必须仔细考证并分析修昔底德的叙述与解释。

---

[1] 关于日期,参见多佛,《修昔底德历史评注》,第4卷,第271—276页。

[2] 一位杰出的学者甚至这样说修昔底德史书的第6卷和第7卷:"我们能做的甚少,不过重述史家本人的叙述而已"(弗格森,《剑桥古代史》,第5卷,第282页)。

[3] Thuc. 2.65.11.(此处采用谢德风译本,第150—151页。)

[4] 看到了这样一处明显矛盾的有许多学者,其中就有戈姆,《修昔底德历史评注》,第2卷,第195—196页,以及《希腊研究期刊》(*JHS*),第71卷,1951年,第70—72页。

第七章　议决攻打西西里

　　雅典对西西里的大举远征，是对未曾预见的一次机遇的回应。这样的事例在战争史中比比皆是。416/415 年冬季，代表西西里城邦塞结司塔（Segesta，亦写作"埃结司塔"，Egesta）与林地尼（Leontines）城邦中某一个派别的使团要求雅典人出兵援助，加入他们对邻邦塞林努斯（Selinus）及其保护国叙拉古（Syracuse）的战争。[①]　塞结司塔似乎在公元前 5 世纪中叶[②]成为了雅典盟邦；林地尼与雅典结盟的时间应该与

[①]　狄奥多罗斯（Diod. 12.83.2）提供了联合使团的细节。修昔底德（Thuc. 6.6.2）写到，塞结司塔人代表林地尼人发言。狄奥多罗斯的记叙更为完整，就西西里事务而言，或许还更为可靠，因为狄奥多罗斯对西西里有密切的兴趣，他拥有叙拉古的菲利斯图（Philistus）和安条克（Antiochus）这样处于同一时代的信源。

[②]　古典学家围绕雅典与塞结司塔的结盟日期多有争议，原因是，如何推断该日期依赖于如何训读一则铭文残片，而镌刻该铭文的石刻残片损毁严重（参见《希腊铭文集成》第 19 则铭文，即《希腊历史铭文选辑》第 37 则铭文，IG² 19＝GHI ♯ 37）。这一日期依据名年执政官的名字推断得到，但在该名字中，只有最后两个字母(-ον)是清晰可见的。这样，该名字可能指向以下 5 名执政官中的一位：哈布隆（Habron，458/457 年），阿里斯同（Ariston，454/453 年），埃潘美农（Epameinon，429/428 年），阿里斯提翁（Aristion，421/420 年），以及安替风（Antiphon，418/417 年）。赢得最多古典学家认可的名字是哈布隆。一些古典学家认为该名字是哈布隆，是因为他们认为他们在石刻上所读到的就是哈布隆的名字（劳彼茨切克［A. E. Raubitschek］，《美国古典语文学会通讯》[*Transactions of the American Philological Association*，*TAPA*]，第 75 卷，1944 年，第 10—12 页，以及梅里特［B. D. Meitt］，《希腊研究通讯》[*Bulletin de correspondance hellénique*，*BCH*]，第 88 卷，1964 年，第 413—415 页）。一些古典学家认为该名字是哈布隆，是因为，一方面，基于历史事实，该名字很可能就是哈布隆；另一方面，在该铭文中，出现了字母三横 Σ 与有尾 P，而这些古典学家认为，写成这两种形式的字母表明，该铭文不可能出现于 445 年之后（GHI ♯ 37）。一些碑铭学家（例如，普利切特［W. K. Pritchett］，《美国考古[转下页注]

此相近。(-159,160-)林地尼与雅典签订同盟条约的日期比较确定,是433/432年。① 雅典人本无需卷入这些遥远城邦无足重轻的党争之中,但是雅典人对西西里的兴趣,自424年的革剌大会(the Congress of Gela)将他们隔绝于这个岛屿之后,并未消失过。②

在革剌大会上,叙拉古的赫墨克拉底(Hermocrates)散播了属于西西里的"门罗主义"(Monroe Doctrine),拒绝外部势力干涉西西里事务。不久,这种政策对于叙拉古的好处就显现出来了。雅典人于424年撤退之后不久,统治林地尼的民主党人归化了许多人成为新公民,并打算重新分配土地,供应这些新公民。在其雅典盟友离开之后,林地尼的民主派地位动摇,归化政策的目的应当是防止叙拉古前来攻打,因为叙拉古势力强大,就位于林地尼西南方向不远的地方(参见地图9)。事与愿违,民主党人的这一举措反而引发了他们所害怕发生的事情。林地尼的寡头党人听闻民主党人的计划之后,召来叙拉古人帮忙,先发制人。叙拉古人将林地尼的民众驱逐出城邦,使他们四散于野。林地尼寡头派则抛弃了他们自己的城邦,移居到叙拉古,并在叙拉古取得公

[接上页注]学期刊》[*American Journal of Archeology*,*AJA*],第59卷,1955年,第58页及以下)仔细辨认石刻后,强烈反对其他可能性,认为在该姓名中,能够读出来的只有最后两个字母,必定是ον。但是近来,其他碑铭学家认为,在倒数第三个字母,他们可以读出字母Φ来,这些碑铭学家据此认为,该名字是安替风,这则铭文所显示的条约签订于418/417年(马丁理[H. B. Mattingly],《历史学刊》[*Historia*],第12卷,1963年,第267页及以下;司玛特[J. D. Smart],《希腊研究期刊》[*Journal of Hellenic Studies*,*JHS*],第92卷,1972年,第128页及以下;魏珂[T. E. Wick],《希腊研究期刊》,第95卷,1975年,第186—190页)。后来,马丁理抛弃了上述观点,他认为该石刻残片状况不佳,不足采信。然而,仍然有古典学家持反对观点,未被说服;参见布拉丁(D. W. Bradeen)与麦格雷戈(M. F. McGregor),《公元前5世纪亚狄珈碑铭研究》(*Studies in Fifth-Century Attic Epigraphy*),诺尔曼(Norman),1973年,"与埃结司塔结盟",第71—81页。(-159,160-)魏珂教授十分善意地致信我,大意是他有一张照片,能够表明倒数第三个字母是Φ,这表明该名字应该训读为安替风,这则铭文的日期应被推断为418/417年,但不凑巧的是,魏珂教授没能将照片复印件发给我,而即便我得到了照片复印件,我也不相信我能够从中读出字母Φ来,如果没有经验更为丰富的碑铭学家指导的话,我并无能力去解读这则铭文。因此,我决定在此采取一种不可知论立场,对于倒数第三个字母究竟为何不予置评,并接受后两个字母为ον这一基本观点。如果我们所能读出来的不过如此,那么《希腊历史铭文选辑》的解释就是最有说服力的。

① 《希腊历史铭文选辑》第64则铭文,*GHI*♯64.魏珂(《历史学刊》,第25卷,1976年,第288—304页)认为,这些条约是444/443年所签订条约的续约。

② 参见卡根,《阿奇达慕斯战争》,第265—268页。

民权,叙拉古人就此在林地尼建起要塞,设立驻防。①

新的权力安排并未持续很久。不知是出于什么原因,林地尼的寡头派对于他们在叙拉古所得到的一切开始感到不满。很快,林地尼寡头派中的一些人回归母邦,他们夺取了城邦中的两处地方,分别叫作浮迦崖(Phoceae)和(-160,161 为地图 9,162-)不利星尼崖(Bricinniae)。林地尼的民主派因为看到城邦重获独立,认为自己有希望回归城邦并再夺财富,似乎忘记了他们与寡头派的历来分歧。② 林地尼人联合起来,以浮迦崖和不利星尼崖为据点发动战争。叙拉古的威胁被渲染夸大,林地尼人坚持抵抗叙拉古的影响。

到 422 年,上述事件的消息引起了雅典人的兴趣。雅典人投票,派出伊拉斯特拉图之子斐哀刻司(Phaeax son of Erasistratus)及另外两人,出使西西里与意大利。使团出行仅带船两艘,这是因为他们此行不过是考察和外交性质。使团得到的指令是,尝试劝服他们在西西里的盟友,同时——如果可能的话——劝服西西里的其他希腊人一起,共同作战,反对崛起大国叙拉古。雅典人认为,他们可以通过这种办法来救援林地尼的民众。③ 在前往西西里途中,斐哀刻司先在罗科里(Locri)稍作停留,罗科里位于意大利半岛足尖部位南岸,他在此谈成协定一则。罗科里人素不中意雅典人,在革刺大会后就拒绝与雅典人签订任何条约。然而,这一次,罗科里正与其邻近的两处殖民地作战,乐意与雅典人建立友善关系。④ 雅典使团在意大利取得成效之后,在西西里登岸,并迅速将卡马林纳(Camarina)和阿珂腊迦(Acragas)争取过来,但雅典使团在革刺遭到冷遇,以至于无心继续前行。雅典使团朝内陆进发,穿过西西耳人(the Sicels)的领土,抵达他们停泊在卡塔纳(Catana)的船只,他们在不利星尼崖稍作停留,鼓动林地尼

---

① Thuc. 5. 4. 2—3;修昔底德并未提及要塞与驻军,但是狄奥多罗斯提到了(Diod. 12. 54. 7)。

② Thuc. 5. 4. 4. 关于这些地方的位置,参见弗里曼(Freeman),《西西里史》(*History of Sicily*),第 3 卷,第 70—71 页。

③ Thuc. 5. 4. 5.

④ Thuc. 5. 5. 2—3.

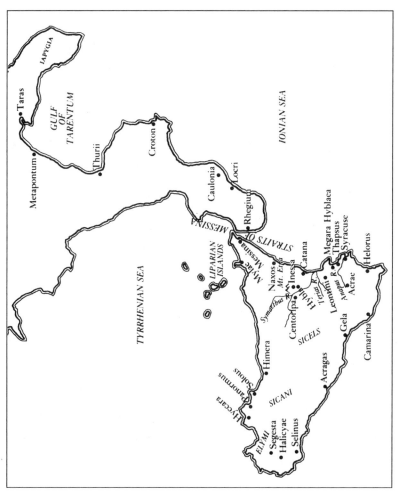

地图9 西西里与意大利南部

人作战。使团再一次在意大利罗科里停留之后,斐哀刻司及同行使节继续航程,驶回雅典。① 该使团没能取得太多成果,但这一使团表明雅典对西方兴趣不减,也表明雅典对叙拉古颇为疑惧。这趟"亮明旗帜"之行必将鼓励叙拉古的敌人,在将来必要之时来向雅典寻求援助。

以上就是 416/415 年塞结司塔和林地尼呼吁雅典援助时的背景。(-162,163-)寻求雅典援助的呼吁起自塞结司塔与塞林努斯之间的争端,这是位于西西里西部的两个城邦。除了两个城邦之间常见的领土争端之外,塞结司塔与塞林努斯之间还就公民之间的婚姻权利存在争端,因为尽管塞林努斯是希腊人的城邦,而塞结司塔是哀黎弥人(Elymians,译注:青铜时期与古典时代定居西西里西部的人)的城邦,但是看起来,两个城邦曾经是可以通婚的。② 塞林努斯人赢得第一场战役后,塞结司塔人寻求其他城邦援助,他们先是求助于邻近的阿珂腊迦,然后求助于叙拉古,后来又求助于迦太基。塞结司塔人不仅求援徒劳无功,事实上,叙拉古人还加入了塞林努斯一方来反对塞结司塔人。③ 最后,因为塞林努斯与叙拉古在海陆两条战线苦苦相逼,塞结司塔人转而求助于雅典。很明显,塞结司塔人并不认为仅凭自己是雅典人的旧日盟友这一点,就可说服雅典人前来援助,因为他们并未以此为理据来说服雅典人。相反,塞结司塔人利用林地尼的麻烦为理据,说要与雅典的其他盟邦联合起来,共同反击叙拉古。塞结司塔的使节提醒雅典人说,林地尼与雅典还是同盟,该条约应该是续约于 427 年刺喀司(Laches)远征期间;塞结司塔的使节还强调说,雅典与林地尼之间存在亲缘,她们都是爱奥尼亚人(Ionian)的城邦。④ 接着,塞结司塔的使节们转向更加务实的话题,提出了雅典应当再次介入西西里的实质理由:

---

① Thuc. 5. 4. 5—6.

② Thuc. 6. 6. 2.

③ Diod. 11. 82. 6—7.

④ 关于条约续约,参见 Thuc. 6. 6. 2。狄奥多罗斯(Diod. 12. 83. 3)记载到,是林地尼使节自己指出,林地尼与雅典之间存在亲缘。修昔底德则记载到,是塞结司塔人替林地尼人说了这番话。普鲁塔克(Plut. Nic. 12. 1)使用的是狄奥多罗斯的说法。

"如果叙拉古驱逐林地尼人民之后而不受到处罚,让他们继续破坏雅典其他同盟国,直到控制了整个西西里为止,那么就有一种危险会产生,就是叙拉古人迟早有一天会派遣大军来援助他们同族的多利亚人[多利安人](Dorians),和伯罗奔尼撒人联合起来作战,以彻底摧毁雅典的势力,因为叙拉古人本身是多利亚人[多利安人],而伯罗奔尼撒人是原先派遣他们出去作移民的。"最后,塞结司塔人还提出,由他们动用自己的资金来支付战争所需军费。①

值得指出的是,塞结司塔人使用了最为保守的词汇来请求援助,强调传统联系、同盟义务,以及防御战略。修昔底德所记载的雅典人的回应,性质与此相当不同。(-163,164-)修昔底德记载到,雅典人乐于接受帮助亲属和盟友的要求,但他们将此仅仅当成一个借口。修昔底德认为,雅典这番回应"最真实的解释"是"因为他们渴望统治整个西西里岛"。② 在此,修昔底德提到的这个表述"最真实的解释",与他在记叙伯罗奔尼撒战争的爆发原因时所使用的表述是一样的。而在第6卷甫一开始修昔底德就断言,西西里远征的目标是征服全岛。③所以,他在此给出类似的解释并不突兀。修昔底德在叙述中描绘了这样一幅图景:雅典人矢志统治剥削整个西西里岛,雅典暴民因为渴望权力、贪恋利得,所以发动了这次远征,但是这些人不知道这番冒险本身的范围、困难、危险。"民众",修昔底德告诉我们说,"并不知道该岛的规模,也不知道岛上居民的人数——该岛既居住着希腊人,也居住着蛮人,也不知道岛上正在进行的战争规模并不亚于他们与伯罗奔尼撒人的这场战争"。④ 修昔底德描述了雅典的第一个决策——出兵西西里——之后,借尼基阿斯之名义说,"事实上,雅典是想利用一个外表上似乎合理的小小借口去征服整个西西里——诚然,这是一个巨大的事业"。⑤ 后来,修昔底德又将如下想法归诸"乌合之众":这些人的

---

① Thuc. 6. 6. 2. 谢德风译本,第 428—429 页。
② Thuc. 6. 6. 1. *ἐφιέμενοι μὲν τῇ ἀληθεστάτῃ προφάσει τῆς πάσης ἄρξαι.*
③ Thuc. 6. 1. 1. *ἐπὶ Σικελίαν πλεύσαντες καταστρέψασθαι.*
④ Thuc. 6. 1. 1.
⑤ Thuc. 6. 8. 4. 谢德风译本,第 430 页。

目标是,"自己暂时得到薪给和扩大帝国使他们将来可以取得永久的薪给工作"。①

修昔底德的这番简洁解释引起了一些质疑,因为这番解释与他自己所记载的雅典人的行动有所出入。甚至如果我们承认,绝大部分雅典人动机在 415 年夏季扬帆出海之际确实如修昔底德所说,就是想征服整个西西里岛,那我们也无法确定大家的动机从一开始就是征服西西里。读者应该还记得,427 年发动第一次西西里远征时,修昔底德对雅典人动机的判断就是:雅典人在试水,看看他们是不是能够将(-164,165-)西西里事务纳入掌控之中。② 然而,那次远征得到增援但徒劳而返,于 424 年回撤,雅典人,无论他们对于他们的将军有多么愤怒,都并未继续深入推进这一任务。③ 除了修昔底德的上述断言之外,我们并没有理由认为,416/415 年接到塞结司塔求援呼吁的雅典人,正在计划利用这一求援呼吁作为借口,去征服西西里。

修昔底德说,雅典人完全不清楚西西里的地理与人口,因此低估了这番征战的规模。修昔底德对雅典人的这番指责,更加值得怀疑。424年,后来那次大举远征开始前不到 9 年,有大约 60 艘雅典三列桨战舰自西西里班师。④ 其中一些船员之前在西西里水域和西西里岛待了 3 年左右,其他船员则在那里待了数月之久。雅典人也曾不止一次到访西西里岛北岸的西磨垃(Himera)与迈濑崖(Mylae),离岸的利帕里群岛(Liparian Islands,Lipari),东岸的几乎每一个城邦,南岸的革剌和卡马林纳,西西里岛与意大利之间的海峡中的梅西纳(Messina),以及位于意大利本土的垒集坞(Rhegium)和罗科里(参见地图 9)。斐哀刻司重访了他曾于 422 年到过的一些地方,还去了西西里南边海岸上的阿珂腊迦。斐哀刻司像他的前任一样,访问了西西耳人的领土,西西耳人不是希腊人,他们的领土位于内陆。塞结司塔,雅典的长期盟友,则位于西西里岛的

---

① Thuc. 6. 24. 3. 我翻译为"乌合之众"的原文是ὁ δὲ πολὺς ὅμιλος。谢德风译本,第 442 页。

② Thuc. 3. 86. 4—5.

③ 参见卡根,《阿奇达慕斯战争》,第 265—270 页。

④ 427 年由剌喀司率领出航的舰队(Thuc. 3. 86. 1)有舰船 20 艘,424 年由索福克勒(Sophocles)和攸里梅登(Eurymedon)率领出航的舰队有舰船 40 艘(Thuc. 3. 115. 4)。

几乎最西端。因为每艘三列桨战舰承载 200 人，所以 424 年返航的那支
舰队人数大约是 12000 人。甚至，如果其中只有一半是雅典人（而另一
半来自盟邦），同时到 415 年为止又因伤亡而有所减员的话，那么至少还
有 5000 名雅典划桨手和水兵熟谙西西里地理和人口情况，而这其中的
每一个人，又都各自拥有朋友和亲属。因此，修昔底德指责大部分雅典
人对于这些事务一无所知，这种情况是不符合实际的。

　　此外，修昔底德所描述的雅典人对于塞结司塔人和林地尼人求援的
回应，也表明(-165,166-)雅典人对情况并非无知，行动也不算轻率。对
于求援的请求，雅典人既没有接受，也没有拒绝；他们派出使团前往塞结
司塔，"去看看那里财政状况是否如塞结司塔人所言，公共金库与神庙里
是否有钱，同时也去看看他们与塞林努斯人的战争到底进行得如何"。①
塞结司塔人欺骗雅典使节，建造了一座"波将金之村"（Potemkin vil-
lage，译注：波将金之村指粉饰太平的伪造建筑物，典出叶卡捷琳娜二世
1787 年克里米亚之旅）。在阿芙洛狄忒神庙（the temple of Aphrodite）
中，塞结司塔人把奉献使用的牺牲给雅典人看，那牲礼看起来令人印象
深刻，但实际上华而不实，价值有限。塞结司塔人还在私人居所招待雅
典划桨手，让他们使用金银酒器来饮酒作乐，但事实上，这金银器皿却是
他们从富裕的塞结司塔人，甚至邻邦人那里，为此特意搜集而来的。塞
结司塔人把这些金银器皿安排在雅典人要到访的每一所房子里，成功欺
骗了雅典人，令雅典人以为他们真的拥有如此可观的财富。② 雅典使节
被成功说服，这一方面是由于这番欺诈相当奏效，另一方面是由于塞结
司塔人做了更有说服力的一件事：塞结司塔人给雅典人拿来了未经浇铸
的 60 塔伦特白银，而这笔钱足够 60 艘舰船一个月的军饷开支。③

　　雅典使节带着塞结司塔人和他们提供的钱回到城邦，"序属初春"，
时间是 415 年 3 月。④ 雅典人召开公民大会，讨论是否接受来自塞结

----

① Thuc. 6. 6. 3. 狄奥多罗斯（Diod. 12. 83. 3）加上了一些细节，说雅典的使节是从"最佳之
　人"（τινὰς τῶν ἀρίστων ἀνδρῶν）当中遴选出来的，但没有提到任何一个名字。

② Thuc. 6. 46. 3—5.

③ Thuc. 6. 8. 1.

④ Thuc. 6. 8. 1；布索特，《希腊历史》，第 3 卷，第 2 册，第 1276 页。

司塔的再次呼吁。修昔底德告诉我们,雅典人从他们自己的使节和塞结司塔人那里听说,有足够的钱支付远征费用,还有"其他一些并不真切的引诱",公民大会于是投票决定,派遣 60 艘舰船前往西西里,由阿尔喀比亚德、尼基阿斯、拉马库斯率领。这些将军拥有全权,将帮助塞结司塔对抗塞林努斯;如果情势允许,他们也可以帮助林地尼人重返故乡;他们还要"审时度势,以对雅典最有益之方式解决西西里事务"。①

关于决议远征西西里的第一次雅典公民大会,修昔底德没有详细记叙。(-166,167-)关于最终通过的议案,尽管修昔底德既没有录载个中演说,也没有归纳论辩理据,但铭文证据表明,大会就支持还是反对该议案存在过一番争论。然而,修昔底德的简要记叙误导一些学者认为,所有的雅典人,包括尼基阿斯,都在第一次公民大会上同意了该议案;但是,要说修昔底德的记载全然失真、完全不可信,要说修昔底德的简要记载就是为了掩盖尼基阿斯一开始就想要大举远征并征服西西里这一事实,则未免言过其实。② 更为持中的观点是承认修昔底德的记叙基本可信。首先,这种观点假定,无人反对第一次公民大会采取的议案,尼基阿斯认可该议案是因为干涉西西里"延续了雅典的传统政策",③雅典对西西里的干涉可以回溯到 5 世纪 50 年代。接着,这种观点认为,415 年,尼基阿斯会特别愿意远征西西里,是因为斯巴达在曼提尼亚取胜,权势均衡被打破,而《尼基阿斯和约》依赖于这种权势均衡。恢复权势均衡、恢复雅典声誉十分必要。这也是 416 年攻打弥罗斯(Melos)的背后动机。尼基阿斯特别愿意远征西西里,还因为远征将转移雅典的精力,不再与斯巴达为敌,这样就能"维持他自己倡导和

---

① Thuc. 6. 8. 2. 关于"全权"(full powers, $αὐτοχράτορας$)的含义,参见多佛,《修昔底德历史评注》,第 4 卷,第 228 页。

② G·德·桑悌(G. De Sanctis),《古典语文学与古典学教学评论》新编(*Riv. Fil. Rivista di filologia e d'istruzione classica*, n. s.),第 7 卷,1929 年,第 433—456 页=《古代历史诸问题》(*Problemi di storia antica*),巴里,1932 年,第 109—136 页。关于对这种看法的回应,参见哈茨菲尔德(Hatzfeld),《阿尔喀比亚德:关于公元前 5 世纪末的雅典之研究》(*Alcibiade, Étude sur l'histoire d'Athènes à la fin du Ve siècle*),第 149 页及以下,同时参见拉斐(U. Laffi),《意大利历史评论》(*Rivista Storica Italiana*),第 82 卷,1970 年,第 178 页及以下。

③ 拉斐,《意大利历史评论》,第 82 卷,1970 年,第 281 页。

设计的那个和约"。① 最后,这种观点还认为,修昔底德决定将大举远征西西里写成雅典帝国主义一次未曾预见、未曾料想的行动,写成与先前事件并无关联的孤立,而不去揭示事件之间真实存在的延续性。修昔底德这种写法模糊了对情势的上述理解。②

很明显,是修昔底德对第一次公民大会的记载之缺陷引发了上述两种观点。不过,这两种观点中,有些猜测过于奇特,实无必要。我们没有足够理由去质疑(-167,168-)尼基阿斯反对第一次公民大会决议采取的行动,也没有足够理由去质疑尼基阿斯反对该行动的诸多证据。修昔底德表面上的沉默不说明任何问题,因为修昔底德惯于漏掉一些关键事实,譬如领袖人物在重要辩论中的立场。修昔底德没有告诉我们伯利克里在 433 年关于柯西拉(Corcyra)的诉求说了什么、想了什么,我们得靠着普鲁塔克的记载才得以知道,"[伯利克里]说服了民众,派兵增援"柯西拉。③ 修昔底德甚至没有提到公民大会的召开,也没有提到派遣第二支舰队增援第一支舰队的 10 艘舰船之前必定会存在的辩论。我们还是得靠着普鲁塔克,是他给出了伯利克里之政敌用来反对他的理据。④ 另一个例子——关于密提林(Mytilene)命运的辩论——与修昔底德对 415 年几次公民大会相比,几乎完全对应,堪称平行案例。那次关于密提林命运的辩论,同样是第一次公民大会达成了重要决议,第二次公民大会改变了这些决议。关于那次辩论,修昔底德同样只给了一个简要记叙,没有录载演说,仅仅记录了最终所议决的议案和使得公民作出如是投票选择的普遍情绪。写到第二次公民大会召开的时候,修昔底德才提到,克里昂和狄奥多图斯(Diodo-tus)在第一次公民大会召开时是主要的辩论对手,在第二次公民大会召开时他们也是辩论对手。修昔底德没有记述他们在第一次公民大

---

① 拉斐,《意大利历史评论》,第 82 卷,1970 年,第 281 页。

② 关于是次远征及先前事件之间的联系,参见莫米利亚诺(A. Momigliano),《古典语文学与古典学教学评论》新编,第 7 卷,1929 年,第 371 页及以下。莫米利亚诺这篇论文同时影响了德·桑悌与拉斐。

③ Plut. *Per.* 29. 1.

④ Thuc. 1. 50. 5;Plut. *Per.* 29. 2—3.

会的发言,但我们还是可以明显看出,狄奥多图斯在两次公民大会上使用了不同的理据。[1] 同样,在记述 427 年雅典远征西西里时,修昔底德没有记录第一次公民大会的详情,但是只有通过了公民大会投票,远征才能进行。修昔底德没有写作演说辞,没有给出支持者与反对者各自的理据,也没有提供论辩两派之党羽中任何一人的名字,史家只陈述了自己对于是次远征之名义目的与真实目的的看法。[2]

415 年召开的第一次公民大会上到底发生了什么,这需要历史学家来重建。尽管修昔底德对此寡言少识,我们仍旧拥有足够的史料,能够在一定程度上重建至少部分事实真相,如同我们在其他类似情形下所做的一样。(-168,169-)修昔底德自己提供了第一个线索。修昔底德告诉我们,尼基阿斯被选举为远征将军,"这违背了他自己的意愿,因为他认为城邦作出了错误的决策"。[3] 根据已知史料,这种情况在雅典历史上仅此一次:一名将军违心地接下了指挥权。在这种情况下,旁人怎么知道尼基阿斯所不愿做的是担任将军,而不是刚刚投票决议的远征呢?[4] 当然,信息的来源最有可能是尼基阿斯在那次将职务指派给他的公民大会上的发言。这不是尼基阿斯第一次提出要让贤、要把指挥权交给其他人了。425 年,尼基阿斯也是这样让贤,拒绝领受指挥权,拒绝前往派娄斯和斯伐刻帖里亚(Sphacteria)。[5] 我们有充分的理由相信,在第一次公民大会上,大家就谁将被指派为将军进行了一番辩论,而尼基阿斯也表达了自己因不认同远征计划而不愿出任将军的意愿。

碑铭史料为这种看法提供了佐证。出土于雅典卫城的石碑——涉及的石碑至少有两座——含有 8 块残片。碑铭学家一致认为,这 8 块石碑残片上的铭文是关于 415 年西西里远征的。[6] 其中一则铭文提及

---

[1] Thuc. 3.36.6, 3.41. 对这些辩论的讨论,参见卡根,《阿奇达慕斯战争》,第 153—163 页。

[2] Thuc. 3.86.

[3] Thuc. 6.8.4.

[4] 多佛,《修昔底德历史评注》,第 4 卷,第 230 页。

[5] Thuc. 4.28.3. 参见多佛,《修昔底德历史评注》,第 4 卷,第 261—262 页。

[6] 参见《希腊历史铭文选辑》,第 78 则铭文(GHI♯78)。同时参见多佛,《修昔底德历史评注》,第 4 卷,第 223—227 页。

一支由 60 艘舰船所组成的舰队，更为切中我们所说要害的是，这则铭文还提到，大会考虑是否可以仅指派一名将军率领这支舰队。这则铭文所记录的事实必定是关于第一次公民大会的，因为正是这一次公民大会决议指派 3 名将军率领 60 艘三列桨战舰。显然，将军遴选是这次大会辩论的辩题之一。①

晚些时候的古代作家也为我们提供了了解第一次公民大会情况的史料。普鲁塔克似乎对于事件发生的顺序有独特见解。普鲁塔克告诉我们，在还没有为此召开任何一次公民大会之前，阿尔喀比亚德已经俘获了老少大众(-169,170-)的想象力，这些老老少少"一群一群坐着，画地图，画着西西里，画着周边的海洋和岛上的港口"。接着，普鲁塔克告诉我们，在第一次公民大会上，尼基阿斯发表了反对意见。没什么人支持尼基阿斯，仅有的几个支持者也没什么影响力，但是他仍然被选为三名将军之一。最后，普鲁塔克提到了第二次公民大会，尼基阿斯再次站出来发言，试图劝说雅典人回心转意，推翻先前决议。② 我们没有什么理据去质疑普鲁塔克的记叙。狄奥多罗斯提供了另一个线索。狄奥多罗斯的记叙比较简短扼要，他只提到了一次公民大会，但他记载了尼基阿斯对西西里远征的反对意见。绝大部分理据与修昔底德在尼基阿斯第二次公民大会演说中所记录的理据一样，除了以下这一条。狄奥多罗斯记载到，尼基阿斯据理力争，说雅典人不可能征服西西里："迦太基人曾经拥有庞大的帝国，常常为了西西里而作战，但连他们都未曾拥有征服这座岛屿的权势……雅典人权势远逊于迦太基人，怎么可能比迦太基人做得更好？"③当然，这条理据可能是由狄奥多罗斯——或者其信源——编造的，但是我们也没有什么理由说这是编造出来的。更有可能的情况是，上述记载是对尼基阿斯第一次公民大会发言的重复或

---

①　这就产生了一个令人不安的问题，而碑铭学家似乎没有意识到这个问题：就在同一次大会上，接下来的动议——指派 3 名将军——已经使其变成了无效法令，那么，雅典人为什么还要将这则法令镌刻在此？我们可以回答说，石刻铭文包含了这一天的公民大会所通过的所有动议，即便其中有些法令的效力被后续法令废止了。

②　Plut. *Nic.* 12.

③　Diod. 12. 83. 6.

效仿。因此,我们有充分理由相信,第一次公民大会之决议的方方面面都经过了辩论,而尼基阿斯从一开始就是反对整个远征计划的。

试图重建这次公民大会上的辩论过程,而不高估这种情境还原的准确性,应当对我们理解这段历史有所助益。在第一次公民大会上第一个被提出的动议有可能是:授权派遣一支舰队出航,由 60 艘舰船组成,前往塞结司塔与林地尼,襄助雅典的西西里盟友。该动议提出后,大会自然要就这项计划的各项优缺点进行辩论。我们可以推断,阿尔喀比亚德提出赞成意见,尼基阿斯提出反对意见。尼基阿斯反对的时候,或许将雅典与试图征服西西里而徒劳无功的迦太基作了番权势比较,如狄奥多罗斯所记录的那样。

辩论的另一个议题是遴选将军,一位或多位。(-170, 171-)一些人或许倾向于选择一位将军,大概是阿尔喀比亚德,①但是雅典之政治情势与雅典政治领袖的性格都不会允许阿尔喀比亚德成为将军。阿尔喀比亚德,远征事业的最积极拥护者,是一人指挥权的天然选择,但他在公民大会并不拥有可靠的多数支持,同时,支持其政策的不少雅典人也并不希望他成为远征的唯一领袖。同时将尼基阿斯任命为将军,这不独是其朋党所希望见到的;那些希望用尼基阿斯的经验、审慎、虔敬、机运来制衡阿尔喀比亚德那年轻无畏的野心的人,也乐见尼基阿斯成为将军。尼基阿斯说他反对远征,因此也一定表达了他对于出任将军所感到的勉为其难,甚至,他有可能明说了自己反对将他任命为将军的那个动议。不过,拒绝出任将军毕竟会被视为不爱国、会被视为怯懦;尼基阿斯得到出任将军、远征西西里的命令之后,他别无选择,只能遵守,无论他自己观点如何,意愿如何。雅典人当然知道,向一个指挥权提名这样两位将军,这做法十分勉强:这两位将军是政敌,也是私敌;对于计划中的这次远征,他们在所有方面都无法达成一致。因此,雅典人选择了第三位将军,色诺芬尼斯之子拉马库斯(Lamachus son of Xe-nophanes)。拉马库斯是久经沙场的老战士。415 年的时候,他大约 50

---

① 这是文柯(H. Wentker)的看法,参见《西西里与雅典》(*Sizilien und Athen*),海德堡,1956 年,第 183 页,注释 510,以及多佛,《修昔底德历史评注》,第 4 卷,第 225 页。

岁。早在 425 年甚至更早的时候，拉马库斯就曾经出任将军。阿里斯托芬(Aristophanes)在《阿卡奈人》(the Acarnians)中将拉马库斯描绘为一位年轻的"牛皮士兵"(Miles Gloriosus)，嘲笑他贫穷。① 拉马库斯一定是赞成远征西西里的，雅典人可以指望他在执行整体计划的基础上，听取尼基阿斯的忠告。

关于向将军下达具体命令的内容，雅典人必定也进行了一番激烈的辩论，因为这些命令将决定远征的目的。我们已经知道，修昔底德记载到，雅典人从一开始就志在征服整个西西里岛。修昔底德还告诉我们，阿尔喀比亚德不仅志在征服西西里，还想要征服迦太基；后来，修昔底德还记了阿尔喀比亚德在斯巴达所作的演说，在这篇演说辞当中，阿尔喀比亚德提到，雅典要以征服(-171,172-)意大利和西班牙为基础，征服伯罗奔尼撒半岛，进而统治所有的希腊人。② 在 415 年召开的第一次公民大会上，必定有一些雅典人心怀如此野心(有一些雅典人甚至可能早在 427 年就怀有这样的野心)，③同时，或许阿尔喀比亚德已经提出了他的见解，以促成他的政策目标——最后被认为是由阿尔喀比亚德所提出的上述那些政策目标。修昔底德的观点支持了上述假定，尽管我们的史家此刻正被流放，不在雅典，只能在事后相当久之后才意识到这一点。但可以肯定的是，在这次公民大会上，并没人提出如此野心勃勃的目标。④ 修昔底德对此没有提供任何记载，这当然可以在一定程度上提供佐证，而更加能够说明问题的是，尼基阿斯在第二次公民大会上重新挑起对整个远征问题的讨论，是因为他"认为……雅典是想利用一个外表上似乎合理的小小借口去征服整个西西里"。⑤ 尼基阿斯认为雅典是这样想的，但他并不切实知道雅典就是这样想的，因

① 关于拉马库斯的年纪，还有喜剧诗人对他的描述，参见布索特，《希腊历史》，第 3 卷，第 1 册，第 585 页，注释 2；《希腊历史》，第 3 卷，第 2 册，第 1058 页，注释 2，以及 1277 页。译注："牛皮士兵"典出普劳图斯(Plautus)剧作《牛皮士兵》(Miles Gloriosus)。
② Thuc. 6.15.2；90.2—4.
③ 参见卡根，《阿奇达慕斯战争》，第 184—186 页(原文页码)。
④ 如果狄奥多罗斯没有记载错误的话，尼基阿斯却将这样的目标归罪于其他人。参见本章前文。
⑤ Thuc. 6.8.4. 谢德风译本，第 430 页。

为在上一次公民大会中，并没有人提到这一目标。

事实上，在415年召开的第一次公民大会上，雅典人的投票决议出来的是非常适度的目标，这一目标与他们投票决议要派出的适度兵力是相称的。这次决议的兵力与目标都与427至424年征战差不多。帮助塞结司塔反对塞林努斯，帮助林地尼人重返故乡，以对雅典最有益之方式"解决西西里事务"，这三重目标都无需、甚至根本不意味着要征服西西里岛。反对这一观点的人当然可以争辩说，雅典人所表达的这些目标不过是借口，正如修昔底德所说，这些目标是用来掩饰雅典之贪掠的屏障。雅典投票决议要拨给远征的舰船数目已经足够反驳这一点。一方面，这次决议的舰船数目不是剌喀司与喀洛阿德（Charoeades）在427年所率领的20艘舰船小舰队。那一次，剌喀司与喀洛阿德是去阻止叙拉古向伯罗奔尼撒半岛运输谷物，同时"是在试水，看看他们是不是能够将西西里事务纳入掌控之中"。① 另一方面，这次决议的舰船数目也不是最终于415年扬帆出海的那支巨型无敌舰队。这次公民大会所决议的舰船数目，与424年派出的那支舰队数目完全一致。424年，索福克勒、攸里梅登及派所多鲁斯（Pythodorus）带领40艘舰船，前去增援已经在当地服役的20艘舰船。(-172,173-)考虑到这次征战的适度目标，60艘舰船已经足够终止战争。② 424年，用60艘舰船征服西西里根本不会成为一个议题，而且雅典人并未试图去征服。415年召开的第一次公民大会上，雅典人决议派遣与此规模完全相同的一支舰队，这表明雅典人的目标仍然与前一次一样，是有限的。

这并不是说，第一次公民大会投票决议的远征计划就不含侵略意图。自从雅典第一次出兵干涉以后，在西西里所发生的事情已经表明，叙拉古可能会对雅典的盟友形成威胁，会对西西里岛上其他城邦的自由形成威胁。如果不加以遏制，那么叙拉古可能会发展成为一个能为伯罗奔尼撒人、特别是为其母邦科林斯提供重要支援的国际权势，而科林斯是一个如此敌视雅典的城邦。投票赞成远征的雅典人完

---

① Thuc. 3. 86. 4.

② Thuc. 3. 115. 4.

全可能希望征服叙拉古，先发制人，将这种可能性消灭在襁褓之中。对于这一目标来说，60艘舰船恰如其分。一方面，从海上突袭叙拉古，也许可以一击成功；另一方面，压上一支大军——即便不是压倒性的大军——来炫耀武力，也许即可赢得西西里盟友，从而击败叙拉古。无论采取哪种举措，对于雅典来说都无甚风险。如果从陆上攻打叙拉古，那么西西里盟邦将负责作战，因为雅典人并不打算派遣一支陆军前来。如果从海上攻打叙拉古，一旦叙拉古防卫坚固、决意抵抗，雅典人随时可以反悔返航。甚至如果一切都不遂人愿，如果远征彻底失败，那也不过是场不幸，而不至于成为灾祸。划桨手中的很多人都来自盟邦，而非雅典，船舰随时可以再造。如果西西里远征按照415年第一次公民大会所决议的情况来进行，改变战争进程的重大战略失败绝不可能由此产生。我们必须注意到并正视这样一个事实：是到了第二次公民大会以后，雅典人才惹起了这种战略风险；因此我们必须要问，雅典人是如何走到这一步的。

第一次公民大会召开4天之后，第二次公民大会召开，议题是"怎样以最快的速度装备舰队，并投票决议将军们就远征所需的一切"。①修昔底德记载这次会议极为详尽，(-173，174-)直接援引了尼基阿斯及阿尔喀比亚德的两篇演说辞，同时还将其他人在是次公民大会所说的话告诉了我们。修昔底德的记载就演说家们在公民大会上所使用的理据提供了丰富史料，但这些演说辞，如多佛所说："这些演说辞中的陈述、预言及对于事实的推断，与其表面价值并不相符；所有言辞都经渲染，或极力夸张，或冷嘲热讽，或真假参半。"②但不管怎么说，关于演说家、演说目的、演说情势，这些演说辞为我们提供了丰富的信息。

尼基阿斯看起来是第一个发言的。这一策略可能本身就不合时宜，因为尼基阿斯意图将辩题从其原有目标引开，引向他人未曾预见的一个目标。尽管尼基阿斯知道公民大会的召开是为了商议远征的具体

---

① Thuc. 6. 8. 3. 修昔底德说，第二次公民大会召开于第五日（ἡμέρα πέμπτη）。我假定修昔底德在计数的时候将首尾两日都算进去了，如希腊人在计数时的一般做法一样。

② 多佛，《修昔底德历史评注》，第4卷，第229页。

方式方法,但他说:"我认为,我们应当重新考虑这个问题:我们到底是否应该派舰出航。"①很明显,尼基阿斯明白自己当前的做法不甚合乎程序。因为在发言结束之前,尼基阿斯向是日议事会主席(the Prytanis)发言,向后者请求将是否远征这一根本问题再次提交投票决议。② 看起来,雅典人从未拥有过禁止"同会再审动议"——即废止或取消刚刚由公民大会通过之法令的动议(anapsephisis)——的法条。事实上,427年,就密提林问题,公民大会在屠城决议作出第二日的专门集会上,投票废止了屠城决议,没有人基于法律理由反对这一废止决议。③ 但是,动议废止一条刚刚由公民大会通过的法令仍然极不寻常,可能存在一系列不同的违法风险,其中任意一条违法风险都足以对尼基阿斯构成威胁。④ 即便如此,尼基阿斯认为该议题极为重要,(-174,175-)他愿意为此冒险。尼基阿斯同样认识到,议事会主席允许有问题的动议被提出,同样可能触犯法律,但是尼基阿斯敦促主席"要成为作出错误决策的城邦的医师",⑤说服了主席。

尼基阿斯在演说开篇一如既往地声称,他将要提出的政策并不服务于他自己的私利。尼基阿斯指出,他自己刚刚获任将军,执行指挥任务就将为他自己带来荣誉;他比旁人更不在乎自己的生命。(尼基阿斯的意思大概是在说自己年纪相对较大,或者是在提及后来在远征中困扰他的肾脏微疾。)尼基阿斯宣称,他以伯利克里、克里昂及其他人为榜

---

① Thuc. 6. 9. 1.

② Thuc. 6. 14.

③ Thuc. 3. 36.

④ 动议人可能因此触犯"司法核覆程序"(graphe paranomon),借助司法核覆程序,可以通过裁定该动议形式上无效或内容上"违法"来反对该动议,并对动议人提起诉讼。尽管雅典并无成文宪法,对于雅典宪法的理解亦十分模糊,但"违法"一词大致可以用现代词汇"违宪"来替代。被提起诉讼的动议人将在民众法庭上受审;如果罪名成立,该动议人将遭到罚款,甚或(-174,175-)被剥夺公民权利。关于司法核覆程序,参见伊涅特,《雅典政制史》,第210—213页,以及布索特与所柏答(Swoboda),《希腊治国方略》(Griechische Staatskunde, GS),第1014—1015页。关于同会再审动议,参见多佛,《希腊研究期刊》(Journal of Hellenic Studies, JHS),第75卷,1955年,第17—20页。

⑤ Thuc. 6. 14. 根据一部分抄本及一位古代注经家,此处应当训为:κακῶς βουλευσαμένης,但是在更佳之抄本中,并无κακῶς一词。同时,即便无κακῶς一词,这段文本的意思仍然是雅典人作出了错误的决策。

样,不是要扮演民众煽动家的角色,而是要提出他自己认为最佳之建议,尽管他知道雅典人不会喜欢他的建议。尼基阿斯说,雅典性格使然,向雅典人建议安分守己、不要为未知的未来赌上他们当下所有,这是毫无意义的。相反,尼基阿斯说,他的意图是向雅典人说明,草率远征未合时宜,取胜前景希望不大。①

接着,尼基阿斯评估了雅典的外交及军事情势。尼基阿斯的评估令其朋党及政敌都感到惊讶,也势必令那些认为《尼基阿斯和约》乃是雅典之胜的现当代学者感到踌躇。据尼基阿斯说,雅典现在负担不起攻打西西里,也负担不起结新仇敌,因为雅典后方已有劲敌环伺。尼基阿斯还说,雅典人也不应当认为雅典可以凭借与斯巴达的和平条约就高枕无忧,因为即便雅典放弃远征、留守后方,与斯巴达的和平条约也已不过一纸空文。尼基阿斯将此归咎于雅典和斯巴达的主战派。②(-175,176-)斯巴达人缔结和约并非心甘情愿,他们只不过是因为时运不济,勉强接受。事实上,该和约在诸多方面的争议并未解决。斯巴达一些最为重要的盟友仍然没有接受和约。如果雅典人驶向西西里,后方权势由此削弱,雅典人的敌人就会前来攻打,他们长久以来盼望拉拢的西西里人也会前来增援。雅典人没资格对斯巴达人掉以轻心,因为雅典人原本就完全没有料到能够战胜斯巴达人,斯巴达人失败不过是因为运气不佳。③ 然而,一方面,斯巴达人并不认为自己已经被打败,他们静待时机,好雪洗前耻、恢复声誉。④ 另一方面,雅典因瘟疫损失的人口和因战争支出的财政状况刚刚有所恢复。⑤ 在计划远征西西里之

---

① Thuc. 6. 9. 3.

② Thuc. 6. 10. 2:*οὕτω γὰρ ἐνθένδε τε ἄνδρες ἔπραξαν αὐτὰ καὶ ἐκ τῶν ἐναντίων*,因为来自此处和来自敌营的人们都这样处理这些事情。正如多佛(《修昔底德历史评注》,第 4 卷,第 232 页)所指出的那样,他所指的必定是斯巴达的色那列(Xenares)与科辽布鲁(Cleobulus)、雅典的阿尔喀比亚德及其他一些主战派。

③ Thuc. 6. 11. 6:*χρὴ δὲ μὴ πρὸς τὰς τύχας τῶν ἐναντίων ἐπαίρεσθαι*,但不应该对敌人幸灾乐祸。下划线为我所加,强调尼基阿斯在此处接受了斯巴达人自己对于派娄斯战败的解释,以及派娄斯战败对于迫使斯巴达人签订和约的核心作用。并非所有雅典人都如此看待这个问题,即认为斯巴达人失败不过是因为运气不佳。

④ 同上。

⑤ Thuc. 6. 12. 1.

前,雅典人应当考虑的是收复卡尔息狄斯和色雷斯地区的暴动城邦,巩固帝国。"在当前帝国巩固完成之前,我们不应把手伸向另外一个帝国。"①

对雅典当前战略情势的评估在尼基阿斯的政策中占据核心地位,尽管为了解释这一政策,尼基阿斯就不得不对自己一手促成的这个和约提出一些质疑。在第一次公民大会上,尼基阿斯的理据应当与此相同,但是这些理据没能赢得第一次公民大会上的辩论。在第二次公民大会上,尼基阿斯仍然需要回应远征支持者的理据。我们能够从尼基阿斯演说分配给相关议题的反驳数量及种类中感觉到,远征支持者理据的重点何在。显然,援助雅典的西西里盟邦是辩论中的焦点,因为尼基阿斯反驳西西里盟邦对雅典援助的请求时,所费精力甚多。尼基阿斯第一次提到西西里盟邦及其目标的时候,就奠定了自己的基调:"我们不应当为外族人说服,(-176,177-)去从事一场与我们自己毫无关系的战争。"②尼基阿斯称塞结司塔人为"外族",说他们在自己有需要的时候向雅典求援,在雅典人有需要的时候却什么都不能给予雅典人。③ 尼基阿斯看不上林地尼人,认为他们居无定所,惯于撒谎;他们为盟邦只能献出言辞,盟邦为他们却得承担一切风险;胜利后,林地尼人并不感激,失败后,盟邦却会因战败而承担灾祸。④ 如此不婉转、如此刺耳的措辞,即便是用在那些惹是生非的盟邦身上也并不常见。这表明远征的支持者对盟邦的求援作了相当的强调,对此,尼基阿斯不得不强硬回应。

在第一次公民大会上,尼基阿斯的辩论对手似乎是将叙拉古霸权下的西西里对雅典形成的威胁作为主要理据的,因为尼基阿斯直面这一问题,作反驳时篇幅较长,结构复杂,深刻精奥。尼基阿斯清楚表明,从塞结司塔来的使节特别重点强调若叙拉古得以统治全岛将会形成的威胁。尼基阿斯以其矛攻其盾,提出了完全相反的观点:"如果他们被叙拉古人统治的话,西西里人……的危险将低于当前,因为现在西西里

① Thuc. 6. 10. 5.
② Thuc. 6. 9. 1.
③ Thuc. 6. 11. 7; 13. 2.
④ Thuc. 6. 12. 1.

人可能只是由于同情斯巴达人而攻打我们,但如果叙拉古人统治了全岛,一个帝国是不会去攻打另一个帝国的。"尼基阿斯争辩说,如果叙拉古加入斯巴达一方来摧毁雅典帝国,那么叙拉古可以预见,他们自己的帝国也将被斯巴达人摧毁。[1] 当然,所有这些都是无需反驳的废话,同时,事实上,阿尔喀比亚德在反驳他时也没理会他这些话,但是尼基阿斯的第二个理据比他的第一个理据更加不堪一击。尼基阿斯说,要恫吓西西里岛的希腊人,进而威慑并打消他们进攻雅典的想法,雅典人离西西里岛越远越好。如果雅典攻打西西里不成,西西里人将藐视雅典权势,他们会立即加入斯巴达人一方来进攻。雅典当前的最佳策略是根本不要前往西西里;雅典当前的次佳策略是简要炫耀武力,然后马上撤退:"我们知道,(-177,178-)最使人惊服的是使它的声誉离开考验最远,受到考验最少。"[2]这其中的心理学假设暧昧可疑,即便抛开这一点不看,我们仍然发现,这一理据无视雅典人远征得胜、进而大大提高其声誉、从而遏止西西里进攻雅典的可能性。这是又一个愚蠢的理据,辩论对手根本不屑于回答。我们很难相信雅典人会为如此明显的诡辩所说服。尼基阿斯没什么理据却不得不勉强回应这一问题,这表明对叙拉古统治西西里、进而联合伯罗奔尼撒人前来攻打雅典人的恐惧在第一次公民大会上居于核心地位。

抛开修昔底德本人的评价不看,尼基阿斯在演说中从未直接提到征服整个西西里的这个想法,尽管他在演说中有一两段话或许足够模糊,模糊到可以被认为是在影射这一想法。[3] 措辞之模糊两可可能源于

---

[1] Thuc. 6. 11. 3.

[2] Thuc. 6. 11. 4. 谢德风译本,第 432 页。

[3] 可能指涉征服西西里的仅有两段文辞是 Thuc. 6. 11. 1 与 Thuc. 6. 11. 5。Thuc. 6. 11. 1 提到,西西里人将难以统治,因为他们人数众多,位置遥远,εἰ καὶ κρατήσαιμεν。克劳利(Crawley)将此译为"甚至如果被征服了"(even if conquered),雷·华尔纳(Rex Warner)将此译为"甚至如果我们真的征服了西西里人"(even if we did conquer the Sicilians)。然而,在这个语境之下,κρατήσαιμεν 只在"在战役中战败"的含义上具有"征服"的含义,正如昭伊特(Jowett)的译法"甚至如果我们取胜"(even if we are victorious)、德·萝蜜莉女史(Mme de Romilly)的译法"如果我们将会取胜"(en triompherions-nous)以及史密斯(Smith)的译法"如果我们将会胜过他们"(even if we should get the better of them)所示。尼基阿斯在该语境下所要表达的最明显之含义是,"甚至如果我们击败 [转下页注]

尼基阿斯自身之表达,也可能源于修昔底德之写作,但是不管是哪种情况,我们都找不到(-178,179-)对征服西西里之全面计划的直接反驳。在第一次公民大会上,如果曾有人将征服西西里提出作为远征的目标的话,那么尼基阿斯一定会对此计划加以反驳攻讦。如果尼基阿斯的辩论对手曾经提出这一目标,那么这就是最脆弱的靶子,尼基阿斯可以直接攻击这个靶子,而无需被迫使用那种扭曲论证来反驳其他理据。因此,我们可以得出一个合情合理的结论,那就是,在第一次公民大会上,没有人公开将完全征服西西里岛提出来作为远征目的,无论其背后的私人动机是什么。

尼基阿斯无法指出远征的真正目的,因而无法直接攻击这一目标,尼基阿斯也许对此深感挫败;同时,也许这也正是令他不仅对个体展开攻讦、还要对整整一代人展开攻讦的原因。他说:

> 无疑地,坐在此地的,有人因为当选为将军而高兴,他完全为着自私的理由,劝你们远征——尤其是因为他还年轻,不能负担这个任务,所以他更会这样做。他想使人因为他所养的好马而羡慕他;因为这是很花钱的,他想从他的职位中取得利益。你们也要提防他,不要使他有机会为着他自己要过辉煌的生活而危害国家。你们要记着,对于这样的人,国家的失政常常和个人的奢侈是联在一起的;也要记着,这是一件重大的事情,不是一个青年人可以匆匆地决定而实行的。我带着真正惶恐的情绪,看见这个青年的党

[接上页注]叙拉古人及其西西里盟友们,我们也将很难统治他们"。此处并无暗示征服全岛之需要。

    Thuc. 6.11.5 则警告雅典不要过分自信。"胜过斯巴达人后,你们就轻视他们",καὶ Σικελίας ἐφίεσθε。根据克劳利比较倾向于意译的翻译,雅典人晚近的胜绩诱使他们"渴望征服西西里"(to aspire to the conquest of Sicily)。史密斯说,雅典人"甚至志在征服西西里"(aim even at the conquest of Sicily)。昭伊特将此译为"你们……甚至希望征服西西里"。德·萝蜜莉女史的译文基本与史密斯的一样:"你们怀有的企图远达西西里"(pour porter vos visées jusque sur la Sicile)。然而,ἐφίημι 一词并无"征服"之含义。ἐφίημι 可以表示"目标是"或"渴望要",但 ἐφίημι 也可以表示"派出作战"(send against)。因此,在一部分雅典人看来,尼基阿斯措辞的意思可以是:"雅典人晚近之胜绩令他们轻视斯巴达人,甚至想要派出[远征军]去西西里作战",而在另外一部分雅典人看来,最后一个分句的意思还可以是"甚至目标是[征服]西西里人"。

羽在这个会议中坐在他的旁边,都是他召来支持他的;在这方面,我号召你们中间比较年老的人的支持。①

尼基阿斯的靶子就是阿尔喀比亚德,这一点无可质疑。抛开他们之间的政治分歧不谈,尼基阿斯与阿尔喀比亚德之间私怨也不小。因此,尼基阿斯的人身攻击(*ad hominem*)可能只是在撒气,但如果是这样,似乎有悖其个性。对阿尔喀比亚德及其青年党羽的攻讦可能是策略,这种策略将众人的注意力引向远征之最为激进的支持者,引向远征的头号支持者、同时也是在雅典最不可信任的那个人。

尼基阿斯发言结束之后,其他人站出来,就这个问题发表论争。(-179,180-)大部分人都支持远征,但是其中最积极的——根据修昔底德的记载——是克雷尼亚之子阿尔喀比亚德(Alcibiades son of Cleinias)。尽管阿尔喀比亚德自从《尼基阿斯和约》以来就在雅典事务中发挥着重要作用,修昔底德仍然选择了当前这个时刻来介绍阿尔喀比亚德,描绘其个性,评价其在战争结局当中所发挥的重要作用。修昔底德告诉我们,阿尔喀比亚德在发言中反对尼基阿斯,因为他们之间存在全面的政治分歧,也因为尼基阿斯对他进行了人身攻击,但主要还是因为他希望成为将军,这样,他不仅可以攻打西西里,还可以攻打迦太基,进而既赢得公共荣誉,又获得私人财富。既然修昔底德作了这样的判断,那么他当然认同尼基阿斯在演说中对阿尔喀比亚德的攻讦,修昔底德同样也认可尼基阿斯所说,阿尔喀比亚德需要钱财来支付养马及其他昂贵活动的费用,因为这些活动增进了阿尔喀比亚德在雅典人中的声誉。②

然而,大手大脚炫耀财富的行为导致了大家更不愿见到的另外一些后果;修昔底德用值得注意的篇幅描述了这些后果,不仅预示了雅典人在西西里的失败,也预示了雅典人在伯罗奔尼撒战争中的失败。"事实上,这和后来雅典城邦的倾覆是有很大关系的。大多数人看到他有一种与众不同的品质,表现在他私人生活习惯上的违法乱纪,以及他在

① Thuc. 6. 12. 2—13. 1. 谢德风译本,第 433—434 页。

② Thuc. 6. 15. 1—3.

一切机会中行动的精神,因而感到恐慌。他们认为他的目的是想做僭主,所以他们对他都有恶感。虽然在职务上,他领导战事的成绩是卓越的;但是他的生活方式使每个人都反对他的为人;因此,他们把国家的事务委托于他,不久就引起城邦的毁灭。"①这番总结与对将来事件的预测如此引人注目,能够与之相提并论的只有修昔底德对伯利克里生涯的著名颂词,而那番评价为读者提供了理解整部史书的框架。② 这段总结与那段颂词具有同样的功能,向读者清楚表明(-180,181-)史家本人是如何理解将来的事件的。阿尔喀比亚德引人注目的耀眼生活方式最终将会引发问题,但要为雅典最终失败负责的不是阿尔喀比亚德,而是对他产生恐惧、从而将指挥权交给不如他的其他将军的庸众。

阿尔喀比亚德的演说绝大部分是对尼基阿斯的直接回应。在演说开始时,他反驳了尼基阿斯的人身攻击。阿尔喀比亚德在私下那种奢侈的生活方式不仅给他自己和家族带来光荣,也给他的国家带来了光荣。他的团队在奥林匹亚取得了史无前例的胜绩,这令其他希腊人相信,雅典远远没有因阿奇达慕斯战争而枯竭,相反,这令其他希腊人高估雅典的权势。他在城邦中所炫耀的奢侈生活,例如他在戏剧节庆时提供的歌舞队,令他的同胞感到嫉妒,但是同样,这种奢侈的生活在外邦人看来,加强了他们对于雅典权势的印象。阿尔喀比亚德直面控诉,半是显白半是隐晦地说自己将自己置于其他人之上,就冒犯了他人,他承认这一点并争辩说,了不起的举止与夸耀的言辞相伴,于国有益。要对他这个人作出判断,标准应当是他为城邦带来的好处,而非其私人生活的性质。说到这一点时,阿尔喀比亚德骄傲地提到了自己在曼提尼亚战役中发挥的作用,因为"我没有使你们冒很大的危险和花很多的经费,……使斯巴达冒一切的危险,以争取在门丁尼亚[曼提尼亚]一天战争的胜利;(正因为此,)他们虽然在战场上胜利了,但是至今还没有完全恢复他们的信心"。③

---

① Tchu. 6. 15. 3—4. 谢德风译本,第 435 页。
② Thuc. 2. 65.
③ Thuc. 6. 16. 谢德风译本,第 436—437 页。

阿尔喀比亚德对于尼基阿斯攻击他年轻,回应得既目中无人,又婉转求和。一方面,他提到自己作为一名将军对抗伯罗奔尼撒人的成就,作为年轻并不等于无能之证据,他还告诉雅典人不要因为他年轻而感到不安;但是,因为阿尔喀比亚德知道,他太过年轻这一点是很有分量的理据,于是,他提醒雅典人,他们投票决议的不是选出一位将军,而是选出由三人组成的将军委员会。"我有青年的勇气,而尼西阿斯[尼基阿斯]有幸运的声名,你们能够善于利用我们每人所能贡献的。"①(-181,182-)尼基阿斯出现在他自己所强烈反对的远征中担任将军,这不是最后一次。

尼基阿斯与阿尔喀比亚德的重要分歧在于他们对西西里情势的估计。阿尔喀比亚德自然而然地轻视西西里的权势,轻视当地居民反抗雅典之能力。他将西西里岛描述成动荡之岛,诸城邦人口稠密,"混合着暴民",而这些暴民惯于流离失所,动不动就推翻政权。因此,人们不会怀着忠诚、爱国,拿起武器来保卫自己的城邦,如在他们的母邦一样,相反,却随时准备卷逃。阿尔喀比亚德争辩说,这样的民众不太可能形成集体行动,也很容易被劝诱投入雅典阵营。在这次辩论的早些阶段或在第一次公民大会时,肯定有人曾经指出,西西里人能装备一支重装步兵大军来对付雅典人,因为阿尔喀比亚德处理这个议题时咄咄逼人。他声称,西西里人没有他们所声称拥有的那么多重装步兵。此外,雅典人还可以利用当地蛮族西西耳人,而西西耳人痛恨叙拉古人。②

阿尔喀比亚德对西西里事务的叙述,尽管片面且夸张,但并非完全错误。在公元前5世纪早期,西西里的僭主们常常令民众迁徙,而推翻僭主确实常常引发动荡。③ 诚然,革剌大会反映出来的事实是,西西里人确有可能团结起来形成对雅典计划的强大阻力,但是接下来的这个时期亦表明,这种团结无法持久。林地尼人的命运就是西西里诸邦内

---

① Thuc. 6. 17. 1. 谢德风译本,第 437 页。

② Thuc. 6. 17. 2—6.

③ 关于这些问题,参见多佛,《修昔底德历史评注》,第 4 卷,第 249—250 页;亦可参见弗里曼,《西西里史》,第 3 卷,第 100 页。

部动荡的充分证据,而塞林努斯与塞结司塔之间的战争也反映了西西里城邦之间的持续分裂。

尼基阿斯先前说,远航出海,斯巴达人会威胁雅典本土。要反驳这一点很容易。在尼基阿斯的演说中,斯巴达人及其盟友似乎正伺机再战,所需不过是猛攻的机会,但(-182,183-)阿尔喀比亚德却说,斯巴达人及其盟友比以往任何时候都要希望渺茫。尽管雅典人有所挑衅,但斯巴达人却未能采取任何进攻性举措去再次拉拢阿尔戈斯或宣布弃绝《尼基阿斯和约》。阿尔喀比亚德争辩说,但即便斯巴达人曾经强大而无畏,但那时他们所做的也不过就是从陆上攻打亚狄珈,而斯巴达人要攻打亚狄珈随时都可以。不过,斯巴达人无法以真正有效的方式伤害雅典人——在海上。甚至,如果雅典舰队驶向西西里,留守舰队仍然足够与敌相匹。① 阿尔喀比亚德的观点仍然是正确的,特别是考虑到雅典人刚刚投票议决的是仅派 60 艘舰船前往西西里。

阿尔喀比亚德对远征无法取胜和远征令雅典陷入被攻打的危险这两个理据进行了反驳之后,转向他最有力、同时也是最令尼基阿斯为难的论据之一——雅典对其盟邦的义务。首先,阿尔喀比亚德有一套道德说辞:"因此,似乎没有合理的论据,可以引诱我们退却的,或者可以证明我们不去援助西西里同盟者的任何借口是有理由的。我们已经宣誓要去援助他们,援助他们是我们的责任。"②然而,促使雅典人信守诺言、帮助盟邦的,除了荣誉之外,还有切实的利得。雅典与西西里人结盟不是为了有朝一日能够从这个地区召唤支援、襄助本土,而是为了将他们在西西里的敌人困在西西里,从而无法进攻雅典人。塞结司塔与林地尼这样的盟邦,事实上是雅典防御的第一线。

在荣誉与利得之外,阿尔喀比亚德仍然坚持认为,雅典帝国的根本性质要求雅典人代表其盟邦采取积极有为的对外政策。"这就是我们取得我们的帝国的方法,这就是所有的帝国取得的方法——

① Thuc. 6. 17. 7—8.

② Thuc. 6. 18. 1. 谢德风译本,第 438 页。

勇敢地援助一切请求援助的人，不管他们是希腊人也好，非希腊人也好。"①现在，转向平稳节制的政策，(-183，184-)按照种族来区分盟邦，主观随意断定帝国疆域之限度——所有这些，都将带来帝国的灭顶之灾。这样的政策不仅会妨碍帝国的进一步发展，同时甚至会威胁到帝国当前的安全。其他城邦可以采取消极的无为政策，唯独雅典人不能，雅典人无法在采取无为政策的情况下维持他们自己的生活方式和他们的帝国，同时，雅典人放弃他们的帝国，就有被其他城邦统治之危险。② 阿尔喀比亚德的理据与伯利克里在其最后一次有记载的演说中所提及的理据十分类似："有人也许因为当前的恐慌，也许因为不事政治，就认为应该放弃帝国，但是你们已经不可能放弃这个帝国了。"伯利克里表达主要观点时较阿尔喀比亚德更为直率："事实上，你们是靠暴力来维持这个帝国的；过去取得这个帝国可能是错误的，但是现在放弃这个帝国一定是危险的。"③

　　到了演说的这个阶段，阿尔喀比亚德才揭示了他脑海中对西西里远征的更为宏大的谋划目标。这个目标很可能是这时才第一次出现在整个西西里行前辩论中。如果远征成功，"远征看起来很可能会成功"，雅典人就能够统治全希腊，因为他们的权势将因他们在西西里的所获而得到增长。④这样野心勃勃的陈述并不是那么的"不伯利克里"。当伯利克里时代的无为政策支持者——"不事政治的闲散之辈"(*apragmones*)——质疑伯利克里的时候，伯利克里告诉雅典人说："……（海洋）是在你们控制之下——不仅是现在在你们手中的地区，而且其他的地区也在内，如果你们有意进一步扩展的话。因为你们有了目前的海军，世界上没有哪一个强国能够阻挠你们在任何你们愿意去的地方航行——波斯国王不能够，世界上任何人民也不能够。"⑤然而，伯利克里发表这些大胆言辞的时候，是他认为雅典人"情绪特别低落消沉"之时，

① Thuc. 6. 18. 2. 谢德风译本，第 438 页。

② Thuc. 6. 18. 2—3.

③ Thuc. 2. 63. 1—2. 谢德风译本，第 148 页。

④ Thuc. 6. 18. 4.

⑤ Thuc. 2. 62. 2. 谢德风译本，第 146—147 页。

他想做的不是要进行一次新的远征，而只不过是鼓励雅典人在已经参与的战争中坚持下去。① 阿尔喀比亚德像伯利克里一样，把反对者的政策称为"无为政策"（*apragmosyne*），②（-184，185-）但是阿尔喀比亚德演说的环境已经与伯利克里那时大相径庭。首先，阿尔喀比亚德演说的时候，雅典至少是处于正式的和平时期，远程作战的能力比伯利克里那时更强一些。其次，据修昔底德说，阿尔喀比亚德演说时候的雅典人自信又野心勃勃，简直过了头。修昔底德脑海中无疑是将阿尔喀比亚德与伯利克里作了一番比较与对比的，他希望他的读者们能够意识到伯利克里——了不起的国务家，他努力对抗雅典人的性情，节制他们的激情——与阿尔喀比亚德——为一己私利来利用民众激情的民众煽动家——之间的差异。

然而，阿尔喀比亚德十分谨慎，他很清楚，征服西西里全境这个话题过于危险又富于争议性，长时间耽于这一话题对于赢得辩论未必合算。此外，我们应当记住，阿尔喀比亚德提及征服西西里的语境是：派遣 60 艘舰船，不派重装步兵，进行一次低风险的军事行动，该行动依靠的主要是突袭、心理、外交，而非战斗中的机运。阿尔喀比亚德十分谨慎，他将更加野心勃勃的那个战争目标与其他全然防御性的战争目标混为一谈。在当下和平并不稳固的时候进攻西西里，将令斯巴达人进一步失去自信；同时，可以推断，尽管阿尔喀比亚德并未直言，但他的意思也包括，这时进攻西西里将吓止斯巴达人，使他们不敢重启战争、不敢进攻雅典。此外，甚至如果雅典人无法征服西西里，是次远征至少也能令叙拉古受到损害，这将同时令雅典人及其西西里盟友受益。③

接着，阿尔喀比亚德话锋一转，充分利用了尼基阿斯在批评雅典青年一代、要求年长一辈雅典人支持他时所犯下的错误。尼基阿斯那番话倒是为天资非凡的演说家阿尔喀比亚德开了个好头。阿尔喀比亚德谴责悲叹尼基阿斯，说他的劝告引起了青年与长者之间的不和，说他通过

---

① 关于是次演说及其内容，参见卡根，《阿奇达慕斯战争》，第 85—89 页（原书页码）。

② Thuc. 6.18.6.

③ Thuc. 6.18.4—5.

吹捧那年轻一代与年长一辈同时得到垂询的旧日好时光,轻易就将自己的形象树立成保守价值的捍卫者。接着,机智的阿尔喀比亚德谈起了那些令人心安的陈词滥调,比如"无论青年人或老年人,没有彼此的帮助,都会一事无成的",又比如"所有各种各样的人——次等的类型、普通的类型和深思熟虑的类型——都联合起来,才会产生最大的力量"。①

这样一来,阿尔喀比亚德站在了道德的制高点。接着,(-185,186-)他的总结措辞微妙又不同寻常。阿尔喀比亚德说,雅典应当追求积极政策而非无为政策,因为前者符合雅典性格。长时期的和平会令雅典在攫取及维持帝国过程中所获得的技能变得弩钝,相反,持续的积极政策将会令这些技能精进。除此之外,阿尔喀比亚德还断言说:"我认为一个本性是活动的(并不闲散的,*apragmon*)城邦,如果改变它的本性而变为闲散的话,会很快地毁灭它自己的;人们所能找到的最安全的方法是接受他们实际上已经有了的性格和制度(纵或这种性格和制度还不是完善的),尽可能地依照这种性格和制度生活着。"②就阿尔喀比亚德脑海中所构想的那种扩张而言,他这番断言不仅是替这种扩张政策辩护,甚至是要求雅典不断这样做。这与伯利克里的政策背道而驰,伯利克里的政策目标是维持帝国现状,虽然这种帝国现状是经由阿尔喀比亚德所暗示的那种性格与制度得到的,但伯利克里的政策目标并不包括进一步扩张。甚至在伯利克里死后,曾受伯利克里监护的阿尔喀比亚德在政策上仍然与伯利克里有分歧。③ 修昔底德很可能意在使读者仔细考虑这种对比。

在 415 年的公民大会中,阿尔喀比亚德的演说取得了效用,特别是,塞结司塔人与林地尼人再次发出请求,请求雅典人信守诺言,驰援西西里。因为有了这种压力,"[雅典人]比过去更加急于想发动这次远征了"。④ 然而,尼基阿斯还没有放弃尝试,他仍想阻止这次远征。尼基阿斯再次站到前面来发言,但是这一次,他放弃直接对抗,改用迂回

---

① Thuc. 6. 18. 6. 谢德风译本,第 439 页。

② Thuc. 6. 18. 7. 谢德风译本,第 439 页。

③ 关于先前的政策分歧论辩,参见 Xen. *Mem*. 1. 1. 40—46。

④ Thuc. 6. 19. 1. 谢德风译本,第 440 页。

策略。修昔底德告诉我们,尼基阿斯"知道利用他所已经用过的论点不足以改变他们所采取的行动了,但是他认为,如果夸大所需要的军力的话,或者可能改变他们的心思"。[1] 作为议会策略之一而言,这种策略在任何时候都相当冒险,需要事先组织的良好支援与富于技巧的修辞术。尼基阿斯并不善于使用精妙狡诈的论据,似乎也并未在会议中事先安插声援。相反,尼基阿斯看起来是现场应急所构思的计划。

尼基阿斯反驳了阿尔喀比亚德对西西里情况的介绍,口吻直白、私人,充满嘲讽。(-186,187-)阿尔喀比亚德介绍西西里情况,结论是,"从我所听闻",西西里的希腊人城邦十分不堪。尼基阿斯开始描述西西里的希腊人城邦之状况时,使用了与阿尔喀比亚德几乎完全一样的话:"以我所听闻",挖苦之情,跃然纸上,我们仿佛能够看到,尼基阿斯在说出这句话时,目光正投向阿尔喀比亚德。[2] 尼基阿斯所听闻的消息是,西西里岛的希腊人城邦既没有陷入内争,也没有陷入岛内城邦间的战争,士气也并不低下。然而,这些城邦规模不小,人口不少,除了纳克苏斯(Naxos)与卡塔纳之外,都对雅典并不友善。他们有重装步兵,弓箭手,标枪投掷手,三列桨战舰,还有划桨手。他们公共财政和私人财富都充足;叙拉古甚至能从蛮人那里募得贡赋。如果雅典人远征西西里,那么他们还缺乏西西里的希腊人所拥有的两样重要物资:许多的马匹与无需进口的粮食。[3]

如果这些城邦联合起来,他们将成为一股强大的力量;与之相比,雅典人投票决议将要派出的部队则少得可怜,不足一战。如果雅典人就带着这支舰队出发,他们或许尚可登陆,但敌军拥有骑兵,可以轻易将雅典舰队锁在滩头阵地,迫使雅典人要么回家求援,要么忍辱班师。

---

[1] Thuc. 6.19.2. 谢德风译本,第 440 页。修昔底德在 Thuc. 6.24.1 谈到尼基阿斯的动机时,提到的是同样的理由。修昔底德确实理解尼基阿斯的意图,对此,我们并无理由去质疑。

[2] 阿尔喀比亚德的措辞是 ἐξ ὧν ἐγὼ ἀκοῇ αἰσθάνομαι(Thuc. 6.17.6, so I learn from what I hear)。尼基阿斯说的是 ὡς ἐγὼ ἀκοῇ αἰσθάνομαι(Thuc. 6.20.2, as I learn from what I hear)。关于是次辩论中这两番演说辞的特点,参见多佛,《修昔底德历史评注》,第 4 卷,第 229 页。

[3] Thuc. 6.20.

雅典人肯定意识到,到了冬天,从城邦派来的信使都要花上 4 个月时间才能抵达,如此远距离的征战是前所未有的。① 要想胜利,他们就必须派出大量重装步兵(包括雅典人的、盟邦的、属邦的以及雇佣而来的重装步兵)和轻装步兵,才能对敌军实行反复袭击。要想胜利,他们还必须派出更多的战舰,才能保障制海权和供给线。此外,要想胜利,他们也必须用商船载谷物,因为如此大规模部队肯定无法自给自足,也因为他们不能指望信任西西里人。最后,要想胜利,雅典人还必须带上大量金钱,因为他们将会看到,塞结司塔人提到的钱不过是一纸空文。②(-187,188-)

无疑,尼基阿斯指望这个战备需求清单能吓住他的听众,于是他继续描述一副更为惨淡的前景。他说,即便我们要去远征,部队规模也能超过西西里的希腊人联军,"我们将会发现,除了他们的重装步兵之外,要打败真正作战的那个部队,甚至只是要保卫我们自己部队的安全,都会是很不容易的"。③ 雅典人肯定意识到,他们此行像是前往异土去寻找新城邦的殖民者,如果不能马上控制住新城邦,就将面临来自当地蛮族的敌意。要进行这样一次远征,就须详尽规划,更须仰赖运气,而仅凭有朽的凡人,又如何能指望运气。因此,尼基阿斯倾向于靠极尽详尽之备战来保障安全。"我认为我所提出的备战方案能为城邦和我们中要出发去远征的那些人提供最大的安全保障,但是如果有人不这么认为,那我就把我的指挥职务让渡给这人。"④

只要知道尼基阿斯的根本目的是阻止西西里远征启航出发,我们就能基本理解尼基阿斯的这番演说了。尼基阿斯想吓住雅典人,所以要求一支比雅典人已经投票决议的武装部队更庞大的部队,然后指出即便如此,也不一定能确保胜利,甚至不能确保安全返航;但是,在吓唬一番雅

---

① Thuc. 6. 21.

② Thuc. 6. 22.

③ Thuc. 6. 23. 1. 这一段文字难以读通,特别是关于重装步兵的那个分句。我在此处的英文翻译基于多佛的文本及他对该文本含义的阐释(《修昔底德历史评注》,第 4 卷,第259—261 页)。

④ Thuc. 6. 23.

典人之后,他为什么又要指出雅典人采纳他的建议就能确保安全,为什么又要提出辞任将军呢? 这两项策略表明,尼基阿斯指望有人能够推翻他的根本假设,指出要完成西西里任务异常艰辛,然后推翻他基于此提出的结论,也就是为了远征就要组织一支昂贵的庞大部队这一结论。尼基阿斯完全可能是在指望,阿尔喀比亚德或者其他什么人能够站出来说,尼基阿斯他言过其实,只要使用得当,当前投票决议要派出的这支部队就可取胜。如果阿尔喀比亚德或者其他什么人的这一观点赢得支持,那么尼基阿斯就能顺势要求解除自己的指挥职务,因为他的建议被拒绝了,所以他不愿意率领雅典人(-188,189-)在不可能完成的这一任务中去赴死。如果我们进一步揣摩,尼基阿斯甚至还可能指望,他提出辞任能够使得公民大会冷静下来,并强迫大家意识到,他们即将失去这位富有经验、富有运气、用来驯服狂躁又野心勃勃的年轻人的将军。即便做不到以上,或许公民大会还将就此问题展开漫长的辩论和延迟,而在这个过程中,激动的民众或许能够冷静下来,再行反思。

当然,我们不能肯定以上就是尼基阿斯的指望,但是修昔底德说得很清楚,尼基阿斯的指望落了空。某个名叫德谟斯特拉图(Demostratus)的人站出来挑战尼基阿斯,方式令人意外又使人难堪。[1] 尽管这人出身贵族,普鲁塔克却把他叫作"力劝雅典人参战的头号民众煽动家"。[2] 这人告诉尼基阿斯"不要拖延,马上就告诉大家,雅典人到底需要投票决议派出多大的军队"。[3] 尼基阿斯始料未及。他回答说,他想与同袍在休息时议定此事;但即便这样回答,也是尼基阿斯所不愿意的。[4] 然而,德谟斯特拉图态度生硬,不容他拖延。于是,尼基阿斯说出了他的估算:雅典派出三列桨战舰至少 100 艘,其中须包括兵员运输船,盟邦也须派舰;雅典与盟邦派出重装步兵至少 5000 人;还须派出轻

---

① 修昔底德(Thuc. 6. 25. 1)没有提及德谟斯特拉图,但是提到了"某个雅典人"。普鲁塔克(Plut. Nic. 12. 4, Alc. 18. 2)提供了名字。

② Plut. Nic. 12. 4. 关于德谟斯特拉图,参见布索特,《希腊历史》,第 3 卷,第 2 册,第 1282 页,注释 2。

③ Thuc. 6. 25. 1.

④ ὁ δὲ ἄκων μὲν εἶπεν(Thuc. 6. 25. 2),不情愿地说道。

装步兵,人数与上述部队规模相适应。

修昔底德清楚表明,尼基阿斯演说所发挥的效果,事与愿违。他结束发言后,雅典人"完全没有因为准备工作的困难而失去远征的欲望,反而比以前更加热烈些,结果和尼西阿斯[尼基阿斯]所想象的正相反。他们认为尼西阿斯[尼基阿斯]的意见是很好的,现在远征军是绝对安全了。每个人都充满了远征的热情。年老一点的人认为他们将征服那些他们将航往的地方,或者,有了这样大的军队,他们至少不会遭到灾祸了;年轻一点的人希望看看远地的风光和取得一些经验,他们相信他们会安全地回来的;一般民众和普通士兵希望自己暂时得到薪给(-189,190-)和扩大帝国使他们将来可以取得永久的薪给工作"。① 修昔底德所刻画的民众激情如此之高,以至于没有人敢于投票反对远征,因为"少数实际上反对远征的人害怕别人说他们不爱国,如果他们表示反对的话"(译注:谢德风译本,第 442 页)。于是,雅典人马上投票决议——修昔底德的意思是,投票结果全体一致——向远征将军们授权,他们可以全权决定远征军的规模,可以"以他们认为对雅典有益的任何方式采取行动"。②

尼基阿斯的迂回策略彻底失败了。他这番表现令读者回想起他在425 年公民大会时的表现来。在那一次,公民大会处理的议题是被困在斯伐刻帖里亚的斯巴达人。在那一次,尼基阿斯也是这样让贤,提出把指挥职务让给毫无经验、明显不能胜任的克里昂。尼基阿斯指望克里昂会拒绝,这样就能令克里昂自己失信于民,但是尼基阿斯错误地估计了公民大会:民众一直怂恿克里昂,直到他接受将军职务为止。后果对雅典来说原本可能是灾难性的,因为修昔底德告诉我们,"明智之士"认为克里昂有可能率领部队取胜。那次公民大会喜剧性地结束了,克里昂匆匆允诺,公民大会爆发大笑,但是克里昂最终成功兑现了他吹的牛,将斯巴达俘虏成功带回雅典。③

① Thuc. 6. 24. 3. 谢德风译本,第 442 页。

② Thuc. 6. 26. 2.

③ 关于此事件的详尽分析,参见卡根,《阿奇达慕斯战争》,第 239—247 页(原书页码)。

　　卡尔·马克思(Karl Marx)说过,历史会重演,第一次是以悲剧的形式,第二次是以闹剧的形式。尼基阿斯的政治生涯,看起来却是这句话的反面例解。尼基阿斯第一次在公民大会上尝试以反话为策略的时候,结果是喜剧性的,也是幸运的;第二次的结果则是悲剧性的。原本目标有限、风险有限的一次远征被公然变成了一项巨大的行动,而导致这种变化的决定性因素正是尼基阿斯在第二次公民大会上的举动。雅典人现在已经决定试图去征服西西里,远征军必定规模很大,大到失败就意味着灭顶之灾的程度。如果尼基阿斯在第二次公民大会上一言不发,又或者如果尼基阿斯将议题控制在远征的方式方法的范围内,雅典人应该只会派出 60 艘舰船(-190,191-)前往西西里。尼基阿斯重启要不要远征的议题,招来了阿尔喀比亚德反驳,阿尔喀比亚德对此发表了激动人心又颇见成效的演说。在他自己的第二次演说中,阿尔喀比亚德提议投入人力、金钱、舰船,规模如此之大,大到雅典没有任何其他政治家敢于提出如此规模的投入,而且在这两次公民大会上也确实没有人这么提过。修昔底德对雅典民众的刻画——从一开始就迫切想要征服西西里,并且做好了大举远征的准备——与他给出的史料证据并不一致。① 然而,修昔底德记载的第二次公民大会之后的史实应该是无误的,我们并无理由质疑其准确性。是虔敬、好运、审慎的尼基阿斯向民众作出的保证,使得雅典人背弃了原本审慎的有限远征,转向鲁莽的无限冒险。来自此等人物的这番保证,扫清一切障碍,点燃全新野心,拔高既有抱负。如果没有尼基阿斯插手,雅典或许仍然会在 415 年远征西西里,但那远征将绝无可能导致灾祸。

---

① 关于修昔底德在阐释与叙述之间的巨大分野,一个突出例证是:第 6 卷甫一开始,修昔底德就告诉我们,雅典人"决定再派一支比雷歧兹[剌喀司]和攸利密顿[攸里梅登]所率领的更大的军队航海去进攻西西里;如果可能的话,他们想去征服这个岛"(谢德风译本,第424 页)。424 年,攸里梅登及其同袍带回的舰队有 60 艘三列桨战舰,这正是雅典人在415 年第一次公民大会上投票决议要派往西西里的舰船数目。多佛(《修昔底德历史评注》,第 4 卷,第 197 页)指出这两个数目是一样,他认为,那么修昔底德所提到的"更大的军队""就必定是指设想中那更大规模的陆地部队"。不过,要说 415 年投票决议派遣 60 艘舰船前往西西里的那次公民大会,同时也投票决议派出比早前的远征军更庞大的一支陆地部队,理据并不充分。

第八章　渎神与出征

　　雅典人准备出征西西里，士气满满。盟军部队应召前来，雅典财库尚有余钱，和平时期，又一茬新兵已经成人。[①] 但并不是每个人都对远征前景怀着希望：从决议启航到出发前往西西里期间，在这大约两个月左右的时间里，雅典出现了好几种反对意见。[②] 普鲁塔克告诉我们，"祭司"反对西西里，但没有说明是哪种祭司，也没有说明祭司人数有多少。不管怎么说，阿尔喀比亚德乐意提供意见与之相左的宗教权威：他弄来了一些"预言家"，预言家们援引古代预言，说雅典人将在西西里取得大胜。宗教较量一直持续，直到派往利比亚沙漠（the Libyan desert）宙斯-阿蒙（Zeus-Ammon）神庙的使团归来，带来神谕说雅典人将俘获所有叙拉古人。使节也带来了噩兆，但是他们封锁了这些内容，因为他们害怕那些不想听坏消息的人听到坏消息。[③]

　　噩兆一旦出现，消息就无法封锁。某人——我们不知道这人是谁，

---

① Thuc. 6.26.2.

② 对于 415 年发生的重要事件之时间顺序，学界并无可靠定论。我们可以在道格拉斯·麦克道威尔（Douglas MacDowell）勘定的安多基德斯（Andocides）演说（《安多基德斯论密仪》[*Andokides on the Mysteries*]，牛津，1962 年，第 181—189 页）和《修昔底德历史评注》（*HCT*，第 4 卷，第 264—276 页）中找到关于该问题的充分讨论。这两处讨论看法相去不远，但在一些重要方面看法未尽相同。我接受麦克道威尔关于日期的以下结论：麦克道威尔认为，公民大会议决前往西西里，是在 4 月中旬。麦克道威尔相信，舰队在"6月的晚些时候"启航。多佛（Dover）认为舰队启航是在"6月初"。在我们此处的讨论中，两个启航日期的差异并不重要。

③ Plut., *Nic.* 13.1.

(-192,193-)但大概是个疯子——跳上了十二神圣坛(the Altar of the Twelve Gods),拿块石头把自己阉了。德尔菲(Delphi)传来消息,说铜棕榈树上的帕拉斯雕像(Palladium)——就是雅典人为了纪念自己在希波战争中英勇行为而献上的那座巨人雕像——被渡鸦啄成了碎片。绝大部分雅典人无视此事,认为德尔菲人这么说是因为受到叙拉古人蛊惑,但仍然有些人为此心神不宁。后来,奉神召来的科拉佐门奈(Clazomenae)女祭司抵达雅典,结果她的名字是海息戚雅(Hesychia),这名字的意思是"和平"。这些人不宁的心神更加不安。"这",普鲁塔克告诉我们说,在他们看来"是神明在建议城邦维持现状,延续和平"。① 还有一些雅典人,他们感到忧虑不安,是因为远征备战与"美少年节"(ritual of Adonis, Adonia)时间接近。美少年节纪念的是阿芙洛狄忒(Aphrodite)的挚爱、美少年阿多尼斯之死。在节庆仪式上,人们公开展示要用来埋葬的神祇图像,妇女则在旁嚎哭以随。人们看到这种情形,难免联想到正在备战中的远征,担心远征同样结局悲惨。②

这些事情没有吓退雅典人放弃西西里计划;但是,就在舰队准备启航前不久,雅典人遭遇的这件事情,却比一切其他征兆都更加可怕。公元前415年6月7日早晨,雅典人醒来后,(-193,194-)发现遍布雅典的方形石柱上的赫尔墨斯(Hermes)石像——无论是在私人居所前的,还

---

① Plut. *Nic.* 13. 3—4.
② Plut. *Nic.* 13. 7. 普鲁塔克还告诉我们两个预见了远征灾祸的人,这两人彼此完全无关。一个是占星家梅东(Meton the astrologer),一个是哲学家苏格拉底(Plut. *Nic.* 13. 5—6)。阿里斯托芬(*Lys.* 387—397)通过其笔下角色之口提到,曾在德谟斯特拉图(Demostratos)为西西里远征辩解的公民大会上,听到有妇女为阿多尼斯嚎哭。根据我们在此处所采信的事件的发生顺序推测,那么美少年节应当是在4月中旬,而非普鲁塔克所说的6月启航之前不久(Plut. *Alc.* 18. 3)。"美少年节"的日期无法完全确定(多佛,《修昔底德历史评注》,第4卷,第371页),但是一些学者提出,美少年节也有可能是在舰队的6月启航日之后相当一段时间,参见奥杭西(O. Aurenche),《阿尔喀比亚德党社、列奥革剌党社与透刻罗党社:论公元前415年的雅典政治生活》(*Les groupes d'Alcibiade, de Léogoras et de Teucros*),巴黎,1974年,第156—157页。《吕西翠妲》(*Lysistrata* 594)提到扎金索斯重装步兵(Zacynthian hoplites),这令马丁理(H. D. Mattingly,《希腊研究通讯》[*BCH*],第92卷,1968年,第453—454页)相信,美少年节与415年远征无关,而与413年德摩斯梯尼率领的增援远征有关,因为,修昔底德在413年这次增援任务中,特别提到了招募扎金索斯人的情况(Thuc. 7. 31. 2—57. 7)。十之八九,是阿里斯托芬为了自己的目的而将不同时期发生的事情混淆起来了,因为阿里斯托芬写的是喜剧,而非历史。

是在神庙前的——都被破坏了。① 此事对雅典民众产生了何种影响，我们实在无法想象，也实在不能夸大；格罗特精彩地重现了当时情形，帮助我们理解当时情形。

> 想象在西班牙或意大利的一座小镇，人们发现所有圣母画像一夜之间全数遭到污损，这是一种类比，但这种类比不能贴切还原雅典此刻所体会到的感觉，因为在那时的雅典，宗教组织与个人的政治行为及日常生活联系之紧密程度，远超今日；也因为在那时的雅典，神祇及其效用被局限于并被等同于神像的展示和保存，其强制程度亦远超今日。对于雅典人来说，次日早晨准备出发时，每个人都发现自己门前的守护神祇被亵渎、被损坏了，接着，大家先后听说，毁坏神像是普遍现象。这样一来，整座城邦给人的感觉像是无神的城邦，街道、市场、柱廊，都失去了保护神；更糟糕的是，这些神祇被粗暴亵渎后，似乎被异化感：愤怒报复的冲动取代了垂怜守护的意味。②

雅典并未完全实行政教分离，在这样一个社会里，渎神对政治是有影响的。参与亵渎行动的罪犯数目可观，毁坏城邦内赫尔墨斯像是有计划有组织的，③这等范围的阴谋也应当是有政治目的的。此外，目标也有直接且明确的政治意义。赫尔墨斯是旅行之神，毁坏赫尔墨斯神像显然是在警告即将向西西里出发的(-194,195-)远征。有人说，整件事可能是醉酒的年轻人、甚或科林斯人替他们的叙拉古殖民者（出气）的恶作剧，④这种看法肯定不对。修昔底德告诉我们，雅典人"如临大敌，因

① 修昔底德(Thuc. 6.1)只提到石像脸部的毁坏，但阿里斯托芬(Lys. 1094)说得很清楚，还有其他更明显的毁坏手段：踢断直的阴茎。我同意麦克道威尔关于日期的看法（《安多基德斯论密仪》，第188页）。多佛（《修昔底德历史评注》，第4卷，第274—276页）认为此事发生在5月25日。
② 格罗特，《希腊历史》，第7卷，第168—169页。
③ 修昔底德(Thuc. 6.27.1)说οἱ πλεῖστοι（绝大多数）被损毁了。狄奥多罗斯(Diod. 13.2)暗示，所有神像都被损毁。安多基德斯(And. De Myst. 62)说他家附近的一座神像幸免于难。
④ Plut. Alc. 18.3—4.

为这看起来是远征之噩兆，同时还是意在掀起革命和摧毁民主政权的一次阴谋"。①

怀着如是心情，雅典人采取行动，寻找罪犯。在接下来的几日，公民大会密集召开，投票决议悬赏缉犯；除此之外，公民大会还决议，任何公民、外邦居留民（metic）、奴隶，只要站出来提供与此事或其他渎神案有关的信息，都可获得豁免。② 公民大会很有可能就在此时投票决议，赋予贵族议事会以调查全权，贵族议事会随即成立调查委员会，调查委员有丢革涅图（Diognetus），派山德（Peisander），和喀力克勒斯（Charicles）。派山德和喀力克勒斯在那时都是民主派政治家的领袖。③ 考虑到当时焦灼的氛围，可以说，鼓励检举这一举措范围大、诱惑大，相当危险；不久，这一举措就收到了成效。公民大会召开会议，在舰队出发前往西西里之前进行最后商议；拉马库斯率领旗舰已然在港口入水等待。某个名叫庇同尼刻司（Pythonicus）的人——除了此事之外，我们对此人一无所知——站起来控诉阿尔喀比亚德及其同党，说他们在私人寓所戏拟埃琉西斯密仪（the Eleusinian mysteries）。庇同尼刻司说，若能为目击证人———一位奴隶——免罪，他就可以举证，证明他的举报。众人同意，这名奴隶安卓玛库（Andromachus）走上前来，作证说他和其他人亲眼看到戏拟密仪，是在蒲吕提昂（Pulytion）的居所。安卓玛库声称，尼贾得司（Niciades）、梅勒图司（Meletus），以及阿尔喀比亚德是主要人物，还有其他 7 人参与其中。④ (-195,196-)

---

① Thuc. 6. 27. 3.

② Thuc. 6. 27. 2.

③ And. De Myst. 14，15，40；Plut. Alc. 18. 4.

④ And. De Myth. 11—13. 修昔底德（Thuc. 6. 28. 1）说，这些信息——不是关于赫尔墨斯神像，而是关于其他渎神行径与在室内进行的戏拟密仪的这些信息——是由"某些外邦居留民与奴隶提供的"（ἀπὸ μετοίκων τέ τινων καὶ ἀκολούθων）。这第一条信息来自一名奴隶；第二条信息来自透刻罗，他是一名外邦居留民，说出消息的时间则很可能是在远征启程以后。哈茨菲尔德（Hatzfeld）(-195,196-)《阿尔喀比亚德：关于公元前 5 世纪末的雅典之研究》[Alcibiade, étude sur l'histoire d'Athènes à la fin du Vᵉ siècle]，第 163 页，注释 5）认为，修昔底德"武断地"将以下信息"混合在一起"：安卓玛库提供的，透刻罗提供的，还有其他人所告发的损伤其他神像的行为，"修昔底德一贯乐于概括总结，他沉迷于这个习惯，因此出现了偏差"。多佛（《修昔底德历史评注》，第 4 卷，第 274 页）对史家更为苛责，他认为，在这段文本中，修昔底德"为义愤之修辞牺牲了史撰之准确"。

这些指控与赫尔墨斯神像损毁案无关,但此事与阿尔喀比亚德有关,民众对此又十分狂热,这些指控因此变得很重要,重要到与其本身完全不相称。阿尔喀比亚德参与宗教仪式戏拟调笑,目无神灵,此事实在太合乎情理。修昔底德提到,公众疑惧阿尔喀比亚德,认为他"目无法纪,沉迷于自己的生活方式";①普鲁塔克的《阿尔喀比亚德传》充斥着各种掌故轶事,佐证了公众的疑惧。甚至还有一则掌故说,阿尔喀比亚德刻意组织了一次模拟谋杀,指挥其党社(hetairia)党羽,绕过假扮的尸体,甚至要求其党羽助其掩饰罪行,直到有一名党羽发现这不过是个恶作剧。② 因此,阿尔喀比亚德的政敌很快抓住了这些指控,其中就有民主派领袖安德罗克勒斯(Androcles)。修昔底德提到这些人的时候,说他们是"最为嫉妒阿尔喀比亚德之辈,因为阿尔喀比亚德妨碍他们所享有的'民众'(demos)领袖这一地位;除掉阿尔喀比亚德之后,他们就将是首要人物"。③ 他们将戏拟密仪的渎神罪这一指控罪名与赫尔墨斯神像损毁事件联系起来,控诉阿尔喀比亚德涉嫌卷入这两起案件,说他志在"摧毁民主政权"。④

阿尔喀比亚德站起来,驳斥上述指控,为自己辩护。他主动提出,立即就上述所有指控进行审判,并要求如果他被宣判无罪,那么就应当恢复其指挥职务。阿尔喀比亚德的主要考虑是赶在舰队出发前立即进行审判。当然,阿尔喀比亚德关心的是,人在西西里时,他不希望有任何重罪指控悬于头顶;他还担心政敌在他不在国内的时候给他捏造更新、更严重的罪名。阿尔喀比亚德及其政敌都清楚,此时此刻,阿尔喀比亚德在远征的水手和士兵中都极为受欢迎,尤其是(-196,197-)在远征中,大家认为是阿尔喀比亚德使得阿尔戈斯人和曼提尼亚人参战支持。阿尔喀比亚德要求立即进行审判,这样,他或可以洗刷罪名,或可

---

① Thuc. 6. 15. 4.

② 柏律安努斯(Polyaenus),《作战方略》(*Strategemata*),第 1 卷"自鸿蒙到公元前 6 世纪",第 40 章,转引自哈茨菲尔德,《阿尔喀比亚德:关于公元前 5 世纪末的雅典之研究》,第 164 页。

③ Thuc. 6. 28. 2. 修昔底德没有提到任何一个人的名字;普鲁塔克则提供了安德罗克勒斯的名字(Plut. *Alc.* 19. 1)。

④ Thuc. 6. 28. 2: *ἐπὶ δήμου καταλύσει.*

以从容就死；但他的政敌却坚决要求推迟审判，要等到阿尔喀比亚德带着他最担心的那些理由离开之后再行审判。政敌们安排了一些发言人——一开始，并没有人知道这些人仇视阿尔喀比亚德，但事实上这些人同其他人一样痛恨阿尔喀比亚德——这样一些人站出来发言，反对立即审判、反对推迟远征。"现在让他带着好运气出发吧"，这些人说，"战争结束以后，再让他回到这里来为自己进行辩护，法律不会变的"。① 公民大会被说服了，决议舰队立即出发，"但是他应当在回国后一定的日期内，接受审判"。② 阿尔喀比亚德别无选择，只能接受大会决议，被迫出发前往西西里。他自己带着未洗刷的指控，而他的政敌却控制了公民大会。阿尔喀比亚德只能寄希望于随着时间流逝，雅典的激情将会冷却，在西西里的胜利将会给他带来安全。③

前往西西里大举远征的雅典分遣队旋即启航，时间大约是在 6 月下旬。④ 盟邦的三列桨战舰（triremes）、供给船、小一些的船则早已在柯西拉（Corcyra）集结，等待与雅典人会师。雅典的部队，尽管在数目上并未超过 430 年伯利克里率领前往埃皮道鲁斯（Epidaurus）的那支远征军，但是却"远远地超过过去任何一个单独城邦所曾派出过的花钱最多、外观最美的希腊军队"。⑤ 为舰船花钱的不仅仅有雅典的公共财库，还有三列桨战舰舰长们（trierarchs）的私人支出；舰船高效又美观，甚至重装步兵们都相互较劲，要在装备的美观和质量上胜过彼此。整个城邦和参与远征的其他盟邦都来到比雷埃夫斯港（the Piraeus），观此盛况。"它好像是一次表现雅典力量和伟大的示威运动，而不像是一支出发进攻敌人的远征军。"⑥(-197,198-)

出发那天清晨，雅典人高涨的情绪多少受到了些影响，因为众人皆需同即将出发远征的儿子、亲属、朋友告别，而路途如此遥远，是次远征

---

① Plut. *Alc.* 19.4.
② Thuc. 6.29.3. 谢德风译本，第 444 页。
③ Thuc. 6.29；Plut. *Alc.* 19.
④ 麦克道威尔，《安多基德斯论密仪》，第 189 页。
⑤ Thuc. 6.31.1. 关于数目，参见本书下文，第 210 页（原书页码）。译文采用谢德风译本，第 445 页。
⑥ Thuc. 6.31.4. 谢德风译本，第 446 页。

的危险前所未有。众人心神不宁,也许也因为近来的渎神事件及诸多噩兆。然而,看到派出的军队如此强大壮观,众人仍旧情绪高涨。① 最后,当一切准备停当,号角声起,人群沉寂。整支陆军和海军齐声作入海启航前的例行祈祷,加入祈祷的还有岸上的人群。"赞歌唱毕,奠酒礼成,他们相互追逐,远至埃基纳(Aegina)。"②他们从埃基纳出发,先前往柯西拉与盟友部队会师,再集合出发前往西西里。

远征部队既已出发,但贵族议事会的调查委员会却没有中止工作,他们的工作热情仍旧高涨。很快,这情绪高涨的搜寻工作有了结果,而这结果再次令城邦陷入混乱骚动。③ 一位名叫透刻罗的外邦居留民,为谨慎起见,先躲到墨伽拉,然后告诉调查委员会说,他自己曾经参与戏拟密仪,他要检举同时参加的同伙;同时,对于赫尔墨斯神像损毁案,他也有信息提供;最后,如果能够得到赦免的话,他愿意回到雅典作证。议事会同意了透刻罗的要求,透刻罗也信守承诺:对于戏拟密仪案,他提供了 11 人名单,外加他自己;对于赫尔墨斯神像损毁案,他提供了18 人名单,不包括他自己。④ 这两个名单中都没有阿尔喀比亚德,但是戏拟密仪渎神者名单中包括了议事会调查委员会成员丢革涅图,丢革涅图同时还是尼基阿斯的兄弟。⑤

安多基德斯告诉我们,奴隶安卓玛库出来作证后,(-198,199-)柏吕史特拉图(Polystratus),被指控的人之一,被逮捕并被执行死刑,与此同时,遭到指控的所有其他人都逃出雅典,透刻罗告发的那些人也全部逃亡。⑥

---

① Thuc. 6. 30. 2;31. 6.

② Thuc. 6. 32. 2.

③ Thuc. 6. 53. 2.

④ And. *De Myst*. 14, 15, 34, 35.

⑤ And. *De Myst*. 14, 15;关于丢革涅图和尼基阿斯的关系,参见麦克道威尔,《安多基德斯论密仪》,第 74—75 页;以及戴维斯(Davies),《雅典有产家庭论》(*Athenian Propertied Families*,*APF*),第 404—440 页。

⑥ And. *De Myst*. 14—15. 尽管安多基德斯所提供的证据总是需要特别谨慎对待,但似乎没有特别理由在此怀疑这段证据的基本准确性。诚然,阿尔喀比亚德作为安卓玛库告发的人之一,没有逃出雅典,如格罗特(《希腊历史》,第 7 卷,第 196 页,注释 1)及多佛(《修昔底德历史评注》,第 4 卷,第 280 页,注释 1)指出的那样。不过,这不应该成为我们质疑其叙述的理由,这是由于,他之所以没有把阿尔喀比亚德排除在逃亡者之外,很可能是因为他假定所有人都知道阿尔喀比亚德已经随远征军出海了。

不久,某个名叫丢刻雷得(Diocleides)的人在议事会会议上就赫尔墨斯石像损毁案作证。他讲述的故事颇为诡异。那天早上,因为满月的缘故,他在黎明之前就醒来了,离开城邦,去办一些私事。经过酒神剧场(the theatre of Dionysus)时,他看到舞台(the orchestra)有一大群人。他自己躲在暗处,看到人数大约是 300 人,月光下,他可以认出其中的一些人。次日,他听闻渎神事件,断定自己所见到的那些人就是作奸犯科者。他回到雅典后,听说议事会悬赏 100 米纳(minae),寻求情报。为了得到更确切的情报,他接触了那天他认出来的一些人,试图从他们那里得到比议事会悬赏更高额的贿赂。他接触的人包括安多基德斯、安多基德斯的父亲列奥革剌,以及喀里亚斯的兄弟游弗木斯(Euphe-mus, the brother of Callias),而喀里亚斯又是安多基德斯的连襟。按照安多基德斯的说法,这些人许诺给丢刻雷得 2 塔伦特作为封口费,但这笔钱未按约定在次月给付,因此,丢刻雷得把事件来龙去脉报告了议事会。在丢刻雷得所检举的 42 人中,曼提替乌斯(Mantitheus)与阿浦色斐永(Apsephion)是议事会成员,因此在丢刻雷得发言时,二人是在场的。①

这一证词较先前的更教人惊恐,因为该证词牵涉两名议事会成员,也因为安多基德斯、列奥革剌、游弗木斯及喀里亚斯都是富裕的贵族。遭到检举的其他人中,还有阿里斯托特勒之子喀耳密得(Charmides son of Aristoteles),阿里斯托特勒可能是后来的三十僭主(Thirty Ty-rants)之一;陶利亚司(Taureas),他可能是歌队赞助人(Choregus),因此应该是个有钱人;陶利亚司之子尼塞乌(Nisaeus);游科拉底(Eu-crates),尼基阿斯的兄弟;以及克里提亚斯,后来的三十僭主政权领袖。② 据说,这样一些人参与其中,这给(-199,200-)民众对寡头阴谋的恐惧提供了口实。恐惧不断发酵,派山德趁机动议,提出要暂时悬置禁止虐待雅典公民这条法律;议事会欢呼着通过了派山德的动议。

---

① And. *De Myst*. 37—42.

② And. *De Myst*. 47. 关于以上所提及之人身份的确定,参见麦克道威尔,《安多基德斯论密仪》,第 97 页,以及戴维斯,《雅典有产家庭论》,第 29—32 页,第 326 页,第 328 页。

派山德的意图是，严刑拷打这 42 个被检举的人，要求他们在天黑之前说出所有与谋者的名字。曼提替乌斯与阿浦色斐永费了些精力，说服议事会，改刑讯为审判，并说服议事会收下了被检举诸人的出庭保证金。然后，曼提替乌斯与阿浦色斐永立马逃往敌对城邦，或是墨伽拉，或是彼欧提亚；不久，一支彼欧提亚军队出现在雅典边境，民众的恐惧之情雪上加霜。① 很可能与此同时，斯巴达派出一支小型军队，已经近在科林斯地峡，而斯巴达出兵是与彼欧提亚人商量过的。② 某些雅典人通敌叛国，这些人带来的内部威胁经由上述外部威胁渲染，更加突出了。整个雅典都因为害怕有人要阴谋推翻民主政权、建立寡头政权或僭政而瑟瑟发抖。③

被检举诸人中的其余 40 人被秘密逮捕。在雅典城邦内和比雷埃夫斯港，雅典人彻夜未眠，全副武装，议事会则躲在卫城。提供消息的丢刻雷得被赞为拯救城邦之人，人们给他戴上花冠，为了向他致敬，还让他在城邦会堂（the Prytaneum）公费用膳。雅典人心怀激动与感激，但并未留意到，丢刻雷得曾企图索取贿赂，同时也未留意到，丢刻雷得并没有及时揭发以顾及公众安全。④

然而，丢刻雷得得势并未持续多久。安多基德斯在狱中待了一段日子后，他的表兄弟喀耳密得和他的其他亲戚说服了他，要他说出他所知道的神像损毁事件真相，这样，丢刻雷得那虚假的证词就会不攻自破。议事会允诺安多基德斯以赦免，安多基德斯就告诉众人，是他所在的政治党社犯下此事。安多基德斯的检举名单与早先透刻罗的检举名单并无冲突，名单中的人不是已经死亡，就是已经逃走；对比先前那份检举名单，安多基德斯所增加的 4 人也（-200,201-）立马逃亡了。⑤ 安多基德斯的证词证明，他的家族无罪，他自己也无罪；安

---

① And. De Myst. 43—45.

② Thuc. 6. 61. 2.

③ Thuc. 6. 28, 53, 60, 61.

④ And. De Myst. 45.

⑤ And. De Myst. 48—61. 普鲁塔克（Plut. Alc. 21. 2）说，安多基德斯是被某个名叫提麦尤（Timaeus）的人说服的。

多基德斯的家族或许真的无罪，但是他自己是否有罪，我们就不那么肯定了。① 议事会与调查委员会传唤丢刻雷得，他很快承认自己撒了谎。丢刻雷得说，是斐古德谟的阿尔西毕亚德（Alcibiades of Phegus）——他是阿尔喀比亚德的表兄弟——和埃基纳的阿米安图（Amiantus of Aegina）唆使他作伪证的。② 二人立马逃亡。早先被检举诸人——包括安多基德斯及其亲友——得到释放，已经逃亡之人可以返乡。丢刻雷得请求赦免，但被拒绝，随即，他被处死。③

此刻，雅典人已经找到了赫尔墨斯神像损毁案的肇事者，心满意足，放下心来，长吁口气，如安多基德斯所说，他们已经"自诸多邪恶与危险之中解放出来"。④ 透刻罗的检举名单与安多基德斯的检举名单恰好一致，仅仅检举了 22 人，而这些人此刻要么已经死亡，要么已经逃亡，还被悬赏捉拿。⑤ 仅仅只有 22 个嫌疑犯——这显然是一个党社的规模，而不是像丢刻雷得声称的那样，是个牵涉至少 300 人的大阴谋——，这点颇令人心安。此外，目前这份检举名单中并无显要人物，同样也更令人心安些。⑥ 然而，即便赫尔墨斯神像损毁犯的问题已经得到解决，戏拟密仪渎神案（-201，202-）仍未解决，所以调查仍在继续。

不久，又有人站出来告发了。这一次，站出来告发的人不是外邦居

---

① And. De Myst. 61—66. 关于安多基德斯在赫尔墨斯神像损毁案中是否有罪的讨论，参见麦克道威尔，《安多基德斯论密仪》，第 173—176 页（安多基德斯无罪），以及玛尔（J. L. Marr），《古典学季刊》新编（Classical Quarterly, CQ n. s.），第 21 卷，1971 年，第 326—338 页（安多基德斯有罪）。

② And. De Myst. 65；关于斐古的阿尔西毕亚德这个人，参见麦克道威尔，《安多基德斯论密仪》，第 104 页，以及戴维斯，《雅典有产家庭论》，第 17 页。此处，普鲁塔克的叙述可能有一定道理（Plut. Alc. 20.5）：人们拒不相信丢刻雷得的供述，认为他在撒谎，不相信可凭借月光认出犯罪者，因为那晚并无月亮。多佛（《修昔底德历史评注》，第 4 卷，第 274—276 页）拒绝采信普鲁塔克的叙述，但麦克道威尔（《安多基德斯论密仪》，第 187—188 页）为普鲁塔克叙述真实性提供了可信的辩护。

③ And. De Myst. 66. 安多基德斯（And. De Myst. 20）告诉我们，法律规定，如果在赦免条件下作证的证人撒谎，他面临的将是死刑。

④ And. De Myst. 66.

⑤ Thuc. 6.60.4. 我在此处的论述从哈茨菲尔德的精妙叙述（《阿尔喀比亚德：关于公元前 5 世纪末的雅典之研究》，第 173—177 页）那里获益很多，尽管我和他并非在所有问题上都意见一致。

⑥ 这 22 个名字可以很方便在以下文献中找到，多佛编写了一份人员名单，列出牵涉两起渎神案中任意一起的人员，很有价值，参见多佛，《修昔底德历史评注》，第 4 卷，第 277—280 页。

留民，也不是奴隶，而是雅典的一位贵族妇女，阿克美翁尼德（Alcmae-onides）之妻阿迦芮司忒（Agariste）。① 她和她丈夫的名字都表明，她与显赫的阿克美翁岱家族有联系。阿迦芮司忒检举说，阿尔喀比亚德、他的叔叔阿修库斯（Axiochus）、他的朋友阿德曼托斯（Adeimantus）齐聚喀耳密得家中，戏拟密仪，对神不敬。喀耳密得可能就是阿里斯托特勒之子、安多基德斯之表兄弟。② 接着，一个名叫吕度（Lydus）的奴隶带来一些新情况。吕度在议事会作证说，他的主人、忒玛枯德谟的斐裂克勒（Pherecles of Themacus）在自己家中戏拟密仪；先前，透刻罗在神像损毁案中也举报了斐裂克勒。吕度的举报名单中有安多基德斯的父亲列奥革剌，但是列奥革剌设法证明了自己的清白。检举名单中的其他人立马逃亡。③

　　到此刻为止，许多人都被举报牵涉一桩或两桩渎神案。④ 安多基德斯的证词没能为之洗脱罪名的人，悉数逃亡，或被处死。惊慌达到高峰之时，政治迫害的恐怖四处弥漫。怀着恐惧，雅典人很容易就将两桩渎神案与推翻民主政权的阴谋联系起来。整个雅典都因为害怕有人要阴谋推翻民主政权、建立寡头政权或僭政而瑟瑟发抖。⑤ 雅典人惊惧不已，只要有人出来作证，哪怕这人声名狼藉并不可信，雅典人便接受其证词且并不细加审查；同时，基于如此暧昧两可的证据，且未经审判，雅典人便将有名望的公民逮捕起来，投入监狱。到了阿迦芮司忒和吕度站出来揭发的时候，上述这种气氛仍未消散；而阿迦芮司忒和吕度的证词又揭发说，密仪惯被戏拟，(-202,203-)阿尔喀比亚德也卷入了这

---

① And. *De Myst*. 16.她先前曾与达蒙（Damon）结婚，而达蒙可能就是被认为是伯利克里朋友和老师的那位达蒙。关于阿迦芮司忒，参见戴维斯，《雅典有产家庭论》，第 382—384 页。

② And. De Myst. 16.关于人物身份的确定，参见麦克道威尔，《安多基德斯论密仪》，第 76 页。

③ And. *De Myst*. 17—18.

④ 多佛（《修昔底德历史评注》，第 4 卷，第 277—280 页）列出了 68 个人名，并指出，吕度的检举名单中人数不可考，因为吕度的检举名单没有出现在任何一份古代文献中。丢刻雷得检举了 28 人，但在安多基德斯出来作证后，这 28 人被释放。综上所述，被指名检举的人数接近 100 人。

⑤ Thuc. 6.53.2；6.60.

桩渎神案。阿尔喀比亚德的政敌抓住新的证据不放,再一次断称渎神行为是"反对民主政权的阴谋"的一部分。① 斯巴达人和彼欧提亚人新近的行动为这种指控增加了一定的可信度。与此同时,关于阿尔喀比亚德在阿尔戈斯的朋党正在密谋一次政变,推翻其民主政权的疑惧也正在弥漫。雅典人如此相信这些毫无根据也并不可能的流言,以至于他们将手中那些亲斯巴达的阿尔戈斯人质交还给了阿尔戈斯,这些人质回到阿尔戈斯以后立即被处死。② 修昔底德告诉我们,"对阿尔喀比亚德疑惧四起",于是,雅典人决定召回阿尔喀比亚德并让他接受审判。③

普鲁塔克原文录下在议事会作出的公诉书,人们根据这份公诉书召回了阿尔喀比亚德:"客蒙之子帖撒鲁斯(Thessalus of Cimon),来自拉夏岱德谟(Laciadae),控告克雷尼亚(Cleinias)之子阿尔喀比亚德,来自斯坎柏尼岱德谟(Scambonidae),后者犯有反对女神德墨忒耳(Demeter)和珂剌(Cora)的罪行:在自己家中戏拟密仪并将其展示给其党社;身穿大祭司(hierophant)才有资格穿着的祭袍,展示圣物,自称大祭司,称蒲吕提昂为举炬人,称斐迦德谟的迢多鲁斯(Theodorus of Phegaea)为传令人,宣称党社其他成员为新入会者,……(上述行为)违反了佑墨庇岱家族(Eumolpidae)、刻吕科司家族(Kerykes)及埃琉西斯祭司所设定的法律。"④这份公诉书如此详尽,这表明指控有理有据;此外,公诉人是伟大的客蒙的儿子帖撒鲁斯,这表明指控非常严重。现在,阿尔喀比亚德诸政敌现在不止拉拢了民众煽动家们,还拉拢了显要的贵族。到了7月末的时候,城邦专用的报信三列桨战舰萨拉米斯号(Salaminia)很可能被派往西西里,扭送阿尔喀比亚德回雅典到庭受审;已经前往西西里但受此案牵连的其他人,也被扭送回来。⑤

---

① Thuc. 6. 61. 1;τῆς ξυνωμοσίας ἐπὶ τῷ δήμῳ.

② Thuc. 6. 61. 2—3.

③ Thuc. 6. 61. 4.

④ Plut. Alc. 22. 3. 关于法律程序的性质问题,参见哈茨菲尔德,《阿尔喀比亚德:关于公元前5世纪末的雅典之研究》,第176页。

⑤ Thuc. 6. 61. 4. 我从多佛的估算中推断出这个日期,参见《修昔底德历史评注》,第4卷,第272—276页。

关于 415 年春夏在雅典发生的这两桩极不寻常的案件，(-203，
204-)这就是我们所能重建的史实。我们无法确定事件发生的相对时
间顺序，也无法确定其绝对时间顺序。对于以下问题，我们也无法给出
可靠的回答:两桩渎神案到底是谁犯下的? 动机分别是什么? 修昔底
德完全不相信赫尔墨斯神像损毁案的调查和审判结果;尽管有那些证
词、审判、流放、处刑，"但我们仍然不清楚，那些被处刑的人是否真的罪
有应得"。此外，那时没有人能确定作奸犯科者是谁，现在也没有人能
确定。① 然而，在案件发生的时候，修昔底德已经被流放在外，他或许
没能听到安多基德斯的演说;但现当代古典学家可以读到安多基德斯
的演说辞。因神像损毁案和密仪渎神案罪成的罪犯，财产被没收，继而
被卖出，售卖情况镌刻在数块石碑上，石碑竖立在雅典公民市集(ago-
ra)。罪犯名单中有相当一部分残片今存于世，可以与安多基德斯提供
的名字进行比对。② 修昔底德很可能从未见过这则铭文，他也并未将
这则铭文用作史书的史料。基于这些以及其他一些原因，我们尽己所
能来回答这些重要的问题，举动也算是合理。

密仪渎神案似乎没有什么问题。有不只一个人在不只一个私人住
宅里戏拟过密仪，此事常常发生在党社聚会的时候。这些政治党社在
雅典历史悠久，至少可以追溯到公元前 6 世纪。③

雅典政治党社通常由年龄相仿的人组成，当然也不尽然。尽管同
时从属于多个党社似乎可行，但我们不清楚参加多个党社这种行为是
否普遍。一个党社人数一般不超过 25 人，绝大部分党社人数少于 25

---

① Thuc. 2. 60. 2，4.

② 一部分残片发表于《希腊历史铭文选辑》，第 79 则铭文，*GHI* ♯79，第 240—247 页。这些
残片最初发表于以下地方:普利切特(W. K. Pritchett)，《西土学刊》(*Hesperia*)，第 22
卷，1953 年，第 240—249 页;第 25 卷 1956 年，第 276—281 页;第 30 卷，1961 年，第 23—
25 页;毗品(A. Pippin)，《西土学刊》，第 25 卷，1956 年，第 318—325 页，以及阿米克斯
(D. A. Amyx)，《西土学刊》，第 27 卷，1958 年，第 163—310 页;亦可参见刘易斯(D. M.
Lewis)，《古代社会与机制》(*Ancient Societies and Institutions*，*ASI*)，第 177—191 页。

③ 关于政治党社的一般讨论，参见卡尔珲(G. M. Calhoun)，《政治与诉讼中的雅典党社》
(*Athenian Clubs in Politics and Litigation*)，奥斯汀，1913 年，以及萨托利(F. Sartori)，
《公元前 6 世纪与前 5 世纪雅典政治生活中的党社》(*Le eterie nella vita politica ateniese
del VI e V sec. a. C.*)，罗马，1957 年。

人。(-204,205-)这是因为,作为一种社交团体,政治党社需要在私人住所举办聚宴及会饮,而私人住所能招待的人数是有限的。政治党社是某种秘密社团,有入会仪式,也有效忠宣誓。效忠宣誓这一行为可以解释为何有时候人们使用"起誓共谋团体"(*synomosia*, union of oath—takers)来替代"政治党社"一词。"起誓共谋团体"一词往往在政治上具有贬义,有时应当译作"阴谋团体"。这一点揭示了雅典的许多政治党社——若非全部政治党社——在政治上的性质。

修昔底德告诉我们,这些党社试图影响选举与法庭。[①] 尽管不同党社政治观点不尽相同,但似乎绝大多数党社都倾向于寡头政体,特别是战争行将结束的那些年。政治党社在411年寡头政变和404年三十僭主寡头政权的建立中发挥了关键作用。这一点不应使我们感到意外,因为政治党社都有其贵族渊源,而这些党社往往又是从较高阶层收募新成员的。

现当代学者通过415年发生的一系列事件,能够比较令人信服地还原当时的3个政治党社:第一个是阿尔喀比亚德所在的党社,成员还包括他的表兄弟斐古德谟的阿尔西毕亚斯,喀里亚斯,喀耳密得,以及阿克美翁尼德等;第二个是安多基德斯所在的党社,成员还包括他的父亲列奥革剌和克里提亚斯;第三个是透刻罗所在的党社,成员还包括尼基阿斯的兄弟丢革涅图。[②] 尽管这三个政治党社领导人不同,但其中的成员似乎是同样一批人。党社成员大部分是富有的贵族,而他们的财富大部分来自于土地。有些政治党社是围绕其中一些成员的亲属关系建立起来的。或许,我们可以用同属或是共居在同一个德谟来解释某一个特定政治党社的成员构成,尽管我们当然无法完全确定这就是该党社的渊源。[③]

---

① Thuc. 8. 54. 4.

② 这种分党方法是奥杭西提出来的(《阿尔喀比亚德党社、列奥革剌党社与透刻罗党社:论公元前415年的雅典政治生活》),可作一说;当然,我们肯定无法完全确定某人从属于某党社。关于这种分法的一个有用的批评,参见维尔(E. Will),《古典语文学评论》(*Revue de Philologie*),第51卷,1977年,第92—96页。

③ 奥杭西,《阿尔喀比亚德党社、列奥革剌党社与透刻罗党社:论公元前415年的雅典政治生活》,全书各处。

415 年,这 3 个政治党社都戏拟了密仪。[①] 公元前 5 世纪晚期,智术师行教于雅典;在他们所创造的这种"启蒙"式批判氛围中,戏拟密仪这种举动并不教人感到意外。(-205,206-)对于贵族子弟来说,情况尤为如此;因为他们正是智术师的主要学生。在某些情况下,参与渎神很可能是秘密党社入会仪式的一个部分,因为经此渎神举动,党社中的其他人便可随时告发这个新入会的社员,从而确保新入会者忠于党社。[②] 不过,无论如何,这些渎神举动都不可能具有任何政治含义,因为这些仪式都是私下发生的,甚至是秘密举行的,故而渎神者并不谋求借此对不知情的人施加任何影响。举办这些渎神密仪的意图不过是玩"某种字谜,辅以些许违法意味",或作那"17 世纪法国的戏拟弥撒"。[③]

赫尔墨斯神像损毁案则完全是另一回事。单论神像损毁的规模,这就不可能是少数人临时起兴的醉酒后恶作剧。要损毁这么多神像,就需要很多人参与;同时,该行动肯定经过了事先的精密策划。[④] 神像损毁发生的时机及其目的都清楚指向西西里远征,这表明该行动肯定有政治目的;但是,是谁犯下了此等暴行,这些人又为什么要这么做呢?在此,我们有理由采信安多基德斯的证词,因为一方面,安多基德斯的证词证实了透刻罗的证词;另一方面,公民市集石碑铭文所提供的一些名字又可证实安多基德斯的证词。我们可大致采信安多基德斯的描述:是游斐乐图(Euphiletus)和梅勒图司提议并组织了神像损毁行动,执行该项行动的就是他自己所在的政治党社。[⑤]

---

① 奥杭西,《阿尔喀比亚德党社、列奥革剌党社与透刻罗党社:论公元前 415 年的雅典政治生活》,第 164—165 页。

② And. *De Myst.* 67;以及多佛,《修昔底德历史评注》,第 4 卷,第 286 页。

③ 前一个类比来自麦克道威尔,《安多基德斯论密仪》,第 192 页;后一个类比来自奥杭西,《阿尔喀比亚德党社、列奥革剌党社与透刻罗党社:论公元前 415 年的雅典政治生活》,第 171 页。

④ And. *De Myst.* 67.

⑤ And. *De Myst.* 60—68.哈茨菲尔德,《阿尔喀比亚德:关于公元前 5 世纪末的雅典之研究》,第 186 页;奥杭西,《阿尔喀比亚德党社、列奥革剌党社与透刻罗党社:论公元前 415 年的雅典政治生活》,第 165—171 页。

神像损毁案的动机仍需进一步勘明。一些现当代学者采信了当时少数雅典人的观点,认为是一些醉酒的年轻人在涂鸦乱划,目的不过是取乐。这些学者因此推定说,此事毫无政治含义。① 我们刚刚已经论述过,这绝不可能;相反,我们应当像当时的(-206, 207-)雅典民众一样,更加严肃地看待这桩案子。然而,我们没有理由像雅典民众一样,认为这是一次旨在推翻民主政权的寡头阴谋。在古代史料中,我们没有能够证明这一点的相关证据;古代史料从未记载有任何一个人——无论这人诚实可靠还是谎话连篇——曾告发这样一次寡头政变阴谋,而在当时焦灼的气氛中,若有这样的告密者,人们无疑是乐于采信其证词的。② 我们应当理解,对于寡头政变阴谋的恐惧是人们对于如此大胆、前所未见之渎神罪行的自然反应,即便这种反应并不见得正确;机会主义政客抓住并强化了这种反应,使其服务于自己的目的。

雅典民众认为赫尔墨斯神像被损毁,是“远征之噩兆”,③同时,至少有部分雅典民众——比方说,谴责科林斯的那些人——认为,其目的就是阻止西西里远征。这种观点在现代古典学家中赢得了相当的支持,④但也有一些现当代古典学家反对这种观点,他们认为:(1)损毁神像很难阻止远征,事实上,根本也不可能通过这种方式阻止远征;(2)这样一种动机也是不太可能存在的,这是因为,因为主和而反对远征的那些人肯定已经意识到,攻打西西里并不会违反与斯巴达的和约;这些人

---

① Plut. *Alc*. 18. 4;吉尔伯特(Gilbert,《伯罗奔尼撒战争期间雅典城邦内幕考》[*Beiträge zur innern geschichte Athens im zeitalter des peloponnesischen Krieges*],第 252 页)称之为“顽劣少年的举动”;爱德华·梅耶《古代历史》[*Geschichte des Altertums, GdA*],第 4 卷,第 506 页)称之为“孩子们的把戏,并非政治谋略”;亨德松(Henderson,《雅典与斯巴达之间的大战》[*the Great War between Athens and Sparta*],第 357 页)采纳了梅耶的观点。

② 关于此时为何不太可能存在推翻民主政权的谋划,麦克道威尔(《安多基德斯论密仪》,第 193 页)提供了一个可靠的理据:“反对民主的政变最易成功之时应当是舰队离开雅典之时,比方说 411 年;……一场反对民主的政变,最糟糕的开场方式莫过于阻止舰队远征了。”

③ Thuc. 6. 27. 3.

④ 举例来说有:格罗特,《希腊历史》,第 7 卷,第 171—172 页;哈茨菲尔德,《阿尔喀比亚德:关于公元前 5 世纪末的雅典之研究》,第 187—188 页;麦克道威尔,《安多基德斯论密仪》,第 192—193 页;奥杭西,《阿尔喀比亚德党社、列奥革剌党社与透刻罗党社:论公元前 415 年的雅典政治生活》,第 173 页。

肯定还意识到,在 415 年的那个动荡希腊,回避远征并不能保障他们与斯巴达的和约。此外,亲手去损毁神像的那些人,为了公共利益而冒极大的个人风险,且并无可预见的个人利得,"如此无私,并不符合公元前 5 世纪雅典的政治常态"。①

对于上述第一个驳论,我们可以反驳说,神像损毁案的罪犯无法(-207,208-)预知他们的谋划将会失败,而与谋者往往比事后所证明的要更加乐观一些。事实上,若非有后见之明,我们或许也会认为,与谋者是有机会成功的。作为远征将军之一,虔敬的尼基阿斯尽管无力阻止雅典人投票决议攻打西西里,但是他仍然广受欢迎,备受尊敬,特别是在与虔敬相关的问题上。希腊人甚至雅典人,都常常因为雷暴、地震一类的噩兆而取消公共行动。所以,以下这样的情况并非不可能发生:尼基阿斯因为被赫尔墨斯神像被毁这样独特又骇人的噩兆吓住,在祭司与预言家的帮助下劝服雅典人推迟甚或取消这次危险的远征,而他自己原本就因为其他一些理由是反对此次远征的。② 此外,与谋者并不知道他们损毁神像的举动会被揭发,也不知道损毁神像案件会同几桩戏拟密仪案件交织在一起。在控诉与反控诉交织的歇斯底里中,尼基阿斯的两个兄弟丢革涅图和游科拉底都被揭发出来。丢革涅图似乎真的卷入了案件,而游科拉底似乎是无罪的;但这已经不重要了。只要这两个名字公开与任何一桩渎神案扯在一起并传播开来,尼基阿斯无论做什么,都难免令人怀疑,让人认为他与两个兄弟出于政治目的在一起密谋些什么。在此之前,尼基阿斯能否说服雅典民众放弃远征是未知数,但机会还是有的;在丢革涅图和游科拉底被卷入以后,这机会也一并消失了。

上述第二个驳论更加没有说服力。主和派当然认为,攻打西西里

---

① 这些驳论是由 J·L·玛尔在其论文的附录中列出的,参见《古典学季刊》新编,第 21 卷,1971 年,第 331—338 页。玛尔还讨论了渎神案的时间。他采信了多佛所给出的神像损毁案发生时间,而这个时间比我所采信的这个时间要早两个星期;但我认为,即便玛尔所给出的发生时间是正确的,神像损毁案的罪犯也没有理由等到舰队出发前夜才动手阻止远征。

② 这一看法是格罗特提出来的,参见《希腊历史》,第 7 卷,第 171—172 页。

就会增加战争全面爆发的风险,即便除此不论,西西里远征本身就是在与这个派别的绝大部分缺点过不去。远征不一定会招致斯巴达军队如在阿奇达慕斯战争中那样,立即入侵亚狄珈的土地;但远征需要雅典人到异邦土地上拿自己的生命去冒险。如果远征成功,通过远征而获得的财富就会给民主政权及他们的政敌阿尔喀比亚德带来新的支持。安多基德斯、列奥革剌、游斐乐图、喀耳密得和克里提亚斯的党社都由富裕的(-208,209-)贵族构成,这些人在政治上倾向寡头派。[1] 这些人与他们所属的这个阶层的人对远征有一样的看法,有一样的政治观点:他们不愿意远征,因为远征伴随着风险,也是因为如果战争不能即刻取得胜利,这些人就将会为远征支付额外费用,以"直接战争税"(*eisphora*)的形式。[2] 有理有据的论辩,尼基阿斯的迂回政治手段,还有其他合法手段悉数失败。反对征战的主和派因此最后诉诸非常手段,对此我们实在无需惊讶。

阿尔喀比亚德并未参与赫尔墨斯神像损毁案;他似乎确实卷入了戏拟密仪渎神案。在此,事实总是不及表象重要。阿尔喀比亚德的政敌把大致的情景描绘成:寡头政变正在生发,而阿尔喀比亚德参与其中。阿尔喀比亚德,还有臣服于他的修辞技艺的士兵及水手,都远在西西里;而反对远征的人、民主派领袖中阿尔喀比亚德的政敌、还有贵族政治党社则联合起来反对他,召他回到雅典受审;看起来,阿尔喀比亚德在劫难逃。

---

[1] 关于这样一群人,参见奥杭西,《阿尔喀比亚德党社、列奥革剌党社与透刻罗党社:论公元前415年的雅典政治生活》,第89—101页,以及哈茨菲尔德,《阿尔喀比亚德:关于公元前5世纪末的雅典之研究》,第186—188页;关于被告发的一部分人的信息,参见多佛,《修昔底德历史评注》,第4卷,第286—288页。这位克里提亚斯应该并非臭名昭著的三十僭主政权的那位领袖,因为后者后来动议召回阿尔喀比亚德(Plut. *Alc.* 33. 1)。

[2] 维尔,"评奥杭西《阿尔喀比亚德党社、列奥革剌党社与透刻罗党社:论公元前415年的雅典政治生活》",《古典语文学评论》,第51卷,1977年,第94页。

第九章 雅典战略与 415 年夏季战事

在这些剧变之间,雅典的无敌舰队已经开往西西里。雅典远征军在柯西拉(Corcyra)与盟邦汇合,将军们集合点兵,进行战前最后的检视。海军由 134 艘舰船组成。其中,100 艘来自亚狄珈,其余的来自开俄斯(Chios)及其他盟邦。雅典舰船中,有 60 艘是三列桨战舰,其余 40 艘是兵员运输船。① 陆军的主力部队拥有 5100 名重装步兵。其中,1500 名来自于雅典的常规现役兵,700 名是作为水兵服役的日佣级公民(thetes)。阿尔戈斯派出了 500 名重装步兵,250 名雇佣兵,其中有一些士兵来自曼提尼亚。其他所有人,大约是 2150 人,来自雅典帝国属邦。轻装步兵部队中,有 400 名来自雅典的弓箭手,80 名来自克里特的弓箭手,700 名来自罗德岛的投石手,还有 120 名墨伽拉流亡人士也轻装上阵。远征军还拥有一支马匹运输队和 30 名骑兵。此外,还有 30 艘补给运输船,携带食物、补给、面包师还有泥瓦匠、木匠,以及建墙工具。② 除了派去劫掠墨伽拉的那批人之外,③这是雅典在伯罗奔尼撒战争期间动用的最大一批重装步

---

① 关于三列桨战舰与兵员运输船之间的关系,参见多佛,《修昔底德历史评注》,第 4 卷,第 308—309 页。

② Thuc. 6. 43—44. 1;狄奥多罗斯(Diod. 13. 2. 5)给出的数字比上述有所增加,但是在此处,我们没有理由采信狄奥多罗斯。

③ 入侵墨伽拉时动用了 13000 名重装步兵,但是在那次行动中,那批人几乎无需作战(Thuc. 2. 31. 1)。430 年,攻打埃皮道鲁斯(Epidaurus)动用了 4000 名重装步兵。那一次,所有士兵都是雅典人(Thuc. 2. 56)。

兵。(-210,211-)

在柯西拉,舰队被分为 3 支分舰队,分别交由 3 名将军指挥,以增进指挥效率,同时还可以避免整支舰队在同一时间登陆而导致当地无法提供充分的水和食物。3 艘先遣舰船被派去意大利和西西里一探究竟,看看雅典人在这两个地方将会得到什么样的接待。① 然后,整支部队横跨伊奥尼亚海湾,抵达亚庇吉亚半岛(Iapygian peninsula),意大利靴形领土上高跟形状的那一块,之后,就顺着意大利南岸航行。② 雅典人遭到冷遇;一些城镇既不允许他们进入城邦之内,也不肯在城外为他们设立市集,只给雅典人留了抛锚地和饮用水。塔剌思(Taras)和罗科里(Locri)甚至连这点待遇也不给他们提供。③ 在远征路线的最后,雅典人来到了垒集坞(Rhegium)。垒集坞人不允许雅典人进入这座城镇,只允许他们将船搁浅在海滩,在城墙之外安营扎寨,在垒集坞人设立的市集购买补给。

雅典人对垒集坞人期待很高,因为垒集坞长久以来都是他们的盟友,也因为垒集坞人从血统上来说是喀耳基司人的后代,这一点与林地尼人(Leontines)一样,而雅典人正是前来救援林地尼人的。④ 垒集坞有一处很适于抛锚靠岸的地点,占据此处,就能够对西西里的东岸和北岸发动突袭,并对只隔着浅浅海峡的对岸梅西纳(Messina)形成威慑压力。雅典第一次远征西西里的时候(427—424 年),垒集坞全力协作,是雅典作战的主要军事基地;但是这一次,垒集坞宣布中立,说他们"要等到意大利全部希腊人(Italiote Greeks)有一个共同决定的时候,才依照决定行动",⑤雅典的将军们极度失望。首先,意大利的希腊人城邦之间,根本不存在什么共同商议机制,同时,意大利的绝大部分希腊人城邦也已经清楚表明她们对雅典的敌对立

---

① Thuc. 6. 42.

② 参见地图 9。

③ Thuc. 6. 44. 2. 狄奥多罗斯(Diod. 13. 3. 4)说,雅典人在图里(Thurii)得到了热情招待,并被允许进入柯络通(Croton)的一个市集。

④ Thuc. 6. 44. 3. 关于结盟关系,参见《希腊历史铭文选辑》(GHI),第 63 则铭文,第 171—175 页。

⑤ Thuc. 6. 44. 3. 谢德风译本,第 456 页。

场。所以，垒集坞人的回应实际上是对雅典人要求的礼貌回绝。"大军压境，其规模吓倒了"①垒集坞人，如格罗特所言，因为看起来似乎没有其他(-211,212-)理由可以解释，为何垒集坞人的态度与424年有所不同。最开始投票决议派出的雅典兵力的舰船数目同早前的西西里远征所动用的舰船数目相同，这支远征军很可能不会令垒集坞人产生这种反应。雅典将军感到更加气馁懊恼的是，塞结司塔(Segesta)之前所玩的花招；雅典人以为塞结司塔人还有资金可提供用作军费，但塞结司塔人没有，他们所有的就是那30塔伦特。修昔底德说，尼基阿斯对此并不感到意外，但是其他将军就深为震惊。"将军们马上丧气了，一则因为他们第一个希望化为乌有；二则因为利吉姆[垒集坞]人拒绝参加他们一边。"②

接着，雅典的3位指挥官召开战时行动方针会，商讨鉴于他们目前遭遇的挫折种种，接下来应该采取何种战略。尼基阿斯建议，整支军队驶往塞林努斯；如果塞结司塔人同意为雅典全军提供资金的话，那么"他们将进一步考虑该问题"。③ 如果塞结司塔人不肯提供资金，那么雅典人将要求塞结司塔人支付开始所要求的60艘战舰的费用，然后，他们将停留在那里，直到塞结司塔与塞林努斯之间签订和约，"无论是用武力，还是用协定的方式"。在完成这件事情以后，雅典人将沿着西西里海岸行驶，炫耀雅典武力，显示雅典对他们的西西里盟友的承诺。再接下来，雅典人将驶回城邦，"除非他们可以迅速地、意外地援助林地尼或争取其他城市到他们这一边来的话。他认为他们不应该耗费国家的资源，使国家陷入危险中"。④ 当然，塞结司塔人根本不可能，也没能力为雅典那支无敌舰队提供维护资金，所以尼基阿斯的提议实际上等同于解决塞结司塔的问题，然后班师回国，因为要帮助林地尼人光复家园，没有什么办法是代价小又快捷的。尼基阿斯的计划最多能够完成是次远征的其中一个目标，但是这个计划甚至有可能使得雅典不必在

①　格罗特，《希腊历史》，第7卷，第181页。
②　Thuc. 6.46.2. 谢德风译本，第456页。
③　Thuc. 6.47: πρὸς ταῦτα βουλεύεσθαι.
④　Thuc. 6.47. 谢德风译本，第457页。

陆地或海洋与敌军开战。尼基阿斯之所以敢于大胆提出这样一个无为计划,是因为雅典人先前收到的一系列坏消息。正如尼基阿斯所预见到的,塞结司塔没有提供他们应允的资金,(-212,213-)而在意大利诸重镇,雅典部队也遭到冷遇。① 如果雅典将军们回到雅典之后被控诉一事无成的话,那么尼基阿斯就可以辩解说,整个远征的根本设想已经被证明是错误的。

阿尔喀比亚德,他的观点当然与尼基阿斯不同。阿尔喀比亚德指出,这样一支大军一无所获就回到城邦,那真是教人蒙羞。阿尔喀比亚德应该还会说,这将摧毁雅典在西西里的声誉,进而摧毁雅典在整个希腊世界的声誉。这样做,雅典的西西里盟友将落入敌军手中,叙拉古征服全岛的可能性将大大提升。如果他们听从尼基阿斯的建议的话,那么雅典人两次远征西西里所希望避免的那种结局,就将噩梦成真。根本就不要驶来西西里,那或许是对的;但是既然已经来到西西里,就不能一无所获地离开。因此阿尔喀比亚德反而建议进行一项外交行动,提出让雅典人派使节去争取西西里城邦的帮助,从叙拉古人那边将当地土著西西耳人争取过来。这样的盟友能够为雅典人提供宝贵的谷物和兵源。阿尔喀比亚德特别强调说要将梅西纳争取过来,因为梅西纳具有重要的战略位置。在成功争取到这些城邦加入雅典阵营之后,雅典人就可以攻打叙拉古和塞林努斯了,“直到栖来那斯[塞林努斯]与厄基斯泰[塞结司塔]订立和约以及叙拉古允许他们恢复林地尼时为止”。②

这一计划具有鲜明的阿尔喀比亚德风格。该计划本质上是外交行动,依靠的是说服这一技巧,而非军事能力,就成效而言甚至有可能令塞林努斯和叙拉古不战而退。③ 此外,如果真需要战斗,那么,大部分

---

① Thuc. 6. 22.

② Thuc. 6. 48. 谢德风译本,第 458 页。

③ 拉斐(Laffi,《意大利历史评论》[*Rivista Storica Italiana*, *RSI*],第 82 卷,1970 年,第 294 页,注释 71)怀疑阿尔喀比亚德是否真觉得有可能使塞林努斯和叙拉古不战斗而退,但是列别舒茨(Liebeschütz,《历史学刊》[*Historia*],第 17 卷,1968 年,第 292—293 页)认为,“如果一切依照计划顺利进行,对叙拉古下最后通牒要他们归还林地尼,或许最终是能被接受的”。

战斗任务也将由其他城邦的人代替雅典人来完成。这势必就是阿尔喀比亚德在雅典第一次公民大会上赞成远征西西里时，脑海中所构思的那个计划。因为原初的计划只是向西西里提供60艘舰船，不派遣重装步兵，所以没有人会指望(-213,214-)雅典人将会承担主要战斗任务。最开始提出远征，为的就是完成阿尔喀比亚德现在提出的这些计划。尼基阿斯的干预导致雅典大幅增加远征兵力，但兵力大幅增加并没有影响到阿尔喀比亚德，因为阿尔喀比亚德现在仍然想要执行原初的计划，但是，兵力的增加确实使得事态发生了变化，而且很可能对阿尔喀比亚德计划的前景产生不利影响。只派遣60艘雅典三列桨战舰，不派步兵，或许就能得到西西里岛诸城邦的支持——敌视叙拉古、害怕叙拉古、寻求利用雅典兵力来实现自己目的的那些城邦。这些城邦不会认为，雅典将要使用这样一支军队来征服全岛。然而，415年抵达西西里的这支远征军比先前决议要派出的那支庞大得多；对于绝大部分西西里人来说，这支远征军形成的威胁比叙拉古人还要大。即便阿尔喀比亚德没有被召回，他的计划也不太可能行得通。兵力大幅增加后的雅典军队，其规模足以扰乱原初的外交战略，但其规模并不足以在西西里保障雅典军队的安全，特别是在缺少骑兵的情况下。雅典人可以在城邦之间航行游弋，但是如果当地人软硬不吃，雅典人也无计可施。长期围歼战将使雅典人的军队面临许多风险：敌军人数占优，骑兵前来侵扰。阿尔喀比亚德肯定从未考虑过要打这样一次围歼战。[1] 阿尔喀比亚德肯定也从未想到，雅典兵力增加将对他自己的战略造成什么样的威胁。

　　拉马库斯提出了另一套行动方案。拉马库斯想要直接驶向叙拉古，敦促问题立马解决，从而充分利用叙拉古人没有来得及准备的情势、充分利用叙拉古人面对敌军突袭、没有做好作战的心理准备时的恐惧。看起来，拉马库斯构想了三套不同的可能行动方案，每套方案都取决于叙拉古人对雅典突然远征至此的反应。最为乐观的一种可能方案，是叙拉古人感到非常仓促惊惧，以至于他们将不战而降。如果这种

---

① 列别舒茨，《历史学刊》，第17卷，1968年，第289—294页。

情况(-214,215-)没有发生,那么雅典人将向叙拉古城邦逼近,发起重装步兵战役。叙拉古人大概会拒绝应战;如果叙拉古人出城应战,他们就将被雅典军队击败。不过,如果叙拉古人拒绝战斗、躲在城墙背后,那么只要雅典人在城邦附近迅速登陆的话,他们就可以在城邦之外的农田中大量俘虏叙拉古人及其财物。只要在农田里捉住这些叙拉古人,雅典人就可以在围歼叙拉古城时,维持稳定的供给流。雅典行动之迅捷、大胆将给西西里其他城邦留下深刻印象,进而将她们争取到雅典阵营里来。拉马库斯还建议说,如果需要打围歼战,那么他们可以以海埠列崖的墨伽拉(Megara Hyblaea)的遗址作为基地,就在叙拉古北边海岸不远的地方。①

绝大部分现当代学者批评阿尔喀比亚德的战略,认为拉马库斯的战略是最好的,②这很自然,因为修昔底德自己正是持这样的观点。我们无需质疑,修昔底德赞同德摩斯梯尼后来对此的评价:正是因为围歼叙拉古计划推迟,叙拉古城邦才得救,③但是我们必须看到,即便是德摩斯梯尼,也是借助后见之明才看到这一点的。拉马库斯的战略也不可能是雅典人最开始的战略设计。雅典人最初投票决议派出的兵力只有60艘三列桨战舰,不含重装步兵,所以没有人会指望这样一支兵力

① Thuc. 6. 49. Thuc. 6. 49. 4 的诸抄本都写作:ἐφορμηθέντας,波希密(Böhme)勘订为 ἐφύρμοιν τά。我采信波希密的校订。

② 关于现当代学者的观点,参见拉斐,《意大利历史评论》,第 82 卷,1970 年,第 295 页,注释 72。拉斐自己和列别舒茨(《历史学刊》,第 17 卷,1968 年,第 289—294 页)赞同阿尔喀比亚德的计划。

③ Thuc. 7. 42. 3. 参见多尼尼(G. Donini),《赫尔墨斯学刊》(*Hermes*),第 92 卷,1964 年,第 116—119 页。列别舒茨(《历史学刊》,第 17 卷,1968 年,第 299—302 页)认为,尽管表面上修昔底德赞同德摩斯梯尼的看法,但实际上修昔底德并不赞同,因为修昔底德对历史事件的叙述表明他不赞同,而修昔底德对西西里远征的战略分析是那样令人印象深刻。列别舒茨说:“Thuc. 7. 42. 3 一段是插入语,措辞草草,语焉不详,而修昔底德关于西西里远征的战略分析是如此细致写就的一番论辩,修昔底德不太可能特意以前者来抵触后者。如果对这段文字单独加以审视,或将这段文字放在另外一位史家的语境中来加以审视的话,这段文字适用范围或许更为广阔;但在此处,修昔底德并不意图使这段文字的适用范围有那般广阔”(第 301—302 页)。然而,多佛对这段文字的分析(《修昔底德历史评注》,第 4 卷,第 419—421 页)支持的是多尼尼的看法。我们并无特别理据去拒斥多佛的结论:“因此,我们就不能只把这段插入语视为对德摩斯梯尼判断的单纯记载,而应当将这段插入语视为修昔底德自己的判断,尽管两者在很大程度上已经重合为一。”

(-215,216-)能够恫吓住叙拉古人,令他们不战而降,没有人会指望这样一支兵力能够在叙拉古城下打一场步兵战役,也没有人会指望这样一支兵力能够打围歼战。事实上,我们没有证据说拉马库斯或任何其他人还在雅典的时候——甚至是在投票决议增加兵力后——就构思了这样一套大胆计划。很可能是在雅典人在垒集坞遇冷、塞结司塔支持落空以后,雅典的原初计划代价变得高昂,成功机会变得渺茫,拉马库斯这才构思了这个新战略。①

　　然而,拉马库斯的新计划也不是不能批评。首先,要谋划攻打叙拉古,就需要在城邦近邻拥有一个牢靠的海军基地。483/482年,叙拉古的僭主革隆(Gelon of Syracuse)摧毁海埠列崖的墨伽拉之后,此地再也没有重建;但此处确实是一个良港,同时正如拉马库斯所指出的那样,无论是从海路走,还是从陆路走,这里距离叙拉古都并不遥远。② 然而,良好的作战基地必须能够为陆军部队提供给养,不管是通过贸易的方式,还是通过控制港口之内陆农地的方式。不过,在海埠列崖的墨伽拉遗址上,这一点是无法做到的。③ 第二,拉马库斯的计划还有一个问题,那就是雅典当前基本没有骑兵,这个劣势使得他们无论在重装步兵战役,还是围歼战中,都不占优势;不管从哪方面说,提出要等到雅典的骑兵援军抵达以后再开始战斗,这是有充分理据的。④ 这些考量应该可以解释,为何拉马库斯未能赢得辩论,但是这并不意味着拉马库斯的判断就毫无意义,同时德摩斯梯尼和修昔底德也都赞同拉马库斯的看法。没有一种战略能够保证雅典人可在西西里取胜,但是最好的计

---

① 列别舒茨,《历史学刊》,第17卷,1968年,第294页。

② 关于海埠列崖的墨伽拉作为海军基地的诸优点,参见格林(P. Green),《无敌舰队来自雅典》(*Armada from Athens*),纽约,1970年,第141页。

③ 拉斐,《意大利历史评论》,第82卷,1970年,第296页。列别舒茨(《历史学刊》,第17卷,1968,第292页以及注释18)指出,拉马库斯的计划还面临一个困难,那就是古代军队无法在海岸被敌军占领的情况下登陆。列别舒茨忽视了一点,那就是雅典舰队完全控制了海洋,因此他们有能力在叙拉古周边的多个敌军未占地点进行登陆。叙拉古大港之内有数个地方,在这些地方,叙拉古人的人数是不足以抵抗雅典全军登陆的。即便叙拉古人能够阻止雅典人在叙拉古大港登陆,雅典人还可以走陆路,从海埠列崖的墨伽拉抵达叙拉古。

④ 拉斐,《意大利历史评论》,第82卷,1970年,第295页。

划应当是,趁叙拉古在物质上和心理上都还没有准备好的时候,攻其不备。修昔底德认为,叙拉古人有可能会回击,然后被雅典人打败。那么接着,叙拉古人就无法阻(-216,217-)止雅典人修建长墙、进而将叙拉古城邦从陆地上封锁起来,而雅典人的舰队早已在海上实现对敌方城邦的封锁。在这种情形下,叙拉古将无法向外求援,只能选择投降。①尽管上述这番评估中或许仍然存在一些问题,但是我们能看得出,拉马库斯的计划确实有可能是行得通的。

然而,拉马库斯没能说服其同袍。或许是因为拉马库斯的计划过于冒进,而他的辩才又不够出色;或许是因为拉马库斯缺乏分量、缺乏权威,——如普鲁塔克所说——还缺乏财富。②此外,更有可能的情况是,拉马库斯根本就不可能说服其同袍;尼基阿斯试图推行无为政策,要攻打西西里只能吓坏尼基阿斯。阿尔喀比亚德自有计划,不想听取别人的计划。这意味着如果拉马库斯不愿接受尼基阿斯的无为政策,那就别无选择,只能支持阿尔喀比亚德的计划。③

阿尔喀比亚德的计划——也就是雅典人当前决定要采用的政策——要想成功,有一个关键条件,那就是雅典必须拥有一个军事基地:要大,要安全,要位置好。这样,外交使团可以从这里出发,海上战役也可以从此处启航。叁集坞没法用作基地的话,那么梅西纳就是最佳替代地点。于是,阿尔喀比亚德乘着自己的舰船向梅西纳航行,试图劝服梅西纳与雅典结盟。④梅西纳人断然拒绝,阿尔喀比亚德甚是难堪。没有一个合适的海军基地,雅典人甚至都无法在西西里岛作停留。此刻雅典远征军全军都在叁集坞城外临时驻扎。雅典兵临城下,叁集坞人如临大敌,他们提供这个临时营寨地时是极为不情愿的。阿尔喀比亚德自己驶回叁集坞后,带着60艘舰船和另一位将军——我们推测是拉马库斯——沿着西西里东岸航行,去找下一个可能与他们结盟的城邦——纳克苏斯。纳克苏斯人是喀耳基司人的一支,也是林地尼的

---

① Thuc. 7. 42. 3.

② Plut. *Alc.* 21. 6.

③ Thuc. 6. 50. 1.

④ Thuc. 6. 50. 1.

建城者、叙拉古的宿敌。所以，纳克苏斯人将雅典人迎入城内。① 阿尔喀比亚德或许指望能(-217,218-)在卡塔纳得到同样的待遇，因为卡塔纳也是纳克苏斯人的殖民地，但是在卡塔纳掌权的是亲叙拉古党，他们把雅典人关在城门之外。雅典人于是被迫在林地尼北边的萜沥亚河(Terias River)安营扎寨，过了一宿。②

次日，雅典舰队沿着海岸向叙拉古航行而去。在所有的舰船中，雅典人仅派出10艘舰船驶入叙拉古大港，以探明敌军舰队是否已经在海港之内下水。雅典人发现港内并无舰队下水，这10艘舰船于是执行他们领受的剩余命令：船员们在船上声称他们是前来光复林地尼的，因为林地尼人与雅典人有亲缘、结了盟，同时，他们呼吁此刻在叙拉古城内的林地尼人到他们的雅典朋友和恩人这一边来。雅典人这番声明不啻最后通牒。叙拉古人不予回应，这等于拒绝了雅典人的最后通牒。两个城邦正式开战。雅典人详细考察了将要作战的叙拉古港口、城邦、乡村，然后不慌不忙地驶离叙拉古大港。③

雅典人在港口之内没有见到叙拉古舰队，因为叙拉古的战舰尚未装备。事实上，除了拉马库斯之外，所有的雅典人或许都会对叙拉古人这毫无备战的状态感到吃惊。雅典无敌舰队驶出，志在叙拉古，这消息定已满城风雨；不料大家竟没有把这消息当回事。叙拉古召开公民大会、商讨四起之传言时，雅典舰队早已抵达柯西拉。④ 415年的叙拉古是一个温和的民主政体，亚里士多德把这类政体称为"共和政制"(*politeia*)。在这个共和政体中，民众选举将军和执政官；与雅典情况一样，当选的大多数应该来自较高阶层。曾几何时，叙拉古施行"榄叶放逐法"(pentalism)。与雅典所施行的陶片放逐法一样，通过榄叶放逐法，叙拉古人将势焰滔天从而对城邦形成威胁的那些人驱逐出城邦。然而，民众煽动家滥用榄叶放逐法，榄叶放逐法遂见弃。尽管如此，在

---

① Thuc. 6.50.2.关于纳克苏斯人的喀耳基司血缘、林地尼与纳克苏斯的建立，参见 Thuc. 6.3。

② Thuc. 6.50.3.参见地图9。

③ Thuc. 6.50.4—5.

④ Thuc. 6.32.3；布索特，《希腊历史》，第3卷，第2册，第1299页。

415 年，叙拉古公民大会看起来与雅典公民大会的权限并无二致，但叙拉古民众（demos）很可能对(-218,219-)城邦里的较高阶层态度更恭顺些，一如埃斐亚提斯（Ephialtes）和伯利克里改革之前的雅典。直到后来在这次战争中对雅典人取得大捷之后，叙拉古人才设立了抽签制度，施行更加彻底的民主政体。在叙拉古，雅典人正在攻打的是一个富有、强大、扩张中的民主政权；她与雅典自身十分相似，不过是在政体发展、财富、权势方面略微落后于雅典而已。①

叙拉古公民大会展开了漫长的辩论。对于雅典人正在前来攻打西西里的消息，发言者或确认或否定。修昔底德对此情此景略施笔墨，择其二记之。第一篇演说辞来自赫尔蒙之子赫墨克拉底（Hermocrates son of Hermon），他主导了 424 年的革剌大会（Congress of Gela），将西西里人团结起来，把雅典驱逐出西西里岛。② 赫墨克拉底应该出身贵族，但是在叙拉古当时的温和民主政权中，我们没有理由去质疑他对民主政权的接受程度，正如我们没有理由去质疑伯利克里对雅典民主政权的接受程度一样。③ 赫墨克拉底说，据可靠信源，一支雅典大军正在朝着叙拉古驶来，借口是帮助雅典人的盟友，实际上是为了攻占叙拉古和西西里全境。尽管远征军势力强大，但是赫墨克拉底仍然相信，如果叙拉古人及时行动，他们就可以打败侵略者，为自己赢得荣誉，一如雅典人在希波战争中为他们自己所赢得的荣誉那样。

赫墨克拉底演说的大部分内容都是在敦促叙拉古人立即采取行动，保卫城邦。首先，叙拉古人应当向西西里岛和意大利的诸城邦、甚或迦太基派遣使节，寻求结盟。迦太基非常富饶又一直恐惧着雅典，他

---

① 关于叙拉古政体，参见多佛，《修昔底德历史评注》，第 4 卷，第 430—431 页。文柯（H. Wentker）《西西里与雅典》[Sizilien und Athen]，海德堡，1956 年，第 51—53 页）争辩说，直到 412 年丢科勒（Diocles）改革以后，叙拉古才成为一个民主政体。布伦特（P. A. Brunt）巧妙地反驳了文柯这一观点。参见布伦特对文柯此书的书评，参见《古典评论》（Classical Review，CR），第 7 卷，1957 年，第 243—245 页。

② Thuc. 4. 58—65.

③ 关于赫墨克拉底政治生涯的探讨，参见韦斯特莱克（H. D. Westlake），"叙拉古的赫墨克拉底"（Hermocrates the Syracusan），《希腊史家与希腊历史论丛》（Essays on the Greek Historians and Greek History），第 174—202 页。关于赫墨克拉底的政纲，参见第 184—185 页。

们也许愿意帮助西西里人。其次，叙拉古人还应当向科林斯和斯巴达派遣使节，请求这些城邦驰援叙拉古，并在希腊旧邦重掀对雅典人的战争。最后，赫墨克拉底还敦促叙拉古人采取攻势，派遣舰队前往意大利的塔剌思和亚庇吉亚半岛。在塔剌思和亚庇吉亚半岛，(-219,220-)要么，叙拉古人可以趁雅典无敌舰队仍在公海上之时，拦截他们；要么，叙拉古人可以趁雅典人仍在意大利疲倦渡海之时，发起攻击。在如此突进的前线炫耀武力，甚或能够吓退雅典人，干脆不要渡海而来，因为赫墨克拉底听说"他们最有经验的将军"不愿远征，那么这位将军或许将抓住叙拉古人抵抗的证据，以此为借口放弃远征计划。赫墨克拉底承认说，自己的提议确实大胆。因此，赫墨克拉底敦促其听众说，若不愿执行这个较大胆的冒进计划，至少也要立马执行他提出的其他建议。"雅典人已经来了。我确有把握，雅典人已在航途中：雅典人很快就会到达这里。"①

　　无疑，赫墨克拉底演说的大部分内容合理且可靠。他提供信息，提到雅典远征军及其动向、尼基阿斯的态度；这些都是正确的。他持有观点，说雅典的目标是征服西西里全境；这至少看起来是合理的。叙拉古无论如何肯定是雅典舰队的目标。他提出建议，采取外交行动；这一点无可指摘；但是，赫墨克拉底提出的最后那条建议，性质就完全不同了。绝大部分现当代学者都谴责最后这条建议，说这建议既无操作性，又错得危险。② 雅典早前征战西西里时，所有西西里人能够立即凑出的舰队也就 30 多艘船。正如我们刚刚读到的，当雅典人 415 年抵达西西里的时候，叙拉古根本没有舰队。甚至到了 414 年，叙拉古人从伯罗奔尼撒人那里得到援助以后，能够动用的舰队也就 80 艘，而要很快打败这80 艘舰船，雅典仅仅只用了 60 艘三列桨战舰。③ 叙拉古舰队在 414 年不敌雅典舰队完全不令人感到意外，因为雅典人在海战中的战术优势所向无敌，而叙拉古则多年未曾涉足海战。更不必说是在 415 年，雅典

---

① Thuc. 6. 33—34. 谢德风译本，第 450 页。
② 特别是，可以参见布索特，《希腊历史》，第 3 卷，第 2 册，第 1300—1301 页，以及多佛，《修昔底德历史评注》，第 4 卷，第 299 页。
③ Thuc. 4. 25. 1；Thuc. 6. 49—52；Thuc. 7. 21—24.

无敌舰队在舰船数目上远远超过西西里人所能组建起来的与之抗衡的任何一支舰队。多佛说:"如果赫墨克拉底的建议被采纳……那么,此役的后果很有可能是,西西里人的舰队被全歼,于是雅典人迅速统治了西西里和南意大利。"①(-220,221-)

然而,赫墨克拉底的冒进计划存在的问题还远不止此。单靠炫耀武力就能在雅典人从柯西拉渡海而来之前吓退他们,这绝不可能。在赫墨克拉底发言的时候,雅典帝国的无敌舰队已经在柯西拉集结,而西西里人要想组建一支舰队,至少需要花上两个月时间造船、集结、培训,在这段时间内,雅典人肯定已经抵达了垒集坞。② 赫墨克拉底声称自己的计划具有这样那样的战略优点,但其实这些优点并不存在。一方面,他严重低估了雅典在海战中的数量和战术优势,另一方面,从时间上来说,他的计划根本行不通。此外,赫墨克拉底肯定也清楚知道,他的计划从时间上来看是行不通的,因为他在要结束演讲的时候清楚说道:"雅典人已在航途中:雅典人很快就会到达这里。"那么,我们应当如何解释赫墨克拉底的建议呢? 最为可能的一种情况是,赫墨克拉底的冒进计划只不过是一种修辞手段。他知道叙拉古人不愿采取任何行动,也清楚知道,无论自己提出什么计划,叙拉古人都不会全盘接受,执行的时候必定会打折扣。所以,赫墨克拉底提出如此冒进的大胆提议,就是希望叙拉古人至少能够先行采取外交手段,而他认为外交行动也是至关重要的。③

叙拉古人的反应表明,简明直白的意见表达还远远不够,要说服他们采取行动,还得用上其他手段。其他发言者仍然认为雅典大军压境消息不实,甚至可笑。在这些发言者中,有一个名叫雅典纳革剌的人。

据修昔底德记载,雅典纳革剌是个民众煽动家。修昔底德在描述他的时候,措辞与描述克里昂之辈时极为相似。修昔底德说,雅典纳革

---

① 多佛,《修昔底德历史评注》,第 4 卷,第 299 页。

② 布索特,《希腊历史》,第 3 卷,第 2 册,第 1301 页,注释 1。

③ 这种看法是韦斯特莱克(《希腊史家与希腊历史论丛》,第 182—183 页)提出来的。韦斯特莱克提醒我们注意,尼基阿斯在辩论西西里远征的第二次雅典公民大会上也采取了类似的修辞策略,尽管尼基阿斯的意图与此时的赫墨克拉底并不一样。

刺是"民众守护者","对于大众有很大的影响"。① 雅典纳革剌言辞激烈，逻辑含糊，而他所陈述的事实呢，正如我们读者所知道的，是完全错误的。雅典纳革剌指责反对他意见的那些人，说他们不是弄错事实，而是既怯懦又叛国。雅典纳革剌的理据是雅典人如果前来、就有可能被打败。基于这个理据他认为，既然雅典人是有理性的，那么他们根本就不会往西西里(-221,222-)来。那么，为何流言四起，说雅典大军正在赶往西西里？雅典纳革剌认为，这些流言是别有用心之人捏造的，而这些人的目的是颠覆民主政权，好建立寡头政权或僭主政权。雅典纳革剌特别提到了贵族青年，他说这些贵族青年迫不及待要掌权。我们可以推测，这些贵族青年捏造雅典进攻的流言是为了恐吓民众，以便将民主的议政程序丢到一边，甚或直接指派这些野心勃勃的贵族青年去出任军事指挥职务，这样一来，城邦就会落入这些贵族青年的手里。② 为了制止这些野心勃勃的贵族青年，雅典纳革剌简洁有力地捍卫了民主政权，敦促民众采取措施，先发制人。③

尽管修昔底德将雅典纳革剌的演说与赫墨克拉底的演说并置，但事实上雅典纳革剌这番演讲不可能是对赫墨克拉底演讲的直接回应。一方面，赫墨克拉底是经验老到的政治家，并非雅典纳革剌所控诉的那些贵族青年、寡头野心家，另一方面，赫墨克拉底的演说中也没有任何内容能够激起雅典纳革剌对民主政权的这番捍卫之辞。或许在其他的发言者中，有人曾经断称民主政权懒政无能，甚至提出了具体的改革措施，这时，雅典纳革剌才产生疑惧，感到愤怒。④ 雅典纳革剌这位民众煽动家所采用的方法——包括提到青年野心家、警告大家说这些野心家的目的是建立寡头政体或僭政——令人不得不联想到近期雅典的政治局势。修昔底德或许是有意为之，目的是使读者明白，在危机时刻的

---

① Thuc. 6. 35. 2; *δήμου τε προστάτης ἦν καὶ ἐν τῷ παρόντι πιθανώτατος τοῖς πολλοῖς.* 关于修昔底德对克里昂的描述，参见 Thuc. 3. 36. 6 与 Thuc. 4. 21. 3。

② 雅典纳革剌并未解释与谋者具体想要如何利用他们捏造的危机假象去夺权。按照雅典纳革剌的说法，上述的内容应该就是最有可能的夺权过程。

③ Thuc. 6. 36—40.

④ 格罗特，《希腊历史》，第 7 卷，第 184 页。

民主政体中,这类行为十分典型。

雅典纳革剌演说结束之后,一位将军向公民大会发言。我们不知道这位将军的名字,但是他应该德高望重,因为他清楚说到,他是最后一位发言者,他的话就是命令。① 这位将军谴责会议发言中的人身攻击,但没有点名雅典纳革剌。(-222,223-)关于这次辩论的实质内容,这位将军指出,无论关于雅典大军的流言是否真实,采取防御措施都必定不会有错。他支持叙拉古进行战备,也支持按照提议向周边派遣使团。这位将军说,将军们事实上已经在着手做一些准备了。他允诺,无论接下来收到什么消息,将军们都将向公民大会汇报。关于远征意大利,他没有发表任何看法。这位将军的发言结束后,公民大会也随即散会。②

尽管如此,叙拉古人仍然没有立即开始备战。直到雅典人已经抵达垒集坞,消息传来,不会有假,叙拉古人才不得不放下怀疑,认真准备。他们遣使去找西西耳人,以防西西耳人倒戈向敌。他们向西西耳的属邦派遣卫兵,向西西耳的其他地方派遣使团,③向他们自己边境上的要塞增派了驻军。在自己的城邦之内,叙拉古人开展了武器和马匹检查,"做好一切准备措施,因为他们认为战争马上就会降临,事实上,战争几乎已经降临在他们身上了"。④ 当然,这些准备措施中并没有组建舰队这一项,因为我们知道,当阿尔喀比亚德和拉马库斯率领雅典舰队驶入叙拉古大港的时候,他们没有遭遇抵抗。

雅典舰队从叙拉古大港驶回卡塔纳。当地土著居民再次对雅典人紧闭城门,但是这一次,卡塔纳人允许雅典人派出将军,出席卡塔纳公民大会,直接对当地民众进行申述。阿尔喀比亚德正在对当地民众发

---

① Thuc. 6. 41. 1. ἄλλον μὲν οὐδένα ἔτι εἴασε παρελθεῖν(他不允许别人上前)并不意味着他拥有阻止其他人接着发言的制度性权力,但是,一如伯利克里在 430 年阻止雅典公民大会开会(Thuc. 2. 22 及卡根,《阿奇达慕斯战争》,第 55—56 页)时那样,这表明此人政治影响大、个人权威高,能够从心所欲。

② Thuc. 6. 41.

③ 关于叙拉古与西西耳人的关系,弗里曼进行了一番鉴别,参见《西西里史》,第 3 卷,第 139 页,注释 2。

④ Thuc. 6. 45.

言时,一队雅典士兵进入城内,卡塔纳城门守备不严,形同虚设。卡塔纳的亲叙拉古党看到雅典士兵走入卡塔纳的公民市集,害怕得悄悄逃走。于是,卡塔纳公民大会投票决议与雅典结盟,并邀请雅典人将整支远征军从垒集坞移师卡塔纳。这样,雅典人就得到了一个合适的军事基地,(-223,224-)从这里出发,既可以发动对叙拉古作战,又可以执行阿尔喀比亚德所设想的外交战。①

雅典人在卡塔纳收到两则消息,一好一坏,但是后来事实证明,两则消息都是假的。一则消息说,如果雅典人愿意前往,卡马林纳(Camarina)准备与雅典结盟;另一则消息说,叙拉古人正在为一支舰队配备船员。看起来,有可能两则消息都来自卡马林纳的亲雅典党人,这些亲雅典党人想把雅典人召至城邦,好助己夺权。雅典人采信消息,远征军全军集结开拔,首先去了叙拉古。雅典远征军在叙拉古没有看到舰队备战的任何迹象,于是移师卡马林纳,结果被拒之门外。为了避免整日航行却无功而返,雅典人在叙拉古领土登陆,略作劫掠。雅典人撤退时,几名落伍的轻装步兵被叙拉古骑兵捉住。这真是未来战局的一个不祥征兆。②

回到卡马林纳后,雅典人发现城邦报信船萨拉米斯号(*Salaminia*)正等候在此,准备将阿尔喀比亚德及被控犯下赫尔墨斯神像损毁案及密仪渎神案的其他人,扭送回雅典受审。萨拉米斯号船员得到命令,扭送时须举止轻柔,因为派遣萨拉米斯号前来抓人的那些雅典人害怕逮捕阿尔喀比亚德会引发事端。那些雅典人害怕无敌舰队——特别是阿尔戈斯士兵和曼提尼亚士兵,因为他们同阿尔喀比亚德关系特殊——哗变。如果阿尔喀比亚德拒捕,或许真会有士兵支持他。事实上,普鲁塔克也猜测说,只要他想,阿尔喀比亚德就可以在军中掀起哗变。③ 正如他所说,军中或许会因为阿尔喀比亚德离去而士气低落,因为大家意

---

① Thuc. 6.51.柏律安努斯在《作战方略》第1卷中将雅典人突然闯入描绘为阿尔喀比亚德的整体计划之一部分(Polyaenus 1.40.4)。弗里曼(《西西里史》,第3卷,第152页)透彻地理解了卡塔纳之于雅典人的价值:"这样,雅典人就有了一个据点,这里离叙拉古比垒集坞离叙拉古要近得多,甚至比纳克苏斯离叙拉古还要近。从这个据点看出去,叙拉古的绵延山脉历历在目。"

② Thuc. 6.52.

③ Plut. *Alc*. 21.6.

识到,在尼基阿斯领导下,远征计划甚至可能会被取消,而拉马库斯对此将无能为力;但是从另一方面来看,这年夏季以来,阿尔喀比亚德亲自执行自己的政策路线,而现在夏季行将结束,战略成效却不值一提。纳克苏斯和卡塔纳被争取到雅典阵营中来了,但是(-224,225-)垒集坞和梅西纳等重镇却没有被争取过来,同时在意大利和西西里岛,其他城邦仍然对雅典人城门紧闭。雅典人既没有为塞结司塔或林地尼做成什么事情,也没有对他们自己的主要敌人叙拉古采取任何值得一提的行动。城邦报信船萨拉米斯号抵达之时,阿尔喀比亚德在军中的人望或许已经有所下降;确实,根据现有史料,阿尔喀比亚德被扭送带走的时候,军中对此并无任何怨言。

阿尔喀比亚德顺从地被带走了,他同意跟随城邦报信船萨拉米斯号,与其他被告一起回雅典,不过要乘他自己的舰船走。① 阿尔喀比亚德知道自己离开雅典之时群情激愤,他或许能够从萨拉米斯号船员那里得知此后所有的事件进展。② 看起来,阿尔喀比亚德是马上就决定要逃亡了:他不打算回雅典受审,也不打算接受可能出现的宣判和定罪。阿尔喀比亚德随着萨拉米斯号航行到图里,然后弃船逃跑,消失无踪。萨拉米斯号船员追捕阿尔喀比亚德,但无功而返。于是他们放弃追捕,驶回雅典。之后,阿尔喀比亚德立即逃往伯罗奔尼撒半岛。即便阿尔喀比亚德缺席,帖撒鲁斯仍继续起诉,阿尔喀比亚德被缺席定罪。③ 阿尔喀比亚德和其他被扭送回城邦受审的人一起,被判死刑和没收财产,他们的名字被镌刻于耻辱石碑上,竖立在雅典卫城;同时,城邦悬赏一个塔伦特给刺杀罪犯的人。④ 另外,雅典还颁布了一则法令,

---

① Thuc. 6. 61. 5.

② 狄奥多罗斯(Diod. 13. 5. 2)告诉我们:"从使节那里得知了民众的决议以后,阿尔喀比亚德驶离(ἀκούσας τῶν πρέσβεων τὰ δόξαντα τῷ δήμῳ … ἐξέπλευσεν)",τὰ δόξαντα(决定,决议)的含义仅仅是指召回被告法令中的那些措辞。我们不应当认为,此处 τὰ δόξαντα一语除此还有别的什么含义。

③ Thuc. 6. 61. 5—7.

④ 关于缺席定罪和判处死刑,参见 Thuc. 6. 61. 7, Plut. Alc. 22. 4, Diod. 13. 5. 4。斐洛克茹司(FGrH 328, frg. 134)提到了石碑、罚没以及悬赏。关于石碑的进一步信息,参见哈茨菲尔德(Hatzfeld),《阿尔喀比亚德:关于公元前 5 世纪末的雅典之研究》(Alcibiade, Étude sur l'histoire d'Athènes à la fin du Vᵉ siècle.),第 204 页,注释 1。

命令埃琉西斯祭司诅咒阿尔喀比亚德及其他罪犯的名字。① 阿尔喀比亚德就这样被定罪、被惩处、被剥夺继承权并被诅咒。此后,他的政敌们势必(-225,226-)认为,他们已经摆脱了阿尔喀比亚德。但是,当阿尔喀比亚德听闻自己被判处死刑的消息时,他放话说:"我会证明给他们看,我还活着。"②

阿尔喀比亚德失势,尼基阿斯成为了远征军事实上的指挥官。③看起来,尼基阿斯试图重回自己倡导的战略路线,但是雅典人在垒集坞收到一连串坏消息的时机已经过去很久,推行此战略路线的最佳心理时机也已经错过。自那时开始,雅典人在西西里远征上已经花费了时间、金钱以及几条生命的代价。如果要求部队此时班师、无功而返,军中对此或有抱怨,而城邦内的公民大会则几乎一定会对主要指挥官产生怀疑。所以尽管如此,尼基阿斯还是令无敌舰队全军驶向塞结司塔和塞林努斯,"想去考察厄基斯泰[塞结司塔]人是不是可以拿出他们所允诺的金钱来,考察栖来那斯[塞林努斯],并且找出它和厄基斯泰[塞结司塔]所争执的地方来"。④

为此,尼基阿斯驶离卡塔纳,向北穿过梅西纳海峡,沿着西西里岛北岸向岛的最西点航行,"尽可能地远离敌军叙拉古",普鲁塔克如是说。⑤ 雅典无敌舰队试图在该地区唯一一个希腊人的城邦西磨垃(Himera)靠港,但遭到拒绝。航经迦太基人的城邦蓑庐(Solous)和帕诺姆斯(Panormus)后,雅典舰队攻打了当地土著西西诺人(Sicani)的城邦圩喀垃(Hyccara)。圩喀垃与塞结司塔为敌。塞结司塔骑兵也出力作战,于是塞结司塔人得到了圩喀垃这座城邦。雅典人奴役了圩喀垃公民,将他们赶上船去,然后运回卡塔纳军事基地。远征军主力部队因为没有舰船可用,所以就向内陆行进,穿过一块西西耳人的土地,回到他

---

① 普鲁塔克先是说该命令被颁布给所有祭司和女祭司(Plut. *Alc.* 22. 4),但是后来他又只提到了埃琉西斯祭司(Plut. *Alc.* 33. 3)。或许埃琉西斯祭司这一提法更为精确。

② Plut. *Alc.* 22. 2.

③ Plut. *Nic.* 15. 1—3.

④ Thuc. 6. 62. 1. 谢德风译本,第 467 页。

⑤ Plut. *Nic.* 15. 3.

们在卡塔纳的基地去。统治这块西西耳土地的人是亲雅典的,他的名字叫作阿尔孔尼德(Archonides)。尼基阿斯自己则在围歼战尚未结束的时候,就从圩喀垃径直回到了塞结司塔。修昔底德告诉我们,尼基阿斯这是为了去募集塞结司塔人所允诺的作战经费,以及处理一些"别的事务"。我们想象不出除了外交事务之外,尼基阿斯在塞结司塔还能有什么事务可处理。尼基阿斯大概是想要找出塞结司塔(-226,227-)与塞林努斯之间的纠纷细节,看看是不是能够和平解决争端。他所得到的答案必定令他彻底气馁,因为正是在此时,尼基阿斯彻底放弃了自己倡导的战略路线。他从未涉足塞林努斯,仅仅从塞结司塔募得 30 塔伦特——塞结司塔大概也已经倾其所有了——之后,就回到了卡塔纳军事基地。雅典人变卖战俘,所得不菲。赚得的那 120 塔伦特足以弥补塞结司塔拖欠的军费。截至此时为止,雅典人已经接触过西西里的几乎所有希腊人城邦,而据我们所知,雅典人并未求助于革剌和阿珂腊迦(Acragas)。这或许是因为雅典人知道,求助这两个城邦也没有用。再接下来,能做的就只有去向雅典的西西耳盟友寻求援兵了。夏季过去了,雅典人的仅有军事成就不过是,对位于革剌境内的海埠列崖(Hybla Geleatis)进行了一番攻打,此城距离卡塔纳不远。①

415 年的夏季征战势必令雅典人极为失望。雅典盟邦变着花样辜负雅典,岛上西边的绝大部分希腊人城邦都对雅典人城门紧闭。尽管阿尔喀比亚德的战略路线还远远称不上成功,但是他的失势去职只会令雅典人面临的局势雪上加霜。远征军被交给了这样一个人去指挥:他不赞同远征的目的,但也没有自己的战略路线可继续推行。普鲁塔克在描述此刻之战局时,或许并未夸大:"尽管名义上还有一位同级同袍,但尼基阿斯事实上独掌军权。他继续袖手旁观,四处游荡,思前想后,直到其麾下部队的士气由高涨变得消沉,直到敌人第一眼见到雅典无敌舰队时所感受到的震惊与恐惧消逝得无影无踪。"②怀着如是心情,雅典远征军在叙拉古与他们的主要敌人遭遇了。

---

① Thuc. 6. 62;关于阿尔孔尼德的亲雅典倾向,参见 Thuc. 7. 1. 4。

② Plut. *Nic.* 14. 4.

第十章　第一次攻打叙拉古

雅典现在只剩下了拉马库斯的战略可用,但即便拉马库斯本人也是在任将军,远征军的真正指挥官却只有尼基阿斯一人。因为迟迟才将拉马库斯战略路线付诸行动,雅典人已经为此付出了多少代价,修昔底德对此记载得清清楚楚。攻打叙拉古的行动越是推迟,叙拉古人的士气越是恢复高涨。雅典人向西西里岛最西边驶去,远远躲开叙拉古,但还是无法征服那里的城邦。这消息传到叙拉古,激起轻蔑,群情激动,民众要求将军们率领他们前往卡塔纳攻打雅典人。叙拉古骑兵部队上马前往雅典营地滋扰,"问他们是不是真的想自己定居在别人的土地上,而不是想恢复林地尼人(Leontines)的土地"。①

到了这个时候,无论已经有多迟,尼基阿斯也知道,是时候行动了。现在的问题是如何移师到一个接近叙拉古、便于作战的地点。在敌对武装力量占领的海岸强行登陆是行不通的。同时,因为叙拉古人已经得到事先警告,所以突袭战术也行不通了;而如果早点动手攻打叙拉古的话,倒真能用得上突袭战术。一方面,我们可以猜到,叙拉古人定会在大港(Great Harbor)中雅典人原本可以实现非强行登陆的那几个地点设防;另一方面,如果雅典人从陆地上前来攻打叙拉古的话,那么雅典远征军早在行近城邦之前就会被发现。对于一支重装步兵部队来说,早早被侦察到,倒并不是什么大问题;只要列队完成,重装步兵阵列

---

① Thuc. 6. 63.

就不惧一切,除非遭遇另一支势均力敌的重装步兵部队。(-228,229-)同时,如果叙拉古人想要在更靠近卡塔纳的地方开战,这对雅典人来说也不是什么问题,但问题在于,雅典远征军中有许多轻装步兵和一大群面包师、泥瓦匠、木匠和随军杂役。雅典远征军中暂时没有人可以去对付叙拉古骑兵,而叙拉古骑兵将主要对这部分人形成威胁。

因此,雅典人心生一计。有一个卡塔纳人,叙拉古人也信任他,但事实上他效忠于雅典人。用当代间谍的行话来说,这个人是"双重间谍"。雅典人教了他一套说辞,然后派遣此人去找叙拉古的将军们。这套说辞是这样的。他宣称自己代表的是卡塔纳城邦内的亲叙拉古党,而叙拉古将军知道这个党别里有哪些人,也知道这个党确实效忠于叙拉古。这个双重间谍汇报说,这些同情叙拉古的卡塔纳人注意到,雅典人惯于在城邦之内过夜,过夜时把盔甲和武器都丢在城邦之外。① 他还告密说,"如果叙拉古人约定一个日期,在黎明时以全军进攻雅典远征军的话",卡塔纳人就会把没有武装的雅典人锁在城门之内,然后火烧其舰队。这样一来,就可以轻易俘虏远征军整支部队,因为到时候,很多卡塔纳人都会乐于帮忙。②

这个计谋对叙拉古人来说仿佛天降好事,不甚可信,所以我们可以想见,叙拉古将军们在采纳之前,定会仔细甄别研判一番,但他们没有。叙拉古人非常信任这个双重间谍,同时也迫切想要个行动的契机,而卡塔纳间谍提供的正是叙拉古人期待的那种契机,看起来十分诱人。叙拉古人甚至都没派人去卡塔纳城邦确认一下此人的这套说辞,就马上约定日期,进行战备。叙拉古的将军们胆子颇大,敢于丢下城邦、无人防守,然后全军开拔,前往卡塔纳。这是因为从塞林努斯和其他城邦来的盟友已经抵达叙拉古,前来援助他们了。在叙拉古全军都前去卡塔纳攻打雅典远征军的时候,叙拉古人的盟友部队可以帮他们守卫城邦。到了约定这一日,叙拉古部队朝着卡塔纳向北行进,走了大约40英里。第一天夜里,叙拉古人在圩麦岫河(Symaethus River)畔过夜。圩麦岫

① Thuc. 6. 64. 3. ἀπὸ τῶν ὅπλων(离开武器)似乎应作如是解读。
② Thuc. 6. 64. 2—3. 谢德风译本,第468页。

河在林地尼境内,但离卡塔纳南郊也不远(参见地图9)。当然,早在叙拉古军队抵达他们的第一个驻扎营地之前,雅典人就知道了叙拉古人的动向。(-229,230-)雅典人和前来援助他们的西西耳人盟友择机整装上船。雅典部队漏夜启航;抵达叙拉古大港时,舰队的行踪还未被敌人发现。①

黎明来临,雅典人可从容登陆。倒戈叛逃的叙拉古流亡分子为雅典人指定了一块海滩。这处海滩位于岸纳浦河(Anapus River)以南,正对着奥林匹亚宙斯神庙。"直到今天,……当你从海上入港或从奥提迦岛(Ortygia)望过来的时候",这座神庙的遗址"仍然勾勒着叙拉古大港的天际线"。②(参见地图10和地图11。)到了这个时候,叙拉古人才

---

① Thuc. 6.65.1—2.

② Thuc. 6.65.3;关于这些叙拉古流亡分子,参见 Thuc. 6.64.1。上述引文来自多佛(《修昔底德历史评注》,第4卷,第480页),我所掌握的叙拉古及周边地区的地形知识中,有许多内容来自多佛。修昔底德或许亲自去过叙拉古战场,或许没有去过;但我们发现,修昔底德所提供的地形细节与今天仍然可见到的地形状况之间存在矛盾,要解释这些矛盾,然后重建战役细节,似乎根本不可能做到。为了给415年秋季叙拉古与雅典的这场战役所涉及的诸多地点进行相对定位,我主要采纳彼得·格林(Peter Green)对这个问题的精彩叙述:《无敌舰队来自雅典》(Armada from Athens),第155—163页。彼得·格林与多佛的分歧主要在于,格林认为,雅典舰队的登陆地点和战斗地点都在岸纳浦河南岸,而多佛认为,登陆和战斗发生在岸纳浦河两岸。多佛认为,登陆和战斗并不全在岸纳浦河南岸展开,对此,他提了一连串反问:"如果雅典人在岸纳浦河南岸登陆……而过河桥已经被摧毁了,那么叙拉古人是怎样渡河来与雅典人战斗的?岸纳浦河在叙拉古军和叙拉古城邦之间形成了屏障,叙拉古人为什么要与这屏障作对?为什么在作战叙事中,无论是作为叙拉古人撤退的障碍,还是作为雅典人进攻的障碍,这条河流都从未被提起?"(《修昔底德历史评注》,第4卷,第483页)对于这些问题,格林给出的回答很简单(尽管事实上,他写下这些"答案"的时间早于多佛写下这些问题的时间):"岸纳浦河易于涉渡,即便冬季水深。我发现即便临近12月底,渡河也不会有什么困难"(《无敌舰队来自雅典》,第157页及注释3)。战斗发生在10月,如果不下雨,渡河就更不成问题。多佛认为战场不全在河的南岸的第二个理由是,雅典军队如果是在岸纳浦河南岸,那么他们就会面朝西北或北方,那么他们的右边就不存在那个"沼泽"λίμνη(Thuc. 6.66.1)——一个湖,或是其他形式的一滩静止水体——因为多佛相信,在古代的时候,这样一个沼泽只可能存在于岸纳浦河口的北岸。多佛援引17世纪一位亲身到过此地的人的话说,"在岸纳浦河口,下雨天会有"沼泽,但是这位亲见者并没有说清楚,这沼泽是在河口南岸还是北岸,抑或两岸都有沼泽。多佛倾向于将这个观察简化,认为这个观察指的就是"今天仍然可见的那些沼泽",但他也没有说明这些沼泽是在岸纳浦河的哪一侧岸边。时至今日,岸纳浦河南岸仍有盐池沛泽,水流狭窄,芦苇丛生。这根本不重要,因为"沼泽"(λίμνη)一词并不必然意味着那是一个大湖,相反,"沼泽"(λίμνη)可能意味着这里只是一个池沼,一滩泥淖,或是别的形式的一片湿地。岸纳浦河口附近今天的地貌(-230,[转下页注]

得知他们被(-230,第231页为地图10,第232页为地图11,233-)骗了,但是在叙拉古人回到自己的城邦之前,雅典人有足够的时间去进行准备。雅典人把舰船拖上岸纳浦河的南岸,建造了一道栅栏来保护战舰。[1] 在夺司崆的岸边,雅典人用石头和木料建造了防御工事,以阻止叙拉古人登陆,阻止叙拉古人从南边攻打他们。为了阻止敌军从北边绕过来,雅典人又摧毁了岸纳浦河上离他们最近的一座桥。雅典陆军

[接上页注]第231页为地图10,第232页为地图11,233-)使我们相信,在415年10月,此地足够淖泞,一个能够防御重装步兵和骑兵攻势的沼泽是确实存在的。目前所存的地图皆不能使我完全满意。我结合多佛的地图5(《修昔底德历史评注》,第4卷,第481页附页)、格林的地图(《无敌舰队来自雅典》,第184页),以及德霍格穆勒(H.-P. Drögemüller)"叙拉古:一座希腊城邦的地形与历史"(《体育期刊》增刊,第6期,海德堡,1969年)(*Syrakus*: *zur Topographie und Geschichte einer griechischen Stadt. Gymnasium* Beiheft VI)中的多幅地图——特别是该书第55页的地图11——画出了我自己的地图(本书地图10)。多佛的地图没有给出雅典营地和雅典舰队的位置。同时,多佛所断定的雅典人建造的"栅栏"(σταύρωμα)/"防御工事"(ἔρυμα)的位置,我也不认同;但是,关于这个问题的讨论,参见下文。德霍格穆勒在其地图中没有处理与这次战役相关的内容。

[1] Thuc. 6. 66. 2. 多佛(《修昔底德历史评注》,第4卷,第480—481页)采信了诸抄本原有的写法:παρά τε τὰς ναῦς σταύρωμα ἔπηξαν καὶ ἐπὶ τῷ Δάσκωνι, ἔρυμά τε, ἣ εὐεφοδώτατον ἦν τοῖς πολεμίοις ... ὤρθωσαν,并将之译为"他们在他们的船的旁边,'为了压制'(ἐπὶ)夺司崆(Dascon)建造栅栏,在最易于被敌军抵达的地方建立了防御工事"。多佛认为,ἐπὶ在此处的含义不应解释为"在……之上"、"朝着",而应该解释为"为了保护(某地)","压制(某地)火力"。根据这种判断,多佛认为这道栅栏位于"喀德沥坭的山坡和西边逐渐升起的缓坡之间,这样就可以不让敌人从南边打来"(参见地图5,《修昔底德历史评述》,第4卷,第481页附页)。但是一方面,对ἐπὶ之词义作如是解释,实在有些牵强附会;另一方面,多佛所推断的这个地点与παρά τε τὰς ναῦς σταύρωμα ἔπηξαν(在他们的船旁边建造栅栏)一句相互矛盾,因为在这个地方建造栅栏,就肯定不可能是"在船旁边"。我们从多佛的地图中并不能直接看到这个矛盾,因为多佛在地图中没有画出雅典战舰的摆放位置。克鲁格(Krüger)将文中的ἔρυμά τε修订为ἔρυμά τι,亨利·斯图亚特·琼斯(Jones)在编辑修昔底德史书的牛津古典文本版时,接受了克鲁格的修订。在此处,我认为克鲁格的修订比多佛的判断更有价值。根据克鲁格的修订,栅栏应该是在舰船和防御工事(ἔρυμά)的旁边,在夺司崆,具体位置不是在海岬上,就是在朝南的海滩上,但正如德·萝蜜莉女史(Mme. de Romilly)所指出的,要使文本能够表达这层意思,我们并无必要对文本作推测式修订。萝蜜莉认为,诸抄本的写法基本是对的,问题仅仅在于,τῷ Δάσκωνι(夺司崆)后不该加逗号。根据这种看法,她将这段文本翻译为:"他们在他们的船的旁边建造了一道栅栏;在夺司崆之上,就在敌军最易于抵达的那块地上"。她还指出,"在修昔底德史书中,'τε ... καὶ'(也……也……)这组连词的使用位置是相当随意的,以至于我们无需对此作订正"(修昔底德史书布岱法译本[第6卷与第7卷][*Thucydide Livres VI et VII*],第49页及注释2)。

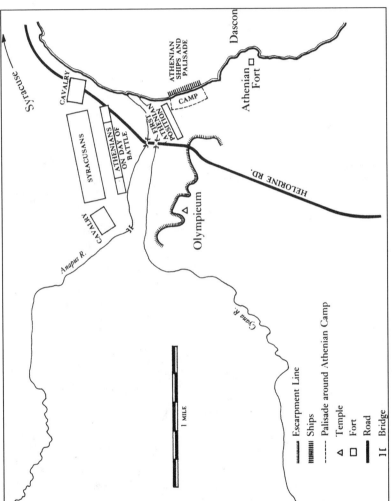

地图10 岸纳浦河战役

地图11　叙拉古围歼战

排兵布阵的原则则是尽可能不受叙拉古骑兵的侵害。这样,其右翼部队背靠城墙、房屋、树木以及岸纳浦河口的湿地,其左翼部队则背靠宙斯神庙之下的悬崖。

雅典人进行上述战备工作时,叙拉古人的盟友躲在城邦之内,根本没有出来阻止他们。帮助叙拉古人守城的盟邦军队(-233,234-)应该是对雅典人登陆感到万分吃惊,当他们回过神来之后,发现自己完全不是雅典大军的对手。叙拉古的部队终于抵达的时候,骑兵行进在步兵前面,"向着雅典军营前进",要求雅典人出来应战。然而,叙拉古人很可能并没有跨过岸纳浦河,而只是在等候着雅典人主动出击。战场此景令人回想起一则掌故,真假未辩,但很可能是真实的。普鲁塔克曾记载到,赫墨克拉底(Hermocrates)鼓励叙拉古人军心时说,"尼基阿斯坐拥将军职务,却借此避免战斗,仿佛他远渡来到西西里不是来作战的一样"。① 这夜,雅典人按兵不动,叙拉古人退而扎营。②

次日清晨,雅典人发动攻击。尼基阿斯将主力部队按照方阵排列,每列 8 个士兵,阿尔戈斯人与曼提尼亚人位于右翼,雅典人位于中央队列,其余盟军位于左翼;而最易于遭到叙拉古骑兵攻击的,是左翼部队。③ 这只是雅典兵力的一半;其余兵力被排成每列三人的空心方阵,方阵的空心里安排的是携带补给的平民。这个方阵被放在部队尾翼,靠近雅典军营的地方。如果部队前线退缩,这个尾翼方阵就可以作为储备力量来提供支援。在向前行进之前,尼基阿斯发表营前演说。他的演说不仅对着雅典人,也对着每个盟邦派来的参战部队。尼基阿斯并未试图塑造虚假的希望,相反,他强调的是战役的负面后果,以期对失败之代价的恐惧能够鼓舞军心,令大家勇敢战斗。这是尼基阿斯的典型风格。尼基阿斯提醒麾下士兵说,尽管同敌军比起来,雅典人及盟

---

① Plut. *Nic.* 16. 4.

② Thuc. 6. 66. 格林假定,雅典人摧毁的那座桥离海的距离,比上游另一座桥离海的距离更近,而这另一座桥或许可以通往宙斯神庙。我同意格林的看法(《无敌舰队来自雅典》,第158 页及注释 4)。

③ 尽管我并不赞同格林的所有看法,但是很明显,我对这场战役的认识极大地受益于格林对这场战役的描述:《无敌舰队来自雅典》,第 159—163 页。

友的军队经验更多、技巧更佳、领导更得力,但敌军是在家乡的土地上战斗,同时也是在为保卫家园而战斗。如果叙拉古人此役战败,他们径直撤回城邦、躲入城墙之后就可以了;而雅典军队呢,他们必须取胜,因为如果他们失败的话,士兵们将会无路可逃,特别是,敌军拥有一支庞大的骑兵,可以来追击他们。尼基阿斯(-234,235-)以一番不是很激励人心的劝勉结束了他的营前演说:"勇敢向前,进攻敌人;你们要知道,我们目前的需要和如果失败我们所将遇着的困难,比起对抗敌军来,更为可怕。"①

叙拉古人没有料到雅典人会向北渡河而来,因为就在前一天,雅典人还拒不应战。叙拉古军营距离城邦如此之近,以至于有些士兵回城过夜。战斗爆发时,这些回城过夜的士兵急忙赶回,跑到哪算哪,迅速入列。"他们没有预料到雅典人会首先进攻的,虽然他们仓卒地被迫作战。"在这种情形及后来的情形之中,叙拉古人证明了自己是勇敢热忱的战士,但是在这第一场战役中,叙拉古人表现得无纪律、无经验、指挥权难以协调统一,这令他们付出了惨重代价。② 叙拉古盟军在重装步兵人数上大约等同于整支雅典远征军,因为他们排出了每列 16 人的方阵,而与之相对的敌军前线部队每列只有 8 人,所以位于前线的雅典人面对的是两倍于自身体量的敌军部队。除此之外,叙拉古及盟友的骑兵部队大约达到 1500 人;显然,雅典人此时并没有骑兵。

双方轻装步兵的小规模交锋拉开了战斗序幕,但交锋并无胜负。接着,双方供奉牺牲,吹响号角,主要战斗开始了,重装步兵方阵开始交锋。雅典队列过河之后,所占据的地点势必与岸纳浦河形成一个夹角,这样,他们的左翼部队就能背靠河床来自卫。③ 雅典右翼部队大概可以凭借一片沼泽地来自卫,他们距离河口更近一些。看起来只有这样,我们才可以解释为何叙拉古骑兵不能包抄雅典人,也不能从后方攻打

① Thuc. 6. 68. 4. 谢德风译本,第 471 页。
② Thuc. 6. 69. 谢德风译本,第 471 页。
③ 参见地图 10。

他们，而我们知道叙拉古骑兵没有包抄雅典人，是因为重装步兵方阵战耗时良久。① 先前在战斗甫一开始就与敌交手的雅典投石手和弓箭手应该位于部队侧翼，在河流和沼泽地的保护下，他们可以击退敌军(-235,236-)骑兵。尽管叙拉古的重装步兵方阵每列人数多于雅典方阵，尽管叙拉古士兵个体更为英勇，但是雅典盟军军事纪律更加严明，作战经验更加丰富，所以还是雅典盟军取得了胜利。战斗还未结束的时候，暴风雨至，电闪雷鸣。从未亲身作战过的那些叙拉古人被吓到；自然，他们不习惯在雷暴中作战，也很害怕。这部分叙拉古人或许还会觉得风暴是不祥之征兆。② 而雅典人就有经验得多了：雨中作战并不新鲜，他们从容应对。风暴很可能击溃了叙拉古人高涨的士气；总之，阿尔戈斯人击退了敌军左翼部队，雅典人则驱散了敌军中央部队。很快，敌军战线崩溃，叙拉古盟军败走。

对雅典来说，这是关键一刻。如果雅典人乘胜追击无助败走的敌军，那么他们或许可以造成可观的伤亡；而如果伤亡严重到一定程度，那么叙拉古人或许将无心恋战；即便伤亡情况不足以使叙拉古人径直弃战，那么至少也足够使得叙拉古人对雅典围歼战的抵抗更加艰难，甚至可能根本无从抵抗。然而，武装起来的重装步兵方阵笨重难移，而掉队的敌军士兵卸下沉重的盾甲后，却步履如飞；方阵根本无法快速追击单兵。所以追击行动往往需要由骑兵来完成，而雅典人此刻却没有骑兵。相反，叙拉古骑兵在战斗中未曾发挥重要作用，毫发未伤，此时便可迅速站出来，制止敌军追击己方败北之师。如果不是先前战斗中并未发挥什么作用，叙拉古骑兵或许还不能如此迅速地阻止敌方的追击。③ 叙拉古人退至河洛庐路（Helorine Road）重新集合。他们先向奥林匹亚宙斯神庙派遣了一支驻军，保护宙斯神庙中的财物，然后就回撤到自己的城邦里去了。雅典人无可奈何，于是他们在战场上树立了一

---

① Thuc. 6.70.1：ἐπὶ πολὺ ἀντεῖχον ἀλλήλοις，他们彼此抵抗了很长一段时间。在其他学者对此次战役的研究中，我没有看到有人对此发问：对为何叙拉古骑兵在战斗交锋中没能发挥作用？

② 多佛，《修昔底德历史评注》，第 4 卷，第 345 页。

③ Thuc. 6.70.3.

个胜利纪念碑。次日，雅典人交还了 260 名阵亡叙拉古士兵的遗体；雅典人及其盟友则损失了 50 人。搜集了战利品之后，雅典人驶回了他们在卡塔纳的军事基地。①

修昔底德告诉我们，雅典人是基于以下这些理由而选择撤退的，"因为现在冬季到了，(-236,237-) 他们认为他们还不能从目前他们的根据地继续进行战争。第一，他们一定要向雅典请求骑兵，向西西里的同盟者招集骑兵，[以免在骑兵方面被敌军完全控制]；同时，他们也一定要在西西里取得金钱，并请求雅典送金钱来；有些城市，他们希望在这次战役之后，可能听从他们的话，因此必须争取过来；此外，谷物及其他必需品也必须准备，以为春季进攻叙拉古之用"。② 这些理由显然就是尼基阿斯先前提出来的那些。

从古至今，人们都在批评尼基阿斯未能乘胜追击，没有马上充分利用胜果。就在是次战役结束几个月之后，阿里斯托芬的喜剧《鸟》在雅典上演，剧中一个角色说道：

> 凭宙斯起誓，没时间再
> 装睡了，没时间再像尼基阿斯一样拖延了。

尽管尼基阿斯素有审慎、犹豫之名声，但是在尼基阿斯从叙拉古撤退的消息传回雅典之后，这句诗应该不是泛指，而是专指此事。③ 413 年前往西西里支援尼基阿斯的德摩斯梯尼就曾严厉批评过尼基阿斯拖延，而这也是修昔底德自己的看法："德谟斯提尼［德摩斯梯尼］……认为他不能迟延；他发现他自己所处的地位正和过去尼西阿斯［尼基阿斯］的地位相同。因为尼西阿斯［尼基阿斯］初到的时候，他似乎是很可怕的；

---

① Thuc. 6. 70—71. 1.
② Thuc. 6. 71. 2. 谢德风译本，第 473 页。方括号内为译者增加。
③ 这两行诗是第 639—640 行：καὶ μὴν μὰ τὸν Δί' οὐχὶ νυστάζειν ἔτι
    ὥρα 'στὶν ἡμῖν οὐδὲ μελλονικιᾶν
  其中，μελλονικιᾶν 是谐音双关，一个意思是"像尼基阿斯一样拖延"，另一个意思是"迟来的胜利"。《鸟》上演于 414 年的城邦大酒神节（the Great Dionysia of the City），该节序属伊拉塆柏丽翁月（Elaphobolion，大致是 3 月）。

但是，当他不马上进攻叙拉古，而在卡塔那[卡塔纳]度冬的时候，他自己引起敌人的轻视，让吉利普斯[句列普斯][抢先]偷偷地引进伯罗奔尼撒的军队来首先向他进攻；如果尼西阿斯[尼基阿斯]马上进攻的话，叙拉古人就不会派人去求救于伯罗奔尼撒的军队了，因为他们以为他们是可以单独对付他的；等到他们知道自己是处于劣势的时候，他们已经完全被雅典人所建筑的城墙封锁了，所以那时候，纵或他们派人去请求援军，援军对他们也不能(-237, 238-)有很大的帮助了。"①普鲁塔克评价了尼基阿斯在叙拉古取胜后的拖延："每个人都为此批评尼基阿斯，说他思虑过度，拖而不决，过分审慎，反而延误了行动的契机。后来他开始行动以后，倒没什么可以苛责的了。因为一旦投入行动，尼基阿斯就充满干劲和战斗力，但是要鼓起行动的勇气时，他却总是犹豫不决，胆小怕事。"②

　　在对这场战役及其后果进行分析的现当代古典学家中，最厉害的是格罗特和布索特。格罗特争辩说："这场胜利缺乏成效；我们甚至可以说，这场胜利根本是有害的，一是因为雅典人会时不时地想起这场胜利，而尼基阿斯就以此作为借口，在接下来整整 3 个月按兵不动；这场胜利根本是有害的，二是因为这场胜利既没有削弱叙拉古人，也没有令他们蒙羞，反而给叙拉古人上了一课，促使他们充分利用尼基阿斯躲在冬季营地里的时光。"③布索特的评判同样值得在此处援引：

① Thuc. 7. 42. 3. 谢德风译本，第 527 页。多尼尼(G. Donini，《赫尔墨斯学刊》[Hermes]，第 92 卷，1964 年，第 116—119 页)已经证明，修昔底德认可德摩斯梯尼的意见。多佛(《修昔底德历史评注》，第 4 卷，第 419—421 页)和韦斯特莱克(Westlake，《修昔底德史书人物列传》[Individuals in Thucydides]，剑桥，1968 年，第 182 页，注释 1)赞同多尼尼的观点。科孚(E. C. Kopff，《希腊罗马拜占庭研究》[Greek, Roman, and Byzantine Studies, GRBS]，第 17 卷，1976 年，第 23—30 页)则辩称，上述文段是西西里史家菲利斯图(Philistus)所写；一位有学问的读者把这段菲利斯图的史述抄在页边，进而篡入原作，成为衍文。科孚的看法遭到了迪基(M. W. Dickie)的驳斥(《希腊罗马拜占庭研究》，第 17 卷，1976 年，第 217—219 页)。科孚的反驳(《希腊罗马拜占庭研究》，第 17 卷，1976 年，第 220—221 页)并无说服力。要证明所引这个文段并非修昔底德所写，主要理据是：这个文段看似与修昔底德对事件的记叙相矛盾。如果仅凭这个标准就能证明某段文字不是修昔底德所写，那么修昔底德史书中得删去相当多的内容。

② Plut. Nic. 16. 8.

③ 格罗特，《希腊历史》，第 7 卷，第 223 页。

战败以后，沮丧消沉的气氛弥漫了叙拉古。如果雅典人能够把兵营移到更加靠近叙拉古城邦的地方的话，那么在围歼战初期，雅典军队几乎不可能遇到任何抵抗。有堑壕为靠，他们定能在骑兵抵达之前取得进展，围歼墙定能完工，如果是这样，敌军将被困在一片混乱骚动之中。事实上，在来年夏季的征战中，雅典骑兵也仅仅发挥了一次作用。雅典远征军战斗开局得力，但他们未能充分利用战术胜利，以至于最终酿成彻底的战略失败。雅典人远渡来到叙拉古，(-238，239-) 不是为了登陆作战后，第三天就离开的。①

也有一些现当代学者为尼基阿斯的审慎辩护。这些学者指出，冬季就要来临，对雅典人来说，在冬天向叙拉古近旁的营地运输补给将会很困难。② 然而，从另一方面来说，西西里夏天炎热，附近沼泽中多有瘴气；相比起来，还是在温和的冬季气候中更适于开始围歼叙拉古。③至于补给问题，无论雅典人何时开始围歼战，他们都会面临补给问题。然而，获取食物和其他补给就需要钱，保护人员和补给则需要雅典骑兵的帮助。实际上，缺少骑兵就是对尼基阿斯拖延战略的最佳解释和辩护。

叙拉古骑兵之于抵抗围歼战的重要性，被大大低估了。雅典军队当然可以整个冬季都在大港岸边驻扎，只要他们能守住防御位置。然而，雅典人只要把人派出去——无论是去挖堑，还是去建墙——那些人就会暴露在叙拉古骑兵攻打的危险之中。只要雅典人自己没有骑兵，

---

① 布索特，《希腊历史》，第 3 卷，第 2 册，第 1323 页。本书作者自译。

② 爱德华·梅耶（《古代历史》，第 4 卷，第 518 页）说："在冬季，如果整整数月都停留在靠近奥林匹亚宙斯神庙的那个位置的话，就一定会陷入严重的困境。"阿道夫·霍姆（Adolf Holm，《古西西里史》[*Geschichte Siziliens im Alterthum*]，第 2 卷，第 27 页）提出，秋天并不是开始围歼叙拉古的恰当时机。霍姆假定，战斗是在岸纳浦河南岸展开的，而岸纳浦河是道难以逾越的屏障。我认为这两点是错的。霍姆据此认为，雅典人撤退合情合理。如果霍姆的两项假定成立的话，那么大家就会批评尼基阿斯，说他没选个合适的战场。

③ 正如格罗特与布索特指出的那样。参见格罗特，《希腊历史》，第 7 卷，第 222 页；布索特，《希腊历史》，第 3 卷，第 2 册，第 1323 页。

这个危险就会一直存在。到了次年春季，当雅典人真的开始围歼以后，叙拉古骑兵也确实站出来阻止他们运输建墙的石块了。当然，在那个时候，雅典人自己的骑兵已经抵达，可以驱逐叙拉古骑兵了。① 不过，如果没有骑兵的保护，雅典的泥瓦匠们（-239,240-）就是敌军的案上鱼肉，只能任人宰割；而在415/414 年冬季，如果尼基阿斯的部队想要围歼叙拉古的话，他们就会像这些泥瓦匠一样，面临同样的危险。

如果仅从物质和军事角度来看这个问题，那么尼基阿斯没有骑兵、资金短缺，他选择在冬季期间回撤是对的。然而，德摩斯梯尼的批评——也就是修昔底德所赞同的那种评价——是基于心理方面的考虑。德摩斯梯尼相信，叙拉古人会高估雅典人的实力，继而在战斗中被雅典人打败，然后退守城邦时发现高墙四筑被围困，还来不及派人求援。德摩斯梯尼推测到了那时，叙拉古人就会投降；即便那时叙拉古人能够派人求援，只要城邦被封锁在围歼墙内，求援也不会有用。不过，这些估计取决于人会如何作反应，因此永远不可能十分确定。即便天才如伯利克里也是如此：他设计战略，欲从心理上耗竭敌方，结果却令人大失所望。② 即便德摩斯梯尼的心理估算没有问题，我们也不得不怀疑，雅典人到底有没有能力在没有骑兵保护的情况下建起一道环绕整个城邦的围歼墙；而如果不能建起这道围歼墙，叙拉古人总有办法派人出去求援，获得援助，继而充分利用外援。

还可以用另一种方式来解读德摩斯梯尼和修昔底德的批评：当作他们是在批评雅典将军选择了阿尔喀比亚德的战略路线，而没有选择拉马库斯的战略路线，当作他们是在批评 415 年夏季没有马上攻打叙拉古。③ 不过，这样解释未免牵强附会，事实上也不大可能成立，但是即便德摩斯梯尼和修昔底德真的是在批评雅典将军的战略选择，这种批评本身是站不住脚的。诚然，拉马库斯的战略计划取得成功的可能性要大于 415 年秋季开始围歼战取得成功的可能性，因为 415 年夏季

---

① Thuc. 6. 98. 3.

② 卡根，《阿奇达慕斯战争》，第 27—42,352—362 页。

③ 参见多佛的讨论：《修昔底德历史评注》，第 4 卷，第 419—421 页。

那时候的心理状况还要更好。然而,即便在 415 年夏季那个时候,如果叙拉古人保持镇定,雅典人也没有十成胜算。雅典人没有骑兵,那么在夏天修建围歼墙也不会比在秋天修建围歼墙要来得容易。如果雅典人在没有骑兵的情况下来到西方,那就只有一个战略可行:他们必须迫使叙拉古人应战,击败叙拉古人,然后等着叙拉古投降。如果做不到这一点,雅典人将别无选择,只能(-240,241-)回撤到冬季营地里去,等待骑兵增援。考虑到其可用资源,尼基阿斯的将才算是出类拔萃了。他正确判断了形势,选择了合适的战略计划,他执行计划的技巧近乎精妙绝伦。尼基阿斯使用间谍转移敌军注意力,从而实现非强行登陆,这一设计极为精彩。尼基阿斯了解地形,在战斗之前与战斗之中排兵布阵的水平超乎常人。尼基阿斯以己方最为有利的条件突袭敌军,发动战斗,娴熟如战术大师。作为战术家,尼基阿斯无可指摘。

然而,以上种种优秀都不能为他犯下的战略错误免责,而尼基阿斯所犯下的战略错误或许就是整个远征失败的主因。正如我们所见,夺取叙拉古的关键在于雅典必须有骑兵。如果雅典军队早在抵达叙拉古之前就有骑兵襄助——无论是在夏季,还是在秋季——,那么正如修昔底德所暗示的那样,叙拉古人将很快投降,或被迫陷入饥馑;再无外部援兵能够拯救叙拉古。我们也没有理由去质疑,如果尼基阿斯有骑兵可驱使,那么他肯定也会在战斗胜利之后就马上开始围歼战,因为尼基阿斯指挥战役时所表现出来的气势和本领表明,尼基阿斯也认为有必要攻打叙拉古城邦。其实,尼基阿斯自己早就预见到骑兵是必需,他曾经这样告诉雅典公民大会:"[叙拉古人]对我们的最大优势是它们有许多马,并且事实上它们生产自己所需的谷物,不须从外地输入。"①然而,就在这次辩论晚些时候,当有人要求尼基阿斯说出雅典人应该投票决议为远征提供何种物资的时候,尼基阿斯要求雅典人提供舰船、重装步兵、弓箭手和投石手,但就是没有要求提供骑兵。②

当然,在当时的情形下,尼基阿斯是突然被提问,并无准备,所以尽

---

① Thuc. 6. 20. 4. 谢德风译本,第 440 页。

② Thuc. 6. 25.

管他本人十分强调骑兵的重要性，但仍不免有所遗漏，这可以理解。然而，从那次决议大会到远征军出发，这期间还有大把时间，公民大会也曾多次开会。① 尼基阿斯有的是机会去要求提供(-241, 242-)骑兵，雅典人肯定也不会拒绝他的要求；但他没有。后来直到他们在垒集坞召开行动方针会的时候，围歼叙拉古看起来势在必行，而他们也有时间派人回城邦请求骑兵支援；但他还是没有。总之，没有骑兵，在叙拉古邻近登陆就毫无意义；没有骑兵，迫敌开战就不能失败。然而，登陆后军中将有压力，这或许将迫使尼基阿斯有所行动。所以他只能期待，雅典人取胜将会使叙拉古人吓破胆；如果没有，他就得撤兵，来年春天再战。因此，尼基阿斯的巨大失误不在于浪费时间——无论是在 415 年夏季，还是在 415/414 年冬季，而在于没能为雅典军队提供骑兵——无论他们决定要攻打，还是要围歼叙拉古人。我们可以用纯粹的判断失误来解释尼基阿斯这一战略失败，不归诸其他原因。然而，尼基阿斯在多个场合都表现出他作为将军，经验老到，细致周全，不太可能出现这种失误，更不可能忘记一个兵种，尤其是，他知道敌军在这个兵种上优势显著。我们可以推测，这一疏忽是意图失误而非判断失误，其产生原因，至少有一部分是因为尼基阿斯最一开始不愿远征，也因为尼基阿斯希望永远都不必真的投入战斗。

雅典人并不是有意要浪费 415/414 年的冬季。骑兵增援抵达之前，雅典人无法对叙拉古人采取行动。所以，他们派出一艘三列桨战舰前往雅典，要求为春季征战增拨军饷，增派骑兵。雅典人可以从他们的西西里盟邦那里募得补给和协助；通过外交和其他手段，他们也可以在此争取其他城邦与雅典结盟。雅典人回到卡塔纳军事基地以后，立即出发驶往梅西纳，指望有些梅西纳人变节，把城邦交给雅典人。梅西纳深陷党争之苦，城邦里有一个亲雅典党，他们阴谋要将城邦交给雅典人。我们确有理由相信，雅典大军抵达城邦港口的时候，亲雅典党的阴谋就可一举成功；但是现在，雅典人开始为他们判决阿尔喀比亚德付出代价了。表面上，阿尔喀比亚德本分地登上自己的战舰，顺从地准备回

---

① Thuc. 6. 27—29; And. *De Myst*. 11.

雅典受审,但是事实上,他已经计划要逃亡并报复雅典人。逃亡途中,阿尔喀比亚德在梅西纳作了停留,向城邦里的亲叙拉古党揭露了亲雅典党的阴谋。到了雅典人抵达的时候,内战已经(-242,243-)在梅西纳爆发;亲叙拉古党武装起来,杀死亲雅典党的与谋者,这些人势力强大,足以把雅典人拦在城邦之外。尽管雅典人停留了 13 天之久,但是他们一无所获。最后因供给短缺,雅典人被迫在暴风雨中撤兵。雅典人退至一个新的军事基地,这个基地位于纳克苏斯。他们为战舰建造了船坞,还建造了一道栅栏来保护人员和营地。①

与此同时,叙拉古人正在充分利用雅典人撤退带来的喘息时间。赫墨克拉底对叙拉古公民大会的警告被事实证实之后,他的政治时运应当有所上升。尽管赫墨克拉底在修昔底德史书中已经出场过几次,但修昔底德还是选择在这个时候来介绍他。修昔底德描述他"拥有不次于任何人的将才","在战争中足够胜任,引人注目,因为他有经验、有勇气"。② 赫墨克拉底对叙拉古人的发言具有典型的伯利克里风格。赫墨克拉底发现叙拉古人因为最近这次战役的失败而意气消沉,缺乏信心,于是他鼓舞他们,试图提升士气。赫墨克拉底告诉叙拉古人,他们的失败不是因为什么本质上的劣势,而是因为他们缺乏经验,纪律涣散,指挥权不集中。他敦促大家,向重装步兵等级以下的公民发放武器,这样就可以增加重装步兵部队的规模;对军队进行强制训练;遴选数名将军,以取代现在分有指挥权的 15 位将军。这几名将军应被授予全权,不经公民大会咨议他们也应当有权自行决策;而公民大会应当立誓,确认将军拥有上述权利。这样不仅可以打造更有效率的指挥体系,而且能够保障相关计划的保密性。③

赫墨克拉底所要求的将军特权将严重削弱叙拉古民主政权的权力,但是叙拉古正危如累卵,铤而走险似乎亦不为过。于是,公民大会投票决议,赞成赫墨克拉底的所有要求。他们选举了 3 位将军:吕

---

① Thuc. 6. 74.
② Thuc. 6. 72. 2.
③ Thuc. 6. 72. 3—5.

西玛库之子赫拉克莱德（Heracleides son of Lysimachus）（-243，244-），厄克塞斯特之子西侃努（Sicanus son of Execestus），以及赫墨克拉底自己。与此同时，公民大会决定向科林斯和斯巴达遣使求援，而这是重要一步。叙拉古人向斯巴达提出了两个要求：派遣一支援军过来，帮助叙拉古自卫；在希腊本土重启大战，猛烈作战，这样就可以迫使雅典人放弃西西里，或者至少可以削弱雅典人向远征军增派援军的能力。①

　叙拉古人还采取了诸项实际行动来加强自卫。其中最重要的一项措施就是扩建城墙，这样不仅可以增加城墙内土地面积，还可以给雅典人造成麻烦：如果雅典人要围歼叙拉古城邦，那他们需要修建的围歼墙的长度就会大大增加。叙拉古的新城墙向西突出，包含了一片叫作忒门坭地（Temenites）的郊外土地；新城墙还向东向北延伸，穿过俯瞰城邦的近城高原（Epipolae），延伸到一个叫作沱济庐（Trogilus）的地方。② 叙拉古人还向海埠列崖的墨伽拉和奥林匹亚宙斯神庙安插驻军，并在海岸上雅典人可能登陆的几个地点建造栅栏。得知雅典人驻

---

① Thuc. 6. 73.

② Thuc. 6. 75. 1. 参见地图 11。关于叙拉古及近郊地形，还有叙拉古地形与修昔底德史述之间的关系，学界意见分歧。我读过的相关研究中，最有用的是以下这些：法不利修（K. Fabricius），"古叙拉古"（Das Antike Syrakus），《克丽娥学刊》增刊，（Klio Beiheft），第 32 期，莱比锡，1932 年；H·P·德霍格穆勒，《叙拉古：一座希腊城邦的地形与历史》；P·格林，《无敌舰队来自雅典》，第 182—186 页及其他各处；以及多佛，《修昔底德历史评注》，第 4 卷，第 466—484 页。我们已经无法确定沱济庐的准确位置，因此也就没办法确定新城墙的正确走向。我采信多佛（《修昔底德历史评注》，第 4 卷，第 471—475 页）及大多数学者的看法，推断沱济庐位于海边，在近城高原对面，在城邦的近乎正北的方向。德霍格穆勒（《叙拉古：一座希腊城邦的地形与历史》，第 71—96 页）认为，沱济庐不是一个地点，而是东边的一条海岸线，从城墙北边一直延伸到皮科罗希诺（Piccolo Seno）入海口（参见地图 18，《叙拉古：一座希腊城邦的地形与历史》，第 91 页）。所以德霍格穆勒认为，叙拉古人的新城墙一直向东延伸到海边。格林（《无敌舰队来自雅典》，第 194—196 页）似乎并未读过德霍格穆勒的研究，但是他独立得出了和德霍格穆勒一样的结论。至于第一种较为主流的看法，多佛为之进行的论证是目前最佳。在为德霍格穆勒的《叙拉古：一座希腊城邦的地形与历史》写书评的时候，多佛表达了自己的观点（《凤凰学刊》[Phoenix]，第 25 卷，1971 年，第 282—285 页）。同时参见韦斯特莫克为德霍格穆勒所写的书评：《古典评论》（Classical Review，CR），第 21 卷，1971 年，第 97—99 页；亦可参见多佛为格林所写的书评：《凤凰学刊》，第 26 卷 1972 年，第 297—300 页。

扎在纳克苏斯之后,叙拉古人采取攻势,突袭雅典人的卡塔纳军事基地,火烧连营,并隳突劫掠于乡村地区。①

接着,叙拉古人开始动用外交技巧。他们(-244,245-)得到消息,雅典人正在试图把卡马林纳争取到自己阵营中来,但卡马林纳是一个多利安人的城邦。427 年,为了对抗叙拉古,卡马林纳曾在剌喀司远征西西里时与雅典和林地尼结盟。② 到了 415 年,卡马林纳也成为了叙拉古的盟邦,但是因为雅典在岸纳浦河取胜,卡马林纳又很抗拒派兵援助叙拉古,所以叙拉古人有理由怀疑卡马林纳人是否真的忠诚可靠。因此,叙拉古人派出了他们最能干的外交家赫墨克拉底,去在卡马林纳公民大会上作发言。③

为了敦促卡马林纳人反对雅典,赫墨克拉底尽其所能,使用了各种理据。他的第一个主张是:雅典人宣称是来光复林地尼人土地、协助塞结司塔反对塞林努斯的,但他们不是;雅典人是来摧毁叙拉古、征服西西里的。不管他们的真正意图是什么,但是在公开场合,雅典人一直小心措辞,坚称远征目的有限。赫墨克拉底此言即是佐证。赫墨克拉底还说,大家也不应该相信,雅典人是来援助和他们具有亲缘关系的城邦的(这些城邦可能属于喀耳基司人或爱奥尼亚人,而雅典人也被认为是喀耳基司人和爱奥尼亚人),因为他们在奴役优卑亚岛上的土生喀耳基司人、奴役整个雅典帝国内的爱奥尼亚人的时候,毫无悔意内疚。赫墨克拉底指出,西西里岛上多利安人的城邦可不是盲从的、被奴役的爱奥尼亚人,爱奥尼亚人屈从于某个主人;多利安人是自由的,他们可以团结起来反抗共同的敌人。当然,赫墨克拉底知道许多西西里人嫉妒叙拉古的权势,他们害怕遭到叙拉古统治超过害怕被雅典支配。为了抵消这些恐惧,赫墨克拉底强调雅典人计划邪恶,其中特别重要的一点是,如果叙拉古被击败,再要反抗雅典人将会非常困难。

雅典与卡马林纳之间的原有同盟关系,显然仍有道德束缚,且仍不

---

① Thuc. 6. 75. 1—2.

② Thuc. 3. 86. 2.

③ Thuc. 6. 75. 3—4.

容忽视。赫墨克拉底暗示,那个旧时的同盟是纯防御性质的,只有签字城邦之一遭到入侵才能生效,而目前是雅典在侵略叙拉古。事实上,雅典与卡马林纳订立的是一个"完全同盟"(symmachia),也就是攻守同盟。尽管如此,赫墨克拉底指出,连垒集坞人都拒绝继续遵守同雅典人的完全同盟义务,(-245,246-)而他们同林地尼人一样,也是喀耳基司人。赫墨克拉底暗示说,雅典派出如此大军,意图定是镇压西西里,而这支大军一旦出现在西西里,所有先前的承诺都不能作数了,但只要西西里人团结起来,他们也无须畏惧如此大军。伯罗奔尼撒人定会派兵支援;得到伯罗奔尼撒人的援军后,西西里的多利安人若团结一致,就能击败雅典,赢得自由和光荣。①

　　雅典在卡马林纳发言的人既不是尼基阿斯,也不是拉马库斯,而是游弗木斯(Euphemus)。关于这个人,我们一无所知。然而,让游弗木斯来发言,这个选择倒不坏,因为在当时情境下,他为雅典做了他力所能及的最佳辩护。游弗木斯没有回避关于亲缘关系的论辩,他直接利用了这一论点。游弗木斯承认,多利安人与爱奥尼亚人之间存有宿怨。雅典人在希波战争之后建立自己的帝国,为的就是要摆脱多利安斯巴达人的领导和统治。此外,雅典帝国合情合理,是因为作为帝国属邦的爱奥尼亚人与波斯进行了英勇斗争,而雅典人为他们打败波斯人提供了物质和心理帮助,进而把爱奥尼亚人从他们的枷锁中解放出来。但是,游弗木斯接着说道,恐惧,还有随之而来的对安全的渴望,是雅典人攫取现在这个帝国的主要动机,而他们来到西西里也是出于这些动机。雅典人恐惧,害怕叙拉古会征服其邻邦,统治西西里,进而积累权势,援助他们的多利安同胞斯巴达人,重启对雅典的战争。游弗木斯争辩说,卡马林纳民众应当怀有同样的恐惧,因为如果他们支持叙拉古或保持中立,而雅典人没有达到目的就不得不离开西西里的话,叙拉古定将征服卡马林纳,征服西西里岛上其他的希腊人城邦。

　　游弗木斯很清楚,其他的希腊人城邦对雅典怀有各种各样的恐惧和偏见,所以他试图正面回应这些或公开表达,或暗藏在心的忧

① Thuc. 6.76—80.

虑。赫墨克拉底曾提到,雅典远征军的超常体量意味着雅典前来不是保卫盟友、而是征服全岛。对于这一指控,游弗木斯在回应时使用了尼基阿斯曾在(-246,247-)雅典使用过的理据。尼基阿斯曾试图以这一理据阻止整个远征计划。游弗木斯说,雅典人在西西里,没有卡马林纳等盟邦襄助就寸步难行;甚至如果雅典人作恶多端甚或征服西西里,"也不能继续统治你们,因为航程遥远,而且要驻守这些有大陆国家军事设备(例如,重装步兵和骑兵)的大城市也是很困难的"。① 而叙拉古人近在眼前,他们才是真正的威胁;若雅典人离开西西里岛的时候没能压制住叙拉古,卡马林纳将再也没有这么好的机会来保障自身的自由。

　　游弗木斯知道,许多人对雅典的城邦性格——他们表现出来的那种非凡活力与能动——感到恐惧,而雅典之敌惯于利用这种恐惧,煽动人心。432 年,科林斯人曾利用这种恐惧,成功劝服斯巴达人与雅典作战;科林斯人宣称雅典天性就是"不能自己享受安宁的生活,也不让别人享受安宁生活的"。② 这种恐惧由来已久。对此,游弗木斯的回应是,雅典人确实好奇心旺盛(*polypragmones*),爱管闲事,老惹麻烦,野心永远勃勃,胃口永远无法填满。若不考虑其中所含的贬义,游弗木斯基本没有否认,雅典就是如此。"我们不得不'干涉各方面的事务'(*polla prassein*),③因为我们不得不在各方面防范我们的敌人。"游弗木斯争辩说,事实上,雅典人是因为盟邦寻求保护才来到西西里的。卡马林纳民众不应当批判或试图节制雅典那爱管闲事又富有活力的城邦性格,因为雅典的这份应得声誉——利益广泛,行动多端——正是弱者安全保障的来源之一,也是对那些试图倚强凌弱的强权的威慑之一。游弗木斯请求卡马林纳人,去利用与雅典结盟为他们带来的安全,同时

---

① Thuc. 6. 86. 3. 谢德风译本,第 482 页。
② Thuc. 1. 70. 9. 谢德风译本,第 50 页。
③ Thuc. 6. 87. 2. 这段文本写作:*πολλὰ δ'ἀναγκάζεσθαι πράσσειν*,而*πολλὰ πράσσειν*(即文中所说的 *polla prassein*,做很多事)等同于*πολυπραγμοσύνη*(爱管闲事的性格与举动,Thuc. 6. 87. 3),游弗木斯在接下来的演说中使用了后者。谢德风译本,第483 页。

请求卡马林纳人，来加入对叙拉古的战争。如果卡马林纳人这样做了，他们可以摆脱一个永恒的危险敌人。[①] (-247,248-)

　　游弗木斯的演说当然是种宣传辞令，且仅适于当下情境。我们不可能指望他会提及征服西西里这个话题，即便那就是他的真正意图。但尽管如此，游弗木斯所说的话仍然算得上合情合理，且并非完全不可信。毕竟之前，雅典人曾经来过西西里一次，那一次就是应盟邦要求而来，而且那次雅典人离开时，并没有奴役西西里岛。有人或许可以争辩说，正是由于雅典没能完成当年远征的有限战略目标——援助盟邦、制衡叙拉古扩张——才使得他们今日不得不派出一支大得多的部队，所以，今日之大军本身也并不证明雅典人怀有卑鄙恶意。事实上，卡马林纳与叙拉古龃龉不断，对近邻叙拉古心怀的恐惧要比对远方的雅典严重得多。在岸纳浦河战役中，卡马林纳人尽可能不予援助，因为他们不想叙拉古人赢得战役。修昔底德告诉我们，他们对雅典人有好感，"只是他们认为雅典人可能奴役西西里"。[②] 尼基阿斯使得雅典远征军兵力大幅增加，这与阿尔喀比亚德最初的战略设想南辕北辙，此刻便又是一个明证。卡马林纳人认为，他们最好还是以最坏的恶意来揣测雅典之意图，然后选择最安全稳妥的办法行事。卡马林纳决定继续支援叙拉古，但是尽量少给予一些支援，这样也不会冒犯雅典人，因为雅典人在岸纳浦河取得的胜绩令卡马林纳人印象深刻。卡马林纳人的正式回应是，因为她与双方都结着盟，因此暂时不能给予任何一方以援助。[③]

　　雅典人的外交尝试转向了非希腊人的西西耳人。居住在东部沿海平原中的西西耳人大部分被叙拉古统治了，暴动极为罕见；但是居住在内陆山地的西西耳人则是独立自主的。山地西西耳人中的绝大部分倒向了雅典阵营，为雅典人提供食物和资金。至于拒绝与雅典结盟的那些，雅典人就向那里派出军队，强迫这些地方与雅典结盟。

---

① Thuc. 6.82—87.

② Thuc. 6.88.1. 谢德风译本，第484页。

③ Thuc. 6.88.2.

作为回应，叙拉古人也派出驻军，保护这些受到威胁的西西耳人城镇。要与西西耳人联络的话，卡塔纳的位置就要优于纳克苏斯，因此雅典人（-248，249-）移师先前的军事基地，重新建起营地，并在卡塔纳度过了冬天的余下时刻。在卡塔纳猫冬期间，雅典人仍然不断遣使，前往不同的西西耳人部落。他们也向塞结司塔派出使节，请求战马支援。雅典人还为来年春季将要进行的围歼墙建筑工程搜集准备了物料。①

雅典人的外交努力还抵达了更遥远的地方。他们派出一艘三列桨战舰前往迦太基，寻求与之结盟，如果可能的话，也请求给予物资支援。他们派出另一艘三列桨战舰前往伊特鲁里亚人（Etruscans）的城邦，其中一些城邦志愿参战，帮助雅典人。② 伊特鲁里亚人是叙拉古人的宿敌，至少晚至453年，伊特鲁里亚人还和叙拉古人在海上打了一仗；413年，伊特鲁里亚人派舰帮助雅典人，这证明他们与叙拉古人之间的宿仇仍在持续。③ 雅典人向迦太基求援，此事饶有深意。修昔底德告诉我们，阿尔喀比亚德志在征服迦太基和西西里。赫墨克拉底告诉叙拉古人说，迦太基生活在被雅典攻打的恐惧之中，同时阿尔喀比亚德自己也告诉斯巴达人说，雅典远征西西里的目标包括征服迦太基帝国及迦太基自身。④ 我们已经看到，这样一些意图从未出现在雅典的公开讨论中，更未曾写入与西西里远征相关的任何一条正式法令。如果迦太基人是如此畏惧雅典人的侵略，那么雅典人无论是因为厚颜无耻，还是因为过于幼稚而去向迦太基求援，都很令人意外，所以我们可以假定，迦太基人的恐惧完全是赫墨克拉底基于修辞目的的捏造。遣使迦太基，这必定是尼基阿斯的创新举措，但是因为尼基阿斯和拉马库斯在绝大部分方面似乎仍在执行阿尔喀比亚德的战略路线，所以也有可能是阿

---

① Thuc. 6. 88. 3—6.

② Thuc. 6. 88. 6.

③ 关于早前的争执，参见 Diod. 11. 88. 4。关于后来的持续冲突以及伊特鲁里亚人支援雅典人，参见 Thuc. 7. 57. 11。

④ 修昔底德的看法：Thuc. 6. 15. 2；赫墨克拉底的话：Thuc. 6. 34. 2；阿尔喀比亚德的话：Thuc. 6. 90. 2。

尔喀比亚德曾指望利用自己的外交天才，去取得迦太基的帮助，并以之作为自己计划的一个部分；但如果事实如此，(-249,250-)这就会与阿尔喀比亚德志在征服迦太基这一说法相冲突，但是我们已经看到，而且将还会看到，我们有理由对这一说法持怀疑态度。①

与此同时，叙拉古的使团抵达了意大利海岸，敦促那里的希腊人城邦抵抗雅典人。叙拉古使团还去了科林斯，向母邦求援。科林斯人不仅马上投票决议倾力襄助，还派出他们自己的使节，随叙拉古人一同去向斯巴达求援。在斯巴达，科林斯人和叙拉古人的使团发现自己又多了一个帮手：阿尔喀比亚德。阿尔喀比亚德和与他一起逃亡的同袍从意大利渡海，来到了伯罗奔尼撒半岛。他是从图里乘坐商船来的，在埃利斯的圩林（Cyllene）登陆。② 埃利斯是阿尔喀比亚德在曼提尼亚战役前所织就的外交网络的一部分；我们可以推测，埃利斯此时仍然亲近阿尔喀比亚德，敌视斯巴达。③ 阿尔喀比亚德犹疑不决，不知道是否应该不请自去，前往斯巴达。这是因为他出力促成了曼提尼亚战役，斯巴达人应该会敌视他；但是，斯巴达派人来邀请他了，还保证他可安全通行。斯巴达政府，包括监察官、国王和贵族议事会，都倾向于消极回应目前

---

① 马克思·托伊（Max Treu，《历史学刊》[*Historia*]，第 3 卷，1954/1955 年，第 41—57 页）指出，在修昔底德对阿尔喀比亚德之迦太基计划的记叙中，存在两种不同的说法，这两种说法相互矛盾。第一种说法是，阿尔喀比亚德志在征服迦太基；这种说法是主流。第二种说法是，阿尔喀比亚德把与迦太基结盟作为其宏大外交计划的一部分。托伊认为，第二种说法才是历史实情。托伊试图借助梅里特（B. D. Meritt）所重建的一则铭文（《希腊历史铭文选辑》[*GHI*]，第 92 则铭文，第 280—281 页）来论证自己的看法。根据梅里特的重建，这则铭文授权"一个使团……于公元前 406 年从雅典出发，前往西西里，与迦太基将军汉尼拔一世（Hannibal）、袭密尔克（Hamilkon）咨议"（"献给威廉·司格特·弗格森的雅典研究"[*Athenian Studies Presented to William Scott Ferguson*]，《哈佛古典语文学研究》[*Harvard Studies in Classical Philology*, *HSCP*]增刊，第 1 期，麻省剑桥，1940 年，第 247—253 页）。然而，不幸的是，这则铭文过于残破，无法对之进行任何有意义的解读。

② Thuc. 6. 88. 7—9. 我采信修昔底德所记载的阿尔喀比亚德的行程。关于其他古代文献中所记载的阿尔喀比亚德的行程路线，参见格罗特，《希腊历史》，第 7 卷，第 235 页，注释 2；布索特，《希腊历史》，第 3 卷，第 2 册，第 1327 页，注释 3；以及哈茨菲尔德（Hatzfeld），《阿尔喀比亚德：关于公元前 5 世纪末的雅典之研究》（*Alcibiade*, *Étude sur l'histoire d'Athènes à la fin du Ve siècle*），第 207 页，注释 2。

③ 多佛，《修昔底德历史评注》，第 4 卷，第 360—361 页。

正在西西里进行的战争：他们准备派遣一个使团，尝试去说服叙拉古人，不要投降雅典人，但是他们不准备提供任何军事支援。① 发言人的目的是要煽动斯巴达人的(-250,251-)公民大会，促使他们采取更强有力的行动。邀请阿尔喀比亚德赴斯巴达的，或许就是迫切渴望与雅典重新开战、主张大力增援叙拉古的斯巴达人。这些人肯定已经知道，阿尔喀比亚德已经变节，背叛了他的母邦，正伺机报复。这些人期待在与雅典所进行的斗争中，阿尔喀比亚德的辩才能派得上用场，甚至，阿尔喀比亚德也许还能提供如何制胜的关键情报。

　　叙拉古和科林斯使节在斯巴达公民大会发了言，但是修昔底德只记载了阿尔喀比亚德的演说。这位雅典的叛徒在斯巴达公民大会发言时，有多重目的，但是当务之急还是他自身的安全。那个时候，整个希腊世界被彻底分裂为两个阵营，连中立城邦也不太可能为逃亡分子提供长久庇护，毕竟，总有大国——不是这个，就是那个——在追踪捕拿这些逃亡分子。在雅典权柄所及之处，阿尔喀比亚德处境岌岌可危，如果斯巴达人也敌视或无视他，那么他在波斯帝国以西的广阔土地上，就连一个乞援圣坛也找不到了。因此，阿尔喀比亚德需要说服斯巴达人来庇护他。普鲁塔克告诉我们，阿尔喀比亚德适应能力非同寻常，他很快就适应了斯巴达人的风俗。他参加繁重的体育锻炼，洗冷水澡，让头发长长，长成斯巴达人的模样，还在斯巴达食堂里吃粗粮包和黑米粥，②但没人会认为，阿尔喀比亚德是想在斯巴达当一个平民百姓。只要留下来了，阿尔喀比亚德就会跃跃欲试，试攀庙堂之高，蠢蠢欲动，欲齐凌烟之功。因此，当阿尔喀比亚德对斯巴达人演说的时候，阿尔喀比亚德的目的肯定是想要斯巴达人对他个人的天才和能力留下深刻印象。除此之外，阿尔喀比亚德演说的另一个目的是想报复雅典人，或者是想证明他自己太过危险，以至于雅典人愿意接受他的条件并将他迎

---

① Thuc. 6. 88. 10. 我用"斯巴达政府"一词所指的原文是：τῶν τε ἐφόρων καὶ τῶν ἐν τέλει ὄντων，监察官与掌权的人。Οἱ ἐν τέλει (掌权的人) 在不同城邦指的是不同的个体，这取决于城邦的具体政体。我认为"掌权的人"在此是指监察官、国王和贵族议事会，多佛的看法与我一样，参见《修昔底德历史评注》，第4卷，第361页。

② Plut. Alc. 23. 3—4.

回城邦。无疑，脱罪并胜利回国是阿尔喀比亚德的最终目标，但是首先，他得想办法说服斯巴达人，去援助西西里，重启希腊本土的战争。

然而，斯巴达人有充分理由不信任、不喜欢阿尔喀比亚德。首先，阿尔喀比亚德在雅典的政治生活中取得地位，靠的是民主派的雅典暴民；他还是反对尼基阿斯的那个党派的首领，(-251,252-)而尼基阿斯是斯巴达之友，是和约的设计者和维系者。其次，他所拥护的伯罗奔尼撒政策，为雅典带来了阿尔戈斯、曼提尼亚、埃利斯等新盟友，动摇了斯巴达的势力范围，还带来了一场战役，而这场战役差一点摧毁了斯巴达霸权。第三，他还是当下这次远征的主要设计者，这次征战威胁着西西里岛多利安人城邦的和平与安全。最后，阿尔喀比亚德叛离母邦，成为叛徒，斯巴达人就更有理由怀疑，他是否真的忠诚可靠。

阿尔喀比亚德的演说经过精心设计，处理了以上诸项难题，并达到了他想要的效果。在演说时，阿尔喀比亚德贯彻了一贯的大胆风格。关于他对斯巴达造成的损害，他说这都是斯巴达人自己的错。阿尔喀比亚德说，自己曾试图在斯巴达人战败于派娄斯后与之交好，但斯巴达人选择同他的政敌尼基阿斯合作，这不啻对他的侮辱。阿尔喀比亚德作为民主党领袖的角色承继自阿克美翁岱家族，而在一个牢固的民主政体中，除了按照这个民主政权的方式行事之外，还能发出其他什么别的声音呢？即便如此，阿尔喀比亚德说，比起真正的民众煽动家来说，他和他的家族所追求的政策都算温和，而将他驱逐出雅典的，正是真正的民众煽动家。在雅典，阿尔喀比亚德发现自己处处受到限制；现在离开了雅典，阿尔喀比亚德表示，他将背弃民主政权，还把民主政权蔑称为"公认的愚笨"。他甚至暗示到，他或许会出力推翻民主的政体，如果那时雅典不是投入了对斯巴达的大战的话。①

接着，阿尔喀比亚德描绘了他对西西里远征的战略构想。第一个目标是西西里的希腊人城邦，接着是南意大利的希腊人城邦，最后是迦太基帝国和迦太基自身。如果整个计划得以成功实施——甚至只是部分得以成功实施——，那么雅典人将会新建一支三列桨战舰舰队，从意

---

① Thuc. 6. 89.

大利进口所需木料,从伊比利亚(Iberia)和其他厉害的蛮族人那里募集所需雇佣兵。有了这支新舰队,再加上雅典人原有的希腊兵力,他们就可以前去攻打伯罗奔尼撒半岛了:从海上封锁,从陆地上使用步兵入侵。资金和食物都将由被征服的(-252,253-)西西里城邦提供,雅典人锱铢不费。很快,雅典人就能通过猛攻或围歼,夺下抵抗的伯罗奔尼撒半岛城邦,"接着他们就可统治所有希腊人"。① 阿尔喀比亚德说,当他还是远征军将军的时候,这些计划确实正在推行,斯巴达人现在听到的信息"来自对大家所想的这些事情了解得最清楚的人"。此外,留任的雅典将军,"如果他们能够的话,一定会继续执行这些计划的"。②

阿尔喀比亚德强调说,斯巴达人必须尽快行动,阻止这种结果出现。叙拉古已在投降边缘;如果叙拉古感到撑不住,那么西西里和意大利的所有希腊人城邦也都会撑不住,这样,雅典人就可把全部精力投入希腊本土。"不要认为你们考虑的只是西西里的问题,你们也在考虑伯罗奔尼撒半岛的命运的问题。"阿尔喀比亚德认为,斯巴达人必须马上派出一支部队前往西西里,这些重装步兵得在兵员运输船上自己划桨。更重要的是,斯巴达人必须派出一名"斯巴达完全公民"(Spartiate)担任指挥官。这样一位指挥官不仅能保障部队的必要纪律和组织,他的存在本身即是斯巴达承诺之明证,这样可以稳定盟邦军心,甚或争取态度摇摆的中间地带城邦。与此同时,斯巴达人还应当在希腊本土重启对雅典人的大战,以鼓舞叙拉古人,并分散雅典人的精力。斯巴达人的最佳战略是在亚狄珈的德西利亚(Decelea)建设一个永久要塞;这正是雅典人最为恐惧的事,因为这个要塞将令雅典人无法去取得他们的庄稼,银矿的收入,牲畜还有奴隶。只要能够证明斯巴达人再次投入大战,雅典人就会失去他们的帝国贡赋,因为帝国盟邦履行盟友义务的意愿势必下降。③

接着,阿尔喀比亚德转而处理他自己的问题:一个叛徒的可靠性和

---

① Thuc. 6. 90.
② Thuc. 6. 91. 1. 谢德风译本,第 487 页。
③ Thuc. 6. 91.

可信性。他的理据是一连串的狡辩，意译不足达意，最好全文援引在此："我请求你们，不要因为我过去看起来是个爱国者，现在却尽力帮助她最憎恨的敌人(-253,254-)来攻打雅典，就把我当作坏人。你们也不应当因为我使用过分激烈的流亡者辞令而怀疑我。我之所以流亡，是因为邪恶的人驱逐了我，这不能证明我不能帮助你们。我最憎恨的敌人不是你们，你们只不过在损害敌人；我最憎恨的敌人是他们，他们迫使自己的朋友变节为自己的敌人。至于说到爱国——当我被不公正对待的时候，我不爱国；但是当我安全享有我的公民权利的时候，我爱国。我相信，我攻击的不再是我的祖国；相反，我是想拯救这个不再属于我的祖国。失去了自己的祖国而不攻击她的人，不是真正的爱国者；竭尽全力、用尽方法努力光复祖国的人，才是真正的爱国者。"①最终，阿尔喀比亚德提出要为斯巴达人服务："正因为我做你们的敌人的时候能够给你们很多的祸害，所以，做你们的朋友的时候，也同样地能够给你们很多贡献的。关于雅典，我知道得很清楚；而对于斯巴达，我只能猜测。"②

　　这就是阿尔喀比亚德的演说。他面对那么多困难，处理得极为精彩。斯巴达公民大会或许并无时间对内容详加考察，所以演说的大部分内容或许看起来的确可信；但是事实上，这篇演说辞自私自利，言过其实，满是诡辩和欺骗。特别是这个论断，令人不得不怀疑演说中的其他论断是否同样值得怀疑："如果[留任将军]能够的话，一定会继续执行这些计划的。"阿尔喀比亚德在演说中提到的战略构想，并不是他自己事实上试图推行的、以外交战为主的审慎战略路线。这个宏大的战略构想，是他向斯巴达人捏造的。我们根本无法想象，尼基阿斯会设计这样冒进的战略路线，甚至根本无法想象，尼基阿斯曾对此有所耳闻。这一论断毫无事实根据，令我们不得不怀疑，演说中这个宏大战略构想完完全全是阿尔喀比亚德的即兴捏造，他的目的是夸大西西里远征的重要性，恐吓斯巴达人，以期他们重启对雅典的大战。

---

① Thuc. 6. 92. 1—4.
② Thuc. 6. 92. 5. 谢德风译本，第 489 页。

这样宏大的战略构想先前从未被提起过,而阿尔喀比亚德自己与西西里远征相关的一切举动也根本不能证明他有过这样的战略目标。他仅仅只要求了 60 艘(-254,255-)舰船,没有要求陆军;甚至当远征军规模大大增加以后,他也拒绝执行拉马库斯的战略路线,即直接攻打西西里。在尼基阿斯、拉马库斯和其他 3 位将军私下提议讨论时,他自己所推行的战略路线一点儿都不冒进:他赞成使用外交攻势,如果外交斡旋失败,再攻打塞林努斯和叙拉古。当然,以上都不能证明,如果能够在西西里主导远征军,阿尔喀比亚德自己从未构想过,也完全不会推行更为宏大的计划,但是我们别忘记了,在此,阿尔喀比亚德声称这一宏大战略构想是雅典人远征的正式目标,他还声称拉马库斯和尼基阿斯也以同样的热忱在推进这一战略目标。所以,我们最好还是认定,这个宏大的计划就是捏造出来说给斯巴达人听的,好让他们印象深刻,认为阿尔喀比亚德很了不起,潜力惊人;好让他们感到恐惧,认为必须赶紧重启对雅典的战争。然而,这个宏大的战略构想一旦说了出来,就有会有人相信,这个宏大的计划也将成为阿尔喀比亚德传奇的一部分。为了自己的目的如此异想天开、捏造说辞,除了阿尔喀比亚德,哪有第二个人做得到? 战略构想如此宏伟浮夸,除了阿尔喀比亚德,哪有第二个人想得出?

史料证据表明,真实的阿尔喀比亚德与他自己所捏造的传奇中的那个阿尔喀比亚德很不一样。如果我们客观来看的话,415/414 年冬季的阿尔喀比亚德,军事成就平平庸庸,他的计划到那时为止是失败的。此前,他从未指挥雅典军队在海上或者陆上取得任何一场战役的胜利。阿尔喀比亚德作战的特点是降低风险,减少雅典的参战人数,极度倚重外交技巧以及说服其他城邦为雅典而战的能力。然而,阿尔喀比亚德始终不能在城邦内取得持续可靠的政治支持,这破坏了他作为外交家和战略家的能力。418 年,阿尔喀比亚德未能当选将军,这令他的伯罗奔尼撒战略破产,因为在曼提尼亚的雅典人是由尼基阿斯朋党指挥的,人数太少,抵达太迟。后来,尼基阿斯干预公民大会,致使远征军规模大幅增加,阿尔喀比亚德为西西里征战所设计的计划就改变了,依靠外交战的战略因此难以为继。在这两个案例中,我们都不该认为阿尔喀比亚德原本是能够发挥作用的,因为到那时为止,阿尔喀比亚德的军事生涯中都没有任何证据可以表明,他会比曼提尼亚的雅典将军做得更好。(-255,256-)在 427 至 424 年间,其他将军执行的正是阿尔喀比亚德的西西里战略,但行不通;而在 415 年,他自己来执行这个战略路线,同样也行不通。正是基于这些理由,阿尔喀比亚德需要向斯巴达人证明他了不起。尽管他的战略在曼提尼亚失败了,但他还是向雅典人吹嘘了一番,说他是如何吓坏斯巴达人,如何与胜利仅有一步之遥。然而,雅典人在西西里从中作梗,褫夺其指挥权,定罪判刑,然后把他变成悬赏捉拿的流亡逃犯,在这些事态变化之后,阿尔喀比亚德转投斯巴达人,极尽夸诩,对他们说了古希腊人所能想到的最大胆、最有野心的一个战略计划。阿尔喀比亚德如此大胆,想象力如此丰富,对心理之判断如此敏锐,敢于虚张声势至如此地步,对此,我们只能惊叹。

然而,修昔底德却相信这个宏大的战略计划确实存在,还认为阿尔喀比亚德至少是自己私下先行构思了这个战略计划;[1]我们必须要搞清楚,这是为什么。作为一位史家,修昔底德多疑,睿智,细致精确超乎常人;但是在这些事情发生的时候,修昔底德已经在流亡途中。我们有充分理由相信,修昔底德见过阿尔喀比亚德:或许是在伯罗奔尼撒半岛,当时两人都在流亡;又或许是在色雷斯,修昔底德在那里拥有财产,而阿尔喀比亚德在战争行将结束的时候,在那里建造了自己的城堡。[2]阿尔喀比亚德亲身参与了主要的历史事件,很可能也是这个世界上对古希腊历史、特别是对《尼基阿斯和约》签订以来这些年里雅典与伯罗奔尼撒半岛所发生的事件了解得最清楚的人。如果他们曾经见过面,那么对于这样一个人,我们这位流亡史家定会抓住难得机会,尽可能向其打听消息。[3] 所有史料众口一词,说阿尔喀比亚德魅力独特,说服力

① Thuc. 6. 15. 2.

② 关于修昔底德在色雷斯持有的财产:Thuc. 4. 105;阿尔喀比亚德的城堡:Plut. *Alc.* 36. 2—3.

③ 关于阿尔喀比亚德是修昔底德写作的主要信源之一这个问题,彼得・布伦特(Peter Brunt)阐述得十分清楚,《希腊研究评论》(*Revue des études grecques*,REG),第 65 卷,1952 年,第 59—96 页。

一流。正如布伦特所说,修昔底德"并不是总有办法对照其他信源,去甄别阿尔喀比亚德给他的消息中,到底有多少受到了阿尔喀比亚德自己的影响"。① 同样,我们也可以说,关于雅典民众作决策时的情绪和意图的那些信息,修昔底德也并不总会去核实。基于这些原因,尽管修昔底德写作时力图细致精确,但是他不大可能拒绝采信(-256,257-)阿尔喀比亚德给他的大部分信息,包括阿尔喀比亚德的这个宏伟战略构想。阿尔喀比亚德捏造了一个宏伟的战略构想,往回丢进历史的某个时空,而事实上在那个时空里,这个构想还没被人想出来。

同样是基于上述原因,修昔底德的史述倾向于夸大阿尔喀比亚德在事件进程中的重要性,正如修昔底德记载阿尔喀比亚德的斯巴达演说时所表现出来的那样。在记载演说之前,修昔底德告诉我们,阿尔喀比亚德"鼓动并煽动斯巴达人"。② 在记载了演说之后,修昔底德说:"就是以前,斯巴达人已经有意进攻雅典了,但是还在迟疑,考虑所牵涉的危险。但是现在他们听了亚西比得[阿尔喀比亚德]所提出的各种论点,他们认为亚西比得[阿尔喀比亚德]比任何人都知道得清楚些,他们更加坚定了原来的主意。结果,现在他们决心设防狄西里亚[德西利亚]和马上派遣军队往西西里去。"③此处的意思很明显,斯巴达人被阿尔喀比亚德的演说所打动,采纳他的建议,马上行动;阿尔喀比亚德的演说就是关键转折点;但是我们必须要问,和布伦特一样发问:"阿尔喀比亚德比科林斯和叙拉古的使节们还要有说服力,这可信吗?"④阿尔喀比亚德提出的建议,是他的全新设想,还是已经在执行的既有政策?斯巴达人一直考虑要在亚狄珈设防,在 421 年就以此为理由敦促雅典人接受议和。⑤ 而斯巴达人考虑要对雅典人重新开战,也有一段时间了。斯巴达人没有马上采取行动,正如修昔底德所说;直到 413 年,阿尔喀比亚德的演说发表一年多以后,斯巴达人才开始入侵亚狄珈,设防

---

① 布伦特,《希腊研究评论》,第 65 卷,1952 年,第 95—96 页。

② Thuc. 6. 88. 10;παρώξυνέ τε τοὺς Λακεδαιμονίους καὶ ἐξώρμησε.

③ Thuc. 6. 93. 1—2. 谢德风译本,第 489—490 页。

④ 布伦特,《希腊研究评论》,第 65 卷,1952 年,第 71 页。

⑤ Thuc. 5. 17. 2.

德西利亚。这是因为,斯巴达人一直等到雅典人先攻打了拉戈尼亚(Laconia)领土以后,和约正式破裂,他们才名正言顺地去攻打雅典人。①

诚然,斯巴达向西西里派遣将军和部队,这看起来是采纳了阿尔喀比亚德的建议,但即便这些行动也存在问题。斯巴达派出的部队规模小得可怜。② 这支舰队总共只有 4 艘船,两艘科林斯舰船,两艘拉戈尼亚舰船。(-257,258-)值得注意的是,修昔底德说的不是拉栖代梦舰船,而是拉戈尼亚舰船。修昔底德可不是措辞疏忽的人,因此我们可以推断,这两艘船不是斯巴达完全公民提供的,而是"毗辽士"(perioikoi)提供的,舰上配备的船员则是"脱籍黑劳士"和"黑劳士"。③ 毗辽士不是斯巴达人,但居住在拉戈尼亚。没有任何一名斯巴达完全公民士兵前往西西里。斯巴达人选择的将军也没有完全回应阿尔喀比亚德的设想。阿尔喀比亚德提出,要遴选一位斯巴达完全公民担任将军,因为具有纯正斯巴达血统的人有威望,有助于指挥、鼓舞、规训叙拉古人。被指派为将军的是句列普斯。严格来说,句列普斯具备斯巴达完全公民资格。然而,句列普斯是克廉追达(Cleandridas)之子。445 年,斯巴达国王普雷斯托阿纳克斯(Pleistoanax)从亚狄珈撤退时,克廉追达正是他的参谋。克廉追达被指控收受贿赂,为了逃避审判,他流亡逃到雅典领土图里去了,但他仍然被缺席判决死刑。④ 句列普斯的声誉为此所累,但同时也为另一个事实所累:他是名"次仲"(mothax)。次仲应该是指黑劳士妇女与斯巴达男子生下的孩子。⑤ 即便后来在西西里取得

---

① Thuc. 6. 105.

② "不值一提的海军",哈茨菲尔德如是说(《阿尔喀比亚德:关于公元前 5 世纪末的雅典之研究》,第 212 页)。

③ Thuc. 7. 58. 3.

④ Diod. 13. 1—6. 10;Plut. *Per.* 22. 3.

⑤ 关于句列普斯的次仲身份,证据来源于一则较晚的史料(克劳狄乌斯·埃里阿努斯[Claudius Aelianus],《史林杂辑》[Aelian 12. 43]),但我们并无理由拒绝采信。布索特不相信埃里阿努斯在这则史料中关于莱山德也是次仲的说法(《希腊历史》,第 3 卷,第 2 册,第 1569 页,注释 2)。至于句列普斯是否合法私生子,布索特在同一条注释里暗示他不相信,在正文中则明确表示他不相信:"据说,他是个次仲,黑劳士妇女的儿子,但是他的外表却完全是一个真正斯巴达人的样子"(《希腊历史》,第 3 卷,第 2 册,[转下页注]

了辉煌胜利,句列普斯的行动也不符合大家对一个斯巴达完全公民的期待。405 年,羊河口(Aegospotami)战役以后,他监守自盗,拿走了应该带回斯巴达的钱财中的一部分。句列普斯和他的父亲一样被判死刑,但逃走流亡。① 尽管这些行为不可能在 415 年就被预见到,但是看起来,这更有可能是一个在斯巴达社会地位不稳固之人所为,而非一个德高望重的斯巴达人所为:一个正派的(-258,259-)斯巴达完全公民在西西里取得辉煌胜利后,应该不会像句列普斯那样。

那么,关于斯巴达派往西西里的援军,真正令人印象深刻的不是其规模之小,而是这支援军的舰船人员,似乎都是为了达到某种目的可被牺牲的。或许这支部队中仅有的斯巴达人就是句列普斯,而他自己的信用也不太可靠。雅典人合情合理的警告或许能够阻止斯巴达人抵达西西里,②而即便斯巴达人到达西西里,应该也无计可施。③ 阿尔喀比亚德对斯巴达举措的影响,应该比修昔底德所认为和记载的要小得多;但是,如果真是在阿尔喀比亚德的影响下,斯巴达人才派出了句列普斯,那么这一举措对战局影响之大,可是超乎了所有人的意料。

[接上页注]第 1330 页)。然而,我们有充分证据证明,在伯罗奔尼撒战争的较晚阶段,次仲从斯巴达人那里得到了不少军事机遇(*Xen. Hell.* 5. 3. 8—9)。所以,在西西里就出现了次仲将军,我们也完全无需惊讶,特别是,句列普斯所指挥的部队里似乎并没有斯巴达人。德勒夫·罗茨(Detlef Lotze)《历史学刊》,第 11 卷,1962 年,第 427—435 页)提出,有些次仲不是私生子,而是一些日渐贫困的斯巴达完全公民。这些人因为贫困而失去了"朋侪"等级(*homoioi*)资格,后来又被较富裕的斯巴达人收养,作为孩童伴读被养大。考虑到句列普斯的父亲曾遭流放,他有可能属于这种情况。

① Diod. 13. 106. 8—10;Plut. *Lys.* 16—17.

② Thuc. 6. 104. 3.

③ 修昔底德告诉我们(Thuc. 6. 104. 1),即便在去西西里途中,句列普斯也不再指望能够拯救西西里,而只试图拯救意大利。

第十一章　叙拉古围歼战

414 年春天,雅典攻打叙拉古的时间到了。在冬季里,将军们派人回雅典,请求增派骑兵、增拨军饷,雅典人也很快投票决议,答应了将军们的要求。[①] 岸纳浦河(Anapus)战役表明,雅典重装步兵方阵对无经验、无纪律的叙拉古重装步兵还是有优势的。骑兵到来后,雅典人便可以从陆地上封锁叙拉古城,而之前,雅典舰队已经从海上将其封锁。叙拉古没有理由指望伯罗奔尼撒半岛将派来援军;即便真有援军派来,雅典人拥有制海权,也能够阻止援军靠岸。因此,叙拉古投降似乎只是时间问题;尼基阿斯与拉马库斯在静候骑兵与军饷的时候如果这样分析设想,是合情合理的。

与此同时,雅典人对叙拉古及其盟友采取了一些小规模行动。从卡塔纳,他们朝着海埠列崖的墨伽拉进发,去滋扰那里的叙拉古人;但雅典人没能夺下此地。退守内陆后,雅典人向南朝着萜沥亚河(Terias River)行进,在平原地区劫掠了一番,摧毁了该地区贮藏的谷物。[②] 回到卡塔纳补充粮草之后,雅典人又转向了圩麦岫谷的西西耳人城镇。他们向琴坨里琶(Centoripa)行进,琴坨里琶位于山丘上,俯瞰(-260, 261-)圩麦岫谷,控制着通往西西里岛内陆的通道。[③] 雅典人夺下了琴

---

① Thuc. 6. 93. 4.

② 参见地图 9。Thuc. 6. 94. 1—2. 多佛(《修昔底德历史评注》,第 4 卷,第 368 页)提出一个观点,他认为是因为田里的谷物尚未成熟,所以雅典人要摧毁贮藏的谷物。

③ 弗里曼,《西西里史》,第 3 卷,第 205 页,以及布索特,《希腊历史》,第 3 卷,第 2 册,第 1330 页。

坨里琶。在班师途中,雅典人烧毁了他们在因内挈(Inessa)和海埠列崖(Hybla)找到的谷物。因内挈和海埠列崖是西西耳人的城邦,都和叙拉古结着盟。雅典人最终回到卡塔纳,等来了雅典派来的250名骑兵。这些骑兵带着武器,但却没有马;雅典人得从西西里当地募集马匹。与骑兵同时到达的,还有骑马弓箭手30名,这部分人也需要马匹。援军同时带来军费300银塔伦特。①

雅典骑兵的到来改变了整个战局,这促使叙拉古人采取行动。他们决定在通往近城高原(Epipolae)的各个通路设防,因为"他们认为如果雅典人不占据厄庇波利[近城高原]……纵或雅典人在战役上胜利了,也很难建筑一条城墙来隔绝叙拉古城"。② 近城高原俯瞰扼守着叙拉古城邦。叙拉古人之所以没有早点防范,是因为如果雅典人没有骑兵来保护建城墙的工人,他们就无需恐惧雅典人会进行围歼战。黎明时分,叙拉古整支大军集结于岸纳浦河岸,进行检阅。他们从中遴选了600人,交至丢觅卢(Diomilus)麾下。这位指挥官自安德罗斯岛(Andros)流亡而来。任命丢觅卢这一举措表明,叙拉古缺乏技巧娴熟、经验丰富的指挥官。丢觅卢率领的这支精锐部队被派去守卫近城高原。叙拉古人指望,若遇到紧急情况,这支精锐部队能够发挥快速机动部队的作用。③

叙拉古人采取行动,但已经太迟了。尼基阿斯手下的情报系统显然仍运作良好:叙拉古人行军至岸纳浦河的前一夜,雅典远征军全军已经自卡塔纳航行而至。雅典人从猎岸(Leon)登陆,此地距近城高原北面的悬崖不远。④ 雅典人抛锚停泊在飒浦肃(Thapsus),横过此处狭窄的地峡,建起一道栅栏自卫。叙拉古人得到消息之前,雅典远征军全军就向近城高原全速开拔。(-261,262-)他们经过幽里崖庐(Euryalus)的

---

① Thuc. 6.94.3—4. 这笔支出被记录在一则铭文中(参见《希腊铭文集成》,第1卷,第302则铭文,暨《希腊历史铭文选辑》,第77则铭文,第二面,第73行及以下[GHI ♯77, II 73ff])。

② Thuc. 6.96.1. 谢德风译本,第491页。

③ Thuc. 6.96.2—3.

④ 参见地图11。关于猎岸的具体位置,参见多佛,《修昔底德历史评注》,第4卷,第368页,以及格林(Green),《无敌舰队来自雅典》(Armada from Athens),第188页,注释11。

关口登上近城高原。① 叙拉古人听闻雅典人已上近城高原之时，自己全军还耽于河畔阅兵。丢觅卢令麾下部队全速开拔，但是路途长达 3 英里，而且山路崎岖。正如格林所说："幽里崖庐对防御一方作战有利，因为攻击一方被迫在狭窄前线战斗之前，就已经因为爬山而大汗淋漓了。"②此外，叙拉古军人数亦不占优。抵达近城高原时，叙拉古军全军已星落云散，被雅典人轻易击溃。丢觅卢及麾下 300 人被歼灭；余者 300 人回撤叙拉古城邦。雅典人取胜，竖起胜利纪念碑。接着，雅典人向叙拉古行进，叙拉古人躲入城墙之后，不敢出来应战。雅典人于是在近城高原北面悬崖上的落不奄囹（Labdalum）建造了一座要塞。他们打算在全军战斗或前去围歼时，将落不奄囹要塞用作保存补给、装备、资金之安全仓库。③ 围歼战万事俱备，只欠马匹。

　　马匹很快就募来了。塞结司塔和卡塔纳提供了一部分马匹，雅典人自别处又购置了一部分。与马匹同时抵达的，还有 300 名塞结司塔骑兵及其他各个盟邦提供的 100 名骑兵。加上他们原有的 250 名骑兵，雅典人现可驱使的骑兵人数达到 650 人。再加上他们的重装步兵，这些兵力足够保护建墙工人了。雅典人一刻也不耽误，马上移师墟岐（Syce）。墟岐靠近近城高原的边缘，位于叙拉古城邦的西北边（参见地图 11）。④ 雅典人在墟岐建造了一个要塞，修昔底德称之为"环塞"。环塞不必真呈环形，但势必圈住了一片可观的空间，并在所有方向上设防。这是因为——正如多佛所说——雅典人"意在使［环塞］成为［自身］设防阵地之核心，兵力与补给之基地，以及围歼墙之起点"。⑤（-262，263-）

　　叙拉古将军们因先前屡战屡败而胆怯慌张，但是雅典人的工作和

① Thuc. 6.97.1—2. 关于幽里崖庐的位置，参见多佛，《修昔底德历史评注》，第 4 卷，第 469—471 页。

② 格林，《无敌舰队来自雅典》，第 189 页。

③ Thuc. 6.97.3—5. 关于落不奄囹的位置，参见多佛，《修昔底德历史评注》，第 4 卷，第 473—474 页。

④ 关于墟岐的位置以及雅典人在此建造的要塞，参见多佛，《修昔底德历史评注》，第 4 卷，第 473—474 页以及地图 2，第 469 页附页。

⑤ 多佛，《修昔底德历史评注》，第 4 卷，第 473 页。

速度刺激了他们,使得他们不得不马上采取行动。将军们驱使全军,直面敌人,但在交锋之前,将军们却发现队伍溃不成列,于是回撤城邦内。叙拉古人留下一部分骑兵断后,准备滋扰阻止雅典人修筑围歼墙,但是他们这时发现,雅典人已经有了马匹。雅典人只需从重装步兵部队中拨出一支大区支队,再加上新近抵达的骑兵支援,就足以驱散叙拉古人,保障围歼墙建筑工程顺利进行。① 次日,雅典人开始扩建围歼墙,从环塞朝北向沱济庐(Trogilus)延伸。② 除非叙拉古人采取行动阻止雅典人,不然的话,他们很快就要从陆地上被封锁了;但是,赫墨克拉底及同袍不愿纪律涣散的部下去打另一场战役。相反,他们决定修建一道反围歼城墙,切断雅典人正在修建的围歼墙,令其无法完工。叙拉古人首先竖起木栅栏并派兵守卫,这样就可以迅速为建墙工人提供一道保护屏障。有了这道木栅栏保护——也许骑兵也在保护他们——叙拉古人或可指望,他们能击退雅典人的进攻。

看起来,叙拉古人建造的反围歼墙走向是这样的。这道反围歼城墙始于他们的新建城墙,那道新建城墙位于忒门垠地(Temenites),靠近阿波罗神庙。反围歼城墙从这里向西延伸,跨过近城高原之下、沼泽之上那块坚实、平缓的斜坡,最终抵达近城高原悬崖的下方。③ 这道墙以石块和木料筑就,阿波罗神庙里的橄榄树亦被砍下,用来建造塔楼。雅典人没有出来制止叙拉古人这些举措,径直无视并继续(-263,264-)在近城高原上建造自己的围歼墙。修昔底德告诉我们,这是因为雅典

① Thuc. 6. 98. 2—4.

② 参见地图 11。关于这个地形问题的基本情况,参见本书第十章,第 235 页,注释②。德霍格穆勒(Drögemüller)与格林都认为沱济庐位于东部海岸,距离城邦北缘不远。对此最直接、最详尽的批驳,参见多佛为德霍格穆勒《叙拉古:一座希腊城邦的地形与历史》(*Syrakus: zur Topographie und Geschichte einer griechischen Stadt*)及格林《无敌舰队来自雅典》二书所写的书评。引用细节参见本书第十章,第 235 页,注释②。

③ 参见地图 11,以及多佛地图 3(《修昔底德历史评注》,第 4 卷,第 477 页附页)。修昔底德的叙述与现有地形证据存在矛盾冲突之处。修昔底德对第一道反围歼墙的描述,令人十分怀疑,他是不是真的去过叙拉古及其近郊。关于地形问题的最佳陈述与最佳疏解,参见多佛,《修昔底德历史评注》,第 4 卷,第 475—476 页,第 469—470 页。如能同时随手对照法不利修(Fabricius)的地图(《古叙拉古》[*Das Antike Syrakus*]一书末尾),对此问题必能理解得更加透彻。

人不愿分散兵力,但或许尼基阿斯同时也是在尝试在叙拉古人中酝酿自满情绪,而这种自满情绪后来确实也很快出现了。在岸纳浦河战役中,我们应该还记得,尼基阿斯也是开始时拒绝战斗,静候时机然后突袭制敌。雅典人闭门不出,专心收拾通往叙拉古的地下水管:切断这些水管之后,叙拉古就无水可用了。城墙之内,叙拉古也有流泉静井,但夏季水流不丰也令人烦恼。[①] 很快,叙拉古军又表现出了典型的涣散草略。正午烈日下,绝大部分叙拉古士兵都在帐篷内午睡,一部分士兵甚至回城午睡去了,留下的看守士兵也无心看守城墙。

雅典人等待的正是这样一个时机。他们按照部署,主动出击。速度就是一切,所以雅典人精心遴选了 300 名重装步兵,然后特别挑选了一支轻装步兵军团,以重型装甲装备这支轻装军团。然后,这两组人马承担起突击部队职责,奔袭守卫潦草的叙拉古城墙。尼基阿斯和拉马库斯率余部紧随其后,各自执掌一支侧翼。一支侧翼部队朝着叙拉古行进,前去阻止援军出城;另一支侧翼部队朝着在忒门坬地与城邦城墙连结的那道反围歼墙的尾部行进。雅典突击部队立即占了上风,他们驱散了反围歼墙的卫兵,这些卫兵逃往忒门坬地附近的城墙。突击部队追击速度太过惊人,以至于他们追着这些逃散的叙拉古卫兵穿过城门进了城,但是突击部队人数太少,他们无法守住阵地,很快就被驱逐出来了。雅典人差一点就靠强攻夺下了忒门坬地近郊。于是,雅典人从容不迫地拆毁了这道反围歼墙。他们竖起了胜利纪念碑。[②]

大致在此时,尼基阿斯肾部忽染微疾,这小病一直折磨他至死去的那天。[③] 尽管他或许仍然参(-264,265-)与政策的制定,但是雅典政策的具体执行肯定是由拉马库斯来完成的了。这些行动果断迅速,这表明尼基阿斯仍然参与其中。取得胜利后次日,雅典人开始建造围歼墙

① Thuc. 6. 100. 1.

② Thuc. 6. 100. 2—3.

③ 尼基阿斯患病第一次被修昔底德提到是在 Thuc. 6. 102. 2。修昔底德在 Thuc. 7. 15. 1 具体说明了其性质。Thuc. 6. 9. 2 或许可以证明,尼基阿斯在远征之前就被肾疾困扰;但是到这个时候为止的证据表明,尼基阿斯在此前的远征进程中并未受到疾病急性发作的困扰。

南段。这部分围歼墙始于近城高原上的环塞,延伸至城邦南面的大港。若围歼墙南段顺利完工,封锁叙拉古这项工作的一个重要部分也将随之完成。此外,如果围歼墙南段顺利完工,雅典人就能够把舰队从飒浦肃移到大港内的某个安全锚地去。这是因为,有了南段围歼墙的保护,雅典舰队在大港海滩停靠时,就不必再分散一支规模可观的步兵出去进行保护,导致主力部队面对风险。与此同时,有了南段围歼墙的保护,雅典舰队从飒浦肃运送物资时也不必再从陆地上拖过去。围歼墙南段从环塞向近城高原南边的悬崖延伸。在叙拉古人干预之前,雅典人建造了大约 1000 英尺。①

叙拉古人及时警醒,开始建造另一道反围歼墙。第二道反围歼墙穿过缕西美乐崖(Lysimeleia)沼泽,这是因为如果雅典围歼墙再这么延伸下去,叙拉古人就无法再通往近城高原了。因此,叙拉古人不得不靠近此处建造栅栏,挖出壕堑,栅栏壕堑都穿过缕西美乐崖沼泽的中央。与此同时,围歼墙南段到近城高原悬崖边缘的部分修建完成后,雅典人便开始备战又一次攻势。这一次,雅典人采取水陆两栖攻势。雅典人命令舰队,自飒浦肃移师叙拉古大港,陆军则在黎明时分从近城高原行进下来。他们在沼泽中最坚硬的地点放置支架和门板,突袭叙拉古人,夺下了他们的壕堑还有栅栏。叙拉古军因为突袭被撕裂为二,右翼部队逃往城邦内,左翼部队逃往岸纳浦河边。岸纳浦河的河口地区不如其上游地区易于涉渡,所以叙拉古军自然是向渡河桥奔跑过去的。雅典的 300 人突击部队急忙赶来,试图将叙拉古左翼部队截断。这一策略被证明是个失误,因为叙拉古骑兵当时就在岸纳浦河岸待命,他们同叙拉古的重装步兵一起,击溃了雅典的 300 人突击部队,然后转而攻击雅典主力部队的右翼。② 重装步兵方阵的右翼(-265,266-)当然是方阵中最为脆弱的部分,特别是当这一部分部队同时面临步兵和骑兵攻击的时候。于是,雅典右翼部队的第一大区支队陷入恐慌。英勇大胆的拉马库斯,尽管他自己位于左翼部队,但是当他得知右翼部队面临困

---

① Thuc. 6. 101. 1;102. 2.

② 参见多佛的地图 4:《修昔底德历史评注》,第 4 卷,第 481 页附页。

境,便义无反顾前去支援。拉马库斯带着少数几名弓箭手和阿尔戈斯人的分遣队,稳住了右翼部队阵型,但是他过于冲动鲁莽,自己和少数几名麾下士兵被困在一个沟里,阵亡了。叙拉古人回撤渡河的时候,带走了他们的遗体。可以推测,叙拉古人退入了奥林匹亚宙斯神庙。①雅典人为取得此役的胜利付出了过于高昂的代价:在尼基阿斯抱病之时,拉马库斯的经验和精力比任何时候都要必不可少。

士气低落的叙拉古军回到城邦,重整队形,恢复士气。叙拉古人意识到,如果雅典人从高处冲下来、冲到叙拉古城邦门前平原的话,那么雅典人位于近城高原上的主要军事基地环塞就势必无人防守。因此,叙拉古人派遣一部分军队走出城门,在城门前的平原上吸引雅典军队的注意力。与此同时,叙拉古人派遣另一部分军队前去攻击环塞。围歼墙南段刚刚修好,环塞南边这一段无人防守,于是叙拉古人夺取环塞并摧毁了环塞。在环塞之内的,是抱病的尼基阿斯;他因为身体不适而留在后方。尼基阿斯巧妙处置,拯救了环形要塞。尼基阿斯令侍从,把外面放着的木材和辎重都点上火。火势暂时阻挡了叙拉古人的步伐,更重要的是,火势的主要作用是向低地平原中的部队传递信号,告诉他们环塞遭到攻击。在叙拉古城邦门前作战的雅典军队已经退敌,又看到自己一方的舰队此时正巧驶入叙拉古大港。于是雅典陆军迅速赶回近城高原,拯救了环塞,也救下了他们的将军尼基阿斯。叙拉古人撤回城邦之内,利用停火时机收复了阵亡者遗体。②

现在,叙拉古人的境地真正使他们绝望起来了。雅典人已经可以阻止叙拉古人(-266,267-)从城邦南部通往海滨,而叙拉古人对此已经无计可施。事实上,雅典人没有耽搁,他们马上就开始建造从近城高原朝南通往大港的双重围歼墙。如果这道围歼墙也顺利完工的话,雅典围歼部队就能两面俱不受敌,还能将舰船放置在两道围歼墙之间,毫无安全之虞。雅典舰队停泊在叙拉古大港,只要他们密切监测,外援就无

---

① Thuc. 6. 101. 普鲁塔克(Plut. *Nic*. 18. 2)说,拉马库斯是在和一位名叫卡里克拉缇(Callicrates)的叙拉古骑兵单兵对决时一同阵亡的。

② Thuc. 6. 102—103. 1.

法接近叙拉古,叙拉古人也无法从这里逃出。雅典人现在只剩下一项工作没有完成:建设从环塞到沱济庐的围歼墙北段。完成环塞到沱济庐的围歼墙北段之后,叙拉古就将被完全封锁。然后,叙拉古要么陷入饥馑,要么被迫投降。情势如此,众目昭彰。西西耳人原先摇摆不定,现在倒向了雅典。意大利捎来补给,伊特鲁里亚人派来 3 艘舰船。叙拉古人也明白他们处境有多危殆。修昔底德告诉我们,"因为没有从伯罗奔尼撒得到任何援助,叙拉古人认为他们已经没有取得胜利的希望"(谢德风译本,第 496 页)。他们已经开始在内部讨论议和条件,甚至已经开始同尼基阿斯商讨议和条件了。叙拉古人罢黜了先前的 3 位将军——因为到此时为止,3 人抵抗不力——,并代之以另外 3 位将军:赫剌刻莱德(Heracleides),游珂勒(Eucles),铁利亚斯(Tellias)。[1] 疑惧气氛弥漫城邦,甚至将军叛国的传言也甚嚣尘上。尽管我们并无直接史料证据,但可以推测,城邦危殆如此,城内党争也应劫而生。尼基阿斯对叙拉古城邦的国内政治了如指掌,他当然会认为,叙拉古将很快落入他的手中。

因为情势乐观,所以已经独掌指挥权的尼基阿斯似乎自信过头,也不再谨慎:他忽视了雅典万里战略晴空中的一丝遥远乌云:几艘舰船从伯罗奔尼撒半岛航行而来,其中一艘上乘坐着斯巴达的句列普斯(Gylippus)。如果此刻在叙拉古的雅典将军足够伟大,那么他将采取以下一系列措施,来保障胜利万无一失。首先,他将尽快完成封锁叙拉古的围歼墙。接着,他最好派出一支小舰队前往海峡地区或意大利,以阻止伯罗奔尼撒人抵达。最后,他应该直接封锁叙拉古的两个港口,防止任何一艘舰船通过(-267,268-)其前哨阻截线,他还应该在通往近城高原的通路上——特别是幽里崖庐——设防、甚至建设要塞,防止伯罗奔尼撒人通过陆路抵达西西里或来到叙拉古。如果此刻在叙拉古的雅典将军哪怕只是足够审慎,他也会完成上述三项工作中的一部分。在上述三项工作中,尼基阿斯一项也没有做,于是,雅典人得到了灾难性

---

[1] Thuc. 6. 103. 这位赫剌刻莱德或许是阿里斯托艮(Aristogenes)之子。参见多佛,《修昔底德历史评注》,第 4 卷,第 376 页。

的结局。虽然在彼时彼刻,任何合情合理的估算都无法预见到这种结局。

我们已经看到,句列普斯刚刚抵达琉卡斯(Leucas)的时候,就得到并相信了一则虚假情报,说叙拉古已经被彻底封锁。此刻,句列普斯只希望还能从雅典手中拯救出意大利的希腊人城邦。于是,句列普斯与科林斯海军将领佩登(Pythen)一同出发,各自率领 2 艘舰船。与此同时,第二支援军也即将抵达。这支援军由 8 艘科林斯舰船、2 艘琉卡斯舰船和 3 艘安布罗西亚(Ambracia)舰船组成。① 句列普斯与佩登急速驶过伊奥尼亚海,赶往塔刺思(Taras)。句列普斯从塔刺思派出使节前往图里,他的父亲克廉追达(Cleandridas)流亡至此地,并在这里成了要人。句列普斯希望通过父亲在此地的人脉,将图里人争取到自己一方来;但是图里城邦长期深陷党争,而且雅典人最近节节取胜,所以毫无意外,图里人拒绝了句列普斯的要求。② 接着,句列普斯又在塔刺思外海遇到风暴,耽搁下来。舰船被毁,句列普斯只能退守港口。到这时为止,尼基阿斯都清楚知晓句列普斯在意大利的行踪,但无意阻截他,因为尼基阿斯轻视句列普斯麾下那支微不足道的舰队,认为他此行并无正经目的,只是像海盗一样前来滋扰。③

正当句列普斯和佩登沿着意大利海岸向西西里驶去的时候,希腊本土风云突变。斯巴达与阿尔戈斯开战,战事断断续续,双方相互劫掠,但是并无决战爆发。414 年春季,斯巴达人出发去攻打阿尔戈斯人,他们先到弗立坞(Phlius)集结盟邦部队。④ 斯巴达人朝着(-268,269-)阿尔戈斯的盟友柯辽奈行进,但突然发生了地震,斯巴达人终止

---

① Thuc. 6. 104. 1—2. 同时参见多佛,《修昔底德历史评注》,第 4 卷,第 376 页。

② 关于克廉追达,参见戈姆,《修昔底德历史评注》,第 1 卷,第 341 页。关于图里的政治状况,参见卡根,《伯罗奔尼撒战争的爆发》,第 156—166 页,以及修昔底德史书:Thuc. 7. 33. 5,Thuc. 7. 57. 11。

③ Thuc. 6. 104. 2—3.

④ 修昔底德(Thuc. 6. 95)并未提及弗立坞,只说斯巴达人在撤兵之前,已经行进到柯辽奈 Cleonae。柯辽奈位于阿尔戈斯的东北方向,因此多佛的解释(《修昔底德历史评注》,第 4 卷,第 369 页)是可信的,因此我在此处采信多佛的看法。参见地图 7。

了远征。为报复斯巴达人，阿尔戈斯人入侵苔黎亚堤（Thyrea），带走了价值达 25 塔伦特的战利品。[1] 大约在仲夏，斯巴达人再次出击。这一次，他们径直朝阿尔戈斯领土行进，依照一贯做法，在谷物成熟之时劫掠阿尔戈斯的乡村地区。阿尔戈斯人曾经试图劝服雅典人一起前往拉戈尼亚（Laconia）劫掠，但雅典人一直不从。一直以来，雅典人都是从派娄斯出发，深入美塞尼亚劫掠，或是与阿尔戈斯人一起在伯罗奔尼撒半岛的其他地区劫掠；但雅典人从未劫掠拉戈尼亚地区。如果从宽论之，上述行为可不被视为对《尼基阿斯和约》的违反，但直接攻打拉戈尼亚地区的话就一定是。[2] 414 年，雅典人对阿尔戈斯人请求的回应是派出 30 艘舰船，由派所多鲁斯（Pythodorus）、莱斯波堤亚斯（Laespodias）、德谟拉图（Demaratus）率领。这支舰队在拉戈尼亚沿岸多个地区靠岸，劫掠岸上领土。雅典人几乎无法拒绝阿尔戈斯人的要求，因为阿尔戈斯人参加了雅典远征军，正在西西里作战。西西里远征就是通过这种方式，对伯罗奔尼撒战争的整个进程产生了重要的影响。因为正如修昔底德所说，这些行动"最为公然地违反了与斯巴达人的条约"。[3] 这些行动在心理上授人以柄，斯巴达人自此就有了与雅典人重新开战的合法理由：不仅在西西里，当时机来临，还将在亚狄珈。[4]

句列普斯和佩登抵达罗科里（Locri）后才收到正确情报：叙拉古还没有被完全封锁，部队从近城高原进发，仍可从陆路抵达城邦。句列普斯和佩登决意一试，拯救叙拉古。现在的问题在于，他们是应该冒险径直驶向叙拉古的其中一个港口呢，还是应该先驶向西磨垃（Himera），在友邦集结部队，再从陆路前往叙拉古呢？句列普斯和佩登决定，为审慎起见，他们应该先行前往西磨垃，因为雅典舰队很可能已经把持了叙拉古的两个港口。一艘舰船或许可以指望（-269，270-）从重重封锁之中趁夜色溜过去，但 4 艘舰船就不用指望了。句列普斯和佩登抵达罗科里，尼基阿斯已经知道了，这时也已经被说服，同意派出 4 艘舰船前

---

[1] Thuc. 6.95.1.

[2] 多佛，《修昔底德历史评注》，第 4 卷，第 377—378 页。

[3] Thuc. 6.105.1.

[4] Thuc. 6.105.2；7.18.

去阻截。然而,阻截四舰出发太迟,梅西纳(Messina)和垒集坞(Rhegi-um)又属敌方阵营,所以伯罗奔尼撒舰队轻易抵达了西磨垃。在西磨垃,机运女神继续青睐他们。西磨垃人同意加入伯罗奔尼撒远征军,并同意为缺乏武器装备的伯罗奔尼撒船员提供武器装备。塞林努斯、革剌(Gela)、西西耳人也箪食壶浆。西西耳人倒向了雅典的敌营,这是因为他们那原本亲雅典的国王阿尔孔尼德(Archonides)死了,同时也因为他们和西西里岛的希腊人一样,被句列普斯的热切所打动了。当句列普斯开始向叙拉古行进时,他麾下有 3000 名步兵——其中大部分是重装步兵——和大约 200 名骑兵。①

句列普斯和佩登带着他们的微型部队向意大利和西西里进发,与此同时,科林斯及盟友的 11 艘三列桨战舰,由科林斯将军龚玑卢(Gongylus)率领,也自琉卡斯启航随往。这支舰队穿过重重封锁,甚至早于句列普斯抵达叙拉古城邦,他们必定是穿过了危险重重的伊奥尼亚海。龚玑卢所冒的大风险是值得的,因为抵达城邦时他发现,叙拉古人正准备举行公民大会,商讨是否放弃作战。龚玑卢及时干预,阻止会议召开,并告知叙拉古人,更多舰船正在赶赴叙拉古的途中,而指挥这些舰船的是斯巴达人句列普斯。叙拉古人振作起来,派出整支陆军出城迎接句列普斯抵达。在此之前,机运还青睐着雅典;但从此时开始,攻守之势将易。②

句列普斯自西面通过幽里崖庐抵达近城高原,而雅典人之前也是这样抵达近城高原的。显然,句列普斯的部队没有遭遇任何抵抗。为何雅典人没有在幽里崖庐建设要塞,甚至没能看守住此地,(-270,271-)而他们自己正是通过此地攀上近城高原,同时此地也是敌军接近他们在近城高原据点时最可能选择的通路? 关于这个失误,雅典人毫无借口可说,我们也根本无法理解。尼基阿斯肯定知道,句列普斯已经抵达西西里;即便别人不告知他这一消息,试图阻截句列普斯舰队未果

---

① Thuc. 7. 1;Diod. 13. 7. 7.

② Thuc. 7. 2. 1—3. 多佛对这一关键时刻的评论值得原文援引在此:"这是战役的转折点。在失去了第二道反围歼墙之后,叙拉古人已经有意议和;但是自从龚玑卢带来振奋人心的消息,一切都开始对雅典不利了"(《修昔底德历史评注》,第 4 卷,第 380 页)。

的雅典四舰船员也会告诉他。尼基阿斯肯定也知道,句列普斯已经去过西西里岛西部,因为雅典人控制着西西里岛的东面。雅典人有充分理由意识到,必须警惕来自西部的攻击。修昔底德强调,句列普斯抵达近城高原这一事件所具有的深刻意义:"句列普斯碰巧于关键时刻抵达。这时,雅典人已经完成了抵达大港的双重围歼墙,大约长七八斯塔迪亚(Stadia),只有海滨的一小段还没有完工;至于城墙到沱济庐及另一侧海滨的其他部分的大部分,也已经堆放了石块,一些地方或者已经完工,或者已经完成一半。叙拉古诚在危急之中也。"①

句列普斯与叙拉古人会师,立即开拔前往围歼墙,向雅典人挑战。雅典人遭到突袭,始料未及,陷入喧嚣,但是他们纪律严明,迅速恢复了作战队列。于是,句列普斯转而施展心理攻势。他派出一名传令官,向雅典人提出停火,条件是他们携带财物于 5 天之内离开西西里。雅典人固然嗤之以鼻,懒得答复,但事实上,这一姿态是做给叙拉古人看的。在这里的是句列普斯,带着一支杂牌军刚刚抵达,未有战绩,与他们会师的叙拉古军,屡战屡败,差不多就要准备认输。这样一支部队,却在傲慢地向战无不胜的雅典人提供保证,允许他们安全通行。此举意在鼓舞自己麾下士兵,而且看起来似乎颇有成效,但是无论这一方士气如何高涨,这支部队实力始终有限,训练与纪律俱属不佳。两军集结准备交战时,或许是在叙拉古人所建冬墙和雅典围歼墙已完工部分之间的地方,句列普斯看到属下士兵(-271,272-)人多疑惑,不成队列。如果指挥雅典军队的将军足够警醒、英勇,那么对他来说,此时就是开战之机:敌军还未准备好,句列普斯还给部队灌输纪律,而句列普斯援军抵达也还未对叙拉古和西西里岛其余地区产生充分影响。这个战术上的优势,还仅仅是雅典人所掌握的这个绝佳战机的诸多优点的一部分。更为重要的是,雅典人或许可以一举取得战略上的巨大胜利;如果雅典人在两支重装步兵部队的正面作战中能够击败刚刚抵达的斯巴达将

---

① Thuc. 7. 2. 4—5. 在 Thuc. 7. 2. 5 的开头,多佛(《修昔底德历史评注》,第 4 卷,第 473—474 页)删去了 τῷ δὲ ἄλλῳ τοῦ κύκλου πρὸς τὸν Τρωγίλον(至于城墙自环塞到沱济庐的其他部分)一句中的 τοῦ κύκλου(自环塞)。我采信多佛的这个做法,并译为"至于城墙〈到沱济庐的〉其他部分"。

军,那么敌军士气必然大受打击,甚至可能放弃抵抗。为了这样一个战机,值得冒相当程度的风险,但尼基阿斯坐视机遇流逝。句列普斯将麾下部队从诸墙附近移师更加开阔的乡村地区时,尼基阿斯并未追击,"只是安静地待在自己的墙边"。① 句列普斯发现无人攻击自己,于是率领部队下往忒门堄地过夜,为下一步做准备。在句列普斯的指挥下,叙拉古军一夜之间就从绝望守势中挣脱出来,转守为攻。

次日,句列普斯将麾下主力部队移向雅典人的围歼墙,但这只是围魏救赵,目的是牵制雅典兵力。雅典人正专注守卫围歼墙——或许是在近城高原南部——,句列普斯派出一支部队——或许这支部队是从沱济庐的叙拉古城墙北端城门穿行而出的,而雅典人的围歼墙还没有修到沱济庐——,前去攻打雅典人的落不奢图要塞。近城高原地势甚高,雅典人无法看见落不奢图要塞。句列普斯似乎并没有遭到多少抵抗,因为他夺下要塞,抢走所有财物,杀死了要塞里的所有雅典人。尼基阿斯漫不经心,对要塞、补给仓库、金库防御如此松弛,实在不同寻常。②

接着,句列普斯还利用了雅典的又一失误。尼基阿斯原该将围歼墙完工视为头号优先任务。如果雅典人不能(-272,273-)从陆地上封锁叙拉古人,那么他们不如径直回家好了,因为只是海上封锁是远远不够的。句列普斯抵达,叙拉古城的士气因他有所回升,围歼墙迅速完工更加迫在眉睫。然而,雅典人却先完成了通往海滨的南段双墙,之后才去着手完成近城高原上自环塞到沱济庐的围歼墙北段工程。在围歼墙北段没有完工的情况下,在南段双墙的第二道墙上浪费时间和人力,这是雅典人无法承受的战术奢侈。③ 句列普斯迅速着手修建一道反围歼墙。这是叙拉古人修建的第三道反围歼墙了,为的是切断朝北向沱济庐延伸的雅典围歼墙。④

---

① Thuc. 7. 3. 3.
② Thuc. 7. 3. 4. 似乎为了在雅典人和叙拉古人之间形成新的对比,即雅典人日益松弛草率,而叙拉古人日益冒进大胆,修昔底德还记载到,与此同日,叙拉古人俘虏了一艘在大港河口游弋的雅典三列桨战舰(Thuc. 7. 3. 4—5)。
③ 这个观点是由布索特提出来的,参见《希腊历史》,第3卷,第2册,第1340页及注释3。
④ 参见地图11及多佛的地图2;《修昔底德历史评注》,第4卷,第469页附页。

雅典人呢，他们在完成了南段双墙的第二道墙之后，攀上近城高原。刚刚，他们在沿墙战线上一个薄弱点击退了敌军，并在此设防，他们认为这样就足够了。

再明显不过，雅典人接下来应当尽快完成通往沱济庐的围牙墙北段的修建，阻止句列普斯修建反围牙墙。这样才与雅典人所采取的攻势战略相符，而即便是尼基阿斯，他在415年夏末也采取了攻势战略。然而，尼基阿斯当下独揽指挥权，又病痛缠身；近来事态突变，来了一位富有激情、勇敢无畏的斯巴达人，尼基阿斯势必更加焦躁不安。尼基阿斯的行动表明，他不再考虑采取攻势战略，转而考虑采取守势战略，以此保障其部下的防御、退路及安全。正如修昔底德所说："尼西阿斯[尼基阿斯]已经开始更注意海上的战争，因为他认为现在，吉利普斯[句列普斯]到了之后，他们在陆地上的战争没有过去那么有希望了。"①这样一种考虑倾向最能帮助我们理解，为何尼基阿斯决定在大港南面入海口那个名叫扑来缪离坞（Plemmyrium）的海岬设防：尼基阿斯意在用扑来缪离坞替代落不奄囵，将此用作新的海军基地和辎重仓库。为此，尼基阿斯在扑来缪离坞建造了3座要塞。这一举措的缺点数不胜数，且桩桩要命。扑来缪离坞缺水少柴，雅典人需要长途跋涉才能取得水和柴火。外出打水砍柴的雅典士兵则很容易成为(-273,274-)叙拉古骑兵的瓮中鳖，因为叙拉古骑兵在奥林匹亚宙斯神庙附近设立了军事基地，随时可以出动。"从这时候起，雅典的水手们感到很大的困难。"②此外，雅典的舰队和补给这时都与雅典陆军在近城高原的主要军事基地有一段距离；如果他们遭到攻打，那么尼基阿斯就不得不丢下自己无人防守的要塞和墙，才能前往救援。这样一来，敌人就很容易地采取行动牵制尼基阿斯，迫使他走下近城高原。尼基阿斯过去常常表现出来的战术技巧——轻易不分散麾下部队——看起来已经被他抛弃了。

尼基阿斯自己给出的行动理据看起来不足以说明问题；3座新的要

---

① Thuc. 7. 4. 4. 谢德风译本，第502页。
② Thuc. 7. 4. 6. 谢德风译本，第503页。

塞建成后,补给运输更加容易,对海港的监测更加密切,如果叙拉古舰队前来挑战,雅典舰队也无需从海港深处出动。① 不过,根据现有史料,雅典人那时并未遇到这些方面的问题;同时,与这项举措的缺点比起来,其优点简直无足轻重。最能解释尼基阿斯这番举措的原因,应该是他未曾言明甚或根本未曾意识到的那些原因。他不再考虑打围歼战,不再考虑采取主动攻势,也不再考虑封锁;他考虑的是退路。尼基阿斯如果率领部队从近城高原下来的话,那么位于扑来缪离坞的基地就将是最安全的撤退起始地点,因为目前落不奋图已经沦陷,而去往北方的道路又已被切断。尼基阿斯优先考虑的是海军事务,他得知科林斯舰队正在逼近,于是派出 20 艘舰船北上意大利阻截,防止这支科林斯舰队抵达西西里。②

与此同时,句列普斯继续在近城高原推进工作。他继续建造反围歼墙,用的正是雅典人先前堆放好用来建墙的石块。句列普斯不断率部出来,挑战雅典人;雅典人则总是列阵以待,但是并不攻打句列普斯。我们可以猜到,句列普斯此举有两重目的。他当然知道,(-274,275-)武装冲突而非造墙比赛才是当下争端的解决之道,所以他已经准备好随时开战。然而,句列普斯肯定已经感觉到,尼基阿斯并不愿作战;雅典人反复拒绝应战,这只能损耗雅典士气,增强句列普斯部下的信心。最后,句列普斯确信时机已至,主动进攻雅典人,但是他选取的作战地点恰巧位于诸墙之间的封闭区域,在这个封闭区域,叙拉古骑兵虽然具有优势,但无用武之地。句列普斯的部队战败了。

对于句列普斯及其事业而言,这是一个危急时刻;如果雅典胜势不能被迅速逆转,那么叙拉古的军心和他们这位斯巴达指挥官的威望就会荡然无存,刚刚获得的一切很快就将不复存在。此时此刻,句列普斯显示出了杰出的将才。句列普斯清楚,他所面临的头号威胁是自己的部下——特别是叙拉古人——丧失信心。对于叙拉古人来说,只消在屡战屡败之后再来一场失败,他们就将对战胜无敌的雅典人失去信心。因此,句列普斯主动承担了责任,此举坦率又少见。他说,失败是因为他的失误,而不

---

① Thuc. 7. 4. 4.

② Thuc. 7. 4. 7.

是因为大家的失误,因为是他要求大家近距离作战,才导致骑兵和标枪手没有用武之地的。句列普斯告诉大家说,他们没有在任何方面次于敌军;同时他允诺,将再次带领大家出战。最后,句列普斯总结说,像他们一样的多利安人和伯罗奔尼撒人不能在西西里击败并从西西里驱逐"爱奥尼亚人、岛上居民和乌合之众"①所组成的敌军,这是不可忍受的。

当战机再一次来临,句列普斯信守他对士兵们的承诺。这一次,连尼基阿斯都知道,他必须要战斗了,因为叙拉古人的反围歼墙已经快要修到雅典人围歼墙的北段。如果不加以制止,通过围歼夺下叙拉古的希望就会完全落空。因此,句列普斯主动启战时,即便敌军远离城墙,正处于开阔地带,骑兵可大展身手,尼基阿斯仍然率部应战。事实上,骑兵正是此役胜败关键,因为正是叙拉古的骑兵击败了雅典左翼部队,(-275,276-)还引发了雅典全军溃逃。雅典人逃入己方要塞——大概就是环塞——才逃过一劫。到了第二天晚上,叙拉古人修建的反围歼墙已经突破了雅典人的围歼墙线。雅典人为近城高原上的战役所牵制,坐视哀剌司尼德(Erasinides)率领的科林斯小舰队自琉卡斯穿过意大利海域而来。尽管雅典人在扑来缪离坞修建了海军基地,但是这支舰队驶入叙拉古时未受任何阻碍。② 这 12 艘舰船的船员使得句列普斯手下增员远超 2000 人,这些人帮助他完成了第三道反围歼墙的修建。这道反围歼墙或许一路跨越了近城高原,远至落不奄圄要塞。这样,雅典人通往平原和海洋的北面通路就被截断了。③ 封锁叙拉古、迫

---

① Thuc. 7. 5. 4.

② 修昔底德在此处(Thuc. 7. 7. 1)说,这支科林斯舰队仅有 12 艘舰船,但是先前(Thuc. 6. 104. 1)他曾提到,其中有 8 艘科林斯舰船,2 艘来自琉卡斯,3 艘来自安布罗西亚。或许是基于一些没有说明的理由,原先一同出海的 13 艘舰船中,有一艘要么根本没有自琉卡斯驶出,要么在途中停了下来。狄奥多罗斯(Diod. 13. 8. 2)则记载,抵达叙拉古的舰船共有 13 艘。

③ 格林(《无敌舰队来自雅典》,第 233 页)认为,落不奄圄是句列普斯所修建的围墙的终点。狄奥多罗斯(Diod. 13. 8. 2)记载了一次战役:句列普斯攻打雅典营地,造成严重伤亡,之后句列普斯摧毁了雅典人在近城高原修建的整道围墙,并将雅典人从高原上全数赶了下去。修昔底德没有提及这次战役,我们也没有理由采信狄奥多罗斯的记载,但是我们似乎可以相信,雅典人的城墙确实遭到了破坏,然后叙拉古人就利用废墟上的物料建造了反围歼墙。此外,雅典人此后仍然可以从南面登上近城高原(Thuc. 7. 43. 1)。

使其以现有兵力陷入饥馑然后投降的希望，已经完全破灭了。同时，围歼者自己被围住了。①

　　句列普斯发挥了他特有的热忱，积极保卫战术利得并加以充分利用。为避免与尼基阿斯和先前的叙拉古人犯下同样的错误，他着手在近城高原修建要塞设防。在幽里崖庐，句列普斯建造了一座要塞，配置了 600 名叙拉古士兵在此守卫。在近城高原的其余地区，句列普斯安放了 3 座兵营，分别交给叙拉古人、西西里岛的希腊人和其余盟军。②句列普斯知道，雅典人仍是劲旅，他们势必要向城邦请求增援。于是，他转而努力为自己的部队募兵增员。句列普斯在西西里岛四处走动，寻求援助，(-276,277-)既请求那些较为审慎迟疑的盟邦援助，也请求那些至此时为止仍然保持中立的城邦援助。句列普斯还向更遥远的地方求援：他派遣使团前往斯巴达和科林斯，请求二邦派遣更多士兵迅速前来，不拘乘坐什么水上交通工具。此时，雅典海军仍是句列普斯取胜的障碍，叙拉古人惧怕雅典海军，在海上寸步难行。现在，叙拉古人第一次鼓起勇气，既装备战舰，也训练船员，计划与雅典人在海上作战。③

　　夏季即将过去，尼基阿斯被迫作出决策。看到敌军实力大为增长，己方问题不断，他彻底丧气了，认为雅典人在西西里情形危殆，应该要么放弃远征，要么大规模增援。④尼基阿斯性格中的种种特点，他先前对待西西里远征的态度，以及他在作战中的指挥，都表明他更倾向于彻底放弃远征。按照规则来说，尼基阿斯有权下令班师雅典，这是因为尼基阿斯、阿尔喀比亚德和拉马库斯都是"全权将军"（autokratores），拥有"全权"的将军，而 3 位全权将军中，一位已经离开，一位已经阵亡，目前只剩尼基阿斯自己。如果尼基阿斯决定撤退，他无需在西西里向任何人咨议。"全权"也意味着他在领得城邦命令之后，执行时无需就细节再向雅典公民大会咨议；在部队危急时刻下令撤退，必定是"全部各

---

① Thuc. 7. 6. 4, 7. 11. 4.

② Thuc. 7. 43. 4—5. 关于这 3 座兵营的可能位置，古代文献并未提及，我们可参见格林的推测（《无敌舰队来自雅典》，第 233 页）。

③ Thuc. 7. 7. 2—4.

④ Thuc. 7. 8. 1.

项权力"中的一项。此时,班师雅典也不会遭遇任何实质阻碍,因为雅典人仍然掌握了制海权,而雅典陆军也足够保障撤退。

然而,尼基阿斯有考虑数种,没有径直下令放弃西西里。第一个考虑是,将军们终究需要为自己的行动负责,特别是在雅典民主政体中。在伯罗奔尼撒战争的第二年,3名雅典将军被送上被告席,即便他们历经艰苦、代价高昂地夺下了波提狄亚(Potidaea)。这3位将军的罪名是未经公民大会批准就签订和约。尽管3人最终被判无罪,但是这成为了一则不(-277,278-)祥的判例。① 更为凶险的是424年的一系列诉讼。那一年,索福克勒(Sophocles),派所多鲁斯,攸里梅登(Eurymedon)因为签订《革剌和约》而被提起诉讼,《革剌和约》使得雅典无法再插手西西里事务。最终3人被判有罪。3位将军的正式被诉罪名是收受贿赂,但是修昔底德告诉我们,他们是因为令怀有不切实际之巨大期待的雅典公民大会失望,才遭到处罚的。索福克勒和派所多鲁斯被流放,攸里梅登则被判以罚金替代处罚。② 同年,修昔底德自己遭到流放,因为他丢失了安菲玻里。③ 诚然,随着问题不断涌现,尼基阿斯一直及时向城邦汇报事态进展,但这应该是较晚近的事。在此之前,发往雅典的是一系列捷报;在句列普斯抵达之前,这些捷报曾使尼基阿斯和叙拉古人都相信,叙拉古很有可能投降。尼基阿斯也不可能再度退回到反对远征的态度,因为雅典人已经提供了他所要求的一切,来保障远征军的安全与胜利。

尼基阿斯的第二个考虑有可能是,他或许真的认为雅典远征军情形危殆,必须取得增援或径直疏散,但他的这个结论,就当前来看,既不显然,就将来而言,也不必然。德摩斯梯尼于来年夏季抵达西西里的时候,仍然认为可以尽力一搏,求得胜利。④ 在雅典公民大会和法庭的辩论中表达不满的那些西西里远征老兵中,有可能指出撤退之时舰队未遭败绩、仍然制海、陆军仍旧完好的人可不只一位。在辩论中,这些人

---

① Thuc. 2. 70. 4;卡根,《阿奇达慕斯战争》,第97—99页。
② Thuc. 4. 65;卡根,《阿奇达慕斯战争》,第268—269页。
③ Thuc. 5. 26. 5.
④ Thuc. 7. 42. 5.

或许会问,令他们放弃获胜希望如此之大、代价如此昂贵的一次远征的那个情势,是否真的足够危殆? 这些人还有可能吹毛求疵,历数尼基阿斯的种种失误、拖延、疏忽,说他让某些胜利的机会就这么溜走了。此外,雅典民众可不愿放弃西西里远征:他们选举出像德摩斯梯尼和攸里梅登一样咄咄逼人的将军就证明了这一点,他们对尼基阿斯请求增援的答复(-278,279-)也证明了这一点。[①] 显然,如果尼基阿斯在不经雅典公民大会同意的情况下就下令班师,他将有声望和性命之危险。

因此,相反地,尼基阿斯选择了与公民大会沟通,汇报局势,并将决策权交给公民大会。尼基阿斯要汇报战情,要说服雅典民众采取一系列行动,同时还要为自己的作战指挥作一番辩护。所以,在委派信使进行口头汇报之余,他还具书一封,捎往雅典。信使抵达雅典的时间大约是在 414 年秋季。信使口头汇报战情并答疑。接着,尼基阿斯的信在公民大会上被宣读出来。在信中,尼基阿斯汇报了自句列普斯抵达以来雅典人所遭遇的战局逆势,但没有深谈原因。尼基阿斯清楚说明,雅典人已经被迫转为守势,并且叙拉古围歼墙也已经停工。尼基阿斯还汇报说,句列普斯正在募集援兵,并筹划从陆上和海上同时攻打处于守势的雅典人。尼基阿斯知道最新的消息将令雅典人大惊失色并感到恐慌,于是解释说是因为作战时间拉得太长,而他们需要维持舰队一直在海,所以舰船和船员的状况都恶化了。而敌军舰队则无需维持封锁,所以他们可从容将舰船晾干并操练船员;但如果雅典人稍有松懈,他们的补给就会被切断,因为所有的物资都需经海路运抵叙拉古。

尼基阿斯还抱怨人力资源和纪律问题。划桨手需要离开营地,长途跋涉外出去寻找柴火、粮草、饮水,往往就为叙拉古骑兵所害。战局逆转,也导致奴隶、雇佣兵和志愿兵逃亡,而这些志愿兵感到失望,是因为他们原本指望靠作战发财,但并未料到战斗时间如此之久。在这些志愿兵中,有些人开始做起了生意,说服战舰舰长买下奴隶来充任划桨手。现在,舰队中技巧与纪律俱佳的划桨手大为短缺,而部队中的这种优秀划桨手原本就不多,这迫使舰长不得不使用缺乏技巧与纪律的人

---

① Thuc. 7.16.

充任划桨手,这对作战能力(-279,280-)损伤极大。尼基阿斯抱怨说,他无法控制这种渎职行为,因为雅典人天性桀骜难驯。此外,这些士兵和划桨手方面的人员损失也无法在西西里当地解决,因为雅典人与敌方不同,他们在此地盟友很少,出过力的盟邦已无力付出更多帮助。尼基阿斯害怕事态继续如是恶化、战局继续朝着叙拉古倒去,那样的话,现在为雅典人提供食物的意大利地区恐怕将见风使舵,不再帮忙。只此,雅典远征就完了。

尼基阿斯坚持说自己所言不虚,无论他的汇报听来有多么令人不快。所以,他认为雅典人应该悉知详情,在信息完备的情况下作出决策。他还认为,远征军诸将士对事态恶化并无责任。接着,尼基阿斯告诉雅典人,摆在他们面前的选择就是:"要么召回此地军队,要么另派一支和这支远征军一样大的援军来,包括海军和陆军,并携带巨额军费前来。"尼基阿斯还请求解除自己的指挥职务,因为自己身患肾病。在信的末尾,尼基阿斯敦促雅典人迅速行动,无论他们的决策如何,因为敌方正在四处募集援兵,实力不断增长。①

这封信是尼基阿斯为自己的指挥职务所作的解释和辩护,可以说是既不完整,又不老实,但在当时情境下来说,已经是最能发挥作用的了。尼基阿斯老实承认局势糟糕,甚至夸大了局势之幽暗。叙拉古舰队还远未成为雅典舰队的敌手,接下来这场战役就将证明。也没有证据证明,意大利人正在考虑对雅典人关闭他们的市场,而与此同时,雅典人的补给实际上仍主要来自于西西里岛。② 然而,雅典人的处境确实恶化了许多,但是尼基阿斯丝毫不提自己的指挥是如何使雅典远征军处境恶化的。他的拖延、粗心、自负,使得原本处于战败边缘的叙拉古人获得安全,转守为攻。他因轻视而不去阻截句列普斯那支微不足道的(-280,281-)小舰队,坐视龚玑卢溜过封锁,进而鼓舞叙拉古低落的士气,未在近城高原通道关口建设要塞、配置卫兵,浪费时间去建设

---

① Thuc. 7.11—15. 修昔底德所记载的尼基阿斯来信,当然不会是对原文逐字逐句的抄录。

② 后来(Thuc. 7.49.2)德摩梯尼明确提到,如果在飒浦肃或卡塔纳拥有军事基地,雅典人就能够靠土地生存。

通往南部海滨的双墙和扑来缪离坞的 3 个要塞,而不赶紧将围歼墙北段工程完成,坐视落不牟囹的仓房和财库遭敌军突袭夺走,坐视科林斯小舰队抵达叙拉古,并将自己麾下的海军移师难以防守的扑来缪离坞军事基地。

尼基阿斯把海军处境恶化与雅典人遭受的其他不幸一起,说得看似不可避免,说自己对此无能为力,但若对此作详尽分析——如彼得·格林所做的那样,我们就知道,事实并非如此:"舰队状况到底如何,这是一个谜。直到那年春季,舰队离开卡塔纳之后,才失去了入港条件和整修设施。时间刚刚过去四五个月,情况恶化并未如尼基阿斯所说那么严重。他是否忘记了要去彻底检修他的三列桨战舰,当他应该这么做的时候? 无论怎么说,如果他可以匀出 20 艘舰船阻截科林斯人的话,他肯定也可以每个月安排 10 艘舰船前往卡塔纳,上岸晾干,进行检修。就我们所知,敌军仅仅令他失去了一艘船而已。"[1]此外,阵亡和叛逃带来的划桨手减员以及由此产生的战斗力削弱,直接原因是舰队移师扑来缪离坞,而这个决策正是由尼基阿斯自己作出的。在报告里,尼基阿斯对这些细节讳莫如深。

不过,尼基阿斯在信中试图略施小计,却再次事与愿违。就我们所知可以推测,尼基阿斯真正的想法是,雅典应当放弃远征,全军从西西里撤回。如果做不到这一点的话,尼基阿斯则希望至少能够体面地借病解除自己的指挥职务。如果他能写一封坦率诚恳的信,表明自己的真正想法,说明雅典已无胜利可能——如果雅典曾有过胜利可能的话——,说明他认为撤退是唯一可行之路,那么雅典人或许会对他发火,将他去职、羞辱、甚或严惩。同时,雅典人或许也会意识到,除了接受尼基阿斯的建议,别无他路。如果尼基阿斯能够承认自己犯下的一部分(-281,282-)错误,并将之归诸自己的病体的话,那么雅典人或许至少会召回他,并代之以更加胜任当下局势的人。相反,既不是出于对自身声望和康乐的考虑,又不是再次为了迂回达到目的,尼基阿斯把选择权交给了雅典人。他或许是指望雅典人会被要

---

①　格林,《无敌舰队来自雅典》,第 238—239 页。

派遣与第一支庞然大物相同规模的第二支大军的打算给吓住,然后退而选择撤兵。①

如果是这样,那么这就是尼基阿斯第二次犯下了同类错误,因为雅典人又一次投票决议增兵西西里,派出由雅典人和盟邦士兵组成的又一支舰队和陆军。此外,雅典人拒绝了尼基阿斯解除自己指挥职务的要求。相反,雅典人还任命已经在西西里作战的米南德(Menander)和幼熙德慕(Euthydemus)为临时将军,暂时代行职务,同时指派斯伐刻帖里亚(Sphacteria)的战斗英雄派德摩斯梯尼和攸里梅登,率领援军前往西西里,出任正式将军。② 攸里梅登正是 424 年第一次远征西西里后被处罚金的那个人;显然,从那以后,雅典人对他的看法有所恢复。所以,雅典人是派出了两名优秀将军去协助尼基阿斯。这两名将军都能干,积极,同时其中一人还具有西西里作战经历。③

在雅典城邦对尼基阿斯来信的这番回应中,这两项决策都值得注意。既然旅途如此艰难,远征这么不顺,那么对最开始的那番远征设想是否明智的怀疑,在此时看来,是不是应该显得加倍突出了? 意大利与西西里盟邦竞相支援,西西里岛陷入内乱,雅典大军兵临城下就可令西西里人迅速投降——最开始那番远征设想中的所有指望,已成海市蜃楼。相反,雅典人必须安置下来,准备一场艰难昂贵的围歼战;伯罗奔尼撒人派来的援兵发挥了作用,而且他们还准备派更多人来。幻想被现实扑灭后,雅典人应当考虑到底要不要继续承诺投入。在最好的情况下,艰苦战斗仍可取胜,但是他们也应该开始严肃(-282,283-)考虑在遥远异乡失败的可能。然而,雅典人明显并未辩论良久,他们很快就投票决议,派出了尼基阿斯所要求的全部增援。他们立即派遣攸里梅登率领 10 艘舰船、带上 120 银塔伦特前往西西里。与他们同赴西西里的,还有德摩斯梯尼正率领一支更大援军即

---

① 这是布索特的看法(《希腊历史》,第 3 卷,第 2 册,第 1348 页)。

② 关于这次将军任命过程中的政体制度问题,参见多佛,《修昔底德历史评注》,第 4 卷,第 391—393 页。

③ Thuc. 7. 16. 2.

将抵达的振奋消息。①

　　我们无从知道，为何雅典人如是回应，因为修昔底德既没有记载决议辩论，也没有给出他的看法。或许，修昔底德想让我们认为，雅典人继续为那种对西西里的贪婪和无知所驱动，而从一开始他就认为，贪婪和无知是雅典人远征西西里的主要动机。② 但是我们有理由相信，未能一击制胜，这已经严重打击了雅典人的热情。或许，我们应该这样来理解雅典人对尼基阿斯请求的这番回应：了不起的强权遭遇自己素所蔑视、易于击败的弱小对手，不料却被打败，那么这个强国像雅典此时这样反应，倒并无不寻常之处。如能审慎考虑，雅典人或许会认为，与之争斗得不偿失；但是在这种情境中，审慎难觅，而尤其是在民选政体中，民众的激情一经点燃，便很难扑灭。在赫尔墨斯神像损毁案和戏拟密仪渎神案，以及随之而来的严重恐怖气氛降临之后，雅典的政治气氛高度紧张。反对远征或反对增兵都可能被视为对民主政权的敌视，所以没有什么人敢对决议提出反对。

　　更为令人惊讶的是，雅典公民大会竟然无视尼基阿斯本人的请求，拒绝解除尼基阿斯的指挥职务。此事如此诡异，以至于一位当代学者认为，是尼基阿斯的政敌促成了这一决策，目的是不让尼基阿斯返回雅典。③ 不过，我们最好还是(-283,284-)用尼基阿斯在雅典民众心目中的特殊地位来解释这件事情。普鲁塔克为我们记录了一些重要细节，可供我们观察尼基阿斯与雅典民众的关系。④ 尼基阿斯使自己作为公

---

① 我采信的是抄本 H 中的写法，Thuc. 7. 16. 2：καὶ ἑκατόν（及一百）。多佛认为抄本 H 中的这种写法是正确的，相关论证参见《修昔底德历史评注》，第 4 卷，第 393 页。修昔底德告诉我们，尼基阿斯来信是在公民大会上宣读的，而增兵和指派将军的决策也就是在这次公民大会上经投票决议的；但是，修昔底德没有记录讨论过程，而投票之前必定有过一番讨论。因此，是否有人反对这些决议，反对的性质如何，唱反调的人到底是谁、又有多少，我们都无从知道。然而，除非修昔底德有心欺骗读者，不然的话，我们应当假定，赞成决议的人占多数，而反对的人微不足道。

② Thuc. 6. 1. 1，6. 6. 1，6. 8. 4，6. 19. 2，特别是 Thuc. 6. 24。

③ 梅耶，《古代历史》，第 4 卷，第 533 页。对此看法的回应，参见布索特，《希腊历史》，第 3 卷，第 2 册，第 1355 页，注释 4。

④ 一些读者或许会质疑，时间晚近得多的普鲁塔克能否被视为可靠的史料信源。关于如何将普鲁塔克作品作为史料来使用，我在《伯罗奔尼撒战争的爆发》（史论，第 1 卷）弁言中已经有所介绍，但是此处似应进一步补充。任何历史学家都不能轻易忽视普［转下页注］

民的荣誉和作为政治家的权力达到高峰,借助的是一套独特的方法。其中一些是传统做法,还有一些是他自己的创新。尼基阿斯曾多次与伯利克里共事,在某种程度上继承了伯利克里的政治威望,特别是在克里昂诸政敌之中。有一些雅典人恐惧并憎恨克里昂所代表的一切,那么这些雅典人势必要支持克里昂的头号政敌。尼基阿斯自己试图按照传统贵族政治家庄严高贵的风格行事,但是他缺乏那种傲慢不驯的气质,而这种气质既能赢得民众的尊敬,也令民众感到厌恶。"他的高贵不是那种苛刻又冒犯他人的类型,而是与一定程度的审慎交织在一起;他赢得民众的支持是因为他看起来害怕他们。"①

修昔底德归诸尼基阿斯的那些演说辞表明,尼基阿斯辩才优美,甚至或许在智术师门下接受过训练,(-284,285-)但是正如我们所见到的,他在辩论中反应并不敏捷;他很容易慌张,被迫犯下错误,然后被其敌手利用。雅典人如何看待尼基阿斯这些缺点,普鲁塔克再一次为我们提供了分析,很有说服力:"在政治生活中,他的胆怯,容易被指责他

[接上页注]鲁塔克的作品,这一点只消援引《尼基阿斯传》中的一段便可证明:"修昔底德和菲利斯图(Philistus)呈现的这些事件,我还是会粗略带过,但不必要的细节,我也不再赘述。我所试图收集的,是被大部分作家所忽视的那些细节,是其他作家只是随意提及的那些细节,是我在古代的祭祀铭文和公开政令中发现的那些细节。我在收集这些细节时,不是在堆砌无用的研究材料,而是为了加强我所要表达的意思,如颂扬其品格与性情等"(Plut. *Nic.* 1.5,英文原文基于佩林[B. Perrin]译本)。因此,普鲁塔克的叙述不仅使用了修昔底德史书,也使用了菲利斯图史书,而菲利斯图是叙拉古围歼战的亲历者。同时,普鲁塔克还保存了对实物证据的观察,而这些史料证据若非通过普鲁塔克作品流传下来,便只能等待考古学家的铁锹令其重见天日。在其他章节中,普鲁塔克还援引过4世纪的史家第迈欧(Timaeus)。作为史料信源,第迈欧并不那么可靠,而普鲁塔克在使用第迈欧作品时亦批判视之。普鲁塔克同样也援引与他同时代的喜剧诗人,他所援引的段落常常也是今人关于那一段落所拥有的唯一史料,正如悲剧诗人幼里披底(Euripides)的许多诗句迄今也只存在于普鲁塔克的援引中一样。作为史料,这些证据犹如金块,若非普鲁塔克文本记载,我们原本无从得知。在普鲁塔克作品中的这些引用背后,储备着丰富多样的原始文本:有史书,编年史,论著,要览,诗歌;若非普鲁塔克援引,现当代学者无从得见。当然,对这些援引,我们不能一概而论。同时我们也清楚,普鲁塔克使用这些材料的目的——除了其他方面之外——与我们并不相同;尽管他写作时较为细致,态度较为批判,但他是一位传记作家,一位道德家。普鲁塔克见过的信息较我们多出这么多,拒绝采信这样一位作者所提供的一切史料证据,无疑并不明智。特别是,对于普鲁塔克所记载的笔下人物在他那个时期及其身后的声望,我们更是不应该拒绝采信。这里即是一例。

① Plut. *Nic.* 2.3.

的人搞得手足无措,实际上有助于博得民望,民众的拥戴使他高居显位。人民害怕那些轻视他们的人,捧起那些畏惧他们的人。人民从统治者那里所能得到的最大尊重,莫过于不被轻视。"① 除了从自身的举止风范中获益之外,尼基阿斯还精心计算,从他那笔巨大的个人财富中支出一部分,来主动寻求赢得雅典民众的喜爱。在这一点上,他是在仿效雅典的上一代政治家客蒙,但他那世所罕见的戏剧天分使乐善好施这一手段被他用得更为奏效。尼基阿斯在提洛岛的炫耀是多么惊人。值得注意的一是他精心准备的歌舞队和戏剧元素,二是其整体戏剧效果。② 更富于直接戏剧性的,是他曾多次为酒神戏剧节(dramatic festivals of Dionysus)赞助歌舞队。他从未输过,同时当他的参赛作品赢得了比赛,他就奉献青铜三足鼎,将其放在属于酒神神庙的土地上。

　　曾有一次,尼基阿斯利用自己歌舞队的一次胜利来进行自己的表演。他赞助了数支歌舞队,其中一支歌舞队中有名尼基阿斯自己的家仆。这名家仆扮成酒神狄奥尼索斯。他年轻美丽的扮相迷住了观众,大家热烈鼓掌,经久不息。尼基阿斯抓住机会,在掌声渐息的时候站起来,公开释放了这名家仆,说"一个奴隶竟被当作神祇受到欢呼,这是不够虔敬的"。③ 用今天的话来说,尼基阿斯以一种不那么即兴发挥的方式,在努力"塑造形象"。他模仿伯利克里的举止,表现冷漠,避免看起来轻松愉快,也避免公开对话和公开场合。尼基阿斯像他的榜样伯利克里一样,全心投身公共事务,无论是出任将军,还是在雅典贵族议事会任职。不过,和伯利克里不同的是,他既爱炫耀,又(-285,286-)为其举止感到悔愧。尼基阿斯"在家中闭门不出,他的朋友常在招呼那些等在门口的人,请求他们谅解尼基亚斯[尼基阿斯],因为甚至这时他都在忙于要紧的公事"。④ 尼基阿斯甚至还雇佣了一个人——今天我们把这种人叫作"公共关系专家"。这个人名叫西野洛(Hiero),在尼基阿斯家被抚养长大并接受教育。普鲁塔克把西野洛叫作尼基阿斯的"在这

---

① Plut. *Nic.* 2.4. 黄开来译本,第539页。
② Plut. *Nic.* 3.4—6。
③ Plut. *Nic.* 3.3. 黄开来译本,第540页。
④ Plut. *Nic.* 5.2. 黄开来译本,第543页。

些事务中的头号表演伙伴,当他往身上披那件尊严和声望的斗篷的时候帮助他"。① 西野洛的主要工作之一,就是散播尼基阿斯生活不易、拯救城邦的各种掌故。"就是在他洗澡和吃饭时,也肯定会有一些公务来打扰他。为了大家的好处,他完全不顾自己的利益,当别人起床时,他还难得睡下,他的身体就是这样搞垮了。对朋友来说,他不够殷勤和热情,他实际上失去了朋友,还失去他的财产,这都是由于为城邦尽心服务的原故。别的政客运用自己作为公众代言人的影响力,不仅赢得了朋友,而且也发了财,然后过着奢侈的生活,把对城邦效力视为儿戏。"②

尼基阿斯公众形象还有一个重要组成部分,那就是虔敬。我们必须记住,尼基阿斯所有的公共慈善和戏剧展示,都与宗教活动密不可分:提洛岛上的祭祀,酒神戏剧节,其他节庆上(或许是在泛雅典娜赛会上)的体育表演,在雅典卫城奉献镀金雅典娜像,数不胜数。此外,尼基阿斯沉溺于占卜家和预言家之间,也是出了名的。这或许会令较为开化之辈轻视他;但在民众心目中,对宗教的狂热与虔敬提升了他的声望。425 年,尼基阿斯在科林斯的战场上取胜之后的行为,更加提升了他的这一声望。作为战胜者,他控制了战场,准备收集麾下阵亡者的遗体。遗体收集完毕之后,尼基阿斯经已离开,但得知因为疏忽,有两具遗体被落下,没有埋葬。于是,尼基阿斯派了一名传令官回到科林斯人那里,请求他们允许雅典人埋葬这两名阵亡士兵。这样一来,尼基阿斯就等同于放弃了树立胜利纪念碑的权利,因为战胜者(-286,287-)埋葬阵亡同袍,无需向敌军请求允许。"然而",普鲁塔克写到,"他宁愿放弃胜利的荣誉和声望,也不愿让他们的两名战士暴尸疆场"。③ 这则掌故证明,古希腊人的公民义务和宗教之间是多么紧密相连;这则掌故同时也证明,为何尼基阿斯在草野乡民中是如此得人心。

绝大部分雅典人相信,如此的虔敬才能解释为何尼基阿斯是常胜

---

① Plut. *Nic.* 5. 2；*Καὶ ὁ μάλιστα ταῦτα συντραγῳδῶν καὶ συμπεριτιθεὶς ὄγκον αὐτῷ καὶ δόξαν Ἱέρων ἦν....*

② Plut. *Nic.* 5. 3—4. 黄开来译本,第 543—544 页。

③ Plut. *Nic.* 6. 4. 黄开来译本,第 545 页。

将军。阿奇达慕斯战争期间,尼基阿斯夺下了叙铁拉,收复了色雷斯地区的许多城镇,夺下了墨伽拉附近的觅诺崖和墨伽拉的海港尼赛亚(Nisaea),还在科林斯人的领土上击败了科林斯人。普鲁塔克说,尼基阿斯谨慎选择指挥任务,他倾向于选择那些迅速、容易、成功、安全的指挥任务。① 普鲁塔克此言不假,但是雅典人知道他从未战败,一如他赞助的歌舞队很少在酒神节庆的戏剧比赛中失败一样。这样一个人应该会是一位好将军,但更加可以肯定的一点是,这样一个人是幸运儿,见宠于神。因为甚至连他的名字也是由"胜利"一词衍化而来。②

　　考虑到诸神因戏拟密仪案和神像损毁案而遭到冒犯,那事件过去还不到两年,所以雅典人拒绝解除尼基阿斯的职务,就因为他是诸神最钟爱之人,还是雅典人胜利的守卫者。对此,我们丝毫不应感到意外。如果说,他真的抱病,那么他总会康复的;毕竟,还有健康、有精力的同袍协助他指挥。如果说,他沮丧悲观,那也没什么:他的审慎众所周知,他开始远征之时就心怀疑虑。德摩斯梯尼及援军抵达,这将令他振奋,并重拾活力。即便只拥有最初带来西西里的那些兵力,他也差一点就夺下了叙拉古。显然,有了援军和能干的同袍,他的作战技巧和极佳运气很快就会带来胜利。雅典人这么想着,把尼基阿斯摁在他不愿意待的那张将椅上。

---

① Plut. Nic. 6. 1—2.
② 这项不祥征兆,第迈欧曾提及(Plut. *Nic.* 1. 3)。

第十二章　雅典转入守势

　　雅典人决定派海陆两军增援西西里的消息传到斯巴达,已经是冬季行将结束的时候,时间或许是在 413 年 2 月。修昔底德告诉我们,斯巴达人已经开始准备入侵亚狄珈,而入侵亚狄珈将正式宣告战争再启。在常规备战之外,斯巴达人还派遣使团遍访盟邦,募集工具、铁钳,准备在亚狄珈建设一个永久要塞。科林斯人,叙拉古人,阿尔喀比亚德都一直在敦促他们这么做。修昔底德告诉我们,在阿尔喀比亚德的去岁冬季演说之后,斯巴达人终于开始在德西利亚(Decelea)山丘上建造要塞了。① 不过,修昔底德也告诉我们,甚至在阿尔喀比亚德演说之前,斯巴达人就已经想要入侵亚狄珈了,但是他们一直拖着,按兵不动。在阿尔喀比亚德演说、他们也假意作出承诺之后,斯巴达人又多等了一年多才行动。斯巴达人并不是因为阿尔喀比亚德及其同伴的辩才太有说服力、自己对出兵的不情不愿逐渐被腐蚀才采取了行动,而是因为整体战局出现了两个重要变化。

　　阿尔喀比亚德在斯巴达发表演说时,雅典人似乎马上就要夺下叙拉古。斯巴达人审慎考虑起见,认为雅典人可能很快就会率领他们的无敌舰队和陆上大军回到希腊本土,或许还要加上此番胜利后在西西里岛得到的新盟邦的军事力量。雅典金库已经恢复元气,而西方那个广袤岛屿上募得的战利与供奉将为其锦上添花。(-288,289-)斯巴达

———————————
① Thuc. 6. 93. 2.

的领袖如果足够审慎,就不会愿意在此刻重启大战。甚至还有证据表明,斯巴达的鸽派应该曾经利用这一时机,试图说服本城邦的公民,提议将一切未解决的问题提交仲裁,就像445年所签订的《三十年和约》那样,以此来强化与雅典的和约。① 雅典人拒绝仲裁提议,这令斯巴达的鸽派在城邦内失去信誉、民心和说服力,还会刺激斯巴达人,促使他们开始准备采取行动。句列普斯(Gylippus)取得成功,雅典人在西西里好运被逆转,这势必进一步增强了斯巴达人的决心。阿尔喀比亚德在斯巴达演说过去一年之后,战局已全然不同。雅典人远征西西里,原本是为了塑造威胁,防止本土战争重启,现在却构成斯巴达乐观主义的理据之一。雅典正在输却战争,浪费人力,钱财,还有声望。雅典人再度向西方派遣大军的消息反倒为入侵亚狄珈提供了更迫切的理由:现在入侵,雅典人要么会因大军在外而弱不当敌,要么就会放弃增兵西西里。②

　　这些理由已经足够解释,为何斯巴达人在413年动员作战,但是修昔底德告诉我们,(-289,290-)除此之外还有一个理由,同样重要。在伯罗奔尼撒战争爆发以来的这些年中,斯巴达人作战时良心有愧。斯

---

① 修昔底德(Thuc. 7.18.3)曾提及,斯巴达人建议仲裁,但雅典人拒绝了:καὶ ὁσάκις περὶ του διαφοραὶ γένοιντο τῶν κατὰ τὰς σπονδὰς ἀμφισβητουμένων, ἐς δίκας προκαλουμένων τῶν Λακεδαιμονίων οὐκ ἤθελον ἐπιτρέπειν(无论何时有根据《尼基亚斯和约》的某种分歧产生,[雅典人]不愿提交仲裁,在拉栖代梦人要求提交的情况下)。此处的措辞似乎表明,斯巴达人反复建议仲裁,雅典人反复拒绝,但这是修昔底德第一次提及此事。如果仲裁建议确实曾多次被提出,又多次被拒绝,那么修昔底德这一遗漏就很严重了,几乎等同于扭曲事实。此外,如果修昔底德是遗漏不写或有意隐瞒这些仲裁提议和拒绝,那就很奇怪了,因为这些事情恰好能够有力证明修昔底德的那个观点:愚蠢的雅典"民众"(demos)没有伯利克里之辈的引导,被民众煽动家误导,犯下错误,造成灾难性的后果。最有可能的一种解释是,斯巴达人提议仲裁和雅典人拒绝仲裁,都发生在德西利亚设防的前一年,但即便如此,修昔底德没有更加具体记载此事,这一事实还是令读者心里隐隐不安。无论仲裁是在何时被提出来的,这些提议都很重要,因为争端仲裁正是伯利克里寻求的那种和约、而尼基阿斯未能达成的那种和约中不可或缺的组成部分。我们应当会很想知道,雅典人为何拒绝,理据如何。如果斯巴达人诚心提议将争端提交仲裁,那么仲裁机制就将为希腊施行双头统治原则——两个平等霸权相互合作——提供合法性;甚至,这将使雅典人可专注于西西里战事,但我们的史料信源对此一字不提,实为憾事。

② Thuc. 7.18.1.

巴达人清楚,伯罗奔尼撒战争的第一场战斗是因为他们的盟邦忒拜攻打普拉提阿(Plataea)、违反停火协定而爆发的。更加严重的是,斯巴达人承认,在431年之前,是他们自己拒绝将争端提交仲裁,这背弃了他们的誓言并违反了《三十年和约》。斯巴达人虔敬又迷信,这些僭越之举已经足够他们向自己解释,为何他们要在这场战争中遭受苦难;但是此时,在阿尔喀比亚德演说发表一年以后,风云变化。这一次,是雅典人先攻打斯巴达人在拉戈尼亚(Laconia)的领土,背弃了他们自己包含在《尼基阿斯和约》中的盟誓;这一次,是雅典人拒绝将争端提交仲裁。那么,斯巴达人迄今为止所遭受的那种苦楚,诸神应当悉数报应到雅典人身上去。"因此,斯巴达人认为,现在是雅典的过失,正如以前是他们自己的过失一样,于是他们很热心地进行战争。"①物质与士气两方面的变化共同给予了斯巴达人以重新启战的信心。

413年3月初,斯巴达人及盟军在国王阿吉斯(Agis)的带领下,行进到亚狄珈。这比他们以往任何一次亚狄珈入侵都要来得早。这支部队循例隳突乎乡间,然后开始在德西利亚建设要塞,并将建筑工程分摊给若干城邦。要塞选址德西利亚,实在适当巧妙,这还多亏了阿尔喀比亚德。②德西利亚位于雅典城北方至东北方向14英里以外。如果沿着经由欧若普司(Oropus)的那条主干道前往的话,从德西利亚前往彼欧提亚,亦是14英里左右。斯巴达人选择建造要塞的这处山丘易于防御,地势颇高,既方便劫掠乡村,因为俯控平原地区,又适于监测雅典,因为从顶峰看下去,城邦一览无余。③ 德西利亚要塞建成后,(-290,291-)第一年夏季由伯罗奔尼撒同盟全军驻守,之后由各盟邦分遣的驻防军轮流把守。④

----

① Thuc. 7. 18. 3. 谢德风译本,第510页。

② 关于阿尔喀比亚德对此所提的建议,参见修昔底德史书(Thuc. 6. 91. 6)及吕西阿斯(Lysias)演说辞《驳阿尔喀比亚德》(*Lys.* 14. 30)。狄奥多罗斯(Diod. 13. 9. 1)说过,阿尔喀比亚德是与阿吉斯一起来的,但是看起来,如果这个情节为真,那修昔底德不太可能遗漏这一情节。普鲁塔克(Plut. *Alc.* 23. 7)给出的记载是,当阿吉斯外出征战时,阿尔喀比亚德因城邦内政的纷扰密谋留在斯巴达。

③ Thuc. 7. 19. 1—2;多佛,《修昔底德历史评注》,第4卷,第395页;布索特,《希腊历史》,第3卷,第2册,第1359页;亦可参见地图2。

④ Thuc. 7. 27. 3.

斯巴达占据德西利亚,对雅典的资源——包括物质和士气两方面的资源——造成了可怕的制约。在阿奇达慕斯战争中,斯巴达人每年入侵亚狄珈,但从未在此逗留40天以上。一年中的其余时间,雅典人能够将这片土地用作多种用途,并可随意往返乡村地区,而乡村地区正是大多数雅典人的家园。现在,雅典人永远失去了城外的土地,只剩城邦和比雷埃夫斯港(Piraeus)被城墙围住的土地。此外,在德西利亚要塞建成的第一年,超过20000名奴隶卷逃,其中许多人是从银矿逃出来的,从此以后,银矿的收入雅典人也拿不到了。雅典人还失去了畜群驮兽。忒拜靠近亚狄珈,于是忒拜人近水楼台,加倍得利,4世纪的一位史家如是说:"[忒拜]变得愈加繁荣,是在拉栖代梦人针对雅典人设防德西利亚的那个时候;因为他们以很低的价钱接管了那场战争的俘虏和所有其他战利,以及,因为他们在邻邦居住,于是他们抢走了亚狄珈的装修材料——从木料和砖瓦开始抢——,送到自己家中。在那个时代的希腊,雅典人的乡村是装修得最为优美铺张的,因为尽管先前曾遭到拉栖代梦人的入侵,但这些装饰只遭到了轻微的破坏。"①

德西利亚要塞还制约了雅典的军事资源。正如修昔底德所说:"与其说是座城邦,不如说雅典已经成了一座被困的要塞。"②所有年纪的步兵都要么在城墙上警卫执勤,要么前往别处服役。③ 白天,他们轮流守卫;但是到了晚上,所有人都得执勤看守,以防斯巴达人打来。在战争接下来的时间里,这种执勤制度一直延续,不分冬夏。骑兵任务更重,(-291,292-)因为他们每天都要出动,去德西利亚牵制敌军,道路崎岖,敌军又砺戈以待,于是人疲马跛。④ 雅典骑兵不得不每日在亚狄珈出勤,这本身就是德西利亚成功设防的成果,因为原本最需要骑兵的是

---

① 奥克西林库斯希腊志:*Hellenica Oxyrhynchia* 12. 3,英译本援引自格伦菲(B. D. Gren-fell)与亨特(A. S. Hunt)的翻译:《奥克西林库斯纸草》(*Oxyrhynchus Papyri*),第5卷,伦敦,1908年,第229页。

② Thuc. 7. 28. 1.

③ 参见多佛,《修昔底德历史评注》,第4卷,第406—407页。

④ Thuc. 7. 27. 5.

远在西西里的雅典远征军。

伯罗奔尼撒人占据德西利亚,还对雅典形成了严重的财政制约,因为通往欧若普司的道路被切断后,雅典人就无法再从优卑亚进口所需补给。431年,雅典人将所蓄养的牲口都赶到优卑亚岛上去,然后,随着战争不断推进,优卑亚岛对雅典人而言的重要性与日俱增。这是因为,优卑亚岛既是雅典人的牧场,又是雅典人进口必需物资时的便捷中转站。① 德西利亚设防后,雅典人被迫放弃先前使用的优卑亚陆上货运通道,代之以叙尼昂(Sunium)附近的海上通道;而修昔底德告诉我们,这条海上货运通道比陆上通道要昂贵得多。② 进口费用提高了,在亚狄珈维持武装部队的费用也提高了,银矿收入和乡村资产在流失,然而,与此同时,雅典人还在西西里花费巨额资金进行远征。这一切都给雅典财政带来了沉重压力。为了增加收入,雅典人取消了贡赋制度,代之以贸易税:对所有通过海路进出口的货物课以5%的税金。③

在这些新出现的问题之外,雅典还坚持在西西里作战。修昔底德的措辞告诉我们,雅典人在西西里的行动有多么惊人:"最使他们受折磨的,是他们同时进行两个战争;真的,他们达到这样顽强果决的地步,以致如果在这件事情实际发生之前,有人听到这种事情的话,他不会相信这是可能的。这是难以置信的,因为雅典人已被伯罗奔尼撒人包围(伯罗奔尼撒人以亚狄迦[亚狄珈]的一个要塞作为根据),但他们不仅没有从西西里撤退,反而留在西西里,同样地包围一个和雅典一样大的城市——叙拉古,(-292,293-)使希腊世界对于他们的势力和勇敢表示惊异;这种惊异的程度可以从下面的事实看出来:在战争之初,有些人认为,如果伯罗奔尼撒人侵入亚狄迦[亚狄珈],雅典可能支持一年,而另外一些人认为可以支持到两三年,再没有人认为它可以支持3年以上的;但现在是伯罗奔尼撒人第一次侵入亚狄迦[亚狄珈]以后的第17

---

① Thuc. 2. 14. 1;Thuc. 8. 96. 2;多佛,《修昔底德历史评注》,第4卷,第406页。
② Thuc. 7. 28. 1.
③ Thuc. 7. 28. 4.

年了,雅典人虽然在战争中遭受了各种困难,但是他们仍向西西里出发,发动另一个战争,其规模是与他们已经和伯罗奔尼撒人进行的战争一样大的。"①

雅典的财政问题间接导致了以下暴行,而这些暴行无疑是这场旷日持久的可怕战争中最可怕的暴行。为增兵西西里作准备时,雅典人从色雷斯的黛矮人(Dii)部落那里雇佣了一支轻装步兵。413年春季,手持短刀的这1300名蛮族人抵达雅典的时候,德摩斯梯尼已经启航离开了,这些人赶不上参加西西里远征了;但是在德西利亚对付伯罗奔尼撒人的时候,这些人或许还能派上用场。然而,雅典人认为,目前财政已经吃紧,他们负担不起这批人的军饷了。于是,雅典人派出指挥官迭忒勒夫(Dieitrephes),率领这些人回到家乡去;但迭忒勒夫得到的命令是,一旦情势需要,可用这些人来对抗敌军。迭忒勒夫领着这支蛮族人的军队,沿着羡里普斯海峡(Euripus)航行,前往彼欧提亚的塔纳格拉(Tanagra)劫掠,然后马上渡海回撤到优卑亚岛的喀耳基司去。迭忒勒夫从喀耳基司出发,漏夜再次横渡羡里普斯海峡,登陆彼欧提亚(参见地图2)。

迭忒勒夫在一个名叫米迦列苏(Mycalessus)的小镇扎营,然后在白天的时候发动攻击。这一举措出人意料,因为这座小镇位于内陆深处,毫无战略价值,从来没人认为米迦列苏会被卷入战争之中。米迦列苏城垣破败失修,但不要紧,反正城门洞开,因为城内公民根本没想到过会遭到外敌入侵。接下来发生的事情,修昔底德叙述极佳。"色雷斯人冲入密卡利苏斯[米迦列苏]城内,对城中的屋宇和神庙大肆劫掠,屠杀居民,无论年幼的或年老的都没有得到幸免;凡是他们所遇着的,妇女和儿童也是一样,甚至于连他们在田间所看见的牲口和(-293,294-)一切动物也杀掉。因为色雷斯人中,和一切最残酷的野蛮人一样,当他们无所畏惧的时候,是特别喜欢杀人的。所以这时全城混乱,人民遭到种种不可言状的惨死。特别是他们冲入一个儿童学校,这个学校是当地最大的一个学校,儿童们刚刚跑进学校里去,他们把这些儿童都杀死

---

① Thuc. 7. 28. 3. 谢德风译本,第517页。

了。因此全城遭到灾祸,这个灾祸比任何一次灾祸都来得更突然,更可怕,范围更广大。"①当忒拜人得知这一事件,他们尽快赶来救援,追击蛮族人,夺走了他们的战利品。其中 250 人因来不及逃跑,被忒拜人杀死;但是对于米迦列苏而言还是太迟了,有相当一部分公民已经被杀死了。②

与此同时,伯罗奔尼撒人也没有闲着。西西里传来的好消息说服了科林斯人和斯巴达人,他们相信援助叙拉古的决策是正确的,他们还由此得到鼓舞,认为应该增加援助。斯巴达计划派出自己和盟邦的重装步兵部队,乘坐兵员运输船前往西西里,科林斯人则预备了 25 艘三列桨战舰,用作海上护航队。这支护航舰队将在诺帕克都港(Naupactus)迎战雅典舰队,战胜后才能让兵员运输船通过西行。③ 在 413 年春季,当斯巴达人还在建设德西利亚要塞的时候,他们挑选出 600 名最优秀的黑劳士和脱籍黑劳士,交给斯巴达指挥官迤克力图(Eccritus)。彼欧提亚人则选出 300 名重装步兵,交给两名忒拜指挥官和一名忒司彼崖(Thespian)指挥官。这两支分遣队立即一同出发,从拉戈尼亚最南端的苔捺庐海岬(Cape Taenarum)出发,横跨公海西去。④ 科林斯人组织了一支 500 人的部队,由科林斯人和一些阿卡狄亚雇佣兵组成,西叙昂人也提供了 200 名重装步兵。这些兵力能够安全穿过科林斯海湾,航经停泊在诺帕克都港的雅典舰队而不被阻截,都是因为有 25 艘科林斯三列桨战舰组成的护航舰队停在雅典人对面。⑤ (-294,295-)

冬季行将结束的时候,雅典人也没有闲着。攸里梅登(Eurymedon)正带着军费、怀着鼓励向西西里的尼基阿斯及其同袍驶去,德摩斯梯尼在雅典为远征救援部队主力军的出发做准备。在雅典,德摩斯梯尼募集了舰船,资金,重装步兵,并捎话给盟邦,要各盟邦准备各

---

① Thuc. 7. 27. 1;7. 29. 谢德风译本,第 518 页。

② Thuc. 7. 30.

③ Thuc. 7. 17. 3—4;18. 4.

④ Thuc. 7. 19. 4. 我认为,ἐς τὸ πέλαγος ἀφῆκαν (他们离开入海)的意思是,他们没有选择寻常路线沿岸而行。

⑤ Thuc. 7. 19. 5.

自的分遣队。德摩斯梯尼还派出一支由 20 艘舰船组成的舰队,交给刻农(Conon)前往诺帕克都港,去阻止科林斯和伯罗奔尼撒半岛的其他城邦向西西里派遣船舰。很明显,在《尼基阿斯和约》签订之后的这些年里,雅典不再需要在此维持一支舰队,但是当下大战即将重启,雅典需要再次在此配置一支舰队。[①] 413 年春季刚刚到来的时候,差不多也就是在斯巴达人在德西利亚建造要塞的同时,雅典人派出两支舰队,一支交给喀力克勒斯(Charicles),一支交给德摩斯梯尼。考虑到尼基阿斯请求急迫,我们可以想见,援军舰队必定要全速行驶,但是他们没有。喀力克勒斯曾经在赫尔墨斯神像损毁案调查委员会任职,[②]他领到的命令是,率领麾下 30 艘舰船,从阿尔戈斯募集重装步兵,然后去攻打拉戈尼亚沿岸。德摩斯梯尼有 60 艘雅典舰船,还有 5 艘开俄斯舰船,1200 名雅典重装步兵,其麾下由岛上居民组成的部队人数则不可考;但是他也没有径直驶向西西里,尽管西西里将是最终目的地。相反,德摩斯梯尼领到的命令是,沿路帮助喀力克勒斯攻打拉戈尼亚。所以,德摩斯梯尼先前往埃基纳(Aegina)完成征兵工作,然后静候喀力克勒斯完成在阿尔戈斯的征兵工作。[③]

　　一切准备停当之后,德摩斯梯尼与喀力克勒斯及其阿尔戈斯人部队会师,一同朝着拉戈尼亚岸边埃皮道鲁斯人的离梅垃(Epidaurus Limera)驶去,劫掠其土地(参见地图 4)。舰队沿岸而下,来到叙铁拉岛对面的一个小海岬,在此处的地峡上建造了一个要塞。雅典人试图将这里变成另一个派娄斯:黑劳士自斯巴达逃出时,可以往这里来;要劫掠拉戈尼亚的土地时,也可以从这里出发。[④] 这个想法看起来肯定既合理又很棒,特别是将此作为对德西利亚设防的回应和对抗。(-295,296-)或许,雅典人对此还抱有更高的期待:雅典人还记得,他们先是在派娄斯建造了要塞,于是斯巴达人即刻从亚狄珈撒

① 　Thuc. 7. 17. 1—2,4;31. 4;多佛,《修昔底德历史评注》,第 4 卷,第 393 页。

② 　And. 1. 36. 安多基德斯(Andocides)也将其称为极端民主党。后来在 404 年,他成为了三十僭主寡头政权的成员之一(Xen. Hell. 2. 3. 2)。

③ 　Thuc. 7. 20. 2—3.

④ 　Thuc. 7. 26. 1—2.

退,从而犯下失误,最终导致雅典人在斯伐刻帖里亚(Sphacteria)俘虏了他们的士兵。如果雅典人真这样想,那么他们注定要失望了。这个新基地位置不佳,它离美塞尼亚太远,所以无法吸引叛逃的黑劳士,同时我们也没听说雅典人曾自此地出发、采取任何值得一提的军事行动。此外,斯巴达人似乎对雅典人在此处设防无动于衷,因此雅典人在来年冬季就抛弃了这个基地。① 雅典人此番尝试劳而无功,为此耽搁的时间对于雅典的西西里事业来说,却是过于高昂的代价。然而,如果不考虑后见之明,我们不能否认在 413 年春季,这一想法看起来是很有吸引力的。

要塞建成后,喀力克勒斯留下一支驻军,驶回雅典,阿尔戈斯人亦班师。② 与此同时,德摩斯梯尼沿着岸边驶向柯西拉(Corcyra),按照惯例路线西行。在埃利斯的斐崖(Pheia),他遭遇并摧毁了一艘满载科林斯重装步兵、正向西航行的兵员运输船,但是船上所载划桨手和重装步兵悉数逃脱,后来这些士兵设法找到了另外一艘兵员运输船。德摩斯梯尼继续驶向扎金索斯(Zacynthus)和塞法伦尼亚(Cephallenia),在那里,他招募了更多重装步兵。同时,德摩斯梯尼还派人向诺帕克都港的美塞尼亚人请求派兵援助(参见地图 3)。从扎金索斯和塞法伦尼亚二岛出发,德摩斯梯尼驶向大陆地区,驶往阿卡纳尼亚(Acarnania),他曾在此地战斗,取得多次胜利。在阿卡纳尼亚,德摩斯梯尼与正从西西里归来的攸里梅登会师了。攸里梅登给德摩斯梯尼带来了坏消息说,雅典在叙拉古附近的战局遭到逆转。他们需要尽快赶回城邦,募集所需兵力,然后尽快赶回西西里。然而,攸里梅登和德摩斯梯尼还没有来得及采取什么措施,就先行与自诺帕克都港来的刻农舰队会师了。刻农抱怨说,他只有 18 艘三列桨战舰,却需要对抗 25 艘科林斯舰船,这些科林斯舰船是用来保护伯罗奔尼撒人的舰船在科林斯湾行动自由的。后来的事件发展表明,刻农是位勇敢的天才水手,所以他都不愿意以这等胜算与敌交锋,这就很出人意料了,特别

---

① Thuc. 8. 4.
② Thuc. 7. 26. 3.

是，我们可以联想到佛缪（Phormio）(-296,297-)在429年是在何等困难的条件下与敌交战的。① 或许刻农此刻所率领的船员是雅典海军当中的糟粕，较精锐之师早已派往西西里，但不管怎么说，德摩斯梯尼和攸里梅登"将麾下最精锐之部"交给了刻农。攸里梅登去往柯西拉，募集更多重装步兵，也募得足够的柯西拉划桨手来装备15艘舰船。德摩斯梯尼则从自己的作战旧地阿卡纳尼亚募集了投石手和标枪手。很快，攸里梅登和德摩斯梯尼就启航朝着意大利和西西里驶去了。②

攸里梅登带来的坏消息是，句列普斯已经夺下了雅典人设在扑来缪离坞的军事基地。在这年春初，伯罗奔尼撒人忙于建造德西利亚要塞、雅典人忙着在拉戈尼亚滋扰劫掠的时候，句列普斯带着他从西西里岛各地募得的士兵，回到了叙拉古。句列普斯当然清楚，一旦德摩斯梯尼和攸里梅登率新的援军抵达西西里，他所有的功绩都会被抹掉。德摩斯梯尼和攸里梅登能够取代沮丧又抱病的尼基阿斯，大胆无畏、精力充沛地指挥作战。两位将军的出现，他们所可能取得的任何一场胜利，都可能使叙拉古人很快泄气，并重新开始考虑议和。此外，守卫城邦对于叙拉古人而言，是很昂贵的。叙拉古人的盟邦俱不提供资金，而叙拉古支撑着多达7000名外邦士兵的日常供给。③ 雅典人对叙拉古的围歼尽管远未完成，但这势必已经切断了公民个体自贸易中、公共财政自进口税中获取收入的途径。叙拉古人还为战舰的建造、装备、人员配置花费了一大笔额外开支，因为叙拉古人和雅典人不一样，他们既没有在和平时期维持过一支大舰队，也没有从属邦获得过足够的资金来维持舰队。基于以上种种理由，叙拉古的国防支出必定主要靠储备资金支持，而到413年的时候，城邦储备资金必已左支右绌。只消这一个理由，雅典援军抵达、同时矢志延长战争之后，叙拉古人就会考虑投降。(-297,298-)

因此，句列普斯心生一计，以解决这些问题。他军事眼光敏锐，一

---

① Thuc. 2.83. 修昔底德没有告诉我们为什么雅典舰队的舰船数目从20艘减到了18艘。

② Thuc. 7.31.4—5；Thuc. 7.33.3.

③ 这是格林给出的估计（《无敌舰队来自雅典》[*Armada from Athens*]，第255页）。格林对叙拉古财政问题的讨论有很强的启发性。

眼察觉到,雅典人移师扑来缪离坞是将自己置于危险之中了。如果他能夺下雅典人在那里的据点,那么就是夺下了雅典人在叙拉古港口入海口上的海军基地,这将迫使雅典人要么移师原先位于叙拉古海岸的海军基地,要么干脆全军迁出叙拉古港,回到飒浦肃(Thapsus)或卡塔纳去。在第一种情况下,如果雅典人被迫移师先前的海军基地,那么他们将暴露在句例普斯陆地部队进攻的危险之中,同时还将暴露在低洼沼泽的瘴气疾病之中。在第二种情况下,雅典人将发现他们很难——如果不是彻底无望的话——继续维持对叙拉古二港的密切封锁。如果一举夺下扑来缪离坞,句列普斯还能得到雅典据点里所藏的食物、海军补给以及资金。同时一箭双雕的是,从敌军手中夺来的,能够立即为叙拉古人所用。最后,这样一场胜利还能在此关键时刻鼓舞叙拉古城的士气。

句列普斯的计划是,一面从海上发动攻击,分散敌军注意力,一面从陆地一方派遣军队潜入雅典军事基地。该计划中有一个困难在于,叙拉古人从未对雅典舰队取得过胜绩,他们认为雅典舰队是不可战胜的。然而,句列普斯的战略要取得成功,海上作战并不一定需要取胜:他的战略需要的只是在海上展开战斗,将雅典人的注意力从主力部队的陆上行动中转移过来。自然,句列普斯并不能向叙拉古人透露其计划的这个部分,因为叙拉古人可能会在吸引敌军注意力作战时溺水。所以,要说服叙拉古人在海上冲向雅典人,句列普斯主要依靠赫墨克拉底。赫墨克拉底虽然已经不再任职,但并没有失去其极具说服力的辩才。赫墨克拉底的主要理据是,雅典人之所以成为了不起的水兵,不是依靠遗传,而是依靠他们在希波战争中被迫作战取得的经验,还有依靠他们恐吓手下败将的胆量。如果叙拉古人能够表现出同样的英勇无畏,雅典人一定预料不到,这样就可以用同样的方法吓倒雅典人,从而克服敌军比己方更有经验这一困难。句列普斯及同袍同样为海上作战背书。叙拉古人被说服了,满腔热情地开始装备战船。[1]
(-298,299-)

---

[1]　Thuc. 7. 21.

句列普斯趁着夜色,率部漏夜向扑来缪离坞行进。与此同时,35艘叙拉古三列桨战舰从叙拉古大港出发,45艘三列桨战舰从叙拉古小港出发,驶向奥提迦(Ortigia)外海,从海上不同位置一起攻打扑来缪离坞。雅典人尽管被突袭,仍然设法将60艘三列桨战舰入水;其中25艘三列桨战舰在大港迎战叙拉古人那支较小的舰队,其余战舰驶到外海迎战敌军舰队。在港口入海处的战斗十分激烈,雅典人试图阻截叙拉古人较大那支舰队入港,双方暂时难分胜负。与此同时,雅典人的陆军部队并不清楚句列普斯的计划,于是行进到海滨,观测舰队在海上战斗。黎明时分,句列普斯攻打防守不力的要塞,依靠突袭夺下了扑来缪离坞的全部3个要塞。守卫其中两个要塞的驻军规模较小一些,他们不战而逃。逃兵设法乘上船只和一艘商船,逃到了岸纳浦河(Anapus),随着港口正在进行的海战局面一会儿倒向这一方,一会儿又倒向另一方,逃兵逃跑的难度也随之飘摇不定。最终,缺乏经验的叙拉古人在海上向纪律与技巧都胜敌一筹的雅典人投降。位于港口之外的那支分遣队成功闯入了港口,但是作战队型随之溃散,舰船星落云散,两两相撞,"把胜利拱手让给了雅典人"。攻守之势一旦逆转,雅典人就乘势而上,不仅打败了溃不成军的这支外海分舰队,同时也击败了原本占着上风的那支内港分舰队。雅典人击沉11艘敌军舰船,自己损失了3艘舰船。他们在扑来缪离坞外海一个小岛上竖起胜利纪念碑,证明他们赢得了胜利,控制了外海,然后就退守岸纳浦河附近的营地了。①

不过,雅典人的胜利付出了极大代价,这次充其量是庇耳卢式(Pyrrhic)的胜利。雅典军队伤亡惨重,要塞驻军被俘。他们贮存在要塞里的食物、财物、海军补给(有40艘三列桨战舰的船帆和绞辘都不见了,还有3艘三列桨战舰在岸上被俘)都被句列普斯抢走。然而,扑来缪离坞沦陷,雅典人要付出的最大代价是战略性的,一如(-299,300-)修昔底德所说:"真的,普利姆密里昂[扑来缪离坞]的失落是雅典军队情况恶化的最大而且最主要的原因。运输军需的船舶,就是到了海港

---

① Thuc. 7. 22—23.

的口子上,还是不安全的,因为叙拉古的船舰在那里等着,阻止它们驶入;这是如果要输入军需就必需战斗了。在其他方面,这个事件也引起军队的恐慌和士气的低落。"①

叙拉古人迅速行动,充分利用胜果。他们希望能在德摩斯梯尼和攸里梅登率领援军抵达之前就募足作战资源,然后一举打败雅典军队。叙拉古人派遣一艘舰船前往伯罗奔尼撒半岛,发去捷报,并敦促其盟邦更加猛烈地对雅典人作战。叙拉古海军将领阿加莎库(Agatharchus)率领 11 艘三列桨战舰前往意大利,因为他已经收到消息,说雅典人的补给将从这条通路运送过来。他们发现了雅典人的补给船只,摧毁了其中的绝大部分,然后在考落泥崖(Caulonia)烧毁了雅典人准备用来维修舰船的木料。在罗科里(Locri),叙拉古人带走了乘坐商船到达此地的一些忒司彼崖士兵。在班师途中,叙拉古人遭到 20 艘雅典舰船伏击,但他们还是设法溜回了叙拉古城邦,仅仅损失了一艘三列桨战舰。

在叙拉古大港,两支相互敌对的海军不时发生小规模冲突,伎俩频出,试图伤害敌方,但都不奏效,双方基本都停留在己方的军事基地中;而与此同时,叙拉古人在西西里岛发动了外交战攻势。他们派出科林斯人、安布罗西亚(Ambracia)人和斯巴达人的使团,前往许多城邦,宣布夺下扑来缪离坞的捷报,然后解释说海战失败只不过是因为他们缺乏经验。科林斯、安布罗西亚和斯巴达等地方来的外邦人被派去充任使团,无疑是因为西西里人或许认为他们比叙拉古人更加有说服力。使团的目的是在海洋和陆地都募得更多援助,他们辩称,如果西西里人能够在雅典援军到来之前击败雅典人,他们就可以将雅典人彻底赶出西西里岛,就此终结战争。② 这些使团大获成功,因为连卡马林纳(Camarina)都派出了 500 名重装步兵,300 名标枪手和 300 名弓箭手。革剌(Gela)派出 5 艘舰艇,400 名标枪手,200 名骑兵。除了仍然与雅典结着盟的卡塔纳和纳克苏斯、(-300,301-)还有原本维持中立的阿珂

---

① Thuc. 7.24. 谢德风译本,第 514 页。

② Thuc. 7.25.

腊迦（Acragas）之外，"整个西西里……都联合起来了；他们不和过去一样，站在旁边观望，而是站在叙拉古一边，反对雅典人了"。[1]

然而，当叙拉古人派出的使团四处游说的时候，尼基阿斯也采取行动，制衡这波外交战攻势。尼基阿斯向琴坨里琶（Centoripa）、蛤栗趣崖（Halicyae）等位于西西里岛内陆的西西耳人盟邦捎去消息。尼基阿斯的情报网络仍旧运作良好，他得知阿珂腊迦人不愿让叙拉古人新募得的陆军通过其领土前往叙拉古，而许多新入伍的士兵肯定是从塞林努斯地区来的。既然新入伍兵没法行经阿珂腊迦沿海边走来，那么他们就必须向北进攻，穿过蛤栗趣崖的领土（参见地图 9）。叙拉古人的新兵过来的时候，尼基阿斯布置好伏击，静待敌军部队。尼基阿斯的部队突袭敌军，杀死 800 名士兵，杀死募兵使节，使节中仅有一人逃脱。这名科林斯使节率领逃出伏击的 1500 名士兵抵达叙拉古；但是，尼基阿斯突袭成功后，叙拉古人再想要趁雅典援兵未抵达时突袭尼基阿斯，就根本不可能了。[2]

如果叙拉古人想要在雅典援军抵达之前击出一拳，他们就必须再次在海上试试运气；而自从叙拉古人新近在大港战败以后，在科林斯海湾发生的一些事情，尽管远离叙拉古，却极大地提升了叙拉古人的胜机。自从德摩斯梯尼和攸里梅登应允了刻农的求援，雅典人就向诺帕克都港派出了更多援军，由荻飞卢（Diphilus）率领，替代刻农，成为这支分舰队的指挥官。这样，这支舰队的规模就达到了 33 艘舰船；而伯罗奔尼撒人的部队由科林斯指挥官波吕安忒（Polyanthes）指挥，由 30 艘舰船构成。[3] 或许正是因为伯罗奔尼撒舰船从科林斯海湾出航如此容易，才导致雅典人在诺帕克都港增兵，阻截伯罗奔尼撒人的水上交通路线。同样地，伯罗奔尼撒人也相应增加兵力，保障(-301，302-)海路通畅。在这次战斗中，似乎是雅典人先挑衅的，因为作战地点位于亚该亚的迩林弩坞（Erineus）外海，而这里是伯罗奔尼撒人的海岸。[4] 伯罗

---

① Thuc. 7. 33. 1—2. 谢德风译本，第 521 页。

② Thuc. 7. 32.

③ 修昔底德（Thuc. 7. 34. 1）告诉我们，伯罗奔尼撒人的舰队规模略小——$\dot{o}\lambda\dot{i}\gamma\omega$ $\dot{\epsilon}\lambda\dot{\alpha}\sigma\sigma o\upsilon\varsigma$——于雅典人的舰队。

④ 关于具体位置，参见多佛，《修昔底德历史评注》，第 4 卷，第 414 页。参见地图 5b。

奔尼撒人将舰船排成阵型，停泊在一片新月形低洼，重装步兵在两侧海岬滩头布阵。这是典型的防御阵型，自从伯罗奔尼撒战争爆发以来，伯罗奔尼撒人一直在海上摆出这种阵型。获飞卢自诺帕克都港驶来之时，或许还认为摆在自己面前的最大问题，是如何迫使敌军出来应战；未曾想，雅典人落入了敌军的突袭圈套。

希腊三列桨战舰的攻击武器是船头的铜质撞角。一艘三列桨战舰如同一只鱼雷，其撞角高速撞击敌舰船壳时，就会刺破敌舰，将其击沉。在一般情况下，速度最快、机动最强的战舰获得胜利，因为这样的战舰可以冲破敌军阵线，或包抄敌舰，从而从侧翼或尾翼攻击敌军舰队。这种机动策略所依赖的节奏感与凝聚力，必须花费极高代价和很长时间进行训练才能形成。只有雅典人具备这种节奏感与凝聚力，所以一般而言，雅典船员更加优秀，战舰更易获胜。为了克服雅典人所具有的这一优势，波吕安忒对其麾下的三列桨战舰作了一处小小的改动，但却意义重大，因为他可借此使用一项全新战术。在每艘三列桨战舰的船首都有一个"船侧耳架"（*epotis*），"突出于船身两侧、长得像耳朵一样的支架"，①一如现代帆船的船首锚架，可以用来悬挂抛掷船锚。在一艘三列桨战舰上，船侧耳架就是"舷外支架"（*parexeiresia*）的末端，舷外支架连接在两侧舷缘，上面钉着三列桨战舰上位于最高层的划桨手（thranites）的桨栓。就常用战术而言，三列桨战舰应当避免迎面相撞，因为迎面相撞会导致两船同时损毁，并不能给任何一方带来胜利战果。

获飞卢接近伯罗奔尼撒人的时候，对方十分安静，看起来显然是伯罗奔尼撒人一贯的风格：传统，胆怯；但就在此时，波吕安忒下令攻敌。撞角战舰交错对冲之时，波吕安忒麾下的三列桨战舰撞向雅典人的三列桨战舰——波吕安忒将船首锚架加固过了——（-302，303-）迫使雅典舰船失去了控制，扯下上面连接着的舷外支架，雅典舰船因此摇摇欲坠，但尚未沉没。3 艘科林斯战舰于是役沉没，没有雅典战舰于是役沉

---

① 莫里森（J. S. Morrison）与威廉姆斯（Williams），《希腊有桨舰：从公元前 900 年到前 322 年》（*Greek Oared Ships*，900—322 *B. C.*），剑桥，1968 年，第 338 页。我对三列桨战舰的讨论基于这部研究作品。

没,但有 7 艘雅典舰船被波吕安忒的战术彻底摧毁报废。是役并未产生决定性的战果,因为双方都竖起了胜利纪念碑,但是战略上的胜利归诸伯罗奔尼撒人。毕竟,是雅典人前来寻衅伯罗奔尼撒人的舰队的:他们试图摧毁伯罗奔尼撒人为商船队和兵员运输船保驾护航的机动能力,但他们无功而返。一支伯罗奔尼撒舰队与一支数目占优的雅典舰队战成平手,这还是头一遭。无论是从士气上来说,还是就战略上来看,这都是伯罗奔尼撒人了不起的胜利。他们终于发展出了一种战术,至少在当时战胜了雅典人一贯占优的战术能力。在公海上的开阔水域,如果敌军有所准备,那么这一战术或许无法奏效;但这是在一片封闭海域,敌军对此又毫无准备,那么这一战术就能发挥最大作用。①

在西西里,叙拉古人听说德摩斯梯尼和攸里梅登即将抵达,决定在援军最终抵达之前,再次尝试损伤敌军。这一次,叙拉古人决意试探自己在海上运气将会如何,而且很明显,科林斯湾传来的捷报鼓舞叙拉古人向海上进发。叙拉古人设计了一套复杂但聪明的作战计划。这套作战计划的设计者看起来应该是科林斯的亚里司通(Ariston)。亚里司通采用了波吕安忒发现的技术,然后加上了自己的独创方法。② 这一作战计划充分利用了现有的所有优势条件。叙拉古战舰船首锚架经过加厚处理,以固定的支撑梁来支撑,舰船内外皆如此处理。③ 在叙拉古港口的狭窄水域中,雅典人很难或几乎不可能采取"锋线突破"(diekplous)战术或"环航战术"(periplous)(-303,304-),所以,与雅典人那船头未经加固的战舰进行正面猛撞,叙拉古战舰肯定能够取得胜利。叙拉古人此役胜利的重要性还因为以下这个事实得到进一步加强:叙拉

---

① Thuc. 7. 34;莫里森与威廉姆斯,《希腊有桨舰:从公元前 900 年到前 322 年》,第 280—281 页。

② 关于亚里司通其人,参见 Thuc. 7. 39. 2;Plut. Nic. 25. 4;Diod. 13. 10. 2。

③ Thuc. 7. 36. 2。这些支撑梁到底是如何安装并发挥作用的,我们理解得并不特别清楚。莫里森(《希腊有桨舰:从公元前 900 年到前 322 年》,第 282 页)说:"一般译为'固定'[fixed]的这个词,实际上在英语中应当是'直角三角形的斜边'[hypotenuse]。船侧耳架的横梁与舰船的侧面之间形成的那个直角,所对着的斜边就是这些支撑梁。内外都是这样。"莫里森的示意图 9 阐明了他描述的这种安装和作用机制。关于这些支撑梁安装与作用的另一种可能机制,参见多佛,《修昔底德历史评注》,第 4 卷,第 416 页。

古人控制了港口旁边所有的陆地,除了雅典人建造的围歼双墙之间那一小段海岸线。雅典人将舰船从此处拖上岸,而雅典人除了此地,也别无他处可安全返航。现在,叙拉古人已经控制了奥提迦和扑来缪离坞,控制了通往大港的通路,这样,雅典一旦失败,就会演变为一场灾祸,因为掉队的战舰既无法逃入港口,又无法逃往陆地。雅典战舰将被迫蜂拥蜷缩在双墙之内那片很小的封闭海滩前。在这里,战舰既无法施行机动,又易于相互碰撞。①

可活动区域如此狭隘,叙拉古人又控制了港口,雅典人固然无计可施,但或许是对科林斯湾海战中伯罗奔尼撒人所使用的战术有所回应,雅典人对自己的三列桨战舰重新进行了设计。然而,雅典人,尽管他们早就知道荻飞卢的舰队遭遇如何,却没有从中吸取教训。他们不知道战舰正面冲撞是敌军刻意设计的战术,还以为是伯罗奔尼撒舰队的舵手因无知在乱撞。② 这支雅典舰队战绩辉煌,难免傲慢,而这种傲慢将会使雅典人付出沉重的代价。然而,这并不是亚里司通和叙拉古人为雅典人准备的唯一一项意外。叙拉古人恢复了信心,又一次开始从海上和陆上攻打雅典人。句列普斯驱使一支大军,向着雅典人修建的围歼墙中面向城邦的那一段走去;与此同时,驻防奥林匹亚宙斯神庙的叙拉古军队,重装步兵,骑兵,轻装步兵,都来到雅典人修建的围歼墙的另一面。雅典人由是全神贯注,保卫围歼墙。结果当叙拉古舰队向雅典人驶来的时候,雅典人陷入了短暂的困惑,一些人奔向一侧围歼墙,一些人奔向另一侧围歼墙,最终,还有一些人跑去试图登上舰队。然而,海上突袭并未造成严重后果。雅典人还是成功将 75 艘舰船下海,对抗80 艘敌军战舰。(-304,305-)这一天就在小规模冲突中过去了,双方都不能奠定最终战局。过了片刻,双方海陆部队都撤退了。③

次日,叙拉古人按兵不动,于是尼基阿斯可从容修补战舰,加固基地,以迎接下一次敌军进攻。在将己方战舰拖上岸的那片海滩上,雅典

---

① Thuc. 7. 36.

② Thuc. 7. 36. 5.

③ Thuc. 7. 37—38. 1.

人建造了一道离岸栅栏,栅栏沉入水下的沙里,保护己方的战舰。无疑,这道栅栏的一个作用是作为防波堤,保护战舰不受猛烈的东风侵害,因为东风经常致使这片海岸波涛汹涌。① 但是同时,这道栅栏还有一个作用,就是在敌军追击时保护雅典战舰。如果雅典战舰一旦需要逃跑,就能穿过其中的入口,驶入栅栏以内,寻找庇护。为了从战役中撤退更加安全,尼基阿斯还在栅栏前安排了商船,每艘商船对着一个入口,每个入口之间间隔大约 200 英寸。每艘商船都配置吊架一部,吊架横梁上悬着海豚状的金属砝码。一旦有敌舰靠近,那些"海豚"就可以晃过来从高处坠落,砸到敌军舰船上;如果运气够好,这些"海豚"甚至可能击穿船壳,击沉敌舰。②

尽管叙拉古人允许尼基阿斯从容安排了以上事项,但他们并没有浪费时间。亚里司通的第一套计谋不足以靠突袭取下雅典军队,于是他又生一计。在第三天,亚里司通很早就开始了攻击,但是他执行的行动计划同第一天一模一样。这一天眼看又要在小规模冲突中过去了,但就在这时,亚里司通要求叙拉古海军将领下令撤退,回去休息吃饭。叙拉古舰队的划桨手划倒桨,然后上岸,而叙拉古的商船一早接到命令,在岸边摆出市场,售卖食物。雅典的指挥官们以为叙拉古人已经再次被雅典舰队吓住,于是也回撤登岸,(-305,306-)与部下晚餐闲逛,因为他们觉得当天不会再有战斗发生了。就在这时,叙拉古人迅速发动攻击,这时的雅典人不仅没有准备,而且还非常疲惫、非常饥饿。在这样困难的情况下,雅典人再次登上了战舰。

两支海军对峙交锋,情形一如先前。很快,雅典指挥官意识到,在海上这样竭力作战难以为继,因为麾下士兵很快就会精疲力尽,这样很容易落入养精蓄锐的叙拉古人之手。所以,雅典指挥官下令即刻开始攻击。当然,他们或许曾经尝试撤退,回到有保护措施的军事基地去,放弃这天的战斗,但是在封闭水域中,要在排出作战阵势的敌军面前撤

---

① 狂风引致大浪,这一情况弗格森(Ferguson)曾经提及(《剑桥古代史》,第 5 卷,301 页),格林也曾经确认(《无敌舰队来自雅典》,第 259 页,注释 4)。

② Thuc. 7.38.2—3;41.1—2. 多佛(《修昔底德历史评注》,第 4 卷,第 417—418 页)和格林(《无敌舰队来自雅典》,第 277—278 页)对这些段落进行了解读和讨论。

退,既不容易,也不安全。除此之外,要一支雅典舰队拒绝迎战一支数目上势均力敌的敌军舰队,这也闻所未闻。① 雅典人猛攻,叙拉古人迎战,朝着雅典战舰正面冲去;叙拉古人对此战术进行了精心的准备。除此之外,叙拉古人还另有他计。有些复杂机动战术对平衡和机动性要求很高,叙拉古人无法完成;但是他们可以使用一些简单又有效的战术。叙拉古人在甲板上装满标枪手,这些人投出的标枪使得雅典舰队的许多划桨手负伤,无法继续划桨。叙拉古人还用小船满载更多标枪手,这些标枪手伤敌更甚。这些小船可以在最底层的桨座之下划行,于是船上的标枪手可以杀死所有桨座上的敌方划桨手。

叙拉古人使用了这些非传统战术,己方划桨手又精力充沛,远胜敌方,所以叙拉古人取得了胜利。雅典人逃往商船和栅栏背后,逃过一劫。两艘鲁莽的叙拉古舰船追击过于热切,被"海豚"砝码砸毁;7艘雅典战舰被击沉,还有许多雅典战舰被损毁;许多雅典划桨手被杀或被俘。叙拉古人控制了大港,竖起(-306,307-)胜利纪念碑。叙拉古人的信心达到了顶点;他们相信,在海上,他们比雅典人更厉害,在陆地上,他们也将很快击败雅典人。于是,叙拉古人备战,预备再次从海上和陆上攻打雅典人。②

---

① 普鲁塔克(Plut. *Nic.* 20.4—5)说,尼基阿斯根本不愿意在德摩斯梯尼和攸里梅登抵达之前战斗,而战斗是由其他将军敦促开始的。这些将军野心勃勃,他们说如果不马上战斗,城邦声望就将毁于一旦。狄奥多罗斯(Diod. 13.10.4)说战斗爆发的时候,一些三列桨战舰舰长早已无法忍受叙拉古人的侮辱冒犯了。修昔底德的记载暗示,雅典人别无选择,只能战斗,尼基阿斯肯定已经意识到了这一点。

② Thuc. 7.39—41.

第十三章　陆　海　败　阵

　　即便是在叙拉古人庆祝胜利并打算继续利用其胜果的时候，德摩斯梯尼和攸里梅登（Eurymedon）率领的雅典援军还是来了。扑来缪离坞陷落之后，大约就是在西西耳人伏击西西里援军的那个时候，德摩斯梯尼与攸里梅登从柯西拉（Corcyra）来到了意大利。他们在亚庇吉亚半岛招募了 150 名标枪手，在梅塔滂屯招募了另外 300 名标枪手及两艘三列桨战舰。他们从梅塔滂屯移师图里的时候，城邦里的反雅典党适巧被驱逐了，于是雅典人轻易在此处募得 700 名重装步兵和 300 名标枪手。雅典人期待这些人英勇作战。雅典指挥官肯定没有料到，他们在意大利沿岸还能得到如此友好的款待，因为柯络通（Croton）、罗科里（Locri）以及垒集坞（Rhegium）等城邦早已驱逐了雅典人。援军渡海来到西西里岛。在继续航程的最后一段之前，他们应该在纳克苏斯或卡塔纳稍作停留和准备。①

　　雅典的将军们出现在西西里的方式，令人印象极其深刻。无敌舰队"装饰华丽如戏剧，三列桨战舰兵甲鲜明，旗帜招展，舵手笛手人数众多，敌人望之却步"。② 这支援军由 73 艘舰船，差不多 5000 名重装步兵，许多标枪手、投石手和(-308,309-)弓箭手组成，还带着与之相应的辎重装备。雅典无敌舰队的出现，叙拉古人原本士气高涨，这下突然灰

---

① Thuc. 7. 33. 3—6；7. 35. 雅典人在最终抵达叙拉古之前，在西西里岛已作停留。修昔底德并没有提到这次停留，但是看起来，雅典人是有必要停留一下的。

② Plut. Nic. 21. 1.

心丧志；斯巴达人在德西利亚（Decelea）设防，雅典人居然还能派得出这样一支大军，叙拉古人大为吃惊，同时也开始怀疑，叙拉古是否将永无宁日；而从另一方面来说，新近的事态发展当然也鼓舞了雅典人。[1]

德摩斯梯尼迅速对局势作了一番评估。他像往常一样，评估时格外看重心理因素的作用。德摩斯梯尼详细考察了他抵达之前的作战情况，严厉批评尼基阿斯在叙拉古围歼战之初按兵束甲、拖延不决的行为。德摩斯梯尼认为，如果及时攻打并围歼叙拉古城，那么叙拉古人应该早就丧失斗志而投降了，根本不会向伯罗奔尼撒半岛求援。[2] 同样，德摩斯梯尼认为，他率领援军抵达后，如能再次攻之以迅雷不及掩耳之势，那就能对双方心理产生最大的影响。德摩斯梯尼马上就意识到，一切的关键就在于叙拉古人在近城高原上修建的反围歼墙，是这些反围歼墙妨碍了雅典人围歼叙拉古。如果能夺下这些反围歼墙，那么雅典人就能从陆地上封锁叙拉古。德摩斯梯尼似乎确信，他自己的舰队抵达后，雅典人就能够重夺制海权，完成海上封锁。无疑，德摩斯梯尼的行动计划要优于雅典人在尼基阿斯指挥下所采取的行动。在尼基阿斯的指挥下，雅典人躲在反围歼双墙的间隙中按兵不动，丝毫没打算去封锁敌人的城邦。从另一方面来看，要取得通往近城高原的上山道、击败句列普斯（Gylippus）的部队，并不容易，还很危险，这也是尼基阿斯并未尝试登高原作战的原因之一。德摩斯梯尼意识到作战的困难和危险，也意识到胜算并非十成。如果真的失败，他也准备好去接受失败，因为失败也总好过在西西里漫无目的地耽搁下去。在这旷日持久的耽搁中，雅典是在浪费自己的资源，是拿着部队的安全在冒险。如果能夺下近城高原，那么征服西西里就不在话下；如果不能夺下近城高原，他将会放弃作战，带领远征军撤回，改日再战。无论是哪种情况，西西里战争总会迎来个结局，即便这结局姗姗来迟。[3] （-309,310-）

德摩斯梯尼略施机动，试水一番，这可能是为了试探一下他的部队

---

① Thuc. 7. 42. 1—2.

② Thuc. 7. 42. 3；关于对这一评判的详细讨论，参见本书上文，第237—238页（原书页码）。

③ Thuc. 7. 42. 3—5.

和敌军部队锐气如何,也可能是为了让部下习惯自己的指挥,同时还是为了分散敌军注意力并迷惑敌军,让敌军猜不透他真正的意图。德摩斯梯尼率领一支部队从双墙内出来,劫掠岸纳浦河畔的乡村地区,并令舰队下水随行,从海上保卫他们,防止敌军攻击。叙拉古人的舰队留在海滩上,陆军中则只有奥林匹亚宙斯神庙驻军的一部分骑兵和标枪手下山,予以象征性抵抗。从士气和整体态度来看,这似乎标志着雅典人再次掌握了主动权。接着,德摩斯梯尼对近城高原发动直接攻击,攻打叙拉古人在近城高原上修建的反围歼墙。德摩斯梯尼应该是以环塞为出发点发动攻击的。德摩斯梯尼多点攻击,使用步兵和围歼装置,但是叙拉古人向围歼装置点火,赶走了雅典士兵。①

德摩斯梯尼真实计划具有十分严重的缺陷,严重到足够令雅典人转而诉诸其他作战方法来争取胜利,但与此同时,如果不先尝试一下攻打叙拉古人的围歼墙就去采取更加危险的其他计划,似乎也并不明智。不管怎么说,在说服尼基阿斯允许他在战略上更加冒险之前,德摩斯梯尼或许已经试尽其他办法。② 事实很快表明,在白天攻打近城高原根本无法取得成功,因为关口皆狭隘险峻,敌军又有所准备,易守难攻。因此,德摩斯梯尼大胆计划,漏夜攻打。在8月的第一周,趁月亮未升,德摩斯梯尼率领整支陆军部队——或许多达10000名重装步兵,再加上相同数目的轻装步兵——穿过夜色,抵达幽里崖庐(Euryalus)关口。抱病的尼基阿斯被留在后方,留在围歼双墙之内。③ 雅典军队行进必定是非常有技巧的,这是因为,尽管雅典人通过的幽里崖庐关口是他们和句列普斯早前都曾经用过的,同时尽管叙拉古人(-310,311-)在要塞里安置了驻军,雅典人仍然成功突袭。他们夺下要塞,杀死一部分驻军,但是余部皆走,雅典人突袭的消息于是不胫而走。

---

① Thuc. 7. 42. 6—43. 1.

② 修昔底德(Thuc. 7. 43. 1)告诉我们,在说服尼基阿斯和其他指挥官后,他们才允许德摩斯梯尼执行自己的计划,亦可参见 Plut. *Nic.* 21. 2—4。

③ Thuc. 7. 43. 2. 关于日期,参见布索特,《希腊历史》,第3卷,第2册,第1372页及注释4。关于士兵人数的信息,参见 Diod. 13. 11. 3,以及多佛,《修昔底德历史评注》,第4卷,第422页。参见地图11。

第一支前来迎战的部队是赫墨克拉底上年为特别任务而挑选的600人精锐兵团。在第一次与雅典人交战时,这支特别机动部队就被打得落花流水,这一次他们的表现也没有好到哪里去。① 尽管叙拉古人英勇作战,但是雅典人又一次击溃了他们,并抓紧时间一直推进,想要搜捕所有敌军,使胜利更加彻底。第一支雅典兵团仅是突击部队,作用只是为后来队伍扫清障碍,并吸引敌军的注意力。另一支雅典部队接踵而来,什么别的任务都不做,一上来就马上向着反围歼墙冲过去。② 可以想见,看守反围歼墙的叙拉古人大吃一惊,所以他们没有抵抗就逃跑了,于是雅典人夺下此地,并拆除了部分围歼墙。

先前,句列普斯建造了一些简易外垒,这些简易工事突出于反围歼墙的南侧,保护着反围歼墙。句列普斯及其部下对这次大胆的夜间突袭毫无准备,四顾茫然,他们从这些简易外垒中走出来击赶雅典人,但是雅典人把他们逼回简易外垒,继续朝东,向着近城高原前进。至此时为止,雅典人作战还算顺利,于是,他们迫切想要充分利用敌军被吓到、无准备的契机,与还未集结的敌军余部交战,但是雅典人心情过于迫切,自己反倒先乱了阵脚。很快,雅典人为此付出了惨重的代价。雅典人向前冲去的时候,与一支彼欧提亚重装步兵兵团相遭遇。彼欧提亚重装步兵兵团保持队形,保持镇定,他们向雅典人冲去,并击溃了雅典人。③

修昔底德告诉我们,尽管他能从来自战斗双方的亲历者那里得到资料,但是要了解在这场战役中发生了什么,还是非常困难。甚至后来天亮了,作战者(-311,312-)除了自己邻近所见所闻之外,也还是不知道别处发生了什么。至于到了夜晚,即便后来明月升起,但是两支大军

---

① 关于这支特别机动部队,参见 Thuc. 6.96.3 及 Thuc. 6.97.4。

② Thuc. 7.43.5。这是我对于这一句话的解释:ἄλλοι δὲ ἀπὸ τῆς πρώτης τὸ παρατείχισμα ... ᾕρουν,余部从一开始就努力夺取反围歼墙。我认为,第二支雅典部队是紧随德摩斯梯尼、通过幽里崖庐关口抵达近城高原的。格林《无敌舰队来自雅典》,第 286 页及注释 5)则认为,这第二支部队是从环塞出发而来的,但是修昔底德史书中并不能推出这一点,而且,我在此处所给的解释与修昔底德的叙述并无矛盾冲突之处。

③ Thuc. 7.43.6—7;Plut. Nic. 21.5。很明显,这些彼欧提亚人来自武司彼崖,参见布索特,《希腊历史》,第 3 卷,第 2 册,第 1374 页,注释 2。

交锋,兵员四散冲撞,战场人声鼎沸,要看清楚发生了什么,那就更加困难了。① 然而,修昔底德的记叙清楚表明,战斗的转折点是,彼欧提亚人止住了雅典人的行进之势。在此之前,雅典军队行进顺利,他们大体朝着东边,穿过近城高原。穿过幽里崖庐抵达近城高原后,每一支分队都赶着去完成自己分配到的任务;但是,有一支雅典部队被击溃了,他们朝着西边逃去,却迷惑了:在月色中,前进中的雅典军队无法清除分辨,向他们冲过来的到底是敌是友;而与此同时,在靠近幽里崖庐这个上山关口的地方,雅典余部也陷入了疑惑。将军们似乎没有在幽里崖庐关口安排指导人员,用来指导不同连队通过关口,爬上高原。所以,刚刚抵达的那些士兵发现有些雅典士兵径直向前,无人阻止,而有些雅典士兵在朝着幽里崖庐撤退,还有一些人正在通过关口,所以还没有作机动。因此,刚刚抵达近城高原的这些士兵面面相觑,不知道该同哪些人一起行动。

随着时间流逝,阵型愈加混乱,兵卒愈发疑惑。叙拉古人及其盟友集结并击退雅典人以后,欢呼不止,大声喊叫,因此便使得雅典人的问题愈加严重,因为他们发现要分辨正在撤退的自己人(-312,313-)和正在逼近的敌军,更加困难了。雅典人反复大喊着,要求接近他们的人以暗号接头,但是很快,叙拉古人就学会了雅典人的口令。如果情势不对,叙拉古人还可以利用雅典人的口令逃脱。另一边,叙拉古人集结了他们的部队,勉力向前行进。他们无需使用口令,因此不会泄露给敌人,而雅典人就没有办法在处于不利形势的时候将自己与敌军区分开来了。多利安人唱战歌的习俗——也就是战斗时的号子、战役的信

① 普鲁塔克(Plut. *Nic.* 21.7—8)说,雅典人被彼欧提亚人击溃后,正是月沉西山。月亮从雅典人身后照过来,投下了影子,这帮助了叙拉古人,却害了雅典人。布索特(《希腊历史》,第3卷,第2册,第1372页,注释4)指出,在413年8月3日、4日、5日,月亮升起的时间是在晚上9:15到晚上10:45之间。既然雅典人抵达近城高原的时候没有被发现,那么他们抵达幽里崖庐关口的时间就必须是在月亮升起之前,也就是晚上10:00前后。在这3天里,月亮在天穹达到当日最高点的时间是在凌晨3:20到5:00之间,所以战斗应该持续了至少6小时,甚至应该持续了更久;但是修昔底德的描述和所有合情合理的看法都与上述时间推断相矛盾。布索特认为,月色渐暗对战事产生影响这个情节,来自于与修昔底德同时代的西西里史家菲利斯图(Philistus)的记载,是为了记载一次夜间战役的小说家之言,意在润饰,不足采信。我们应当认同布索特的看法。

号——令雅典人更加混乱。叙拉古人及其盟友大部分是多利安人,雅典人忽然发现四面战歌,四围敌军逼近,陷入恐慌。虽然雅典人的部队中大多数都是爱奥尼亚人,但是他们也有多利安人的分遣队,例如阿尔戈斯人和柯西拉人。这部分多利安人也唱起了战歌,与敌军所唱并无二致,因此反而令雅典人更为恐慌,更加难以在混乱中区分敌我。"所以,混乱一开始的时候,马上引起各部分军队互相冲突,朋友和朋友,公民和公民,不仅彼此间造成恐怖,并且实际上互相肉搏,费了很大的力量才能把彼此分开来。"①

对地形不熟悉,是夜间作战的严重障碍。对地形不熟悉,使已经非常困惑的雅典人战斗更加困难。在雅典人中,没有人对近城高原了解得像叙拉古人一样清楚。还有许多人是刚刚随德摩斯梯尼和攸里梅登抵达西西里的。是夜之前,这些人还从未见过西西里岛。② 这一缺陷在混战中已经非常严重,而当雅典人反胜为败、败而出亡、亡而溃逃时,就会径直演变为灾祸。雅典人试图逃跑的时候,许多士兵跳下悬崖而死,还有许多人因跌落悬崖而亡。设法从高原上下来、抵达平原的那些人,也没有全部获救。尼基阿斯那些较有经验的部下能够安全回到营地,但援军中那些刚刚抵达西西里的新兵则迷了路,(-313,314-)直到天亮都还在茫然四顾,叙拉古骑兵于是追击而杀之。雅典人经历了到那时为止最为惨重的伤亡。大约 2000 到 2500 人被歼,在叙拉古速胜的希望彻底破灭。③ 叙拉古人竖起胜利纪念碑。他们的士气又有所恢复,于是派遣将军西侃努(Sicanus)率领 15 艘舰船前往阿珂腊迦(Acragas)。阿珂腊迦城邦内正在发生革命,叙拉古人试图将其争取到自己这一方来。与此同时,句列普斯走陆路出发,再次漫游西西里岛,四处募兵。现在句列普斯相信,如果他能够募得足够援助,他就有能力攻下雅典人修建的围歼墙。④

---

① Thuc. 7. 44. 7—8. 谢德风译本,第 530 页。

② 这一点是由格林指出来的,参见《无敌舰队来自雅典》,第 284 页。

③ 普鲁塔克(Plut. *Nic.* 21. 9)记录的伤亡人数是 2000 人,狄奥多罗斯(Diod. 13. 11. 5)记录的伤亡人数是 2500 人。

④ Thuc. 7. 45—46.

叙拉古人兴高采烈,情绪高涨,而雅典人此时士气低落,灰心丧气。速胜的希望已经不再,将军们召开行动方针会,商讨下一步行动。战败已经严重影响了部队的士气,而危难悲痛之情还有另一个来源。雅典兵营位于沼泽地上,夏末瘴气弥漫,不宜久留。士兵纷纷染上瘴疠,有些是疟疾,肯定还有些是痢疾。"同时,整个前途似乎是没有希望了。"①德摩斯梯尼发言,带着他一贯的果敢,建议马上放弃远征,启航回雅典,因为雅典仍然在海上占据优势。"他又说,他们与其在此地进攻叙拉古人,不如回去进攻那些在亚狄迦[亚狄珈]建筑要塞的人,因为叙拉古人已经不容易征服了;并且他们如果耗费巨额金钱来继续围城,而毫无结果,这也是不合理的。"②

德摩斯梯尼的建议既合常识,又有智慧,这是显而易见的。试图从环塞出发,夺下叙拉古反围歼墙,现在已经行不通了。趁白天的时候从另一侧登上近城高原,也行不通了,同时,句列普斯也不会再让他们有机会夜间来突袭。夺不下反围歼墙,雅典人(-314,315-)就无法围歼叙拉古。雅典人可以在原地徘徊,坐等事态发展,静待时机,但是正如德摩斯梯尼指出的,他们在西西里度过的每一天所花费的钱财、人力、舰船,原本都是与斯巴达在本土的战争所需要的。士气低迷,疾病肆虐,这为放弃远征提供了更加充分的理由,特别是,雅典再也不会派出另一支援军来增补力量、鼓舞士气了。

尼基阿斯从一开始就反对远征,他曾要求雅典人撤销远征的打算,如果不能彻底取消远征的话,至少解除他的指挥职务。其一贯态度如此,所以他居然拒绝德摩斯梯尼的提议、拒绝撤退,这令我们大感意外。修昔底德告诉我们,尼基阿斯知道雅典人情势殆危,但是无论如何,他不愿看到大家投票决议撤退,唯恐撤退决议传到敌人那里去。尼基阿斯害怕这一消息会警醒叙拉古人,让他们意识到雅典人业已积弱,从而鼓舞他们,在雅典人决定撤退的时候封锁雅典人的退路。此外,修昔底德继续说到,尼基阿斯从私人的消息源那里得知,敌军状况或许更糟。而雅典人的舰队

---

① Thuc. 7. 47. 2. 谢德风译本,第531页。
② Thuc. 7. 47. 4. 谢德风译本,第531页。

优于敌军,仍可从海上封锁运抵叙拉古的各种补给物资;但尼基阿斯主要的希望还是基于,他知道在叙拉古城邦内,一直存在一股倾向于向雅典投降的政治势力。尼基阿斯与这股势力的代表有所接触,这些人敦促尼基阿斯坚守下去。修昔底德告诉我们,正是因为考虑到这些,尼基阿斯自己仍然举棋不定,到底是应该坚持下去,还是应该及时离开。①

然而,如果修昔底德给出的这些理据就是尼基阿斯坚守阵地的全部理据的话,那么尼基阿斯还是应该立马率领全军撤退,毫不犹豫,因为这两条理据都没有丝毫的强制性。② 在没有封锁陆路通道的情况下,从海上封锁叙拉古的物资运送(-315,316-)毫无意义;物资完全可通过陆路从西边运抵,雅典人根本无法阻拦。至于叙拉古城内有人叛国,这根本指望不上。我们不清楚给尼基阿斯通风报信的人是谁。或许,是那些流亡到叙拉古、意欲光复母邦的林地尼(Leontine)贵族。③ 或许,是这样一个政治派别:这些人希望叙拉古政体变得更加民主一些,希望叙拉古能像462/461年埃斐亚提斯(Ephialtes)和伯利克里治下的雅典一样,进行民主化改革。④ 或许,甚至可能是一些富有的叙拉古人,他们为战争背上

---

① Thuc. 7. 48. 1—3.

② 我们很难了解,修昔底德是如何知道尼基阿斯此时的想法的。尼基阿斯自己肯定不是修昔底德的信源,因为他不久就死在了西西里。或许在临终之前,尼基阿斯对一位友人吐露许多,而这位友人后来把这些信息讲给了修昔底德听。这一问题可与修昔底德当时声称了解克里昂在安菲玻里(Amphipolis)的所想相比较,参见卡根,《阿奇达慕斯战争》,第 325 页。

③ Diod. 13. 18. 5;多佛,《修昔底德历史评注》,第 4 卷,第 425 页。

④ 雅典远征西西里之后,过了几年,叙拉古政体发生了改变。亚里士多德在《政治学》(Pol. 1304a 27)中说,"在叙拉古,民众将政体从'共和政制'(politeia)变为了民主政体"。亚里士多德所说的"共和政制"是混合政体的一种,与之最相似的是温和民主政体。狄奥多罗斯确认了这一说法,他告诉我们说,西西里远征之后,一位名叫丢科勒(Diocles)的民众煽动家改革了叙拉古政体,引入抽签选举执政要员等民主化机制。413 年的时候,在叙拉古城内与雅典人通气的,或许就是丢科勒及其同党。

在此,有必要提一则掌故。据这则掌故所言,此时叙拉古曾有过一次奴隶起义,但并不成功。这则掌故来源于柏律安努斯《作战方略》第 1 卷(Polyaenus 1.43.1)。作为史家,他所处的时代晚于修昔底德;作为信源,他的史书也不甚可靠。赫墨克拉底镇压这次起义后,将绝大多数奴隶归还给他们原先的主人,但是其中有 300 名奴隶逃往雅典。布索特(《希腊历史》,第 3 卷,第 2 册,第 756 页,注释 1,以及第 1337 页)认为菲利斯图是这则掌故的原始信源,基于这一看法,布索特认为应当采信这则掌故。弗里曼(《西西里史》,第 3 卷,第 673—674 页)则对此掌故的真实性表示怀疑。这则掌故在柏律安努斯作品中出现,至少是多有藻饰,可信度成疑,但即便奴隶起义确有其事,要镇压也并非难事。雅典人即便知道奴隶起义,也不能指望从中获得什么重要利得。

了沉重的负担,愿意通过投降来拯救自己的财富。又或许,潜在的卖国者来自以上所述的多个甚或全部群体,但这无关紧要,因为这些人在叙拉古显然无人支持,而且也没什么指望能在城邦内获得更多人的支持。这些人想要投降的话,唯一的机会是在龚玑卢(Gongylus)和句列普斯抵达之前。龚玑卢和句列普斯抵达之后,叙拉古外有援军,屡战屡胜,他们一定会抵抗到底。在海上和陆地上战胜雅典人、又对敌军造成了前所未有之伤亡之后,叙拉古人再要考虑投降,就必须在战场上再次经历严重失败、遭遇战局逆转,但尼基阿斯对于再战并无计划,因此也就不可能扭转战局,不可能令叙拉古人再次考虑投降。

在公开的说辞中,尼基阿斯对自己的疑惧(-316,317-)守口如瓶,清楚明白地主张说要留在西西里,坚守阵地。他的公开说辞以批驳德摩斯梯尼关于继续作战就会给财政增加负担的观点为主,尽管这从一定程度上也反映了他私下的看法——叙拉古人处境或许比雅典人在西西里的处境还要糟糕。尼基阿斯指出,叙拉古人财政状况更为窘迫。为了派遣船只在海上巡逻、为一支大舰队配置人员、向雇佣兵支付军饷,叙拉古人已经花费了 2000 银塔伦特,而且他们还需要借贷更多。叙拉古资金已经开始短缺,如果雅典人继续坚守阵地,叙拉古的资金就会枯竭,从而导致他们失去雇佣兵分遣队。“因此,他的结论是他们应当保持现状,继续围攻,不要因为金钱的原故,战败而归,因为在金钱方面,他们远远地优于叙拉古人。”①

尼基阿斯所得到的情报,就其本身而言是准确的;但是尼基阿斯从这些情报中得出的结论,却并不比他自己私下的考虑要来得准确。叙拉古人确实资金短缺,②但我们有理由相信,他们为了募集资金可以课税,还可以向他们的伯罗奔尼撒盟邦及其他地方借贷,因为屡战屡胜能够提升城邦的信誉。古希腊人没有今人这么习惯于课税,但是如果自由和独立危在旦夕,他们无疑是会诉诸课税手段的;而这一点,事实上,正是尼基阿斯打错算盘的主要原因。雅典人可以选择花费巨大的代价

① Thuc. 7. 48. 6. 谢德风译本,第 532 页。

② Thuc. 7. 49. 1.

留在西西里，也可以选择径直放弃远征，把钱花在别的地方。叙拉古人则没有第二个选项。他们必须抵抗到底，否则如果失去自由，他们的钱财也将一并失去。雅典的帝国历史表明，雅典人通过围歼夺下一地之后，有时会索取战争赔款，以补偿军费；在这个方面，叙拉古别指望能得到比萨摩司更加温和的战后待遇。① 因此，叙拉古人会竭尽所能维持雇佣兵部队，但即便失去了雇佣兵部队，他们也仍将坚守到底。叙拉古人口众多，目前又(-317,318-)得到了来自塞林努斯和西西里岛其他城邦的支援。西西里岛诸邦前来襄助，为的不是钱财，而是这些城邦自身的利益。伯罗奔尼撒人已经派兵援助，如果有需要，他们或许还将派出更多援军。除非叙拉古从海陆两方面同时遭到封锁，不然的话，叙拉古必将无限期地抵抗下去，而事实已经证明，尼基阿斯和雅典人是没办法完成封锁的。

上述考虑对于尼基阿斯来说，应该是最清楚不过的了，因为上述考虑对于德摩斯梯尼和今天的我们来说，就是最清楚不过的；但是，在演说的后半部分，尼基阿斯向与他辩论的两位同袍吐露了自己的真正动机。演说辞的这一部分，值得全文援引在此："他说"，修昔底德说，"如果雅典民众会议[公民大会]没有表决要他们撤退的话，他确信雅典人是不会赞成他们撤退的。他们自己亲眼看见了事实的真相，因此不必依靠别人的敌对批评而作出关于他们的决议来；但是雅典的选民就不是这样的，他们的判断是容易受到任何一个想造成成见的狡猾演说家的影响的。他又说，事实上在西西里的士兵中，现在大多数人正在叫嚣，说他们处于绝望的地位；但是一旦他们回到了雅典的时候，有许多人就会完全改变他们的口气，说是将军们受了贿赂，把他们出卖了而回来的。因此，在他的一方面，因为他深知雅典人的性格，与其被雅典人一个不公平的判决，在一个丢脸的罪名之下被处死，还不如在此地碰碰运气；如果一定要死的话，他宁愿死在敌人手中"。②

在此，修昔底德才第一次向读者揭露了尼基阿斯性格中的这一面

---

① Thuc. 1. 117. 3.
② Thuc. 7. 48. 3—4. 谢德风译本，第 432 页。

相，而普鲁塔克收集了丰富的古代史料，他的记载佐证了尼基阿斯的这一性格面相。喜剧诗人们盛传，尼基阿斯羞怯不敢面对公众，害怕告密者，宁愿付钱给勒索犯也不愿出现在法庭；喜剧诗人围绕这一主题，嘲讽花样百出。① 普鲁塔克告诉我们，对于雅典民主政权是如何怀着疑惧与嫉妒看待城邦内的杰出公民的，尼基阿斯特别敏感，并竭力回避。他小心选择指挥任务，拒不接受(-318,319-)那些可能给任职将军带来麻烦的指挥任务。尼基阿斯还小心翼翼地在公众面前展现谦虚的一面，将作战胜利归功于机运和诸神，因为他害怕胜利会激起民众对他的危险妒意。② 尼基阿斯固然是因为本身就羞怯胆小，异于常人，但即便是更加无畏大胆的人，也有理由对雅典人处置战败将军的方法感到恐惧。仅就伯罗奔尼撒战争而言，在此期间，就有多位雅典将军遭到审判，其中一些人遭到处罚。事实上，最能理解尼基阿斯这种恐惧的，莫过于当时他的听众：另外两位将军。426 年，德摩斯梯尼在埃托利亚(Aetolia)战败后，宁愿留守诺帕克都港(Naupactus)，也不愿回到雅典，"因为此事发生后，他怕回去面见雅典人"。③ 424 年，攸里梅登自西西里回到雅典，雅典人的殷切期待他一件也没有达成。于是攸里梅登被控接受贿赂，被送去审判，被定罪，被罚款，尽管看起来他应该是无罪的。④

因为德摩斯梯尼和攸里梅登有充分理由去接受尼基阿斯的观点和论据，但是他们没有，这就更能引起我们的兴趣。⑤ 显然，这两人并不惧怕雅典公民大会对越权撤退会有什么反应。或许他们自己推断，如果 3 名将军观点各不相同，政治倾向也大相径庭，那么这就能够说明撤

---

① 普鲁塔克(Plut. *Nic.* 4. 3—6)援引了泰勒克莱德(Telecleides)，游玻利司(Eupolis)，阿里斯托芬，以及斐林尼库(Phyrnichus)的诗句。

② Plut. *Nic.* 6. 1—2.

③ Thuc. 3. 98. 5. 谢德风译本，第 249 页。

④ Thuc. 4. 65. 3—4；卡根，《阿奇达慕斯战争》，第 268—269 页。

⑤ 修昔底德没有直接告诉我们说，攸里梅登和德摩斯梯尼意见完全一致，都赞成彻底放弃西西里远征。他没有以任何形式告诉我们攸里梅登是怎么想的；但是，德摩斯梯尼提议撤军到飒浦肃或卡塔纳，攸里梅登是赞同的。这或许表明，他的看法与德摩斯梯尼基本相同。

退确有必要,而公民大会也会接受这一点。当然,德高望重之辈如尼基阿斯和德摩斯梯尼更有分量;而尼基阿斯,当然比其他人有更多事情要去恐惧,因为犯下根本性大错的人是他。其余两位将军不过刚刚抵达,只经历了一场战役,而我们已经历数过尼基阿斯那一长串失误疏漏了,正是那一长串失误和疏漏导致了雅典人的失败。雅典人即便怒火中烧,依然可能在审判处罚时对将军们作区别对待。一如先前在 424 年,雅典人对索福克勒、(-319,320-)派所多鲁斯(Pythodorus)和攸里梅登作出了不同的裁决。同样是在 424 年,雅典人给予丢失安菲玻里诸将的,也是完全不同的处罚。① 尼基阿斯当然会认为,自己所面临的危险比同袍面临的危险要严重,但是德摩斯梯尼亦有理由对同胞们的审判深怀恐惧。夜攻近城高原的主意是他想的,战斗是他指挥的,两者都归诸他,而结果却是一场惨败。雅典军队至少损失了 2000 名士兵,而这是雅典人到那时为止所经历的最严重伤亡,那么一定会有人批评他说,夜袭近城高原这个主意既愚蠢,又没有意义,而且作战指挥不力。

尽管如此,德摩斯梯尼还是赞成班师,无论因此回去要面临何种指控;而尼基阿斯仍然主张坚守,尽管他心底清楚,这一决策将令整支远征军处于更大的危险之中。格罗特说:"要回去面对同胞们无限制的批评和详审——还不说要接受法庭审判的可能——势必令他威风扫地,这不可接受。对于尼基阿斯——这位绝对的勇敢之人受着无药可医的病痛的折磨——而言,在雅典的生活已经不再有吸引力和荣誉可言。基于这些理由,或许还有其他理由,他受到坚守阵地这一想法的诱惑,不愿下令离开;他始终盼望,机运将予他某种未曾预见的恩惠,于是,他向叙拉古城邦内通风报信之人那最无意义的欺骗屈服了。"②格罗特将尼基阿斯的行为称为"昏聩之罪行",但多佛的看法更有道理:格罗特对尼基阿斯的评价仍嫌太过温和。多佛自己是这样评价尼基阿斯的:"尼基阿斯的骄傲及由此伴生的对自己丢脸的怯懦,使得他作出了一个丢脸的提议——对于历史上任何一位将军而言,这提议都相当丢脸——:

---

① 卡根,《阿奇达慕斯战争》,第 268—269 页,第 299—301 页。
② 格罗特,《希腊历史》,第 7 卷,第 312—313 页。

他不肯自己去冒险,于是要丢弃舰队和数千人的生命,还将自己的城邦置于致命的危险之中。"①

德摩斯梯尼没被尼基阿斯的理据说服,他继续主张撤退,这大概得到了(-320,321-)攸里梅登的支持,②但尼基阿斯仍然坚持抵抗,而他的坚持奠定了最后的决议。事关重大,德摩斯梯尼和攸里梅登的立场,可以想见,是不会动摇的,因此,一定是投票结果迫使二人接受决议。那么,我们就能推断出来,尼基阿斯副官米南德和幼熙德慕(Euthydemus)投票赞同尼基阿斯的意见,这样坚守西西里这一选项的得票就能超过半数。米南德和幼熙德慕并非依据常规方法遴选出来的将军,他们是在去岁冬季的一次特殊选举中被选出来的,目的是襄助抱病的尼基阿斯。③ 米南德和幼熙德慕声望远不及同袍,所以面对备受尊敬和爱戴的尼基阿斯,二人并无勇气反对。同时,米南德和幼熙德慕在尼基阿斯麾下任职经月,他们很难去赞同尼基阿斯对手的意见,也很难去支持一个未经雅典公民大会授权的重大决策。

德摩斯梯尼和攸里梅登试图劝尼基阿斯离开西西里无果,于是转而要尼基阿斯也作出一些让步;但有了来自副官的投票支持,尼基阿斯就可以连这些让步都不作。德摩斯梯尼和攸里梅登敦促,让雅典人至少退到飒浦肃或卡塔纳去,这样至少可以令他们免受沼泽瘴气之害。离开叙拉古的墙和军队,雅典人就能劫掠叙拉古的乡村地区,靠土地生存。将舰队从叙拉古的港口撤出以后,雅典人就能在公海作战。在公海的开阔水域中,雅典人高超的技巧和丰富的经验就能赋予他们以战斗中的优势;在公海的开阔水域中,雅典人也不必再因为一个不合适的军事基地而束手束脚。德摩斯梯尼和攸里梅登坚称,雅典人必须另觅基地,即刻移师。

尼基阿斯再一次拒绝了,他再一次自行其是;雅典人留在原地,哪

---

① 多佛,《修昔底德历史评注》,第 4 卷,第 426 页。这里值得指出的一点是,尼基阿斯对死刑感到恐惧,但据我们所知,此事并无先例。根据现有史料,到尼基阿斯的时代为止,雅典人处罚遭到贬谪的将军,方式仅有罚款和流放两项。

② 参见本章上文,第 307 页,注释⑤。

③ Thuc. 7. 16. 1;多佛,《修昔底德历史评注》,第 4 卷,第 391—392 页。

儿也没去。因为修昔底德没有告诉我们，尼基阿斯作出这一决策的动机是什么，所以我们只能自行推测。这一次，尼基阿斯不能再借口说雅典公民大会未予授权，因为作为"全权将军"（autokratores），根据战略必需在西西里岛四处移动军队的权力，他们肯定是有的。然而，其同袍指挥官认为，尼基阿斯肯定知道其他人所不知道的一些事情，因为不然的话，他为什么要坚持留在西西里战斗？普鲁塔克告诉我们，德摩斯梯尼无法自行其是，于是屈从现状，还鼓励其他几位将军说，(-321,322-)如果不是因为他从自己在叙拉古的通风报信之人那里收到了什么鼓舞人心的消息，尼基阿斯就不会拒绝如此强烈的撤退要求。① 但是没有史料证据能够证明德摩斯梯尼的这一推测。同时，即便叙拉古城内有叛国变节之人，这些叛国行为也从未服务于雅典人的目的。无疑，尼基阿斯在叙拉古城内的报信人势必敦促他留下来，而他或许是因为这些人欺骗他说叙拉古将会投降，因而"向……那最无意义的欺骗屈服了"，如格罗特所说。但是，尼基阿斯拒绝离开此地，或许仍主要是因为他认为，一旦军队登上舰船、驶出叙拉古港口，就无法再在西西里作长久停留。或许我们应该推测，德摩斯梯尼和攸里梅登在提出这项建议时，有同样的想法。

到这时为止，句列普斯和西侃努已经自募兵之旅归来。西侃努在阿珂腊迦一无所获，因为他抵达阿珂腊迦的时候，城内的敌叙拉古党取得了内战胜利，驱逐了政敌。句列普斯却大有斩获。他募得一支庞大的西西里人军队，还得到一笔意外之财：他得到了一批伯罗奔尼撒重装步兵。这是迩克力图（Eccritus）这年春季从拉戈尼亚（Laconia）带来的那600名黑劳士和脱籍黑劳士。风暴吹袭，这批人被迫偏航前往非洲的昔兰尼（Cyrene），但是他们得到当地希腊人的帮助，横跨地中海，来到了塞林努斯，而句列普斯正巧在此，顺带纳入麾下。② 这批增援部队的到来鼓舞了叙拉古的军心，于是叙拉古人计划要再次从海上和陆上发动攻势。

---

① Thuc. 7. 49. 4；Plut. *Nic.* 22. 4.

② Thuc. 7. 19. 3；50. 2.

兵力对比发生如是变化,在雅典兵营则产生了相反的效果。疾病肆虐,雅典军队的实力与士气都更受影响,而此时敌军实力大增,对雅典人来说,这更是沉重一击。留守西西里决策比以前显得更欠考虑,甚至尼基阿斯本人都不再那么反对撤退了。他只是要求不要就撤退进行公开投票,而是把撤退的命令秘密向下传达。每个人都等待着撤退的信号,同时,这支了不起的雅典(-322,323-)远征军——不管怎么说——将得以全身而退,而这时,命运、诸神、或曰机运来干涉了。413年 8 月 27 日晚上 9:41 到 10:30 之间,月亮完全消失了。

恐惧压倒了迷信的雅典士兵。人们将这次月蚀解释为神之不悦与神之警告,警告他们不要在此时即刻启航。尼基阿斯咨询预言家们,他们的意见也是如此,建议雅典人多等"三个九日"再出发。① 外行和专家解释如此一致,我们对此无需感到意外,因为所有雅典人都曾在 415年夏季见过另一次不祥之征兆:赫尔墨斯神像损毁案。那一次,所有人都视之为人的政治活动,而非超自然力量的警示。鉴于西西里远征现在结局如此不幸,大家势必认为,他们不该那样无视不祥之征兆,他们不应该再犯下和 415 年同样的错误,在神之警告后,他们不该仍然选择启航。②

然而,部队之所以选择采信尼基阿斯的预言家给出的解释,并不是因为不存在其他的解释方法。公元前 3 世纪的史家斐洛克茹司(Philochorus)自己也是一名预言家,他给出了相反的注解:"这一征兆并非不利于逃亡之人,相反,这一征兆对逃亡之人非常有利;这是因为出于恐惧的行为需要隐蔽行事,而光线是隐蔽之敌。"③当然,斐洛克茹司此言不啻后见之明,同时他说这番话的目的是为了捍卫预言家的名声,所以他试图为预言家几次最有名、最严重的失误来进行辩解。④ 不过,与

---

① Thuc. 7. 50. 4. 普鲁塔克(Plut. *Nic.* 23. 6)和狄奥多罗斯(Diod. 13. 12. 6)都说,按照惯例,月蚀之后推迟 3 天行动,但是我们没有理由在此采信普鲁塔克和狄奥多罗斯而不采信修昔底德。

② 关于宗教与迷信在这个时代的雅典的作用,新近的讨论参见包威尔(C. A. Powell),《历史学刊》(*Historia*),第 28 卷,1979 年,第 15—31 页。

③ Plut. *Nic.* 23. 5.

④ 这是包威尔的看法,参见《历史学刊》(*Historia*),第 28 卷,1979 年,第 27 页。

此同时,机智的将领往往也会趁机利用这并不很困难、也不很牵强的解释,使其发挥最大作用。在希波战争中,有一则神谕被众人认为是在说雅典(-323,324-)在萨拉米斯海战中机运不佳,却被地米斯托克利(Themistocles)解释为雅典在萨拉米斯作战必胜。[1] 普鲁塔克讲述了一则掌故,说伯利克里曾在日蚀的时候指挥一艘三列桨战舰。其部下因恐惧而动弹不得,直到这位雅典人的领袖进行了一个简单实验,解释了这一现象的自然原理。[2]

伯利克里是希腊启蒙运动的一员,是自然哲学家阿纳克萨戈拉(Anaxagoras)的朋友,而阿纳克萨戈拉正是科学写作以解释月相的第一个人。[3] 尼基阿斯却与此相反,“过于相信占卜和其他类似的事情”。[4]我们不能指望尼基阿斯会对月蚀作出科学的解释。此外,就在此前不久,尼基阿斯刚刚失去了他最信赖的预言家司笛庇德(Stilbides)。司笛庇德“是他的密友,经常把他从迷信的恐惧中解救出来”。[5] 如果司笛庇德不是在此前不久去世,那么他本人或许会对这次月蚀作出更为正面的解读;但不管怎么说,尼基阿斯本人现在是不太可能接受征兆有利这种解读了,因为要说月蚀不利,才正中其下怀。尼基阿斯从来就不想撤退,但是迫于情势、迫于部下的喋喋怨言,他才不得不准备撤退。诸神干涉证明尼基阿斯判断无误。他抓住预言家的解释,“拒绝再就撤退进行讨论,直到预言家所建议的‘三个九日’之后”。[6]

尽管尼基阿斯小心行事,但雅典决定放弃西西里的决策以及推迟撤退的原因等消息还是通过雅典兵营的逃兵,传到了叙拉古人的耳朵里。[7] 雅典人已经对从现有基地出发、夺下叙拉古丧失了一切信心,这

---

① 参见希罗多德史书:Hdt. 7. 143.

② Plut. *Per.* 35. 2.

③ Plut. *Nic.* 22. 2

④ Thuc. 7. 50. 4. 谢德风译本,第 534 页。

⑤ Plut. *Nic.* 23. 5.

⑥ Thuc. 7. 50. 4.

⑦ Diod. 13. 13. 1. 修昔底德没有告诉我们叙拉古人是如何得到消息的。在 Diod. 13. 13. 1
及其下章节里,狄奥多罗斯似乎曾经读过菲利斯图和修昔底德两人的记载。正因为如
此,狄奥多罗斯的叙述提供的一些细节,是我们没有理由不去采信的。

消息即是明证。消息必定还(-324，325-)提到了德摩斯梯尼要雅典人在西西里岛另觅基地、再行作战的建议。正是为了阻止此事发生，叙拉古人才决定立即在叙拉古港口对雅典人作战，因为在港口作战，叙拉古人赢面最大。既然宗教禁忌可以确保雅典人在一段时间内都不会逃走，那么在这段时间内，叙拉古人就可以为舰船配备人员，操练海战技巧，以提高作战能力。叙拉古人为战斗做好了准备。

然而，第一波攻势是在陆地上展开的。叙拉古人对雅典人修建的围歼墙展开了攻击，引诱雅典的一部分重装步兵和骑兵从墙门中出来战斗。重装步兵被击溃，其中一些士兵还没有来得及逃回围歼墙内，就被切断了去路。骑兵也逃跑了，同时，有 70 匹马因为它们的主人匆忙逃往围歼墙那逼仄而阻碍其座驾的墙门，而被抛弃了。① 次日，或许是 9 月 3 日，叙拉古人发动总攻。一支军队攻打雅典围歼墙，海军同时派出 76 艘三列桨战舰冲向雅典的军事基地。西侃努指挥着右翼舰队，科林斯的佩登(Pythen)指挥着中央舰队，阿加莎库(Agatharchus)指挥着左翼舰队。雅典人以 86 艘舰船出来应战。攸里梅登指挥着右翼舰队，正对着阿加莎库之部，位于南边。米南德指挥中央舰队，正对着佩登之部，而幼熙德慕指挥着左翼舰队，位于北边，正对着西侃努之部。② 根据狄奥多罗斯的记载，叙拉古舰队拥有 74 艘舰船。德摩斯梯尼没有在海上作战，那么他肯定是在陆地上指挥陆军。③

雅典舰队在数目上拥有优势，所以攸里梅登得以将右翼舰队的船只延伸到阿加莎库所率领叙拉古左翼舰队外缘以外。攸里梅登由是试图指挥其麾下战舰，实施"环航战术"(*periplous*)。他开始向南航行，朝着奄司岓(Dascon)的海湾那个方向；但是看起来，他离岸边太近，无法全速航行。攸里梅登还没来得及完成环航战术机动，佩登冲(-325，326-)破了米南德所率领的中央舰队。这位科林斯指挥官击溃了雅典人之后，佩登又作出正确且具有决定性意义的决策：不要追击雅典舰

---

① Thuc. 7. 51. 1—2.

② Thuc. 7. 52. 1—2；Diod. 13. 13. 1—2. 这个日期是由布索特提出来的，参见《希腊历史》，第 3 卷，第 2 册，第 1379 页。

③ 这一观点是弗里曼提出来的，十分令人信服，参见《西西里史》，第 3 卷，第 328 页。

船,转而朝南航行,去帮助阿加莎库,攻打攸里梅登率领的雅典右翼舰队。雅典人的右翼舰队被迫朝岸边退去,被困在耷司崆附近海湾的凹处,他们战败了。攸里梅登自己被迫朝着岸边跑去,被敌军杀死;他麾下有7艘战舰被毁。①

攸里梅登溃败,是这次战役的转折点。整支雅典舰队都被击溃,被驱赶上岸。许多雅典人发现,自己被困在原先所设的安全逃亡栅栏的外面,被困在了自己所修建的围歼墙的外面。一些雅典人被迫从自己的舰船上下来,却无路可逃,只能逃往没有设防的陆地上。句列普斯于是立即抓住机会,杀死他们。这样一来,海上作战的叙拉古人要拖走那些被抛弃了的三列桨战舰也更为容易。句列普斯认为雅典军队显然已无力反抗,于是率领部下追击,在港口与缕西美乐崖(Lysimeleia)沼泽之间的海塘中陷入一片混乱。② 他们遇到一支伊特鲁里亚人的分队,十分惊讶;雅典人安排这支伊特鲁里亚人分队专门守卫通往营地的通道。这些人很快击溃了第一批抵达的叙拉古士兵,把他们从海塘赶到了沼泽里。叙拉古人的增兵抵达后,雅典人出来帮助这支伊特鲁里亚人分队,保卫自己的战舰。自卫行动成功了;他们击败了敌军,杀死了一些重装步兵,(-326,327-)拯救了他们大部分的舰船。然而,雅典人失去了18艘三列桨战舰,船员则在血战中悉数被歼。

与此同时,在港口这个位置指挥叙拉古舰队的指挥官西侃努,心生一计,用来摧毁每一艘试图逃往陆地上的雅典舰船。当前的海风朝着

---

① Thuc. 7.52.2;Diod. 13.13.3—4.

② 修昔底德(Thuc. 7.53.1)说,句列普斯及其部下到来的时候ἐπὶ τὴν χηλήν(朝着χηλή去)。χηλή一词的原意是马蹄,但是有时也用其复数形式来指称一段防波堤或海塘。在 Thuc. 1.63.1中(同时参见古代注经家的注释和戈姆的注解[《修昔底德历史评注》,第1卷,第219页]),χηλή一词指的显然是防波堤。在狄奥多罗斯史书(Diod. 13.78.6—7)中,χηλαί(χηλή一词的复数形式,译者注)或许是指防波堤,或许是指海塘。不管怎么说,在这里指的应该都是石头建筑,而非自然形成之物。所以,多佛将ἐπὶ τὴν χηλήν解释为"朝着海岬上去"(《修昔底德历史评注》,第4卷,第484页),这就说不通。多佛还认为,这片名叫缕西美乐崖的沼泽位于雅典所围围歼墙的西南面,位于岸纳浦河的北面,而句列普斯是从奥林匹亚宙斯神庙出发前来攻击的;但几乎没有其他学者这么认为。我赞同的是弗里曼(《西西里史》,第3卷,第689页)及大多数其他学者的看法,他们认为缕西美乐崖沼泽位于雅典所筑围歼墙的北面,而句列普斯是从叙拉古城邦那个方向过来发动攻击的。弗里曼及其他学者将这条通路称为"堤道",但我觉得最好把这段通路称为"海塘"。

陆地上吹袭,东风吹向雅典人。于是,西侃努向一艘商船放了一把火,令其向敌军驶去,但是雅典人设法闪避开并把火灭了,拯救了他们的舰队。叙拉古人竖起胜利纪念碑,纪念他们的两次胜利:一块纪念前一日的胜利,竖在雅典人所筑围歼墙下;另一块纪念这一日更加重要的胜利,竖在海中。①

　　雅典人也竖起了胜利纪念碑,纪念他们在海塘里打败了句列普斯。雅典人有权这么做,但此举委实可悲。雅典人的士气再度被低迷,而这一次再也不可能恢复如前。德摩斯梯尼和攸里梅登所率领的援军勇敢驶入叙拉古的港口,燃起了胜利的希望,但是这些希望现在全部都破灭了。得到增援后,雅典远征军不仅在陆地上战败了,甚至在海上也战败了。修昔底德告诉我们,雅典人后悔打错算盘、前来远征,因为他们低估了叙拉古舰船的实力,也低估了叙拉古骑兵的实力。他们还忽视了一个事实,那就是叙拉古像雅典一样,是一个民主政体;而要在一个民主城邦内酝酿内争,然后通过革命来夺下这个敌对的城邦,那可比在一个寡头城邦内这么做,要难得多。②

　　第一次打错算盘,肯定要归咎于雅典民众:是他们投票决议派出大军前去远征,是他们投票决议增兵,虽然这两次都是依从了尼基阿斯的建议。雅典民众以为,叙拉古能被雅典人所能提供的这样一支大军征服,但事实证明,并非如此。然而,第二次打错算盘,却肯定怪不到雅典民众的头上,因为我们无论如何也不能相信,雅典民众会指望依靠着城邦内争来颠覆叙拉古。这一失误只能归咎尼基阿斯一个人,(-327,328-)而尼基阿斯执行这一战略如此之久。在这么长的时间里,任何一个理智正常的人都能意识到,这算盘打错了;但尼基阿斯没有临崖勒马。他把雅典带向了毁灭。即便丢科勒及他的极端民主派同党真对政体有所不满,但他们并没有不悦,甚至不耐烦到连叙拉古的民主政权都忍受不了而一定要将城邦出卖给雅典人的地步。除了这些人以外,没有任何其他政治力量有能力做到这件事;但是尼基阿斯没有认识到这

---

① Thuc. 7.53—54.

② Thuc. 7.55.

一点,或许,他是拒绝面对这些事实。雅典人现在明白,无论使用武力,还是计谋,胜利都与他们无缘了。"就是在这次战役以前,他们已经不知道要怎样办了;现在出乎意料地在海上战败之后,他们完全才穷智竭了。"①现在,胜利已经不再可能;问题在于如何逃脱。

---

① Thuc. 7. 55. 2. 谢德风译本,第 536 页。

第十四章 撤离与覆灭

　　叙拉古人在大港的海战胜利令雅典人不再指望取胜,转而寻求退路,也令叙拉古人不再仅仅指望拯救母邦:他们转而想要歼灭雅典远征军。他们相信,如果雅典在西西里完败,那就能够终止希腊世界的其他战争,摧毁雅典帝国,为希腊人带来自由。叙拉古人认为,他们将因为打败雅典人而获得肯定,获得荣誉和声望,进而与斯巴达和科林斯一同赢得霸权地位。① 叙拉古人决意切断雅典人从海上和陆上撤退的通道,于是在港口入口横向停泊三列桨战舰和商船,并以木板和铁链连结,封锁了入口。这项工作三日之内便完成了。②

　　雅典人望见,船桥已经开始在港口入口延伸开来,他们又听说,敌人用心愈加险恶,于是尼基阿斯、德摩斯梯尼、米南德与幼熙德慕和 10 位舰队副将召开行动方针会,商议下一步行动。局势危急,雅典人补给开始短缺,也不能再指望卡塔纳会运送补给过来。雅典人先前计划撤离的时候——也就是月蚀还没有发生的时候,至少是 10 天以前——曾下令中止从卡塔纳进口补给;在这种情况下,尼基阿斯还决定多停留 27 天再撤离,这显得更加不同寻常。现在已经不可能再坚守在此,问题在于如何撤离:是要乘船冲破港口的封锁,(-329,330-)还是要先从陆地上撤离到西西里某个没被敌军控制的地点去。士兵中的一些人一

---

① Thuc. 7. 56.
② Thuc. 7. 59. 2;Diod. 13. 14. 1—2.

望见港口入口的封锁屏障,立马就叫嚷着要从陆地撤离。然而,将军们自然不愿放弃雅典的海军,这支舰队仍然拥有 100 多艘三列桨战舰和许多其他船只。士兵们只想着马上撤离,将军们却考虑到,没有这些船只,他们很难逃回雅典。因此将军们决定,突破港口封锁。①

具体计划是这样的。雅典人要抛弃他们所建筑的围歼墙上端部分,也就是从近城高原的环塞到海滨的那一部分,然后在尽可能靠近海滨的地方,横向建造一道保护墙,为补给和病残士兵保留足够的空间;雅典人还将在这一狭窄空间里安排驻军守卫。② 然后,每一个健全之人都将登上一艘战舰或船只,接着,整支无敌舰队将努力作战,杀出一条通道来,离开叙拉古港口。如果他们成功了,那就接着驶向卡塔纳。如果他们失败了,那就把舰船烧掉,列出战斗阵型,然后向最有可能接收他们、为他们提供庇护的地方行进,无论这个地方是在哪个方向,无论这个地方是希腊人居住的,还是西西里当地蛮族居住的。从围歼墙高处秘密撤退,进行得很顺利。雅典人登上舰船,准备作战;他们希望能从海上撤离。

这一次准备停当要作战的雅典舰队,看起来,与当日那支为雅典夺得制海权的舰队大相径庭。除划桨手、水兵、和专职杂役等常规乘船人员之外,舰船上还满载步兵。在某种程度上,这是对叙拉古在先前战役中所使用战术的回应;在某种程度上,这也是因为舰队还需在撤离中发挥兵员运输船的作用。110 艘三列桨战舰的甲板上,载着阿卡纳尼亚及其他地方来的标枪手和弓箭手,载着重装步兵。雅典人在舰船上装载重装步兵,也是从最近几次战役中吸取了经验,(-330,331-)因为舰船蜂屯蚁聚,相互碰撞,战斗中多有肉搏。事实上,为对付敌军用加厚船首锚架进行正面冲撞的战术,雅典人已经想出新策略去对付了。雅典人给战舰装上"铁手",也就是爪钩。这些爪钩在敌军战舰冲撞雅典

---

① Thuc. 7. 60. 1——2. 普鲁塔克(Plut. Nic. 25. 3)说,尼基阿斯是唯一一位不愿意放弃舰船的将军,因而这一决策完全是尼基阿斯一个人作出的;但是修昔底德没有提到将军之间存在任何意见分歧。关于雅典舰船的数目,参见布索特,《希腊历史》,第 3 卷,第 2 册,第 1381 页,注释 4。

② 关于雅典最后的这处兵营,参见弗里曼,《西西里史》,第 3 卷,第 686——689 页。

舰船的船头之后可以勾住敌军舰船，使其无法离开。这样抓住敌舰以后，雅典人就能在海上打一场陆战，他们庞大的步兵兵团占有优势，这样就有用武之地。在公海的开阔水域中，舰只会因为如此多人在船而超载，速度和机动都会大打折扣，甚至无法保持船只稳定性；但是在港口内的封闭水域，速度、机动、稳定性都不重要了。雅典人用这些人员、武器、战术武装自己，尼基阿斯用演说鼓舞大家。雅典人登上战舰。①

句列普斯(Gylippus)和叙拉古人对雅典人的战备情况了解得清清楚楚，包括他们对付自己的新装备和新战术。我们可以想见，雅典军队中不断有人叛逃，而句列普斯肯定会从这些逃兵口中打探消息。为了对付雅典人给舰船装上的"铁手"，叙拉古人给船头和战舰的前半部分船身蒙上兽皮。句列普斯和叙拉古的将军们在对步兵和水兵作营前演说时说，雅典人在新战术上并无经验，因为这一战术是他们从自己这里学来的。尽管叙拉古人仅有舰船 74 艘，但最近的事实表明，在港口的狭窄水域中，数目优势并不一定会带来胜利，尤其是在数目处于劣势的舰队控制了港口的绝大部分海岸线的条件下。因此，叙拉古的将军们和句列普斯作战前演说的时候充满了信心，他们鼓励部下去争取胜利、自由、光荣。②

就在雅典人驶出之前，尽管尼基阿斯已经在海滩上向集结的部队发表过营前演说了，但是他对接下来的战斗倍感忧虑，认为还有必要再多说几句，以防话有遗漏，尽管一切已经准备停当。尼基阿斯在战斗中将要承担的任务是留在海岸，指挥墙内的驻军，但他还是乘(-331, 332-)上一艘船，来到舰队近旁。他在每艘三列桨战舰旁边停留，用传统的方式——他自己的名字，他父亲的名字，还有他大区的名字——称呼舰长，强调先祖和家族的古老纽带、荣誉、责任，敦促每一位三列桨战舰舰长，不要使自己的名誉、父亲的名誉和祖先的名誉蒙垢。尼基阿斯提醒他们说，他们的祖国是世界上最自由的，祖国给予他们的生活方式

---

① Thuc. 7.60—64；据狄奥多罗斯(Diod. 13.14.4)记载，雅典有三列桨战舰 115 艘。

② Thuc. 7.65—68. 修昔底德(Thuc. 7.70.1)说，叙拉古舰队的规模同先前差不多(Thuc. 7.52.1)。狄奥多罗斯(Diod. 13.14.4)则告诉我们，舰队有 74 艘舰船。

是给予所有公民最多自由的;这番话中浮现了伯利克里的影子。接下来,尼基阿斯又用了一套完全不同于伯利克里的话,说了一些很老套的话。用修昔底德的话来说,这些就是在人在危急之中会说的那些话,当他们不能控制、要用俗语的时候:"一般人……提出一种在任何情况下都可以应用的呼吁,为妻室、子女和本国神祇呼吁;但他们还是大声呼唤这些名字,因为在恐怖的时候,他们相信这些名字会给他们一点好处。"①在此,修昔底德让读者了解了尼基阿斯性格中既动人又赤诚的一面。从其言行中我们能看到,尼基阿斯是古老德行与当代民主政治的特殊结合体,这解释了为何他在雅典人心目中如此德高望重。家资丰饶,荣誉满身,在卓越的漫长政治生涯行将结束的时候,尼基阿斯以个人身份向部下呼吁,用老套——但动人——的方式来说这些陈词滥调。伯利克里就不会这样。伯利克里有种尼基阿斯所没有的贵族性和智识傲慢,不太接地气。然而,遗憾的是,尼基阿斯同样缺乏伯利克里那种政治和军事判断力,也缺乏伯利克里那种领导能力。②

尼基阿斯劝勉既毕,回到岸边。接着,他将留守的部下移师海滨,在岸边排开队伍,准备帮助遭敌驱赶上岸的同袍,也为海上作战的同袍鼓气呐喊。此时,叙拉古人采取防御阵型,既是当前形势所迫,也是基于神之引导——如果我们选择采信普鲁塔克的记载的话。雅典人放弃近城高原下方的有利阵地的时候,顺带也腾空了那里的赫拉克勒斯神庙。自雅典人占据该地以来,(-332,333-)这是叙拉古人第一次得以在此祭司这位神明。即便舰队已经备战完毕,祭司与将军们仍然悉数前往,供奉牺牲。对于叙拉古战果的占卜结果,预言家解释到,只有像赫拉克勒斯一样,采取防御阵型作战,叙拉古才能大胜。③ 考虑到雅典舰队在数目上超过叙拉古舰队,而雅典舰队根据目前的战略条件,又正巧打算聚拢船只、冲过一片狭窄空间来冲破封锁,同时雅典人的路线是可

---

① Thuc. 7. 69. 1—3. 谢德风译本,第 547 页。

② 修昔底德(Thuc. 7. 69. 2)记载了尼基阿斯演说的最后部分。狄奥多罗斯(Diod. 13. 15. 1)还加上了一个细节,说他乘船向每一艘战舰驶去。弗里曼认为狄奥多罗斯提供的这个细节是可信的,参见《西西里史》,第 3 卷,第 694 页。

③ Plut. *Nic.* 24. 5—25. 1.

以预测得到的，所以叙拉古人采取防御阵型，确实不失为良策。

叙拉古人采取防御阵型，用一支分舰队守卫着港口出口，并将舰队余部在港口水面尽量铺开。这样，一旦时机合适，这些舰船就可以同时从所有方向前来，攻打雅典舰队。像之前一样，西侃努（Sicanus）和阿加莎库（Agatharcus）分别指挥舰队的两个侧翼，佩登（Pythen）指挥着舰队的中央。叙拉古步兵在港口岸边排成一行，雅典士兵也在他们所控制的那段短短海岸线上排成一行。[①] 在叙拉古城邦之内，海滨的墙和每一块高地上都站满了战斗人员的家人，同时，还有一些少年登上小船，与他们的父亲并肩战斗。[②] 对于海上作战之人来说，这是表明胜败攸关的最直接不过的证据。

最后，德摩斯梯尼、米南德、幼熙德慕率领各自舰队出来，朝着港口入口处的封锁线驶去，瞄准一个很小的开口。这个口子是叙拉古人留出来、方便己方舰船出入的。雅典舰队数目超过敌军的防御分队，所以雅典舰队冲到了封锁线面前，开始破坏封锁线上的铁链。就在这一刻，叙拉古舰队的其他分队从各个方向发动了攻击。叙拉古人这一安排确实巧妙，雅典人感到，自己的侧翼和尾翼好像都受到了威胁。尽管战斗是在整个海港内展开的，但是作战距离异常接近，战斗也异常激烈，因为近 200 艘舰船在一片狭窄的空间里展开了战斗。事实上，舰船之间根本没机会施展冲撞战(-333,334-)术了，但是在近距离作战中，许多舰船却并非因为战术机动而彼此冲撞在一起。雅典人向敌军投掷标枪和弓箭，但是这些人从未在海上战斗过，所以对这些标枪手和弓箭手来说，战斗如此喧嚣动乱，要在快速移动的舰船上瞄准、投准是很困难的；而这困难反倒予叙拉古人以方便。在科林斯人亚里司通（Ariton）的指导下——他后来阵亡于此役——叙拉古人开始丢掷石块，石块比标枪和弓箭要易于瞄准，在海战的喧嚣混乱中也更为有效。[③] 双方水兵都想爬到敌舰上去，与敌人作近身肉搏。航行异常艰难，因为在狭窄的空

---

① Thuc. 7. 70. 1.

② Diod. 13. 14. 4.

③ Plut. *Nic.* 25. 2.

间里,舰船即便在攻击另一艘舰船的过程中,也会被其他舰船撞到,或被敌军爬上来。人声鼎沸,划桨手听不到命令,也很难再保持划桨节奏,舰长们自己越来越兴奋,兴奋到他们只向自己的部下呼喊鼓舞,但却与划桨手们的划桨号子混为一音。[1]

这出极度激烈痛楚的战争戏剧的观众,有双方安排在岸上的士兵,还有城邦内的叙拉古平民。岸边的观众因胜利天平倾向己方而大声欢呼,也因作战不利而哀声悲鸣。对观看者来说,此情此景惊心动魄,提心吊胆,因为胜败关乎存亡性命。修昔底德对此情此情的叙述无人可比。最终,叙拉古人占了上风,雅典人开始溃逃。他们把还未被敌军击沉或俘虏的舰船向岸边划去,弃船之后,奔向自己的营地;而岸上的陆军呢,"他们念及自己的遭遇,无法自抑,哀戚长啼"。一些人跑去帮助自己的同袍,帮他们赶快从舰船上逃出来;另一些人跑去守卫围歼墙和保护墙;但是大部分人目前都只想着自救。失败是彻底的,士气也彻底被摧毁了。雅典人甚至都没有寻求签订停战协议,也没有试图去掩埋阵亡的士兵;而对于雅典人来说,不去掩埋阵亡的同袍不啻匪夷所思的疏忽。他们准备漏夜撤离,因为他们知道,除非奇迹发生,不然他们就将无路可逃。[2] (-334,335-)

即便在如此危殆的时刻,德摩斯梯尼也没有绝望断念,他继续像一个警惕、敏捷、有创造性的军人那样在思考;而他就是这样一个人。德摩斯梯尼注意到,战败之后,雅典人仍然拥有 60 艘能够下海的舰船,而敌军仅剩 50 艘。他向尼基阿斯建议说,不如登上舰船,在黎明时强行突围海港。这一建议颇为大胆,从理论上来说,或许可以行得通。这一举动可能是叙拉古人最不可能预计到的举动,只要出其不意,雅典人或许就可成功突围。此外,即便敌军对此有所准备、雅典人不能趁其不备,但舰船数目已经减少,如果在公海的开阔水域上作战,雅典人较卓越的作战技巧和机动能力就能有用武之地。尼基阿斯同意了德摩斯梯尼的计划,但是当将军们要求士兵再度登船作战的时候,士兵们拒绝

---

[1]　Thuc. 7. 69. 4—70.

[2]　Thuc. 7. 71—72. 2.

了。上一次海战失败是如此动摇军心和信心，以至于他们不相信自己还能再在海上战胜敌人了。所有人都赞同，从陆路撤离。①

是役之后，叙拉古人打捞失事舰船，收集阵亡将士遗体，驶回城邦。他们在城邦里竖起胜利纪念碑，纪念此次大捷。绝大多数叙拉古人只想着欢庆城邦得救，欢庆这不可置信的完胜所带来的光荣。有些人受了伤，所有人都精疲力竭。叙拉古人这天庆祝的这个节日，是向赫拉克勒斯致敬和供奉牺牲的；这真是再合适也没有了。然而，就在城头城尾都陷入狂欢宴饮的时候，赫墨克拉底继续思考着战局。他清楚，尽管雅典军队战败且士气低迷，但是他们仍然人多势众，十分危险。如果坐视雅典人撤往西西里岛的某个地方的话，他们将重新集结，并再次威胁叙拉古。他决意要全歼雅典人。于是，赫墨克拉底召集叙拉古的将军们和其他要人，商议行动方针。赫墨克拉底认为，他们不应坐视雅典人逃离，而应该马上全军出战，并在所有可用来逃跑的道路和关口设置路障。普鲁塔克告诉我们，句列普斯想了一个类似的办法，但是他看到叙拉古全城蜩螗沸羹，饮酒作乐，于是完全放弃了要在这夜劝服叙拉古人（-335，336-）做点什么的指望。② 事件发展表明，句列普斯的考虑有道理，因为即便将军们都赞同赫墨克拉底的计划，但是他们认为在当前情况下要下动员命令，是很不容易的。"我们认为"，这些将军说道，"他们不会听从我们的命令，不会拿起武器来，出去作战"。

赫墨克拉底仍然坚持己见。他派出几名友人，带着几名骑兵，趁夜幕降临的时候前往雅典兵营。这些人站在离兵营有一段距离的地方，冒充在叙拉古城内为尼基阿斯通风报信的人。他们喊着某些雅典人的名字，让他们告诉尼基阿斯不要于是夜出城。他们说，叙拉古人守住了道路，还是白天离开更好。这些话传到尼基阿斯耳中，他相信了，完全不觉其中有诈。狄奥多罗斯争辩说，如果雅典人不是被这个伎俩欺骗了的话，他们原本可以安全逃脱。③ 然而，不管有没有这个小伎俩，自

---

① Thuc. 7. 72. 3—5. 狄奥多罗斯（Diod. 13. 18. 2）说，尼基阿斯反对德摩斯梯尼的建议，并希望从陆地撤离。狄奥多罗斯的记载是错误的。

② Plut. *Nic.* 26. 1.

③ Diod. 13. 18. 5.

从上次在近城高原夜间作战失败之后,雅典人或许自己也不愿再在晚上作机动冒险。同时,无论赫墨克拉底有没有传来假情报,雅典人自己也不知道逃亡路线上是否有敌军把守,所以他们决定原地停留一夜,然后在白天——如果有必要的话——杀出一条血路来。战役结束之后第一天上午,雅典人仍然不急着上路,但事实上,只有尽快出发,叙拉古人才有可能来不及封锁所有的逃亡通道。相反,为了让大家都能把所有他们认为最有用的补给和装备都打包带好,雅典人又多耽搁了一日。到了战役之后的第二天,雅典人才终于出发逃亡。①

与此同时,叙拉古人和句列普斯明智又积极地利用了这天赐良机。他们将步兵从城邦内移师出来,从奥林匹亚宙斯神庙驻军中召来骑兵,然后将这些兵力配置在道路、河渡以及雅典人可能试图(-336,337-)突破、最可能停留的一切地方。他们还派遣舰船出去,把雅典人丢弃的三列桨战舰都拖到叙拉古去。当时战斗情况混乱,雅典人慌张绝望,忘记要摧毁自己的战舰,他们仅仅烧掉了一小部分战舰。②

雅典人开始撤离,这一撤离过程犹如一场永无天明的梦魇。开始撤退行进的时候,雅典远征军还有大约 40000 人,其中大约一半是士兵,一半是各种各样的非战斗人员。在这些非战斗人员中,一些是奴隶,另一些则是自由民。③ 原本怀着骄傲自信驶出雅典的那支大军的这些残部,是如此可悲,他们思想负担极其沉重,志气极其低迷。准备远征时的夸口自吹与当下的羞辱丢脸相对比,令他们感到非常羞愧。来时,重装步兵和骑兵如贵族武士,他人为他们划桨,奴仆为他们拎着行李、带着武器。现在,他们全都自己拿着食物——如果他们还有食物的话——,奴仆不是死了,就是跑了,剩下的那些也不可靠了。"他们极像从一个围城中逃出来的人民,而且不是一个小的城市。"他们还心怀负罪感,因为没能埋葬阵亡的同袍,他们犯下了最严重的渎神罪行;但

---

① Thuc. 7. 74. 1;75. 1.

② Thuc. 7. 74. 2.

③ 修昔底德(Thuc. 7. 75. 5)给出的数字,布索特《希腊历史》,第 3 卷,第 2 册,第 1370 页,注释 3)认为太高了;但是多佛(《修昔底德历史评注》,第 4 卷,第 452 页)和格林(《无敌舰队来自雅典》,第 319 页,以及注释 3)采信了修昔底德给出的数字,并对此作了解释。

是，他们对仍然活着的同袍的负罪感，却更令他们痛苦。因为在逃亡途中，他们不得不抛弃病号伤员。这些不幸的可怜人向离弃他们、目送他们去死的亲友大声哭嚎，抱着亲友不肯放手；亲友仍然行进离开，他们就一直跟着，直到跟不动了为止。"他们跑不动了而被丢下来的时候，他们再三地向天叫喊，大声哀嚎。这时候，他们的恳求和悲伤使其余的人都感觉得软弱无力，毫无办法了。全军都以泪洗面，心中感觉无限的悲伤。他们所遭受的痛苦已经很大，不是眼泪所能表达的；他们担心，(-337,338-)在不可预测的未来中，还会受到更大的痛苦，所以就是一个敌人的国家，他们也觉得很难离开了。"确实，他们如此恐惧将来，以至于羞愧和负罪感与之相比都不那么难以忍受了。①

在这个可怕的时刻，尼基阿斯表现了他最好的一面。尼基阿斯缠绵病榻，疼痛与治疗令他精疲力竭，尽管如此，他还是来到士兵当中，尽力鼓舞他们。他发表的演说很好地提升了士气，安抚了众人的焦虑。尼基阿斯体会到大家愧疚和服罪感，以自己和自己的政治生涯为例子，请他们不要自责。终其一生，无论是在私人生活，还是在公共事务中，他都以虔敬、有德行、神赐机运而闻名。然而，他现在在这里，他所面临的危险不亚于他们中的任何人。显然，他眼下如此不幸，这不可能是因为他曾行事不轨或对神不敬而遭到的应有惩罚；他相信，神仍然青睐他们。尼基阿斯暗示说，他的部下和他一样，不要妄自臆断自己已经失宠于神。既然他们已经遭到如此厄运，敌军又取得大捷，洋洋得意，那么诸神应该会来怜悯悲惨的雅典人了，因为他们受到的惩罚已经足够了；同时，诸神也应该会嫉妒取胜的叙拉古人了。

尼基阿斯试图平息其部下的宗教恐惧，用了这样一种方法来解释神是如何对待人的。从逻辑上无懈可击、论述详尽合理的角度来看，尼基阿斯的解释方法并不比其他解释方法来得更加可信；但是，这篇演说辞或许情感上非常令人动容、非常有效，因为他的听众心情绝望，士气低迷，渴望一切宽慰之言。接着，尼基阿斯转向了更加务实的内容。雅典人，他指出，仍然是杰出的士兵，他们人多势众，仍然是一支不可小觑

---

① Thuc. 7. 75. 所引两段文字，谢德风译本，第 554 页。

的队伍。他们不该担惊受怕，他说："你们想一想，你们自己无论到什么地方住下来，就已经是一个城市；西西里没有其他的城市能够很容易地抵抗你们的进攻，或者把你们从定居下来的地方驱逐出去。"（谢德风译本，第555页）尼基阿斯用这种方式回答了那个萦绕在他部下脑海中的问题：如果他们可以安全撤离叙拉古，他们将会(-338,339-)遭遇什么？此时，他们已经没有舰船可以用来驶回雅典了。尼基阿斯的回答就是：他们将会在西西里找到一个令人满意的地方，将其征服，然后定居下来，想待多久都可以，直到他们得以最终驶回母邦。这就是为何他告诉其部下说，要将所有他们选择战斗的地方都视为"自己的祖国，同时也视为要塞"。

在接下来的几天时间里，雅典人计划与居于内陆的西西耳人取得联系。西西耳人对他们仍旧亲善，因为他们敌视叙拉古人。雅典人捎信给西西耳人，要求他们在约定地点与雅典人接头。雅典人还要求西西耳人提供补给，因为雅典人的补给极度短缺。在确保安全之前，他们必须迅速前进，日夜行军，行军时还必须阵列整齐，因为要防止敌军打来。"你们要知道，士兵们啊"，尼基阿斯说，"你们应当下定决心，必须勇敢，因为在附近没有一个懦夫能够找到逃避的地方；如果你们现在从敌人手中逃脱了的话，你们会再看见你们所渴望的家乡，你们中的雅典人会重建雅典的伟大势力，虽然现在倾覆了。须知城邦就是人，而不是城墙也不是没有人的船舰"。[1]

尼基阿斯的话和德摩斯梯尼的话如出一脉，他们走到队伍中，帮助士兵们整理队列；接着，他们出发前往卡塔纳。[2] 在一段时间里，德摩

---

[1] Thuc. 7. 77. 谢德风译本，第556页。

[2] 狄奥多罗斯(Diod. 13. 18. 6；19. 2)径直告诉我们说，在叙拉古人封锁他们的去路并将他们驱赶到暗辛纳泸河之前，雅典人行进的目的地就是卡塔纳；但我们不清楚修昔底德以下这段文字(Thuc. 7. 80. 2)的意思到底是，雅典人一开始就径直朝着卡塔纳而去，然后改道，朝着西西里岛西南边的革剌(Gela)和卡马林纳(Camarina)而去，还是说雅典人一开始就没有奔着卡塔纳去，而只是想在阿柯垃(Acrae)附近找个地点，好会见西西耳人：ἦν δὲ ἡ ξύμπασα ὁδὸς αὕτη οὐκ ἐπὶ Κατάνης τῷ στρατεύματι, ἀλλὰ κατὰ τὸ ἕτερον μέρος τῆς Σικελίας τὸ πρὸς Καμάριναν καὶ Γέλαν. 格林（《无敌舰队来自雅典》，第323页，注释7)认为修昔底德的意思是前一种，而多佛(《修昔底德历史评注》，第4卷，第458页)认为修昔底德的意思是后一种。在我看来，多佛对修昔底德这段话 ［转下页注］

斯梯尼一直在提(-339,340-)撤退到卡塔纳的好处,而在此时此刻,这些好处看起来肯定更为突出了。卡塔纳是个大城,一直忠于雅典。在卡塔纳,雅典人既能得到友好招待、补充补给,又能将此地作为进一步行动的军事基地。从雅典人在大港的兵营通往卡塔纳的最常用通路,是途经近城高原的南部,绕到近城高原最西端,抵达一座城镇,今名贝尔韦代雷(Belvedere),下到水平地面以后,沿着沱济庐(Trogilus)和飒浦肃之间的海岸线行进(参见地图12),抵达卡塔纳;但是这条通路已经行不通了,因为这条通路被敌方重兵把守并密切监视,叙拉古骑兵随时可以前来攻打他们。所以,雅典人计划向西行进,沿着岸纳浦河航道,在丘陵地带某处与对他们亲善的西西耳人会面,然后择地向北转,朝着卡塔纳行进。这条计划路线远离近城高原,也远离那里的叙拉古士兵。①

雅典远征军组成两个空心方阵,内里安排的是平民。第一个方阵由尼基阿斯率领,第二个方阵由德摩斯梯尼率领。第一天,雅典人立即向西,朝着一座城镇走去。这座城镇今名弗洛里嗲(Floridia,参见地图12)。在离叙拉古大约4英里的地方,也就是在今天的岸纳浦河上的卡波科索(Capocorso)渡桥附近,雅典人与叙拉古人及其盟友军队遭遇了。雅典人击溃了敌军,杀出了一条血路。然而,在雅典人穿过平原的时候,叙拉古骑兵和轻装步兵一直紧紧跟随,不断投射滋扰,箭如雨下。最终,雅典人这天行进了大约5英里后,在路旁小山安营过夜。次日,雅典人早早出发,向西北行进了大约2英里,下到平原地区来,致力于解决眉睫之需:他们从该地的房屋里取得些食物,在此地饮水并为下一段行程储备些水。修昔底德对这片土地的描述表明,(-340,第341页为地图12,342-)该地位于弗洛里嗲北面和克里米

[接上页注]的解释更加可取一些,同时如果多佛对修昔底德的解读确实更加可取的话,那么我相信,是修昔底德弄错了,而狄奥多罗斯的记叙是对的,这可能是因为他使用了菲利斯图(Philistus)史书作为史料。我认为雅典人一开始是朝着卡塔纳去,主要是由于格林(《无敌舰队来自雅典》,第321—327页)提供的地形学论述十分有说服力。我比照这个区域的美国陆军地图读了格林的论述后,接受了他关于地理和地形的许多观点。

① 弗里曼(《西西里史》,第3卷,第365—368页)对雅典人的计划进行了充分探讨,他认为雅典人一开始的目的地就是卡塔纳。

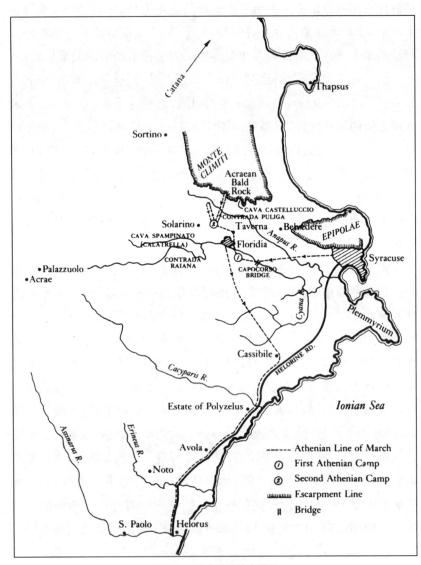

地图12　雅典从叙拉古撤退

提山脉(Monte Climiti)悬崖的南边。① 这日在此，雅典人安营扎寨，因为他们整日都忙于征用补给。

次日，雅典人计划穿过眼前的一座巨大屏障。"这是一片巨大的白色石灰岩断层，名叫克里米提山脉。此处地貌与近城高原属于相同类型，但是比近城高原要庞大宏伟得多：一片巨大的高原，逐渐变成险峻峭壁，离叙拉古西北大约 8 英里。在其西南角(-342,343-)有两条深深的峡谷，靠近中间的那条峡谷更大一些，名叫卡斯特鲁奇谷(Cava Castelluccio)。"②

———————

① 格林，《无敌舰队来自雅典》，第 321—324 页。在此，格林的论述与先前绝大多数现当代学者对该问题的论述都不一样。之前的绝大部分学者都认为，雅典人从一开始就寻求在阿柯垃附近与西西耳人会面；阿柯垃距离叙拉古大约 20 英里，位于叙拉古西边；雅典人没有其他计划，没有打算去卡塔纳(参见地图 12)。所以，雅典人从他们在弗洛里哆的第一个营地出来后，向西行进，不是穿过了斯坂皮纳托谷(Cava Spampinato)(卡拉泰拉 Calatrella)，就是穿过了濑岩纳区(Contrada Raiana)。(绝大部分先前的学者都倾向于认为，雅典人穿过了斯坂皮纳托谷。是多佛[《修昔底德历史评注》，第 4 卷，第 455—456页]第一个想到了其他可能。)弗里曼(《西西里史》)认为，雅典人的目的是，在于西西耳人会面后，找到一条通往卡塔纳的迂回通路；但是弗里曼也假定，雅典人是从斯坂皮纳托谷穿过，然后向西去往阿柯垃的。认为雅典人是往西走的所有看法，都有问题，因为修昔底德的记叙与当地地形的这个或那个方面相矛盾。对此，多佛承说说："修昔底德的战斗叙事往往并不精确，这是他的一贯风格；某些地点推断方法，是因为修昔底德并不精确的叙事而被排除在外的"(《修昔底德历史评注》，第 4 卷，第 456 页)。然而，格林提出的通往北边偏西北的那条行进路线，似乎与修昔底德的叙述毫无冲突矛盾。不过，格林的观点还是有一个问题。尼基阿斯已经告诉雅典人说，他们可以期待，在路上就能会见西西耳人(Thuc. 7.77.6)。当然，雅典人认为他们会在爬上克里米提山脉之前或者之后会见西西耳人，这都是可能的；但不管怎么说，会见西西耳人都肯定是在弗洛里哆以北那个地区。问题在于，雅典人后来折返并抵达叙拉古南边的海滨的时候，他们的目的是沿着喀圩菹沥河(the Cacyparis)朝着内陆而去，还是"因为他们希望在内地和他们派人去请来的西塞尔[西西耳]人相合"(Thuc. 7.80.5,谢德风译本，第 558 页)。不过，喀圩菹沥河(喀圩碧沥 Cassibile)离克里米提山脉很远，源头离阿柯垃很近，但离弗洛里哆较远。既然修昔底德没有提到雅典人再次送信给西西耳人、要求改会面地点，那么尼基阿斯和雅典人就几乎不用指望能在向喀圩菹沥河行进的途中与西西耳人会面。格林疏解这个矛盾方法是，在没有史料证据的情况下推断，有这么一名雅典信使，雅典人派他出去寻找西西耳人因为雅典人知道他们将从克里米提山脉折返，向海滨行进。"雅典人派出一名信使，他依靠夜色掩护，穿过乡村地区——或许是沿着索拉里诺(Solarino)和帕拉佐洛(Palazzuolo)之间的那条古道走——，给当地西西耳人带去关于最新事件进展的警告，并要求西西耳人安排在喀圩菹沥河上游某处与雅典人会面"(《无敌舰队来自雅典》，第 327页)。这个疏解方法看起来比较令人满意，因为向西西耳人再次派出信使这种细枝末节，看起来的确有可能是修昔底德会遗漏或无视的。总而言之，格林的解释看起来是最有可能符合史实的。

② 格林，《无敌舰队来自雅典》，第 323 页。

雅典人希望穿过这条峡谷,跨过这片高原,抵达林地尼(Leontini),然后从林地尼出发,前往卡塔纳。

叙拉古人再一次充分利用了所有的时间。为了抢占雅典人的目的地,他们横过峡谷,建造了一道墙,这道墙朝着古称"阿卡拉秃岩"(the Acraean Bald Rock)的东面延伸过去。① 此外,次日雅典人从平原上的营地出发开始行进,叙拉古人再次用自己和盟邦的骑兵和标枪手袭击雅典人。雅典人与他们战斗了很久,但是无法抵达峡谷入口,只能被迫退回营地。雅典人再次陷入补给短缺,因为有叙拉古骑兵在,雅典人没法出去搜寻粮草了。叙拉古人先到一步,占据了关口,然后开始在关口设防,骑兵和标枪手也抵达战场;雅典人原先的计划行不通了。敌人在关口挖壕沟、安置卫兵,那么要在克里米提山脉那险峻的上山关口杀出一条血路,就几乎毫无希望了;而雅典全军暴露在平原地区,也已经是危机四伏。

虽然如此,但雅典人次日还是再次试图突破防线。他们早早动身,朝着峡谷,一直推进到叙拉古人修建的那道峡谷横墙的面前。因为关口狭隘,他们发现敌军躲在横墙背后,重兵重重,严阵以待,雅典人没法继续推进。与此同时,枪林箭雨从峡谷上的各个方向飞落到雅典人身上;很快,雅典人就被迫退却,休息一阵。雪上加霜的是,时维 9 月,正值雨季,雷暴在他们头顶炸开。在山地关口突遭雷暴雨,十分危险,又十分恐怖,许多雅典人认为,这是神之不悦的又一明证。然而,很快,雅典人就得恐惧人甚于恐惧神,因为句列普斯开始动手,在他们身后修建第二道横墙。如果坐视他建(-343,344-)完这道横墙,雅典军队就会被封锁在此地,当场覆灭。因此,他们派出兵力去阻止句列普斯部下建墙,并很快将整支军队移师先前的平原营地,离开了悬崖。

到这时为止,很明显,雅典人已经不可能再成功突破阿卡拉秃岩的东边通道了。看起来他们应该另寻出路。他们的新计划是穿过平原,沿着岸纳浦河沿岸,沿着克里米提山脉左边,朝着西北而去。尽管这条通道亦非坦途,但这看起来已经是危险性最小的路线了,因为雅典人还

---

① Thuc. 7. 78. 5.

没有放弃前往卡塔纳的希望。他们势必在指望，叙拉古人还没有在通往高原的所有上山道设防，这样他们就有机可乘。[①] 次日，也就是在撤离行动的第五天，雅典人开始行进，穿过一个平原，今名普利佳区（Contrada Puliga），朝着西北方向前进。叙拉古人全军攻来，使用骑兵和标枪手发挥奇效。他们骑着马跑向雅典军队，在队伍前面、队伍旁边、队伍后面跑动。他们避免与雅典重装步兵近距离接触，远远朝他们投射。骑兵试图杀死掉队的士兵，骑着马去践踏他们。雅典人进攻，叙拉古人就撤退；雅典人撤退，叙拉古人就向前冲去。叙拉古人重点攻击雅典部队的尾翼，希望借此在雅典全军引起恐慌。雅典人英勇果敢作战，保持了阵型，向前推进了半英里多的距离。然后，在漫长的作战之后，他们停下来，扎营休息。[②]

　　是夜，尼基阿斯和德摩斯梯尼会面，商讨当下局势。队伍里伤亡者众，许多人受了伤，补给也仍然短缺。在毫无遮蔽掩护的平原乡村地区，因为敌军以骑兵和标枪手对付他们，所以他们是无法继续前进了。最佳替代方案是改变逃亡计划，转而朝西南方向，朝着海滨逃去。途中，他们可以沿着某条流入该平原的河流逆流而上，抵达其源头，在那里，他们或者可以向亲善的西西耳人寻求庇护，或者可以通过一条更加迂回的道路，走向卡塔纳。要使这一替代计划成功执行，雅典人首先就必须悄悄离开(-344,345-)目前的营地，这样，叙拉古人才不会在撤退途中滋扰他们，也来不及封锁他们逃亡途中所要经过的河谷。为此，雅典人点起尽可能多的营火，想以此假装还在营地，然后折返行进，在夜色的掩护下朝着海滨走去。雅典人的行进路线始于克里米提山前平原靠近岸纳浦河的地带，向南而去，"朝着塔桅纳镇（Taverna）和弗洛里哆，然后沿路一直走到喀圩碧沥小镇，他们行进的路线或许与今存这条道路差不多"。[③] 夜色令人胆战心惊。他们在敌军控制的乡村地区分成两支队伍行进，尼基阿斯率领一支分队，德摩斯梯尼率领另一支分

---

① 这一推测大体合理，参见格林，《无敌舰队来自雅典》，第 326 页。
② Thuc. 7. 79.
③ 格林，《无敌舰队来自雅典》，第 328 页。

队。两人各自负责全军的一半兵力,德摩斯梯尼所率领的部队或许人数要略多一点。

开始行进时,他们是在一起的,但是在当前的条件下,队形混乱、士兵惶惑几乎不可避免。尼基阿斯先行出发,所以他还能维持部下纪律。黎明之前,尼基阿斯的队伍抵达了海滨,此处临近叙拉古通往河洛庐(Helorus)的通道。德摩斯梯尼的分队也克服困难,在黎明时分与尼基阿斯部队会师。① 两支雅典部队在海滨会师后,就朝着南面继续行进,沿着河洛庐路,朝着喀圩葩沥河的方向(今名喀圩碧沥河)。他们的计划是沿着河道走,朝着内陆进发,去找与他们亲善的西西耳人,而他们之前已经派信使过去,说明会面地点更改了。② 然而,抵达河畔后,雅典人发现,叙拉古人正在河滩上严阵以待。句列普斯和叙拉古人一定是预计到雅典人可能转而选择这条路线逃亡,于是从一开始就在此布置重兵。叙拉古人在喀圩葩沥河北岸的渡口前面建造了一道墙。然后,叙拉古人从墙的两端横跨喀圩葩沥河,竖起栅栏。然而,雅典人还是设法向前,在敌军及其所建防事中杀出了一条血路。(-345,346-)雅典人渡过喀圩葩沥河,继续向南行进,朝着他们路途中要涉渡的下一条河流:迩霖怒河(Erineus)。③

---

① 格林《无敌舰队来自雅典》,第 328 页)算出,雅典人应该是晚上 10 点从营地出发的,所以尼基阿斯的部队抵达河边的时间应该是次日凌晨 3 点,而德摩斯梯尼的部队抵达海滨的时间大约是凌晨 5 点。接下来,我还将在很多方面采信格林关于这次撤退的论述。多佛在为格林的《无敌舰队来自雅典》写书评的时候,对格林的雅典撤离论述整体表达了敬意,特别是,多佛采信了格林对此处这个问题的论述:"格林对于雅典人在撤退第五天及之后的行踪的论述,在我看来是很可信的,比我在 1970 年(仅仅根据已出版材料)对此的论述要更加可信"(《凤凰学刊》,第 26 卷,1972 年,第 297—298 页)。

② 参见本章上文,第 329 页,注释①。

③ Thuc. 7. 80. 我在此的论述采信了修昔底德的记载。格林对这段记载不予采信:"由墙和栅栏组成的复合防事显然是要横跨河流的。在开阔的乡村地带,这类防事毫无用处;而这类防事修建在渡口——渡口是与河流呈直角的——那就加倍无用"(《无敌舰队来自雅典》,第 329 页,注释 13)。不过,如果河道中能够涉渡的地方比较狭窄,那么在这个地方的前面,沿着河岸建造一道墙,同时,在这个地方的两端,横跨河流建造栅栏,就确实可以发挥作用。格林继续论述道:"要阻挠敌军沿河而上的话,戈兰狄谷(Cava Grande,原注:位于上游大约两英里处的一个小峡谷)是最容易想到的行动地点,而在那里修建墙和栅栏也是最有效的方法。"修昔底德没有提及雅典人正在逆流而上,叙拉古人也不可能提前知道雅典人将会选择哪条河流逆流而上,走向内陆:是喀圩葩沥河、迩霖怒河,[转下页注]

雅典人撤退的第六日,叙拉古人在自己靠近克里米提山脉的营地中醒来,就发现雅典人已经于前夜偷偷开拔溜走了。叙拉古人惊骇不已,谴责句列普斯,说他有意放走雅典人。[①] 这一插曲揭露了一个隐情,那就是叙拉古人是如此疑惧且不喜欢他们的救星。普鲁塔克告诉我们,"在整个作战过程中,叙拉古人难以忍受他的严厉苛刻,也难以忍受他那拉戈尼亚(Laconia)派头的指挥方式"。接着,普鲁塔克援引第迈欧(Timaeus)——先不论第迈欧作为史料,可靠程度如何——,大意是,叙拉古人也不喜欢他的吝啬与贪婪。[②] 当然,叙拉古人知道尼基阿斯和斯巴达人关系良好,或许他们认为,作为斯巴达人,句列普斯也会因此善待尼基阿斯的部队。胜利和光荣好不容易在握,叙拉古人可能是突然吝啬了起来,不愿同这位阴沉寡言的斯巴达人分享这胜利和光荣。不管怎么说,这指控没根没据。而且,雅典军队中除了尼基阿斯之外,还有德摩斯梯尼和一支略少于 40000 人的大军。德摩斯梯尼肯定不是斯巴达人的什么老朋友,而这样一支大军对斯巴达人来说,也仍是严重的威胁。(-346,347-)

雅典人的影迹不难追踪,叙拉古人很快追击而来。尼基阿斯尤为重视速度,率部跨过迤霖怒河,在河对岸安营。他的部队比德摩斯梯尼的部队领先大约 50 斯塔迪亚(stadia),也就是 6 英里的样子。[③] 要在部队尾翼维持阵型和纪律,并按照整齐划一的节奏向前行进,本来就比较难,所以德摩斯梯尼的部队落后了。使其困难更加严重的是,叙拉古人的军队仍在不断滋扰雅典人,而这些军队可能是之前雅典人在喀圩

[接上页注]还是暗辛纳泷泸河?因此,叙拉古人也就不可能提前在任何一个河道的上游内陆小峡谷建造防御工事,因为他们浪费时间和经历,但可能完全派不上用处。格林的最后一个驳论是以反问提出的:"击败了渡口卫兵后,为什么不继续向前?"即继续向着内陆走去,沿着喀圩蕗沥河。修昔底德回答了格林这个问题:"他们突破这些军队,渡过了河,依照他们的向导的主张,继续前进,到达伊林尼阿斯河[迤霖怒河]边"(Thuc. 7. 80. 6—7,谢德风译本,第 558 页)。那就是说,雅典人从未考虑过,要通过喀圩蕗沥河前往西西里岛内陆,他们想的是另一条通路。

①　Thuc. 7. 81. 1.

②　Plut. *Nic.* 28. 3—4.

③　Thuc. 7. 81. 3;82. 3. 格林(《无敌舰队来自雅典》,第 330 页及注释 14)认为,迤霖怒河就是今天的诺托河(Fiume de Noto),或费康纳拉(Falconara)。我赞同他的观点。

葩沥河击溃的那些,也有可能是其他部队。德摩斯梯尼撤退的行军速度被进一步拖慢。中午时分,叙拉古人的全部军队,包括骑兵和轻装步兵,从克里米提山脉营地出发,追上了德摩斯梯尼的部队。德摩斯梯尼的部队祸不单行。叙拉古军立即攻打德摩斯梯尼惶惑散乱的部下,而德摩斯梯尼还在试着将队伍排好战斗阵型;趁此时机,叙拉古人将他的部队困在里喀圩葩沥河以南 1 英里的地方。

雅典人发现,自己被困在一片橄榄林里,周围还有一道墙,两侧都有通道。据普鲁塔克说,这是"伯吕蔡卢(Polyzelus)的乡间别墅"。①在这里,叙拉古人占据安全阵地,从各个方向向雅典人投下如雨的弓箭石块。整整一下午,雅典人抵抗着像冰雹一样飞下来的长矛、石块、弓箭,伤亡惨重,希望逐渐化为乌有。最后,句列普斯和叙拉古人宣布,如果雅典军队中来自岛屿的士兵愿意投降的话,叙拉古人将保障他们得到自由。此举意在对雅典军队分而治之,但是即便在如此绝望危殆的时刻,此举效果依然有限。一些城邦的部队投降了,修昔底德说:"但不多。"又一阵浴血奋战后,叙拉古人向生还者提出了投降条件,德摩斯梯尼接受了。雅典人必须交出武器,"以不当场杀死任何人,(-347,348-)因死任何人,饿死任何人为条件"(谢德风译本,第 559 页)。德摩斯梯尼开始撤离的时候,他麾下有 20000 人,甚至更多一点;到了投降的时候,德摩斯梯尼麾下只余 6000 人了。他们向胜利者交出了所有的金钱,胜利者用这些战利塞满了 4 块盾牌。6000 名战俘即刻被押向叙拉古。② 据普鲁塔克说,德摩斯梯尼试图用自己的剑自杀,但是敌人制止了他。③

次日,也就是雅典人开始撤离后的第七天,叙拉古人——他们应该带上了他们的骑兵——追上了尼基阿斯的部队,把德摩斯梯尼部队投降的消息告诉了他,并要求他也投降。尼基阿斯不敢相信他听到的一

---

① Plut. *Nic.* 27. 1. 伯吕蔡卢是叙拉古僭主革隆(Gelon)的兄弟,革隆死于 478/477 年(Diod. 11. 48. 3—6)。格林《无敌舰队来自雅典》,第 331 页)认为,"伯吕蔡卢庄园"位于嘉林纳区(Contrada Gallina)的某个地方。

② Thuc. 7. 81. 4—82.

③ Plut. *Nic.* 27. 2.

切。他要求签订停火协议，然后向叙拉古派一名骑兵，以探虚实。在得知消息不假以后，尼基阿斯派出传令官前往敌营，告诉他们说，他愿意让雅典赔偿叙拉古所有军费。既然这笔赔款可能高达 3000 塔伦特，那这就不是一个小承诺，所以他说，可以将雅典士兵作为人质扣留在此，每个士兵抵一个塔伦特。雅典人会不会信守承诺，我们不得而知；叙拉古人和句列普斯是不是认为他们会信守承诺，我们也不得而知；而后者对这讨价还价根本不感兴趣，因为现在他们有能力彻底歼灭敌军，而且他们也决意取得完胜。他们拒绝了尼基阿斯的提议，重新开始攻打，包围雅典人，向他们投掷武器，就像之前他们向着德摩斯梯尼的队伍投掷武器一样。雅典人没有食物，没有生活必需品，所以他们再次试图趁夜色逃跑。然而，这一次，叙拉古人已经有所警醒。叙拉古人侦察到雅典人拿起武器准备开拔，就大声唱起了战歌。绝大部分雅典人都被这可怕的歌声吓得不敢动弹，但还是有 300 位果敢之人继续向前，冲破了叙拉古人的守卫，冲入无边夜色。①

第 8 天早晨，尼基阿斯别无选择，只能(-348,349-)试图冲破敌军包围圈，向南杀出一条血路，争取抵达 3 英里之外的暗辛纳泸河。② 雅典人已经没有希望向内陆推进去找西西耳人了，他们所能做的只有盲目向前冲，冲出敌军包围，与此同时，他们还十分口渴，越来越口渴。他们又一次冲破了敌军的枪林箭雨、骑兵攻击、重装步兵攻击，跟跄抵达暗辛纳泸河畔。到了这里，雅典人个个都赶着跑到河边去饮水，彻底没了纪律。于是，一支队伍散成一片乌合之众，人群堵住了通道。敌军要阻止他们过河，就更方便了。③ 修昔底德描述这个可怖场景时如是说：

———————

① Thuc. 7. 83.

② 格林（《无敌舰队来自雅典》，第 334—335 页，以及注释 2）认为，暗辛纳泸河就是今天的特拉罗河(Tellaro)。我同意格林的观点。

③ 格林（《无敌舰队来自雅典》，第 335 页，注释 3）认为，雅典人发现河流又被叙拉古人封锁之后，就又一次折返，朝着内陆行进了。他们向着上游而去。格林认为，雅典士兵违反纪律和试图渡河，都是在圣保罗村(S. Paolo)。该村位于内陆方向大约 4 英里的地方。修昔底德没有提到叙拉古人曾封锁暗辛纳泸河，也没有提及雅典人曾经为此绕路。在这个问题上，我认为格林的论述很有说服力，足以让我们拒绝采信修昔底德那个比较简略疏阔的版本。

"他们不得不挤作一团,跌下去时,人压在人身上,互相践踏,有些被他们自己的刀矛所刺死,有些在他们自己中间和行李中间互相纠缠着,被水流卷走了。对岸很陡,有叙拉古的军队驻扎在那里。他们把武器从上面向雅典人射击;当时,雅典人零乱成堆,正在很深的河床中喝水。伯罗奔尼撒人跑下来屠杀他们,特别是那些在河里的人。河水马上变为污秽了;河水虽然混浊,又有血水玷污,但他们还是继续地喝;他们大部分人甚至于互相争斗着抢水喝。"①

来到西西里的那支了不起的雅典远征军,其残部就在暗辛纳泸河畔覆灭了。绝大部分士兵尸横河谷。成功渡河的少数人躺在河岸上,成了叙拉古骑兵的枪下魂。从战斗开始到结束,这支骑兵给雅典人带来了无穷无尽的麻烦。此时,尼基阿斯将(-349,350-)自己交给敌人,但他没有向叙拉古人投降,而是向句列普斯投降,"他信任句列普斯超过信任叙拉古人"。② 这时,句列普斯下令终止屠杀;而在此之前,叙拉古人杀戮起来毫不留情。句列普斯正式下令抓捕战俘,但是在暗辛纳泸河畔,以城邦名义正式俘虏的士兵人数并不多,仅有 1000 人。③ 因为在句列普斯下命令抓捕战俘之前,叙拉古士兵就开始秘密抓俘虏了,但是他们抓俘虏不是以城邦的名义,而是为了自己的利益。私人抓的俘虏占了被俘士兵中的绝大部分,"整个西西里到处都是"。当然,有许多人在河边就被杀死,还有许多人在逃出叙拉古的途中被杀死。最终,一些人从暗辛纳泸河逃出来,逃往卡塔纳;还有一些人被卖为奴隶,但是又逃了出来,也逃往卡塔纳。这些人就在那里继续抵抗叙拉古。④

在暗辛纳泸河,取得胜利的叙拉古人集合了以城邦名义正式俘虏的士兵和战利,准备回到城邦里去。他们从阵亡的雅典人身上剥下武

---

① Thuc. 7. 84. 谢德风译本,第 561 页。

② Thuc. 7. 85. 1. 普鲁塔克(Plut. *Nic.* 27. 4—5)记载了尼基阿斯的投降演说和祷告,并说句列普斯宽待尼基阿斯的动机是,要是能把俘虏的雅典将军带回城邦,那他自己的声誉就将大大提高。

③ 修昔底德(Thuc. 7. 87. 4)给出的俘虏总数是 7000 人。既然德摩斯梯尼的部下就有 6000 人,那么在暗辛纳泸河畔投降的就只有 1000 人。

④ 保塞尼亚斯(Paus. 7. 16. 4—5)和吕西阿斯(Lys. 20. 24—25)告诉我们,有一些雅典人自己逃到了卡塔纳,继续作战。

器,然后在暗辛纳泸河沿岸最美丽、最高大的树上挂满了阵亡者的铠甲;他们自己戴上胜利的花环,把自己的战马装饰得十分华丽。① 在回城邦的路上,叙拉古人和参与了对雅典作战的盟邦一起召开大会。一位民众领袖——或许就是丢科勒——站出来建议说,在俘虏尼基阿斯的这一天设立节日和节庆,命名为"暗辛纳泸节"(Assinaria),以纪念是次大捷。② 接着,丢科勒动议说,把雅典人的奴仆(-350,351-)和雅典帝国盟邦的公民都卖作奴隶,把雅典公民及其西西里岛盟邦的希腊人公民送到采石场去看管起来,把将军处死。③

前两项提议很轻易就被采纳了,但是处死将军们的提议激起了激烈辩论。赫墨克拉底表示反对,他的话流芳至今:"高尚地利用胜利比胜利本身更好。"④赫墨克拉底或许觉得自己宽宏大量,但除此之外,赫墨克拉底应该是从他对叙拉古霸权的传统设想出发,不愿以任何方式玷污叙拉古的声望。然而,赫墨克拉底遭到大会的嘘声。接着,句列普斯也站出来反对。他想在回到斯巴达以后拥有荣誉和光荣,所以他代表自己和自己的城邦索取这两名将军:德摩斯梯尼,斯巴达人将其视为眼中钉,因为他在派娄斯和斯伐刻帖里亚(Sphacteria)取得了胜利;尼基阿斯,斯巴达人视其为老朋友,因为他曾谏言要释放那里的俘虏,还曾推动雅典与斯巴达签订和约,但是叙拉古人,正如我们已经见到的,不喜欢他,憎恶他,不愿满足他的要求。与会的其他人都迫切想要尼基阿斯去死。曾经在叙拉古城内密谋投降、一直向尼基阿斯通风报信的那个党派,他们尤其害怕尼基阿斯会经受不住严刑拷打而供出他们来。科林斯人对尼基阿斯的能力推崇备至,所以对尼基阿斯的财富格外忧

---

① Plut. *Nic.* 27. 6.
② Plut. *Nic.* 28. 1. 普鲁塔克是记载了这项提议的唯一古代信源,他把这项提议归诸某个名叫攸利科勒(Eurycles)的人,而我们对此人一无所知。这个名叫攸利科勒的人确实有可能曾经提出这一建议,但是普鲁塔克还将另外一项提议也归之于他(参见下文),而狄奥多罗斯(Diod. 13. 19. 4)将那项提议归诸丢科勒。我们对丢科勒所知更清楚一些,他是叙拉古有名的民众煽动家。因此,普鲁塔克有可能是弄错了;丢科勒可能同时是这两项提议的提议人。
③ Plut. *Nic.* 28. 2;狄奥多罗斯(Diod. 13. 19. 4)的叙述在细节上略有出入。
④ Plut. *Nic.* 28. 2. 狄奥多罗斯(Diod. 13. 19. 5)记下的话略有不同:"比胜利更好的,是以人道的方式承担胜利。"黄开来译本,第574页。

心：他们害怕他会利用自己充裕的财富来贿赂某人，继而逃跑，回到雅典之后给科林斯制造新的麻烦。①

因此，大会决议处死两位雅典将军。修昔底德没有花什么笔墨在德摩斯梯尼身上，但为尼基阿斯写下了一段简短又令人难忘、警句般的悼词："基于这个理由，或者基于另外一个很类似的理由，他被杀死了；在所有的希腊人中间，在我的时代，不管怎么说，他最不应该遭到这样极端不幸的命运，因为他用了一辈子去(-351，352-)遵循美德。"②雅典民众的判断则完全不是这么回事。研究古物的保塞尼亚斯告诉我们，他曾经在雅典的公墓见过一块石碑，上面镌刻了所有在西西里牺牲的将军的名字，唯独缺了尼基阿斯的名字。保塞尼亚斯说，他从菲利斯图那里得知了尼基阿斯名字缺失的原因："德摩斯梯尼为他的余部——却唯独没有为他自己——签订了停火协议，在试图自杀的时候被俘，但是尼基阿斯是自愿投降的。因此，尼基阿斯的名字没有被刻在石碑上：他被斥为自愿投降之人，因此有损士兵的尊严。"③即便已经死去，尼基阿

---

① Thuc. 7. 86. 1—4. Plut. *Nic.* 28. 关于其他古代作家对此的叙述，参见多佛，《修昔底德历史评注》，第 4 卷，第 461 页。

② Thuc. 7. 86. 5：*καὶ ὁ μὲν τοιαύτῃ ἢ ὅτι ἐγγύτατα τούτων αἰτίᾳ ἐτεθνήκει, ἥκιστα δὴ ἄξιος ὢν τῶν γε ἐπ'ἐμοῦ Ἑλλήνων ἐς τοῦτο δυστυχίας ἀφικέσθαι διὰ τὴν πᾶσαν ἐς ἀρετὴν νενομισμένην ἐπιτήδευσιν*，他因为这样一个理由——或与之非常接近的其他理由——被杀死了，在我的时代，他最不应该遭此厄运，因为他终身实践美德之培养。关于这段文字的含义，特别是围绕*νενομισμένην*（实践）一词的意思，争议颇大。有人认为*νενομισμένην*是修饰*ἀρετὴν*（美德）一词的，有人认为*νενομισμένην*是修饰*ἐπιτήδευσιν*（养成）的，还有人认为*νενομισμένην*同时修饰了这两个词。我赞同第二种意见，C·福斯特·史密斯（C. Forster Smith）英译本、克劳利（Crawley）英译本以及雷·华尔纳（Rex Warner）英译本及其他一些译本也都采信第二种读法。持第一类看法的有波丹（L. Bodin）及 J·德·萝蜜莉所译布岱（Budé）法文译本，以及昭伊特的英译本。瓦尔（P. Huart，《修昔底德史书中的心理分析词汇》[*Le vocabulaire de l'analyse psychologique dans l'oeuvre de Thucydide*]，巴黎，1968 年，第 451 页，注释 1）似乎是赞同第三种读法的唯一一位学者。关于对这个问题的充分探讨，参见多佛，《修昔底德历史评注》，第 4 卷，第 461—464 页，以及艾德金（A. W. H. Adkins），《希腊罗马拜占庭研究》（*GRBS*），第 16 卷，1975 年，第 379—392 页。

译注：正文中引文依据英文贴字译出，注释中希腊文原文由中译者采取注释中所说的第二种读法自行译出，与英文有一定出入。

③ Paus. 1. 29. 11—12. 最后一个分句写法如下：*καταγνωσθεὶς αἰχμάλωτος ἐθελοντὴς εἶναι καὶ οὐκ ἀνὴρ πολέμῳ πρέπων*。我们没有什么理由质疑保塞尼亚斯亲眼所见、亲眼未见之事物的真实性，也没有理由质疑菲利斯图的解释，参见多佛，《修昔底德历史评注》，第 4 卷，第 463 页。

斯还是没有逃脱同胞对他的责难，而这曾是尼基阿斯最为害怕的。

7000余名其余俘虏就没有他们的将军们那么好运了。他们被流放到叙拉古的采石场，在非人道的条件下挤在一起，白天被日头毒晒，夜里又因为晚秋寒风而冻得瑟瑟发抖。他们每天只能得到大约半品脱的水，而当时斯巴达人可以向斯伐刻帖里亚的苦力送的水，比这要多得多。俘虏们忍饥挨饿，极为痛苦。人们因为伤病和衣不蔽体而死亡，尸体堆积，气味令人无法忍受。70天以后，所有的生还者，除了雅典人及西西里与意大利的希腊人之外，都被领出来，卖为奴隶。其中有一些人逃亡，还有一些人被释放。(-352,353-)普鲁塔克讲了一则掌故，说有些奴隶会背诵幼里披底（Euripides）的诗句，而西西里人狂热地喜爱他的戏剧。有些雅典人——当然不是被送入采石场的那些——使用这种方法逃跑了，他们回到雅典，向诗人致谢，感谢他的诗句救了他们。①然而，对于被送入采石场的人来说，诗句和其他任何东西都救不了他们。他们被留在采石场长达8个月；8个月之后，可能已经没有生还者了。②

修昔底德说西西里远征是"这次战争中希腊人最大的一次军事行动，照我看来，是希腊历史中我们所知道的最大的一次军事行动——对于胜利者说来，是最光辉的一次胜利；对于战败者说来，是最悲惨的一次失败，因为他们是全军覆灭；他们的痛苦是很大的，他们的毁灭，诚如俗话所说的，是整个的毁灭，海军、陆军——一切都毁灭了。许多人中间很少有回到故乡的"。③然而，雅典在西西里的战败，尽管彻底，尽管前所未有，尽管极为惨烈，却还没有结束这场战争。雅典不像其他希腊城邦，她拥有资源，可在灾祸之后继续再战。现在的问题就在于，要生存下去的话，雅典人还有没有相应的决心、智慧和领导者。

---

① Plut. *Nic.* 29.
② Thuc. 7.87.1—4. 或许有少数一些人活下来了，然后被卖作奴隶，然后其中一些人或许也逃跑了；但是，这几乎不可能。
③ Thuc. 7.87.5—6. 谢德风译本，第563—564页。

第十五章　结　　论

　　《尼基阿斯和约》究其自身而言是失败的。和约为将来50年承诺了和平，但生效后第八年就宣告破裂；事实上，在420年夏季，雅典加入阿尔戈斯同盟（Argive League）的时候，和约就已经名存实亡了。和约既没有实现其最低纲领——结束伯罗奔尼撒战争，也没有实现其最高纲领——如果雅典与斯巴达无法互为友邦，那么至少创造基础，构建新型双边关系，维持和平，相互容忍。和约未能实现其纲领，这并不令人感到意外，因为从一开始，和约就是脱离现实的。事实表明，对于科林斯、忒拜、墨伽拉来说，该和约的条款是不可接受的；而这几个城邦是斯巴达同盟的主要成员。事实还表明，对于斯巴达城邦内的一部分人来说，该和约的条款也是不可接受的。此外，该条约把阿尔戈斯排除在外，于是阿尔戈斯得以自行其是，她像磁铁一样吸引了埃利斯和曼提尼亚。这样一个新同盟建立后，轻取奥尔科门努（Orchomenus），威胁埃皮道鲁斯（Epidaurus），并且差一点就通过策反把铁该亚也争取到自己的阵营来了。签订《尼基阿斯和约》的本意是恢复秩序与稳定，但却事实上立即引发了脱盟、骚乱和战争。很快，雅典与斯巴达结盟，意在制止这一趋势，但这一趋势的发展反而加快了：未加入两大强权阵营的诸邦不知两强意欲何为，惶惶不安。

　　和约之无用，很快就显现出来了，因为斯巴达人从未准备去执行雅典人心目中的那个关键条款：归还安菲玻里。这座城邦对于雅典来说非常重要：修昔底德因为丢失安菲玻里而遭到放逐；克里昂试图收复该城而身死异乡；直到公元前 4 世纪，(-354,355-)雅典人还没有放弃对安菲玻里的声索，与马其顿的腓力爆发了冲突。在 421 年的时候，如果不承诺归还安菲玻里，和约就不会得以签订；而如果不兑现归还安菲玻里的承诺，基于这一承诺的和约就无法维系下去。一旦斯巴达不肯归还安菲玻里的意图显白于人，那么和约解体就是迟早的事。在斯巴达人不肯归还安菲玻里的情况下，任何雅典政治家都不能强迫雅典人将派娄斯交还斯巴达人，即便这位政治家拥有权力巅峰时期的伯利克里那样独一无二的政治权力。尼基阿斯就更加做不到，因为他既没有伯利克里的政治权力，又没有伯利克里的执行能力。安菲玻里和派娄斯不能各得其所，怀疑和暗涌的敌意迟早演化为公开的冲突。

和约中规定的目标没有实现，尽管如此，事件发展还是证明，斯巴达人原本的缔约决策是正确的。斯巴达人寻求缔约，是为了赎回在斯伐刻帖里亚(Sphacteria)被俘的公民同胞，也是因为他们害怕阿尔戈斯将会加入到正在进行的这场战争中来，加入敌方。和约帮助斯巴达人赎回了战俘，且他们无需投桃报李，作出任何回报。借助该和约，斯巴达人能够专心处理来自阿尔戈斯的威胁，而无需同时分心去与雅典作战。甚至雅典人加入阿尔戈斯一方之后，雅典国内政治意见如此分裂、鸽派影响力如此之大，以至于在威胁到斯巴达强权地位的那次征战中，雅典并无实质贡献。到了和约正式失效的时候，斯巴达休养生息已经 8 年，来自阿尔戈斯的威胁几乎完全消失，而原本战事一触即发的伯罗奔尼撒半岛，则再次安定下来，被斯巴达人牢牢控制着。此外，雅典则卷入一场战事，在两年的时间里都为此所牵制，为此付出的人力、钱财、士气，直逼瘟疫和阿奇达慕斯战争那 10 年征战。战争在 413 年重启，对于斯巴达来说，比战争在 421 年继续，要有利得多；而对于那些使得缔约成为可能的条件和人员，斯巴达理应心存感激。

当然，对于雅典人来说，一切就不是那么回事了。无论(-355, 356-)和约有多诱人——421 年尤为如此——，但在那个时候，议和条件是不可接受的。若雅典有位能干的国务家，他应该能预见到，斯巴达人既不会归还安菲玻里，也不会强迫彼欧提亚人将巴那克敦完璧归赵，而如果斯巴达人不履行这些义务，那么签订和约的希望就会被葬送。

无疑，那时的雅典人迫切渴望签订和约，所以为了能够缔约，他们渴望向斯巴达人极力表达善意与和解愿望；但是，哪怕只要大致审慎一点，雅典人也该知道，履行义务的责任在于双方，这是和约得以存续生效的条件。在斯巴达抽签抽到首先归还安菲玻里、但却没有归还的情况下，尼基阿斯及雅典人就将战俘交还斯巴达，并与之结盟，这实在过于鲁莽轻率。雅典人采取的这些举措不仅大大减轻了斯巴达人履行条约义务的责任，甚至几乎等同于鼓励斯巴达人去无视巴那克敦条款：如果斯巴达都不愿意强迫孱弱的安菲玻里，那么斯巴达也就更加不可能对强大的彼欧提亚采取任何举措了。斯巴达人不交还安菲玻里，势必在雅典激起反对和约的声浪，在此反对声浪中，雅典人会拒绝交还派娄斯，并更加倾向与阿尔戈斯结盟。

尼基阿斯执行的绥靖政策，反而增加了战争的可能。如果尼基阿斯在谈判过程中立场更加强硬，坚持严格执行条约规定，那么斯巴达人或许将被迫——当然，他们是不愿意的——努力去把安菲玻里归还给雅典。如果斯巴达人能够将安菲玻里交还给雅典，那么雅典人应该也会交还派娄斯。这样的话，忒拜或许就不敢在撤离巴那克敦之前摧毁要塞。如果双方都按照条约履行义务的话，那么雅典和斯巴达各自城邦内的鸽派势力应该也会得到增强，这样，双方都有更充裕的时间去习惯新的条件和城邦间关系。如果尼基阿斯能够勇敢面对现实、同时要求斯巴达人也勇敢面对，那么他和他的同袍或许是有能力挽救和约的。

即便和约无法挽救，但如果尼基阿斯正视这一事实并径直对公众说明，(-356,357-)那么，这样的坦率政策，对雅典而言，也比后来实际执行的政策要好得多。这种坦率政策将令雅典人明白，战争并未结束，和约只是喘息之机。这样，雅典人就会养精蓄锐，并制定与事实更为切适的政策路线。如果不能与斯巴达维持持久的和平，那么雅典人或许会决定利用阿尔戈斯的独立和伯罗奔尼撒半岛的纷乱，来结成一个强大新同盟，一举摧毁斯巴达霸权，一劳永逸。如果雅典人实在难以接受在 10 年艰苦作战后重启战争，那么他们至少可以对敌视斯巴达的各方势力采取善意中立立场，而雅典自己无需为此冒任何风险。一项合情合理的温和政策当然不会废弃尼基阿斯和约，但是这样一种政策至少会拒绝与斯巴达结盟,好让斯巴达忙于处理阿尔戈斯以及她自己不安定的盟邦。如果运气不错,斯巴达权势将因此被控制住,而雅典无需为此耗费一兵一卒;而如果幸运的话,斯巴达将被困在伯罗奔尼撒多年,难以动员起来,对雅典将不能形成任何威胁。然而,签订欺诈性和约,无诚意地结盟,这样的政策路线毫无益处;这样的政策路线只会令友邦踟蹰,令敌邦大胆,对雅典自身则没有任何价值。这样的政策路线只会延迟关键时刻的到来:当斯巴达人的心口不一终于表露出来的时候,反对和约的声浪势必然更大;而这一政策路线,却正是尼基阿斯倡议、雅典人执行的政策路线。

雅典人最终背弃了尼基阿斯的政策路线之后,他们选择的新路线更加极端,而非更加温和:雅典加入了阿尔戈斯人的同盟。这可能是最好的政策路线,也可能不是,但是有理智的雅典国务家应该已经意识到,要重回与斯巴达和平合作的政策路线,已经不可能了。与阿尔戈斯结盟就意味着可能迟早要与斯巴达开战,而对于雅典爱国者来说,从此以后,只要情势所需,就必须摒弃政治异见,随机应变,为雅典及雅典的盟友阿尔戈斯去争取胜利;但尼基阿斯及其同袍拖延不决,当他们得到(-357,358-)天赐良机,可以在曼提尼亚一举摧毁斯巴达权势的时候,却勉勉强强只作了一点儿象征性的贡献。结果,斯巴达人勉强获胜,得以恢复权势基础,并最终迫使雅典人付出战争代价,这场战争最终使雅典人输却了帝国,甚至在一段时间内输却了独立。

修昔底德没有直接评价尼基阿斯的和平与绥靖政策,也没有直接评价阿尔喀比亚德所赞同的好战政策;修昔底德仅仅指出,至少从某种程度上来说,尼基阿斯与阿尔喀比亚德的行动是为了自己的。读者读到这一观点,就会回想起这位史家写到伯利克里——在修昔底德心里,这位了不起的人物定义并体现了国务家的核心品格——被解职时留下的那段史谶:"能够看到……所应当采取的政策,能够说明我所看到的;我爱我的城邦,不受金钱的影响。"①无论两人之中谁在"能够看到……所应当采取的政策"这一方面做得好一些,但是尼基阿斯和阿尔喀比亚

① Thuc. 2.60.5.谢德风译本,第145页。

德都不能够说明他们所看到的所应当采取的政策,因而也就无法连贯地执行政策。两人都不受金钱的影响,但在某种程度上,两人都将自身关切置于城邦福利之上:尼基阿斯渴望保持自己的完美胜绩和公众声望,①阿尔喀比亚德则因为被斯巴达人无视而心怀怨恨。② 尼基阿斯和阿尔喀比亚德的行为,让我们想起修昔底德对伯利克里的继任者的评价。这位史家写道:"他的继承人,彼此都是平等的,而每个人都想要居于首要的地位,所以他们采取笼络群众的手段,结果使他们丧失了对公众事务的实际领导权";③我们在评价尼基阿斯和阿尔喀比亚德的政治生涯时,想起这一段评价,这是修昔底德有意让我们想到的。

修昔底德的这种解释意味着,关键问题不是政策选择不当,而是领导水准下降、愚蠢暴民权力上升。修昔底德曾写到,伯利克里"控制民众,尽管是以一种自由的方式,同时,他并不为民众所引导,而是民众(-358,359-)由他领导,因为既然他取得权力不是通过笼络民众这样不恰当的方式,而是通过他杰出的声誉,所以他能够反对民众的意见,甚至发出怒言"。④ 在伯利克里的时代,"虽然雅典在名义上是民主政治,但事实上权力是在第一公民手中的"。⑤ 这样,修昔底德的意思看起来就是,除了领袖水准下降之外,不受节制的完全民主政体,也可以用来解释雅典在尼基阿斯和约期间的错误决策。因为修昔底德曾提到,雅典政体的这种发展变化导致了"诸多愚蠢错误",尼基阿斯和约期间的那些错误决策肯定位列期间。

如果以上就是对修昔底德所要传达的信息的正确理解的话,那么修昔底德关于领导水准变化的评价,以及他认为雅典民主政体发展是城邦某些错误决策的关键原因的观点,我们就都可以赞同了。雅典缺乏任期长、强有力的官员,所以无法设计并执行一个连贯的政策路线。这就能够解释,为何雅典没能充分利用这段历史时期内的许多机遇。

---

① Thuc. 5. 16. 1.
② Thuc. 5. 43.
③ Thuc. 2. 65. 10. 谢德风译本,第 150 页。
④ Thuc. 2. 65. 8.
⑤ Thuc. 2. 65. 9. 谢德风译本,第 150 页。

例如,简直无法想象的是,阿尔喀比亚德外交政策的高峰——曼提尼亚战役——发生在他并不在任的这一年;同样无法想象的是,阿尔喀比亚德的外交政策是由并不赞同其政策路线的政敌来执行的。雅典为政策的不连贯性付出了沉重的代价,但是这类问题不是雅典所独有的,也不是民主国家所独有的。如我们所看到的,斯巴达也深受自身政策不连贯之苦;但尽管政策不连贯,斯巴达好歹生存了下来。现代政府经过选举产生的,任期一定,较之古代政府,不受民众干预的程度大大提高。不过,这样的现代政府也并不是总能保持有远见、有勇气的领导水准,甚至不能贯彻一以贯之的外交政策。没有任何一种政治制度能够保障领导水准良好,但是雅典自克里斯提尼时代以来的历史表明,民主政体至少和其他任何类型的政府一样,都有能力提供良好的领导水准。在421年及接下来的若干年中,影响力最大的领袖碰巧是尼基阿斯,这是雅典之不幸:尼基阿斯的政治判断怯懦、短视,而且因为个性使然,(-359,360-)尼基阿斯很可能——甚或几乎一定会——抱着他原有的政治判断刻舟求剑,而不能情随势变。

同样,在西西里远征中,尼基阿斯的作用也很关键。然而,在为远征失败找原因时,修昔底德强调的是其他原因,而不是尼基阿斯;而在对尼基阿斯所作出的直接评价中,修昔底德没有为西西里灾祸而对尼基阿斯有半分谴责。此外,修昔底德对远征的看法,似乎具有多重面相。他显然视远征为错误,是在伯利克里死后因为领导水准日益下降和民主政体日益发展而导致的错误;①但另一方面,他又认同德摩斯梯尼的判断,认为如果尼基阿斯依从拉马库斯的计划,在抵达西西里以后立即攻打叙拉古的话,那么叙拉古是有可能会沦陷的。② 这样一种观点就意味着,错误的是作战指挥,而非远征决策本身。然而,当修昔底德具体指出他所认为的错误的时候,他又明确说到,这不是将军们犯下的战术错误,而是雅典民众及其民众煽动家领袖所犯下的政治错误:"[西西里远征]不是一个判断上的错误,如果我们考虑到我们所要对付

① Thuc. 2.65.11.
② Thuc. 7.42.3.

的敌人的话;这个错误是在于国内的人没有给予海外的军队以适当的支援。因为他们忙于个人的阴谋,以图获得对人民的领导权,他们让这个远征军失掉了它的动力;由于他们的不和,开始使国家的政策发生紊乱。"①

如果修昔底德并未言不由衷的话,那么他的历史解释就与他自己的历史叙事相互抵触,因为根据他自己的历史叙事,城邦内的雅典人全力支持远征,丝毫没有耽搁,热情高涨洋溢。② 一些学者苦心孤诣,创见独到,试图将修昔底德的真实用意解释为,召回阿尔喀比亚德是远征失败的(-360,361-)原因。③ 但即便修昔底德果真用意如此,他的叙事仍然与他的解释相互矛盾。修昔底德史书中没有任何内容表明,阿尔喀比亚德能够在 415 年流亡之前,就证明自己是一位杰出的军事指挥官。④ 阿尔喀比亚德反对拉马库斯的战略,而他自己的战略在他自己流亡期间,已经被证明是行不通的。阿尔喀比亚德原来的战略构想是有限投入、有限风险,主要依靠外交攻势;但无论该战略计划前景如何,一旦尼基阿斯将远征军扩充为一支庞大的海陆两栖军队,其规模就足以令西西里人警醒,这样,单纯的外交攻势根本无法展开。阿尔喀比亚德并没有意识到情势有变,也没有作出相应的调整,他只是径直执行自己的战略计划,但其实毫无成功可能。修昔底德赞同的是拉马库斯的战略,这表明他也意识到,阿尔喀比亚德的战略是注定要失败的。

一些学者因为解释与叙事之间的矛盾而为修昔底德深感狼狈,于

---

① Thuc. 2.65.11. 谢德风译本,第 150—151 页。

② 许多学者观察到修昔底德的解释及其叙事之间的矛盾,对我理解这一问题帮助最大的有:戈姆(A. W. Gomme),《希腊研究期刊》(*JHS*),第 71 卷,1951 年,第 72 页及以下 =《希腊历史与文学补论》(*More Essays in Greek History and Literature*),第 92—111 页;韦斯特莱克(H. D. Westlake),《古典学季刊》,第 8 卷,1958 年,第 106 页及以下 =《希腊史家与希腊历史论丛》(*Essays on the Greek Historians and Greek History*),第 161—173 页;布伦特,《希腊研究评论》(*REG*),第 65 卷,1952 年,第 59—96 页;以及多佛,《修昔底德历史评注》,第 4 卷,第 242—245 页。

③ 在上一则注释中提到的所有学者都持这一观点。

④ 修昔底德对阿尔喀比亚德的赞扬(Thuc. 6.15.4)——"他领导战事的成绩是卓越的"(谢德风译本,第 435 页)——不是指 411 到 407 年阿尔喀比亚德的战绩(参见韦斯特莱克,《希腊史家与希腊历史论丛》,第 171 页,注释 36,以及多佛,《修昔底德历史评注》,第 4 卷,第 242—245 页),就是并无确指;而学者们对前一种情况亦有争论。

是试图否认这一矛盾的存在,以维护史家。戈姆因此指出,修昔底德在 Thuc. 2. 65. 11 所写下的内容"与第 6 卷开篇完全不一致,因为投票决议派出足够的军队前去远征的,恰恰是大多数雅典民众($oi\ \pi o\lambda\lambda oi$)"。戈姆认为:"修昔底德相信远征完全有可能成功,而我们在阅读其叙事的时候只能对此表示同意,但是,使我们认同远征可能成功的理由,并不是他在 Thuc. 2. 65. 11 给出的那些;他的战争叙事并不支持那些理由。"[①]然而,戈姆却又在接下来那一页辩白道:"这并不是说,修昔底德在 Thuc. 2. 65. 11 的判断与他在第 6 至第 7 卷的内容相抵触,第 6 至第 7 卷的内容对其只有增补;这更不是说,修昔底德错了。"不过,这番辩白是无力的,因为戈姆自己在这句末尾表明:"尽管判断和叙事仿佛同时存在于作者脑海中,但事实上,判断与叙事并非同一时间一气写就;判断是后作出的,而叙事大概是早些时候写就的。"

关于修昔底德史书是否多次写成,学者有诸多推测。(-361,362-)自此类推测第一次被提出以来,时间已经过去了一个多世纪。这些推测出了名的主观,甚或武断,且没有一个推测能够得到学界的普遍支持。[②] 试图通过构想一些关于修昔底德史书写作时间的便捷猜测,来解决修昔底德史书中的诸多问题,这么一项古老的技巧因时间而生辉。然而,诉诸这项技巧本身就证明,我们确实面临着一个艰难而有趣的问题;这是因为,学者们在读到修昔底德的叙事和他的解释、理论、实践之间的相互抵牾时,诉诸这项技巧是惯常的处理方法。例如,学者们发现,修昔底德对伯罗奔尼撒战争起源的叙事似乎与他对战争原因的解释并不一致。于是,一些学者提出观点说,修昔底德的战争起源叙事与

---

① 戈姆,《希腊历史与文学补论》,第 96 页;原文斜体是戈姆所加。

② 参见卡根,《伯罗奔尼撒战争的爆发》,第 360 页。在过去 40 年,没有什么学术进展能够驳斥约翰·芬力(John Finley)的如下观察:"最近,关于修昔底德史书中某些章节的写作时间的古老争论,又重新成为学术争议热点。尽管这一争论试图向我们证明,修昔底德史书中有许多章节是比史书其他部分更早就的,但显然,这一争论反而证明了其试图证明之事的反面。原因是,每一位参与到此争论中的新人,一边推进自己的看法,一边却在破坏诸位先行者的工作,因此,那些能够被认定为写作时间更早的史书章节,反而减少了,而不是增加了"(《哈佛古典语文学研究》增刊,第 1 卷,1940 年,第 255 页)。

战争原因解释,这两者写于不同时期,修昔底德没来得及在死前处理这一抵牾之处。① 在战争起源问题以及当前我们所处理的这个问题中,如果采信这些学者的这项技巧去处理,那就意味着这一类行文矛盾证明史家思考尚未完善,还意味着这一类行文矛盾将在最终稿中得到妥帖处理,或者删去;但修昔底德怎么可能这样做呢? 在这两处问题中,很明显,原因解释都是史家较为晚近的思考,因此很大概率会被史家在最终稿中保留下来。那么,要妥帖处理这类行文矛盾,史家就只能通过修改历史叙述来使其符合他自己当下的解释了;但我们很肯定的是,为了历史叙事保持精准,修昔底德不可能去扭曲叙事以符合晚近的想法或解释,这是因为,我们所知道的关于修昔底德的一切都表明,他是一位矢志叙事精准明确的史家。

因此,要理解修昔底德的写作方法和写作目的,我们就必须另辟蹊径。或许,我们可以这样开始:再次概述一遍修昔底德对于西西里远征的解释,然后列出他的历史叙事中可能浮现的(-362,363-)那个不同观点,最后试图说明其不同之处的产生原因。史家告诉我们,雅典人决定远征时,既不知道西西里岛的规模、人口,也不知道他们将要从事的战争规模有多大。他们从一开始就配备了一支比先前那次西西里远征要庞大得多的远征军,目的是用这支大军征服全岛。正如他在论述伯罗奔尼撒战争起源的时候,用几乎一模一样的措辞告诉我们,对雅典人远征的"最真实的解释"是他们想将西西里纳入雅典的帝国版图。尼基阿斯试图阻止远征,但公民大会拒绝了他。在公民大会的第二次集会上,尼基阿斯重新开启这个议题,这一次,他试图通过夸大确保胜利甚至只是安全所需的兵力,来令雅典人打消远征的念头。然而,民众误解了他的用意;他们没有打消念头,反而受到鼓舞,更为热忱地追求他们原先的目标。阿尔喀比亚德——或许还有其他人——计划野心勃勃。他们准备先征服西西里和意大利,然后征服迦太基,接着雇佣西班牙和其他地方的雇佣兵,去攻打伯罗奔尼撒半岛。"每个人都充满了远征的热情(eros)",或目的各不相同,但也许有所类似,而绝大多数人不过是出于

---

① 参见卡根,《伯罗奔尼撒战争的爆发》,第 359—360 页。

貪婪。尽管尼基阿斯反对远征，也不愿履职，但是民众仍然选举尼基阿斯为远征将军之一。

民众还选举阿尔喀比亚德为远征将军，阿尔喀比亚德正是远征的发起人和拥护者，但是赫尔墨斯神像损毁案和戏拟密仪渎神案唤醒了大众的宗教和迷信狂热。民众煽动家利用民众对僭主政治和寡头阴谋的不当恐惧，利用民众对贵族和出类拔萃之辈的疑惧和嫉妒，来服务于自己的政治目的。民众煽动家发起恐怖统治。在白色恐怖中，许多无辜之人或被杀，或流亡，最终他们还决定召回阿尔喀比亚德，而阿尔喀比亚德因为他那炫目又惹人侧目的私人生活，一直是民众疑惧的头号目标。阿尔喀比亚德见逐，对雅典而言是沉重的打击。他是远征的设计者，也是非常有天赋的指挥官，尽管他的战略计划不如拉马库斯的计划，而拉马库斯的战略计划更有可能带来成功。(-363，364-)阿尔喀比亚德被召回，拉马库斯阵亡，远征军不得不由尼基阿斯一人指挥，而尼基阿斯自己抱病，且对远征毫无热情。召回决策还迫使阿尔喀比亚德奔向敌营，他在敌营的举动对雅典伤害更甚：在说服斯巴达人重启大战、设防亚狄珈的过程中，他发挥了很大作用；甚至，向斯巴达人透露亚狄珈要塞最佳选址的，也是阿尔喀比亚德。

据修昔底德说，自从阿尔喀比亚德见逐，尼基阿斯的作战指挥一开始是有力的，但过于审慎。如果尼基阿斯能够马上攻打叙拉古，那么叙拉古人可能都来不及派人去伯罗奔尼撒半岛求援。这样，即便援军抵达，他们也无法援助叙拉古人，叙拉古或许将就此沦陷。然而，尼基阿斯推迟作战。不过，即便如此，在414年夏季的那个关键时刻到来之前，雅典人曾如此接近于完成他们的围歼墙，而叙拉古人曾如此绝望地寻求援助，甚至开始讨论投降条件。这个关键时刻就是句列普斯和科林斯人的抵达。雅典人曾颇有胜算，但从这一刻开始，事态变化了。很快，在这位斯巴达指挥官的富有技巧且勇敢大胆的指挥下，战局逆转，围歼别人的人成了被围歼之囚徒。在那个时候，尼基阿斯致信城邦，向雅典人汇报当下困境，并要求他们或者召回远征军全军，或者派大规模援军前来。他还要求雅典人无论如何要解除他的指挥职务，因为他有病在身。雅典人选择了增派援军，由德摩斯梯尼和攸里梅登率领，但是保留了尼基阿斯的指挥职务,另外擢升已经在西西里的两名军官襄助尼基阿斯。

第二支远征军抵达西西里的时候,情势急转直下。德摩斯梯尼能做的只不过是冒险夜袭,然后失败。在那之后,他们能做的就只有撤出西西里,或至少撤离到更卫生、更安全的新基地去。尼基阿斯,尽管他清楚撤退的理据,但他不准部下撤退。尼基阿斯害怕在没有雅典公民大会明示同意的情况下放弃作战,因为他害怕雅典民众,害怕雅典民众可能会因为激情和无知而受到狡猾演说家和无耻政客的影响,对将军们发起不实的控诉,进而处死他们。最后,尼基阿斯(-364,365-)终于同意撤退,但这时,月有蚀之,他采信了预言家和大部分迷信的雅典士兵的看法,再次推迟撤退。接下来,灾祸接踵而至,尼基阿斯勇敢地为部下考虑。他死在叙拉古人手里,这一死终于可以结束这不堪的战败了;但是,在修昔底德那个时代来看,尼基阿斯是最不应该遭此结局的,因为他用了一辈子来遵循美德。

以上这样一种叙述,比较准确地总结了修昔底德对西西里远征失败的解释,而且可以被认为是出自一位并无偏见的普通读者;但是,这并非唯一的解释。从修昔底德的叙事中浮现出来的解释,与此就很不一样。首先,我们可以从修昔底德的叙事中读到,前往西西里的最初决策,的确是因为塞结司塔和林地尼的请求而作出的。这两个城邦的请求至少在这三个方面迎合了雅典人的政策倾向:雅典人已经基本上从阿奇达慕斯战争中恢复过来,而且他们也已经准备好去作新的冒险;雅典人想要阻止叙拉古统治西西里岛及岛上的雅典盟邦,想要阻止叙拉古由此进而向伯罗奔尼撒半岛伸出援手,重启对雅典的战争;以及,雅典人心里始终怀有一丝期待,希望帝国西进扩张。然而,雅典人投票决议派出的远征军的规模和性质,事实上并没有超过他们在 424 年派出的那支远征军。424 年,那支远征军没有通过武力征服西西里,甚至也没有征服叙拉古,那么雅典人此刻的计划就应该不是通过武力,而是主要依靠外交攻势来取得胜利。这种冒险或许不会成功,但是这个计划并不疯狂,也不可能为雅典人带来灾祸。雅典人不可能对西西里岛的规模和人口一无所知,因为在 427 至 424 年间,还有在 422 年,数以千

计的雅典人曾经踏足其土地,扬帆其水域。雅典人,在这个时候,也不
是仅仅为贪婪所支配就去盲目冒险。相反,雅典人行事审慎,他们先派
遣使团前往西西里,调查情况,然后才投票决议,派一支规模适中的远
征军前往,并选举温和审慎的尼基阿斯作为三名远征将军之一。

被采纳的战略计划肯定是阿尔喀比亚德的那个,因为(-365,366-)
赞成远征的主要是他。阿尔喀比亚德势必意在利用这一机会提升个人
声望,用来在政治斗争中对付尼基阿斯。阿尔喀比亚德最开始肯定希
望自己能够被任命为远征军的唯一将军,然后带着自己外交和军事天
赋的胜利果实回到雅典。后来,即便尼基阿斯和拉马库斯也被选举为
将军,阿尔喀比亚德也没有放弃期待,他仍旧希望主导远征军,执行自
己的战略,并取得同样的效果。然而,要说阿尔喀比亚德曾经严肃考虑
过要去征服西西里和迦太基,像他自己后来在斯巴达所吹嘘的那样,我
们却根本没有什么有说服力的证据可以证明这一点。我们还可以肯定
一点,公民大会对远征将军们下达的命令,就是上述那个较为温和适度
的远征目标,大会命令可能根本提都没提征服叙拉古。

在公民大会的第二次集会上,尼基阿斯构想的那个迂回修辞策略
并不成功,规模适度、风险很小的一项行动却因此演变为一次大规模征
战。作战规模如此之大,征服西西里不仅看起来成为了可能,而且或许
还成为了希望。民众支持远征的热情,被以下两件事情一下子点燃了:
首先,尼基阿斯接受了指挥职务——无论他有多么不情愿(普鲁塔克告
诉我们,尼基阿斯惯于回避那些不太好的指挥任务)①;接着,尼基阿斯
列出了为保安全所需的战备需求清单,而公民大会又逐一全数投票通
过。尼基阿斯对战局的评估、乃至他对战备需求的判断,至少在这一关
键问题上是错误的:尽管他似乎对骑兵之重要性,以及对叙拉古人在这
一兵种上的优势至少有一定的了解,但他却没有将其列入战备需求清
单。在公民大会上,尼基阿斯没有提出需要骑兵;在远征军出发前的数
周中,他也没有提出需要骑兵。没有骑兵,415 年的夏末,尼基阿斯就
无法利用在叙拉古的胜果;没有骑兵,雅典就失去了在句列普斯和科林

---

① Plut. *Nic.* 6. 2.

斯人干涉之前征服叙拉古的希望。

因为神像损毁案和戏拟密仪案而产生的歇斯底里对雅典伤害很深。这种歇斯底里的气氛加剧了政治分歧,并为远征军蒙上了一层(-366,367-)神之不悦的阴云。在这种政治气候中,阿尔喀比亚德被召回,被定罪,继而流亡在外,但是这一政治气候对雅典产生的危害被大大夸大了。尼基阿斯的干预导致行前增兵,这破坏了阿尔喀比亚德原来的战略,但是阿尔喀比亚德仍旧坚持执行这一战略,独行其是。阿尔喀比亚德曾指望通过外交手段赢得盟邦,但一开始就遭遇挫败,我们没有什么理由去认为,若阿尔喀比亚德留任,外交战攻势便可成功。如果不是将一切都交给了尼基阿斯,如果阿尔喀比亚德能够留任,情况也并不一定会好很多,因为阿尔喀比亚德留任与拉马库斯、德摩斯梯尼、攸里梅登或有能力的雅典任何其他将军——只要不是尼基阿斯——来指挥作战,并无区别。同样,在斯巴达决定重启战争并在德西利亚(Decelea)设防的过程中,阿尔喀比亚德发挥的作用,看起来也不是最关键的。叙拉古人和科林斯人同样一直在强烈敦促斯巴达人,但是在雅典人在西西里陷入困境之前、雅典人攻打拉戈尼亚(Laconia)之前,斯巴达人都没有采取行动;雅典人攻打拉戈尼亚,和约才正式破裂,斯巴达人才有了伦理上和宗教上都能接受的理由,去重启战争,而这时距离阿尔喀比亚德及其他人在斯巴达敦促斯巴达人对雅典重新发动战争,已经过去了很久。德西利亚作为要塞建设的最佳选址,这一点不用阿尔喀比亚德说,斯巴达人也知道;彼欧提亚人也可以对斯巴达人提出同样的建议,而他们事实上也很可能真的对斯巴达人提了这番建议。西西里远征失败,斯巴达重启战争,都不能径直归咎于召回阿尔喀比亚德。

如果我们依照修昔底德历史叙事去作原因解释,那甚至可能会认为,即便夺下叙拉古的机遇已经错过,但如果不是因为尼基阿斯指挥疏漏又独握指挥权,雅典人原本仍有希望获得胜利。414年,雅典人开局不错,原本可以完成对叙拉古的围歼,以确保胜利,但是尼基阿斯没有立即行动,马上完成单圈围歼墙的建设。相反,他浪费时间去建设叙拉古附近的双层围歼墙,而这时穿过近城高原的那道围歼墙还没有完工。判断力再一般、技巧再普通的将军,此时也会选择马上先完成围歼墙建设,以防海外支援抵达叙拉古；相反，尼基阿斯期待叙拉古会不经围歼而投降，这样他就可轻取叙拉古，于是他拖延着，与叙拉古城邦内的政治党派保持联系。他没有建成(-367,368-)整圈围歼墙，没有派出分遣队去阻截句列普斯抵达西西里，没有实施有效的海上封锁以阻截龚玑卢和科林斯舰队从海路抵达叙拉古，没有在近城高原建造要塞并配备卫兵以防敌军突袭。就这样，尼基阿斯坐视敌军恢复生机，坐视雅典人失去了主导地位。接着，他将雅典海军、补给仓库和金库移到不易防守的扑来缪离坞军事基地。在扑来缪离坞，雅典舰队的士气和作战能力都下降了，句列普斯将他们赶出了基地，夺走了雅典人的资金和补给物资。

到了414年夏末的时候，一切征兆都表明，是时候放弃远征了，在更多的资金和人命还没有被浪费之前；但是，尼基阿斯拒绝撤退，因为他害怕他的声望和安全落入雅典公民大会和雅典法庭的手中。他致信城邦，但在信中甚至没有为撤退提供明确理据。这一次，他再一次把选择权交给了雅典的公民大会：是撤退，还是再派一支同先前那支远征军同样规模的援军来？公民大会再次作出错误决策，投票决议大幅增兵，并拒绝解除尼基阿斯的指挥职务。如果尼基阿斯能够在信中坦率说明自己指挥不力、对局势把控不好，如果尼基阿斯在给建议的时候能够更诚实，那么雅典人或许不会作出那样的决策。

德摩斯梯尼攻打近城高原不成，雅典人已经别无选择，只能放弃远征，或至少撤退到飒浦肃或卡塔纳去；但尼基阿斯拒绝行动，这简直不可原谅。他自欺欺人，毫无根据地指望叙拉古财政会突然崩溃，雅典人可以凭此获得胜利。这是因为他害怕面对雅典公民大会，害怕去对他们解释自己的失败。尼基阿斯宁愿拿部下的性命和雅典的存亡去冒险，也不愿自己去冒被公民同胞定罪的风险。为了挽救自己的声誉，为了逃避同胞的惩罚，他采取的行动——比其他任何人都更甚地——导致远征军覆灭，远征失败。全军撤退，本已箭在弦上，不得不发，但他抓住了月蚀的机会，仍然逃避撤退，结果，雅典远征军错失最后一次逃生的机会。他在撤离过程中的举动令人钦佩，但这根本无法补偿他此前犯下的(-368,369-)一系列大错，那些错误毫无辩护余地。考虑到以上种种，修昔底德仍然决定单为尼基阿斯写作一则悼词，还说尼基阿斯在他的时代是最不应该遭此命运的,这就令人颇为困惑。

综上所述,修昔底德自己的解释与从他自己的叙事中浮现出来的判断,是相互抵触的。修昔底德叙事中浮现的这一判断,与这样一些人的判断是一样的:那些在西西里阵亡将士纪念碑上刻意不写尼基阿斯名字的雅典人,那些与修昔底德同时代的人。修昔底德叙事中浮现的这一判断,与普鲁塔克在《尼基阿斯传》中所作的判断也是类似的。当修昔底德史书在一个关键问题上,出现"解释-叙事"矛盾的时候——正如修昔底德在史书中试图解释伯罗奔尼撒战争的起因时所出现的问题一样——,这些矛盾往往是以下原因导致的:修昔底德试图驳斥当时的一般解释,他认为当时流行的解释是错的,会误导别人。在对伯罗奔尼撒战争起因的解释中,流行的看法是,战争是伯利克里发动的,《墨伽拉法令》是战争的主要导火索。于是,修昔底德在写作史书时,试图作出一种解释,来证明当时流行的看法是错误的,因为他想要确保读者从他所记载的历史中得到正确的教益。在写作并试图解释西西里远征的时候,修昔底德的写作目的与此相同,所使用的写作技巧也与此相同。

详细考察修昔底德在 Thuc. 7. 86. 5 对尼基阿斯那番值得注意的悼词,可以帮助我们处理此处的问题。这段文字同样引发了学者们的争议。问题的一部分在于,如何理解 *arete* 这个词。我们将这个词译为"美德"。一些学者试图证明,句子里的另一个词是用来限定它的,并将全句译为昭伊特(Jowett)译本这样:"没有希腊人在我的时代(比他)更不该得到如此悲惨的结局了;因为他在生活中实践着每一条日常实践的美德。"[①]这样解释,不啻于推断说,修昔底德至少是在说反话,甚至可能是在冷嘲热讽,甚至不啻于推断说,"他抓住为尼基阿斯写判词的机会,嘲笑虔敬"。[②] 然而,修昔底德的最佳读者们却并不认为修昔底德的文本可以作如此翻译,[③]不过,即便修昔底德的文本可作如是翻

---

① 参见本书上文,第十四章,第 338 页,注释②。

② 这些话是穆雷(H. A. Murray)所说(《伦敦大学古典研究所通讯》[*Bulletin of the Institute of Classical Studies of the University of London*, *BICS*],第 8 卷,1961 年,第 42 页)。穆雷用这些话来描述他不同意的一个观点。

③ 参见多佛的论据:《修昔底德历史评注》,第 4 卷,第 463 页。

译，我们也没有理由(-369,370-)将其视为反语。一些学者并没有将其视为反语，但仍然认为这段文字没有政治性，表达的仅仅是怜悯遗憾。"他没有为尼基阿斯作战指挥进行辩护，既没有明示，也没有暗示：读者可以根据前文叙事，自行裁定。这些话仅仅是将他无可指摘的私人生活与他悲惨的死亡进行了对比。"[①]还过，希腊人的"美德"概念是强烈的、世俗的、多样的，我们不该弱化它，不该将它视同基督教理想的个人行为规范，如不冒犯他人等。此外，最近有一项研究也表明，这段文字"主要依据美德的传统标准来评价尼基阿斯……同时，修昔底德说尼基阿斯因为拥有传统'美德'而不该得到如此命运，与他同时代的希腊人没有必要认为这是反话，也不会觉得这话有什么奇怪之处"。[②]

无论"美德"的含义如何，我们还对这段颂词的强烈语气感到困惑：修昔底德不仅说尼基阿斯不应该得到如此悲惨的命运，还说尼基阿斯是他的时代最不应该得到如此命运的人，这样一来，修昔底德就将尼基阿斯置于他所有的同时代人之上了，甚至包括伯利克里。这番强调引起了我们的注意，令我们心生疑问：纵观其史书，悼词并不多，那为何修昔底德选择在此处写一则悼词？他又为何选择使用这样的形式来写？读者或许应该将这颂扬的悼词视为对尼基阿斯品格的褒奖，但是正如一位敏锐的当代读者所观察到的："阅读这部史书至此，几乎没有人会对尼基阿斯形成正面的看法。"[③]然而，这一负面看法正是修昔底德需要为尼基阿斯写作这篇悼词的原因。事实上，很少有读者在读完整部史书掩卷之后，还对尼基阿斯看法不佳，而这就表明，修昔底德为尼基阿斯写的悼词确实有用。

如果我们读过尼基阿斯的生涯叙事、却没有读到修昔底德对他的最终评价，那么或许会得出与尼基阿斯同时代的人几乎相同的结论，这也是普鲁塔克《尼基阿斯传》中给出的结论：西西里灾祸的罪魁祸首就是尼基阿斯，他的领导和将才无法胜任。(-370,371-)看起来，修昔底

---

① 韦斯特莱克，《古典学季刊》，第 35 卷，1941 年，第 59 页。

② 艾德金(A. W. H. Adkins)，《希腊罗马拜占庭研究》(GRBS)，第 16 卷，1975 年，第 388—389 页。

③ 多佛，《修昔底德历史评注》，第 4 卷，第 461 页。

德并不会否认，这确实是原因之一；但是这既不足以解释灾祸，也不是灾祸的主要原因。修昔底德希望他的读者能够知道，西西里灾祸的罪魁祸首是后伯利克里时代的民主政体。这个时期的民主政体缺乏制约，强有力的聪明领袖缺位，无人来对其进行明智的控制和领导。于是，这一时期的民主政体被考虑不周、野心勃勃的民众煽动家误导，任凭自身的无知、贪婪、迷信以及恐惧不断发展。暴民决定攻打西西里，要将西西里纳入雅典帝国版图，这样民众就可从中获益。暴民被野心勃勃、自私自利的阿尔喀比亚德怂恿，但是最终却屈服于迷信的恐惧，而选择了尼基阿斯出任将军——尽管尼基阿斯反对这趟冒险——，在尼基阿斯患病、才能大打折扣之时，还拒绝解除其指挥职务。暴民持续向西西里这个无底洞投入资金、物资、人力，而如果他们足够审慎，远征早就该被终止。暴民还因为 415 年的宗教丑闻陷入恐怖统治，被民众煽动家利用，进而赶走了他们正要从事的这项远征的设计者。远征的设计者或许是他们当中最聪明的人，因为被赶走，所以加入敌营；而在敌营里，远征的这位设计者给他的母邦造成了严重的伤害。这就是民主政体堕落为暴民统治的路径，而修昔底德决意要其读者学到这重要一课。

尼基阿斯悼词为读者学到这重要一课指明了方向，因为这则悼词指向修昔底德史书中更为重要的另一篇悼词：位于 Thuc. 2. 65 的伯利克里颂词。在这篇颂词中，修昔底德提醒他的读者说，在伯利克里之后，曾为一位杰出国务家所统治的雅典，成为了一个完全的民主政体；在这篇颂词中，修昔底德还提醒他的读者说，伯利克里之后继任的政客都不如伯利克里，两人都缺乏他的一部分品质。尼基阿斯固然是天分不错的好人，但是他缺乏"才智"（*xynesis*），"远见"（*pronoia*），以及"判断"（*gnome*）。他出任领袖是因为，他在公众中具有虔敬和"好运"（*eutychia*）的名声，暴民认为，他总是好运是因为他足够虔敬；但是修昔底德想让我们知道，暴民们错了；修昔底德还想让我们知道，"好运"来自于人，而非来自于偶然，（-371, 372-）因此，好运并非源于虔敬和神之喜爱，而是源于一位伯利克里式的政治家的智识品格。雅典人眼睁睁地看着他们的希望毁于他们对这样一个人的信任，而这个人像他们自己一样，相信虔敬和对神的信仰比凡间人类的智慧更加重要；我们可以推测，修昔底德意识到了这个事实。正是暴民对尼基阿斯的信任将尼基阿斯从"好运"带到了最为悲惨的"厄运"（dystychia）。这一厄运，这一灾祸，是他最不应该得到的。

在写作这则悼词的时候，修昔底德的主要目的不是捍卫尼基阿斯的声誉，尽管我们有理由相信，他乐于帮助尼基阿斯恢复声誉。看起来，这两个人都推崇伯利克里，都痛恨克里昂，都反对克里昂的政策。修昔底德因为安菲玻里战败而被起诉，如果说这时的尼基阿斯曾经为他辩解，或至少安慰过他，难道会是很难想象的一件事吗？修昔底德与尼基阿斯有许多共通之处。① 修昔底德不难将尼基阿斯视为不理性"民众"的受害者，并认为他本不该为这些民众所害，就像他自己一样。所以，修昔底德也不难为他写下一则措辞慷慨的讣告。然而，修昔底德写作尼基阿斯悼词的主要目的仍然是，反对人们对西西里灾祸进行错误解释，或至少是进行过于简单化的解释，反对人们在作出这种解释的时候，将灾祸仅仅归咎于尼基阿斯的错误。公正的读者无法否认，修昔底德拒绝如此简单化的解释，他是对的；公正的读者也不可能不赞赏他那更为丰富、更加深刻的解释。修昔底德没有扭曲叙事、隐瞒证据、调整行文，对此，我们不该有任何遗憾。与我们这位了不起的雅典史家相比，今天的读者对于那时的历史事件所知更少，理解更浅，但也许旁观者清。能够从民主政体不受约束的行为中学到这宝贵一课，今天的读者应当心怀感激；同时，今天的读者也应当注意到，是因为机缘巧合，雅典的命运才落在了这样一个人的手里：这个人有能力把错误变为灾祸。

---

① 艾德金，《希腊罗马拜占庭研究》，第 16 卷，1975 年，第 389—392 页。

译者跋语

依已经出版的第 4 卷例,译者跋语仍然是对翻译法则的说明,以及相关索引、对照等附表。

1. 翻译方法说明:正文

第一,除古希腊文的拉丁转写之外的其他现代西方语言,在正文中夹杂者,视为英语内外来语,视为英语的一部分,所以处理法则与英语相同,翻译而不保留任何原文。

第二,遇有古希腊文引述,翻译原则如下:能够直接援引现有中译本的,援引之,并给出中译本页码;现有中译本未尽贴切的,由译者自行根据原作中英文翻译或原作中所引古希腊文译出。该条处理方法与第 4 卷所不同的地方在于,第 4 卷全书未有给出古希腊文而不给出英文翻译的地方,但第 3 卷有此情况,故作此处理及说明。另外,使用现有中译本,读者未免批评译者疏懒,所以译者需要辩解一二。第一,未尽贴切的,已经由译者根据英文或古希腊文作重新翻译,不会使用现有中译本。第二,使用现有中译本的一个重要目的,是为了争取做到同引同译,即对于同样一段引文,无论在何处引用,都将给出完全相同的译文。

本书所使用的中译本包括:

"谢德风译本":[古希腊]修昔底德著,谢德风译,《伯罗奔尼撒战争史》,商务印书馆 1985 年。

"黄开来译本":[古希腊]普鲁塔克著,黄宏煦主编,陆永庭、吴彭鹏等译,《希腊罗马名人传》(上册),商务印书馆 1990 年。

第三,遇古希腊文引述,保留原文;在可能的情况下,所保留的原文对照校勘本重新检查。修昔底德史书对照牛津古典文本(OCT,1942),亚里士多德《政治学》对照牛津古典文本(OCT,1957),普鲁塔克《尼基阿斯传》对照娄卜本(非校勘本,Loeb,1916),狄奥多罗斯《历史辑丛》对照娄卜本(非校勘本,Loeb,1989),阿里斯托芬《鸟》对照牛津古典文本(OCT,1907),保塞尼亚斯《希腊游记》对照托伊布纳本(Teubner,1903)。其中,如果原书引文与所对照校勘本有所出入,从校勘本改;但如果有出入之处有抄本根据或校改根据,并被记载在所对照校勘本的校勘栏中,则依从原文引文,不依从所对照校勘本选定的正文修改原文。

2. 翻译方法说明:译名对照表与索引

译名对照表基于原书英文索引,但译名对照表内容略多于英文索引,原因如下。首先,相对于英文索引,译名对照表增加了现代语言的专有名词译名对照,这是译名对照表的功能要求。其次,相对于英文索引,增补了游移于古代语言和现代语言之间的一些词汇。例如,重装步兵"hoplite"一词,原书索引作者似乎认为该词已经属于现代英语,无需索引;但是对于中文读者而言,译者假定,该词的英文和中文都并非不言自明的,因此增补该条目。再次,译名对照表对英文索引进行了遗漏项增补。最后,译名对照表对英文索引进行了个别修订。例如,英文索引将同样拼写的人名和地名"Leon"置于同一条目下,但因为译文对此有所区分,所以译名对照表将此分为两个条目。

3. 根据上述翻译原则与处理方法,本书提供如下附表:

附表 1 　　专有词汇译名对照表(基于原书 General Index 整理而成)

附表 2.1 　古代文献引述格式举例

附表 2.2 　近现代古典学家所编古代文献辑丛引述格式举例

附表 2.3 　古代作家及铭文引用索引(即原书 Index of Ancient Authors and Inscriptions)

表 2 系列提供古代文献索引及译名对照。其中,附表 2.1、2.2 为引述格式举例,并非本卷实际所引用。具体引用情况,请根据格式举例说明,检索附表 2.3。

表 3 系列提供现当代研究文献索引及译名对照。依从第 4 卷例,附表 3.1 给出本书引用到的所有古典学家姓名及专著著述名,论文著述所载期刊缩写及译名请参阅表 3.2,具体引用页码请检索表 3.3,全部著述原文信息请参阅表 3.4。

其余处理原则与已经出版的第 4 卷同,不一一赘述。

与第 4 卷一样,驽钝译者仍旧希望通过跋语对翻译原则和相关问题予以勉力说明,也仍旧请求博学多识的读者指出错误,帮助改进。

李隽旸

2018 年 8 月 20 日初稿

2018 年 11 月 15 日修订

附表 1 专有词汇译名对照表

拉丁转写	英译,别称	中 译	页码(原书页码)
Acarnania		阿卡纳尼亚	296,297,330
Achaea;Achaeans		亚该亚;亚该亚人	79,82,83,302
Acharnaians		《阿卡奈人》	171
Acrae		阿柯垃	339,342
the Acraean Bald Rock		阿卡拉秃岩	343,344
Acragas		阿珂腊迦	162,163,165,227,301,313
the Acropolis		卫城	147,169,200,225,286
	ad hominem	人身攻击	179,180,181,222
Adeimantus		阿德曼托斯	202
Adonis;Adonia	the ritual of Adonis	阿多尼斯;美少年节	193
the Aegean		爱琴海,爱琴海地区	72,295
Aegina;Aeginetans		埃基纳	88,198
Aegospotami, battle of Aegospotami		羊河口,羊河口战役	258
Aelian	Claudius Aelianus	克劳狄乌斯·埃里阿努斯	258
Aeniania,Ainis, Aenianians		埃尼亚尼,埃尼亚尼人	77
Aetolia		埃托利亚	319
Africa		非洲	322
Agariste		阿迦芮司忒	202
Agatharchus		阿加莎库	300,325,326,333
Agesilaus		阿格西劳斯	127
Agis, son of Archidamus		阿奇达慕斯之子阿吉斯	阿奇达慕斯之子,斯巴达国王:17,84,85,91—93,96,98—101,290; 419年中途中断的远征:84;

（续表）

拉丁转写	英译,别称	中　译	页码(原书页码)
Agis, son of Archi-damus			率军前往阿尔戈斯:88,91—92； 率军前往曼提尼亚:108； 率军前往德西利亚:209； 与阿尔戈斯签署停火协议：99,101； 在梅岫陲坞:93； 斯巴达人对他的看法:105—106,109； 曼提尼亚战役后的声誉:128； 在曼提尼亚的战略:110,114,116,118,119,123,129,130； 在阿尔戈斯平原的战术:98； 在曼提尼亚的战术:124—127； 夺下叙希崖:141。
agora	the market-place	公民市集	204,206,223
Alcibiades, son of Cleinias(Ⅱ)		克雷尼亚(二世)之子阿尔喀比亚德	被控诉损毁赫尔墨斯神像：196—197； 被控诉密仪渎神:195,202—203； 与阿尔戈斯:65,102,104,135,140,142,224； 在西西里被捕:224； 与曼提尼亚战役:72； 与迦太基:249； 将在西西里任指挥官:166； 与尼基阿斯比较:18； 被缺席定罪:225； 对其政策进行辩护:142； 420 年被选举为将军:62,68； 419 年被选举为将军:78； 417 年被选举为将军:143； 416 年被选举为将军:147； 评估雅典政策:186； 远征伯罗奔尼撒半岛:78； 他的家族:63； 逃往伯罗奔尼撒半岛:225；

拉丁转写	英译,别称	中　　译	页码（原书页码）
Alcibiades，son of Cleinias(II)			西西里远征的目标：171,184,185； 与"宏大战略构想"：252—259； 率领雅典部队前往阿尔戈斯：68； 与弥罗斯：149,153； 与梅西纳：217,242； 他的军事成就：65,255； 与尼基阿斯：65,171,179,183； 与奥林匹克赛会：62,154； 与陶片放逐：145—147； 关于爱国主义：254； 曼提尼亚和谈：87； 与伯利克里：64,184； 他的个人才能：62； 421年之后的政策：358—360； 曼提尼亚战役后的政策：143； 被召回雅典受审：203,209； 与苏格拉底：63； 与斯巴达：63,65,68,205—259,288； 在伯罗奔尼撒半岛的战略：83； 在西西里的战略：213,227,240； 支持远征西西里：169,171,180,182,192； 欺骗斯巴达使节：67； 个人财富：62。同时参见"修昔底德"词条。
Alcibiades I		阿尔喀比亚德一世	阿尔喀比亚德的高祖父：63。
Alcibiades II		阿尔喀比亚德二世	阿尔喀比亚德的祖父：63。
Alcibiades of Phegus		斐古德漠的阿尔西毕亚德	201,205
Alciphron		阿尔西弗戎	99,100,101
Alcmaeonidae		阿克美翁岱家族	64,202,252

拉丁转写	英译，别称	中　译	页码（原书页码）
Alcmaeonides		阿克美翁尼德	205
Alcidas		阿尔西达	132
Mt. Alesion		阿勒匈山	113—115,118,120—122
	Altar of Twelve Gods	十二神圣坛	193
Ambracia；Ambriotes；the Amracian Gulf		安布罗西亚；安布罗西亚人；安布罗西亚湾	268,276,300
Amiantus of Aegina		埃基纳的阿米安图	201
Amphipolis；Amphipolitans		安菲玻里；安菲玻里人	18—20,26,30—32,45,46,49,50,68,72,143,144,320,354—356,372
Anactorium	Anactorion	安纳沱里坞	24,34,41
anapsephisis	put to vote again	同会再审动议	174
the Anapus River	the Anapos	岸纳浦河	230,233—235,239,248,260,261,264,265,299,310,340,344,345
Anaxagoras		阿纳克萨戈拉	324
Andocides		安多基德斯	196,199—202,204—206,208
Androcles		安德罗克勒斯	196
Andromachus		安卓玛库	195,198,199
Andros；Andrians		安德罗斯；安德罗斯人	261
Antiochus of Syracuse		叙拉古的安条克	159
Antiphon		安替风	418/417 年的雅典执政官：159
Apameinon		埃潘美农	159
Aphrodite		阿芙洛狄忒	166,193
Apollo		阿波罗	153,154,263
apragmon；apragmones；apragmonsyne	passive；donothing policy	闲散；不事政治的闲散之辈；无为政策	184,186
Apsephion		阿浦色斐永	199,200

拉丁转写	英译,别称	中　译	页码(原书页码)
Arcadia		阿卡狄亚	46,91,93,98,104,107,110,123,124,294
Archidamian War		阿奇达慕斯战争	18,23,28,31,38,40,65,74,82,94,147,148,208,287,291,355,365
Archidamus		阿奇达慕斯	108,149
archon; archontes		执政官	145,159,218
Archonides	Archonidas（3.11）	阿尔孔尼德	226,227,270
arete	excellence	美德	352,365,369—370
Argive alliance	Separate League	阿尔戈斯同盟（独立同盟）	32,33—36,40,44,54,70—74,78,95,114,118,122,124,129,130,252,354
Argive-Athenian alliance		阿尔戈斯-雅典同盟	60,66,103
Argolid; the Argolid Peninsula		阿尔戈里德;阿尔戈里德半岛	38,97,102,103
Argos, Argives		阿尔戈斯;阿尔戈斯人	26,27,31,32,44,54,56,183,203,295,296,313,355—357; 与阿尔喀比亚德:65,102,104,135,140,142,224; 与雅典:73,140,261; 攻打弗立坞:142; 与彼欧提亚:53; 与科林斯:37,42,76,94,141; 其民主政体:44,138; 其贵族千人团:40,95,119,123,129,131; 与埃皮道鲁斯:84—88,91,134; 其政治派别:52,85,94,95,100,135,138; 与曼提尼亚:46; 其寡头政治:52,138; 与波斯:94; 与宗教:86;

（续表）

拉丁转写	英译,别称	中　译	页码(原书页码)
Argos, Argives			退出与埃利斯、曼提尼亚、雅典的同盟:136; 与西西里:197,210,234,236,266; 与斯巴达:24,27,39,53,57,59,66,73,91,93,99,135,139,266,268; 418 年战术:96—99; 与铁该亚:106; 尝试建造通往海边的墙:140—141
Ariphron		阿力弗戎	伯利克里的兄弟:64
Aristion		阿里斯提翁	159
Aristocles		阿里斯托克勒	125,127,128
Aristogenes		阿里斯托艮	267
Aristophanes		阿里斯托芬	31, 61, 153, 171, 193, 194, 237,318
Aristotle		亚里士多德	38,43,51,62,135,218,316
Ariston		阿里斯同	159
Ariston		亚里司通	303—305,334
Aristoteles		阿里斯托特勒	199,202
Assinaria		暗辛纳泸节	350
Assinarus River	modern:Tellaro	暗辛纳泸河	339,346,349,350
Artemisium; Battle of Artemisium		月神岬;月神岬战役	63
artynai	magistrate	行政要员	52
Athenagoras		雅典纳革剌	221,222
The Treasury of A-thena		雅典娜金库	90
Athens		雅典	与斯巴达结盟:26—32,40,74,103; 与安菲玻里:20,49; 与阿尔戈斯同盟:70—74,78; 与阿尔戈斯:60,98,102,104,140,261,267;

（续表）

拉丁转写	英译，别称	中　　译	页码（原书页码）
Athens			在马其顿海岸被封锁：144； 与彼欧提亚：44； 与卡马林纳：245； 与迦太基：249； 在卡塔纳：223； 骑兵抵达西西里：261，305—307； 与科林斯：44； 决定驶往西西里：159—191； 在叙拉古海战中战败：305—307； 在近城高原战败：314； 其民主政体：49，359； 与伊特鲁里亚人：249； 427—424 年远征西西里：164，211； 其政治派别：31，60，65，68，85，89，91，102，142—145，153； 其财政状况：147，292； 在西西里的目标：172，173，248； 城邦大酒神节庆：237； 在西西里缺乏骑兵：236，239，241； 与林地尼：163； 扑来缪离坞沦陷：299，300； 与弥罗斯：148； 使团前往意大利与西西里：162； 西西里远征的动机：164； 在 420 年奥林匹克赛会上：75； 计划攻打叙拉古：173； 479—421 年的对斯巴达政策：28； 421 年以降的对斯巴达政策：31； 与垒集坞：211； 与司基昂：45； 与塞结司塔：163—166，172；

（续表）

拉丁转写	英译,别称	中 译	页码（原书页码）
Athens			增援西西里:260,282; 与西西耳人:248; 418 年支持阿尔戈斯:92— 93; 与忒拜签署停火协议:24; 攻打拉戈尼亚从而违反《尼基 阿斯和约》:269
Mt, Athos; prom-ontory of Athos		埃索山;埃索岬	45,143
Attica; Atticizers		亚狄珈;慕亚狄珈派	17,26,62,73,103,108,159, 183,208,210,253,257,258, 269,288—291,296,364
Aulis		奥利斯	23
Autocles		奥托克勒	90
Axiochus		阿修库斯	202
Belmina		北冥纳	93
beltistoi	the best men	贞吉之士	36
	Belvedere	贝尔韦代雷	340
	Black Mass	戏拟弥撒	206
Boeotarchs		彼欧提亚邦联将军	53,54
Boeotia, Boeotians		彼欧提亚,彼欧提亚人	19,27,30,32,44,50,53,56, 65,66,71,73,76,83,91,98, 99,100,107,108,200,290, 293,311,312,356,367; 与阿尔戈斯:53; 与雅典:44; 其民主政体:24; 其政治派别:56; 其邦联议事会:23; 拒绝《尼基阿斯和约》:20,23, 24; 派军前往雅典边境:200; 与斯巴达:56,57; 与叙拉古:311
Boeotian League		彼欧提亚邦联	53—55
boulé	the council, Athens	雅典贵族议事会	61,67,69,195,198,199,200, 201,202,203,285
Brasidas		伯拉西达	45—47,108,124,129,132, 143

（续表）

（续表）

拉丁转写	英译，别称	中　　译	页码(原书页码)
Cephallenia		塞法伦尼亚岛	50,296
Chaeronea		夏龙尼亚	23
Chalcidians		喀耳基司人	19,21,211,217,218,245,246
Chalcidice		卡尔息狄斯	42,43,45,49,54,55,143,144,147,176
Chalcis		喀耳基司	293
Charicles		喀力克勒斯	195,295,296
Charmides		喀耳密得	199,200,202,205,209
Charoeades		喀洛阿德	172
Charybdis		喀律步狄	96
Chios		开俄斯	210,295
choregus		歌队赞助人	199
Cimon	Kimon	客蒙	28—30,62,155,285
Clazomenae		科拉佐门奈	193
Cleandridas		克廉追达	258,259,268
Clearidas		刻列力奁	19,20,46,49
Cleinias		克雷尼亚一世	阿尔喀比亚德的曾祖父:63
Cleinias (II); Cleinias Decree	Kleinias	克雷尼亚(二世);克雷尼亚法令	阿尔喀比亚德的父亲:63,64
Cleinias IV		克雷尼亚(四世)	阿尔喀比亚德的兄弟:64
Cleisthenes; Cleisthenic democracy		克里斯提尼	63,359
Cleobulus		科辽布鲁	50,51,53,54,56—58,66,71,76
Cleomedes		科辽密底	143,147,149
Cleomenes		刻辽门内	127
Cleon	Kleon	克里昂	18,31,45,60,61,82,151,175,190,221,284,354,372
Cleonae		柯辽奈	123,129,133,268,269
Cleophon		科辽丰	61
	Monte Climiti	克里米提山脉	342—347

（续表）

拉丁转写	英译,别称	中　译	页码（原书页码）
Conon		刻农	295，301
	Contrada Gallina	嘉林纳区	347
	Contrada Puliga	普利佳区	344
	Contrada Raiana	濑岩纳区	243
	Copenhagen	哥本哈根	151
Cora		珂剌	203
Corcyra; Corcyraeans	Kerkyra	柯西拉;柯西拉人	24,87,197,198,210,211,221
Corinth; Corinthians	Korinth	科林斯;科林斯人	24,27,29,32,41,50,51,54,98,103,107,108,354,364,366,368; 与阿尔戈斯同盟:33—36,43,74; 与阿尔戈斯:37,42,76,94,141; 与雅典:44; 与彼欧提亚:44; 其政治派别:36—37,41,42; 与赫尔墨斯神像损毁案:195; 海战战术:302,303; 与尼基阿斯:351; 与曼提尼亚和谈:87; 421年以降的政策:33—45; 拒绝《尼基阿斯和约》:24; 与西西里:274,296; 与斯巴达:36,40—41,76,92,142,247,250; 与叙拉古:173,219,244,250,270,294,300
Isthmus of Corinth		科林斯地峡	105,108,200
Corinthian Gulf		科林斯湾;科林斯海湾	78,79,294,296,303,304
Corinthian War		科林斯战争	36
Coronea; Battle of Coronea		刻龙尼亚;刻龙尼亚战役	24,63
Cratinus		科拉提努斯	61
Crete		克里特	210
Critias, son of Cal-laeschrus		喀徕司库吕之子克里提亚斯	199,205,209

（续表）

拉丁转写	英译,别称	中　译	页码(原书页码)
Croton		柯络通	211,308
the Cyclades		环形群岛	148
Cyllene		圲林	250
Cynuria		叙努里亚	38,59,94,95
Cypsela		叙浦瑟刺	46
the Cypselid；Cypselus		溆浦塞黎得家族；溆浦塞卢	36
Cyrenaic；Cyrene		昔兰尼	322
Cythera		叙铁拉	26,287,295
Damon		达蒙	202
	Danmark	丹麦	151
Dascon		夲司崆	233,325
Decelea；Decelean War		德西利亚；德西利亚战争	17,253,257,288—297,308,367
Deinomache		黛诺玛刻	阿尔喀比亚德的母亲；64
Delian League		提洛同盟	148
Delium；Battle of Delium		德里昂；德里昂战役	18,23,30,65,77
Delos		提洛岛	145,153—155,285,286
Delphi		德尔斐	193
Demaratus		德谟拉图	269
democracy		民主政体/民主政制	222； 在阿尔戈斯：44,138； 在雅典：49,359； 在彼欧提亚：24； 在埃利斯：43； 在曼提尼亚：40； 在叙拉古：218—219,243,327
deme	deme；tribe	德谟	60,201,202,203,205
Demeter		德谟忒耳	203
demos	the People	民众	196,218,289,316,372

（续表）

拉丁转写	英译，别称	中　译	页码（原书页码）
Demosthenes		德摩斯梯尼	193,215,216,240,278,280, 283,287,293,296,297,300, 301,303,306,313,319—322, 325—327,329,333,352,360; 抵达西西里:308; 攻打近城高原:310; 攻打拉戈尼亚:295; 在西西里指挥军队:282; 批评尼基阿斯:309; 418 年被选举为将军:90; 从叙拉古撤退:336—353; 其战略:309—310; 投降并试图自杀:348; 敦促从海路逃亡:335; 敦促撤退:314,315; 敦促从叙拉古撤退:321
Demosthenes		德墨司悌尼	公元前 4 世纪演说家:62
Demostratos		德谟斯特拉图	189,193
diekplous		锋线突破战术	303
Dieitrephes		迭忒勒夫	293
Dii		黛矮人	293
Diocleides		丢刻雷得	199—202
Diocles of Syracuse		叙拉古的丢科勒	219,316,328,350,351
Diodotus		狄奥多图斯	168
Diognetus		丢革涅图	尼基阿斯的兄弟:195,198, 205,208
Diomilus		丢觅卢	261
theatre of Dionysus		酒神剧场	199
the festival of Dionysus	the festival of Dionysus; City Dionysia	酒神节庆;酒神戏剧节; 大酒神节	61,237,285—287
Diphilus		获飞卢	301,302,304
Dium; Dians		狄坞;狄坞人	45,143
Dolopia, Dolopians		多罗披亚,多罗披亚人	77
Doris, Dorians		多利斯,多利安人	148,163,245,246,252,275, 313

拉丁转写	英译，别称	中　译	页码（原书页码）
drachma		德拉克马	105,153
dystychia		厄运；灾祸	372
Eccritus		迩克力图	294,322
eisphora	direct war tax	直接战争税	209
Elaphobolion		伊拉坲柏丽翁月	237
Eleusis, Eleusinian mysteries		埃琉西斯，埃琉西斯密仪	戏拟埃琉西斯密仪渎神案：195,201—205,208,283,363
Elis; Eleans		埃利斯；埃利斯人	19,24,26,27,31,36,43,46—48,66,71,73—76,78,79,84,92, 95, 104, 105, 114, 116, 118,136,143,296,354； 与曼提尼亚：134； 拒绝《尼基阿斯和约》：20； 自攻打铁该亚途中撤退：110,111
Elymians		哀黎弥人	163
Endius		恩迪乌斯	63,66—70
Epaneinon		埃潘美农	159
Epaminondas		埃潘米农答	113
Ephialtes		埃斐亚提斯	28,219,316
ephor; ephorate		监察官；监察官委员会	29, 50—53, 55, 57, 58, 77, 101,102,250,
Epidaurus; Epidaurians		埃皮道鲁斯	82—92, 98, 102, 134—136, 210
Epipolae		近城高原	244, 261—263, 265—267, 270—276, 281, 309—314, 320,330,332,336,342,346, 367,368
epotis; epotides	an earlike plank projecting from each side of the ship	船侧耳架	302,303
Erasinides		哀剌司尼德	276
Erasistratus		伊拉斯特拉图	146

（续表）

拉丁转写	英译,别称	中　译	页码(原书页码)
Gela		革剌	165,227,270,339; 革剌大会:160,162,182,219; 《革剌和约》:278
Gelon of Syracuse		叙拉古的革隆	216,347
gerousia	the council,Sparta	贵族议事会	50,114,250,
gnome	judgement	判断	371
Gongylus		龚玑卢	270,281,316,368
graphe paranomon	public suit for illegality	司法核覆程序	174
Gylippus son of Cleandrida		克廉追达之子句列普斯	238,258,259,267,268,289, 304,309,310,314—316,322, 326,327,336,343,345,364, 366,368; 抵达意大利:269; 抵达近城高原:270,271,272; 在近城高原建造反围歼墙: 273,274; 宣称尼基阿斯和德摩斯梯尼 是斯巴达战俘:351; 在近城高原巩据点:275— 276; 守卫近城高原:311; 在西西里得到支持:270; 叙拉古海战中的战略:331; 遭到叙拉古人依据:346; 夺下扑来缪离坞:297
festival of the Gymnopaediae		儿童裸舞节	76,139
Habron		哈布隆	159
Halicyae		蛤栗趣崖	301
Hagesippidas	原文第三章写作 Agesippidas;第四章写作 Hegesippidas	海基息庇达	77,88
Hannibal(Mago)		马戈王朝的汉尼拔;汉尼拔一世	250

拉丁转写	英译，别称	中　译	页码（原书页码）
（harmatodromia）	chariot race	战车竞赛	75,154
harmost	governor	布政司	19,20,77,88
Harpine		哈逐毗尼	75
Hekatombaion		贺喀沱柏翁月	78
Helorus the Helo-rine Road	the road from Syracuse to He-lorus	河洛庐；河洛庐路	236,345
helot	helot	黑劳士	32,46,50,88,90,101,110,130,258,294,296,322
Hera		赫拉	134
Heraclea in Tra-chis；Heracleotes		忒拉喀斯的赫拉克利亚；赫拉克利亚人	76,77,333,335
Heracleides son of Lysimachus		吕西玛库之子赫拉克莱德	243
Heracleides（son of Aristogenes）		阿里斯托艮之子赫剌刻莱德	267
Heracles		赫拉克勒斯	叙拉古的赫拉克勒斯神庙：332,333 叙拉古人的节庆；335
Heracleum	the sanctuary of Heracles	赫拉克勒坞；赫拉克勒斯圣坛	111,113,118,119,122
Heraea		赫拉崖	124
the Hermae	the mutilation of the Hermae	赫尔墨斯神像亵渎事件	124,193—209,283,287,295,323,363
Hermippus		赫米普斯	61
Hermocrates son of Hermon		贺蒙之子赫墨克拉底	219—222，234，243—245，249,263,298,311,335,336,351
Hesychia		海息戚雅	192
hetairiai	clubs	党社	200,204—206
Hiero		西野洛	286
hierophant		大祭司	203

拉丁转写	英译,别称	中　译	页码(原书页码)
Himilkon	Himilco	袭密尔克	250
Himera		西磨垃	165,226,269,270
Himerius		西莫利乌斯	61
Hipponoïdas		希波诺伊达	125,127,128
	Holland	荷兰	116
homoioi	the equals	朋侪	47,75,258
hoplite	hoplites；hoplite status	重装步兵；重装步兵军籍	40,47,77,78,87,91—93,95,100,102,108,110,111,114,123—125,129,130,148,182,185,187—189,193,197,210,214—216,228,230,235,236,241,243,247,253,260,262—265,270,272,294—297,300,302,304,308,310,311,322,325,326,330,337,344,349
Hyacinthian festival		雅辛托斯节	59
Hybla Geleatis		革剌境内的海埠列崖	227,261
Hyccara		圩喀垃	226
Hyperbolus, son of Antiphanes		安缇芬尼斯之子海珀布鲁斯	60,61,144—147
Hysiae		叙希崖	141,153
Iapygia；Iapygians		亚庇吉亚半岛；亚庇吉亚人	211,219,308
	Iberia	伊比利亚	252
Inessa		因内挈	261
Ionia；Ionians		爱奥尼亚；爱奥尼亚人	163,245,246,275,313
Ionian Gulf；Ionian Sea		伊奥尼亚海湾；伊奥尼亚海	211,268,270
Italy；Italiote Greeks		意大利；定居意大利的希腊人	146,162,163,165,210,219,225,245,246,250,259,268,269,276,297,300,308,313
Kapnistra		夹浦尼司察	111,113,114,116,120,122

（续表）

拉丁转写	英译，别称	中 译	页码（原书页码）
katavothra	sinkhole	排污河	113,116—119
Kellusa		科卢萨山	96,97,98
Kerykes		刻吕科司家族	203
	Koutsopodhi	库所波堤	98
Labdalum		落不奉圄	262,272,273,276,281
Lacedaemon；Lacedaemonians		拉栖代梦；拉栖代梦人	65,66,74,123,124,258,289,291
Laches		剌喀司	26,91,163,165,172,245
Laciadae		拉夏岱	203
Laconia；Laconic；Laconism		拉戈尼亚；私通斯巴达	38,46,101,105—106,257,258,269,290,294,295,297,322,367
Laespodias		莱斯波堤亚斯	269
Lamachus son of Xenophanes		色诺芬尼斯之子拉马库斯	195,216—218,264—266,360,361,363,364,366,367；被选举为将军前往西西里：166,171；在416年被选举为将军：147；在叙拉古附近阵亡：266；在西西里的战略：214—216,228,240；在叙拉古：260
Leogoras		列奥革剌	199,202,205,208
Leon		力昂	66
Leon		猎岸	261
Leontini；Leontines		林地尼；林地尼人	159—165,177,182,183,186,211,213,217,218,229,245,316,343,365
Lepreum；Lepreans		勒浦雷坞；勒浦雷坞人	46,47,75,110
Leucas		琉卡斯	268,270,276
Leucon		琉康	61
Leuctra；Battle of Leuctra		琉珂察；琉珂察战役	31,47

（续表）

拉丁转写	英译,别称	中　译	页码(原书页码)
Lichas, son of Arcesilaus		阿耳基西劳之子力卡斯	75,76,134,135
Epidaurus Limera		埃皮道鲁斯人的离梅垃	295
Liparian Islands, Lipari		利帕里群岛	165
lochoi	companies	连队	125
Locri		罗科里	162,165,211,269,276,300,308
Locris,Locrians	Lokris,Lokrians	洛克里司;洛克里司人	107
Lybia		利比亚	192
Lydus		吕度	202
Lysander		莱山德	70,153,258
Lysias		吕西阿斯	290,350
Lysimeleia		缕西美乐崖沼泽	265,326
Lysistrata	*Lysistrata*	《吕西翠姐》	193
Macedon		马其顿	120,136,143,144,355
Maenalia; Maenalian district		曼纳里垭区	110,124
Malandreini		玛岚埻尼村	98
Malis; Malians		马里斯海湾;马里斯人	77
Mantinea; Mantinike		曼提尼亚;曼提尼亚平原;曼提尼亚战役。	24,26,27,31,36,46—48,66,71—75,78,79,84,86,92,93,95,104—137,142,143,210 224,354—358; 与阿尔戈斯同盟:40,46; 位于此处的赫拉克勒坞:111,113,118,119,122; 与西西里:197; 与斯巴达:40
Mantitheus		曼提替乌斯	199,200
Maricas		《麻利喀司/娈童》	61
	Karl Marx	卡尔·马克思	190
Mecyberna		陌叙卑纳	143

（续表）

拉丁转写	英译，别称	中　译	页码（原书页码）
Naxos；Naxians		纳克苏斯；纳克苏斯人	187，217，224，229，243，244，248，300，308
Nemea		尼米亚	83，96，97，98，99，101
neodamodeis		脱籍黑劳士	46，47，108，110，124，129，258，294，322
Niciades		尼贾得司	195
Nicias	Nikias	尼基阿斯	与阿尔喀比亚德：65，171，179，182； 在岸纳浦战役中：234； 在西西里指挥军队：166； 与科林斯：351； 被德摩斯梯尼批评：309； 418 年被选举为将军：90； 417 年被选举为将军：143； 416 年被选举为将军：147； 撤退时鼓舞全军：338； 对其 421 年以降政策的评价：356—360； 未能阻截句列普斯：270； 害怕回到雅典：318； 在扑来缪离坞设防：273； 在西西里取得实际指挥权：226，228； 在叙拉古指挥军队：267—268，280； 犹豫是否应该放弃西西里：315； 其疾病：264，273，310，338； 与弥罗斯：148，153； 为逃离西西里谈判：348； 与西西耳人谈判：301； 与征兆：323； 没有被记载在雅典阵亡纪念石碑上：352； 谈论西西里的状况：187； 反对西西里远征：167，168，174，186—188； 作为演说家：284，285； 与陶片放逐：145—147；

拉丁转写	英译,别称	中　译	页码(原书页码)
Nicias			与曼提尼亚和谈:86; 其虔敬:153,154,286; 计划征战卡尔息狄斯:144; 曼提尼亚以降的政策:143; 421年以降其政治地位:18; 拒绝离开叙拉古:314—317; 不情愿指挥西西里远征:169; 在雅典的声誉:283—284,287; 从叙拉古撤退:336—353; 与垒集坞:211—212; 在西西里远征中的作用:360—372; 拯救近城高原防事:266; 与司基昂:45; 与塞结司塔人:176—177; 从叙拉古向雅典写信:279; 表演技巧:285; 与斯巴达:65,67,68,70,71,346; 与斯巴达同盟:27—32; 作为战略家:241; 在岸纳浦河的战略:236—237; 在西西里的战略:212,227; 其迷信:324; 向句列普斯投降:349—350; 与叙拉古的各个政治派别:315; 在叙拉古:229,260; 作为战术家:241; 在叙拉古海战中的战术:305; 夺下近城高原:261; 其怯懦:318; 试图阻止与阿尔戈斯结盟:70; 其财富:19,62,285。 同时参见"修昔底德"条目。

（续表）

拉丁转写	英译，别称	中 译	页码（原书页码）
Peace of Nicias		《尼基阿斯和约》	全书各处； 作者评价：359—360
Nicolaus of Damascus		大马士革的尼各劳斯	36
Nicostratus		尼各司忒拉图	90，102，104
Nisaea		尼赛亚	20，24，287
Nisaeus son of Taureas		陶利亚司之子尼塞乌	199
Oenophyta；Battle of Oenophyta		奥诺斐塔；奥诺斐塔战役	24
oligarchy		寡头政权；寡头政体；寡头政治；寡头制	在阿尔戈斯：52，136，138； 在西叙昂：136； 在铁该亚：44； 在希腊取得全面胜利：134
Olympia；an Olympian		奥林匹亚；奥林匹亚神	75，155，181
the Olympic festival；the Olympic court		奥林匹克赛会；奥林匹克委员会	62，75，76，154
Olympieum	the temple of Olympian Zeus	奥林匹亚宙斯神庙	230，236，239，244，266，274，304，310，326，336
Olynthus；Olythians		奥林索斯	45，143
the orchestra	at the theatre of Dionysus	舞台	199
Orchomenus		奥尔科门努（位于阿卡狄亚）	93，104—110，135，354
Orchomenus		奥尔科门内（位于彼欧提亚）	23
Orestheum		坳热司提坞	110，115
Orneae；Orneates		岙奈崖；岙奈崖人	97，123，129，133
（Ornithes）	Birds	《鸟》	153，237
Oropus		欧若普司	290，292
Ortygia		奥提迦岛	230，299，304
ostracism；ostrakophoria		陶片放逐（法）；陶片放逐投票	61，144—146，147，155

（续表）

（续表）

拉丁转写	英译,别称	中　译	页码（原书页码）
Pericles			332,355,358,360,369,371, 372
perioikos，perioikoi， perioici	a non-Spartan Laconian；non-Spartan Laconians	毗辽士	258
periplous	circumnavigate	环航战术	303,325
deme Perithoidae		佩里梭岱德谟	60
Persia；Persians		波斯；波斯人	30,94,219,246,251； 希波战争;127,193,298
petalism		榄叶放逐法	218
Phaeax son of Erasistratus		伊拉斯特拉图之子斐哀刻司	146,162,165
phalanx	rectangular military formation	重装步兵方阵	40,125,129,130,224,234— 236,260,265,266
Pharax		斐剌刻司	131,132
Phegaea		斐迦德谟	203
Phegus		斐古德谟	201,205
Pheia		斐崖	296
Pherecles of Themacus		忒玛枯德谟的斐裂克勒	202
Philip of Macedon		马其顿的腓力	120,355
Philistus		菲利斯图	159,238,284,339,352
Philocharidas		斐洛喀利达斯	66
Philochorus		斐洛克茹司	323
Philocrates		斐洛克拉底	147
Phlius；Phliasians		弗立坞；弗立坞人	91—93,96,98,142,268,288
Phoceae		浮迦崖	160
Phocis，Phocians		佛基斯,佛基斯人	107
Phoebidas		斐庇达	127
Phormio		佛缪	296
Phrynichus	Phrynichus	斐林尼库	318

（续表）

拉丁转写	英译，别称	中　　译	页码（原书页码）
	Piccolo Seno	皮科罗西诺	244
Pindar		品达	36
the Piraeus		比雷埃夫斯，比雷埃夫斯港	157,200,291
Plataea；Plataeans		普拉提阿	23,45,149,190
Plato		柏拉图	50,62—64
Plato Comicus	Plato the Comic Poet	喜剧诗人普拉图	61
Pleistoanax		普雷斯托阿纳克斯	46,109,116,127,128,258
Plemmyrium		扑来缪离坞	273,274,276,281,298—300,304,308,368
Pnyx；the Bema on the Pnyx	Pnyx beside the Acropolis	庇尼刻斯；庇尼刻斯的讲席	61
polemarch	captain	邦级司令	123,125,127,128
politeia		共和政制	218,316
Pollis of Argos		阿尔戈斯的波利斯	94
Polyanthes		波吕安忒	301,302
Polybius		波利比乌斯	113
polypragmones；polypragmosyne	the character and conduct of	好奇心旺盛；好管闲事	247
Polystratus		柏吕史特拉图	199
Polyzelus		伯吕蔡卢	其庄园：347
Fr. Portus		方济各·柏荼	87
Poseidon；Poseidon Hippios		波塞冬；骑马的波塞冬	113
	Potemkin Village	波将金之村	166
Potidaea；Potidaeans		波提狄亚；波提狄亚人	24,42,46,65,277
Potniae		坡尼埃	23
prodidontai		（他们）叛国	119

拉丁转写	英译,别称	中 译	页码(原书页码)
pronoia	foresight	远见	371
prostates tou demou	gardians of the people	民众守护者	61,221
proxenoi; proxenos/proxenus		在邦领事	31,64,65,76,134
Prytanis	presiding officer	议事会主席	174,175
prytany,prytanies		议事会主席团;任期;成员	145
Prytaneum		城邦会堂	200
Pulytion		蒲吕提昂	195,203
Pylos		派娄斯	26,31,49—52,56,57,60,66,88,109,110,136,142,169,252,269,295,296,351,355,356
Pyrrhus; a Pyrrhic victory		庇耳卢式胜利	299
Pythen		佩登	268—270,325,333
Pythodorus of Anaphlystus		安纳斐里斯图德谟的派所多鲁斯	172,278,320
Pythonicus		庇同尼刻司	195
	quid pro quo	投桃报李	355
	Religion	宗教	与雅典政治:192,194
Rhegium		垒集坞	165,211—212,216,217,221,223—225,242,245,270,308
Rheineia		勒馁亚岛	154
Rhium		黎坞	79
Rhodes		罗德岛	210
Salaminia		雅典报信船"萨拉米斯号"	203,224,225
Salaminioi		萨拉米斯贵族圈	63
Salamis, battle of Salamis		萨拉米斯,萨拉米斯人;萨拉米斯海战	324

（续表）

拉丁转写	英译,别称	中　译	页码(原书页码)
Sollium		娑里坞	24,34,41
Solous		蓑庐	226
the sophists,sophistic	the sophists	智术师	205,206,284
Sophocles		索福克勒(雅典将军)	165,172,278,319
	Spain	西班牙	172,194,363
Sparta		斯巴达	与阿尔喀比亚德:250； 与雅典结盟:26—32,40,74,103； 与马其顿结盟:143； 其盟友:26； 与安菲玻里:20； 与阿尔戈斯:24,27,39,53,57,59,66,73,91,93,99,135,139,266； 与彼欧提亚:56,57； 其政体:51； 与科林斯:36,40—41,76,92,142,247,250； 决定在德西利亚建造要塞:288； 与埃利斯:46,75； 其监察官:51,53； 与埃皮道鲁斯:90； 其政治派别:29,50,54,56,66,73,76,84,89,91,289； 与曼提尼亚:40； 与弥罗斯:148； 自479年到421年的对雅典政策:28； 其人口:47； 向雅典提出仲裁要求:289； 与宗教:84； 向科林斯地峡派军:200； 向铁该亚派军:134； 与西西里:250,257,258； 与叙拉古:219,244,259,294,300； 与铁该亚:106； 与忒拜:77； 其审判:127

（续表）

拉丁转写	英译，别称	中　译	页码（原书页码）
Spartiate	full Spartan citizen	斯巴达完全公民	253,258,259
Sphacteria；Battle of Sphacteria		斯伐刻帖里亚；斯伐刻帖里亚战役	17,26,47,65,133,169,190,282,296,351,355
Sphodrias		司斐椎亚	127
stadia		斯塔迪亚	271,347
Stilbides		司笛庇德	324
strategos autokrator；*αὐτοκράτορα*；autokratores	general-in-chief	全权将军	277,321
River Strymon		司跶梦河	45
Sunium		叙尼昂	292
Syce		墟岐	262
the Symaethus River；the Symaethus valley		圩麦岫河；圩麦岫谷	229,260,261
symmachia	alliance	（完全/攻守）同盟	74,76,245
synomosia	union of oath-takers	起誓共谋团体	205
Syracuse；Syracusians		叙拉古	161—190，213，216—219，360,364,365,367； 与安布罗西亚：300； 攻打卡塔纳：244； 攻打林地尼：160； 建造第一道反围歼墙：263； 建造第二道反围歼墙：265； 与卡马林纳：245； 其骑兵：236； 其政体：218,219； 与科林斯：173,219,244,250,270,294,300； 在近城高原战败：262； 在海上打败雅典人：305—307； 与德尔斐：193； 与伊特鲁里亚人：249；

（续表）

拉丁转写	英译,别称	中 译	页码(原书页码)
Syracuse；Syracu-sians			扩建城墙:244； 其政治派别:267,316,322； 其财政状况:297,317； 大港:216,218,223,228,230,239,265,267,271,272,299—301,304； 与雅典海战:325—327； 其海军:218,220； 其奥林匹亚宙斯神庙:230,236,239,274,304,336； 备战,以防雅典进攻:218； 与西西耳人:248； 与斯巴达:219,244,259,294,300； 支持塞林努斯反对塞结司塔:163； 其地形:230,231,239,244,253； 其战争目的:329； 其供水:264
Cape Taenarum；Tae-narus		苔捺庐海岬	294
talent	talent	塔伦特	46,147,166,199,212,225,227,261,269,283,317,348
Tanagra	Tanagra,Battle of Tanagra	塔纳格拉,塔纳格拉战役	293
Taras；Taratines		塔剌思；塔剌思人	211,268
Taureas		陶利亚司	199
	Taverna	塔桅纳镇	345
taxiarch	brigadier; a regimental commander of a tribal contingent; tribal commander	舰队副将	329
Tegea；Tegeans		铁该亚；铁该亚人	40,44,85,91,93,106—124,133—135,354； 其寡头政体:44

（续表）

（续表）

拉丁转写	英译,别称	中　译	页码(原书页码)
Thirty Years' Peace between Sparta and Argos		《三十年和约》(斯巴达与阿尔戈斯签订,公元前451—前421年)	38
Thrace;　Thraceward region		色雷斯;色雷斯地区	19,31,42,45,54,55,108,124,136,144,147,176,256,287,293,294
thranites		三列桨战舰位于最高层的划桨手	302
Thrasyllus		忒拉绪卢斯	96,99—101
Thucydides,son of Melesias		美莱西亚斯之子修昔底德斯,修昔底德斯	144
Thucydides,son of Olorus		奥洛罗斯之子修昔底德,修昔底德	19,31,42,45,54,108,124,136,147,176,287,293; 与阿尔喀比亚德:180,256; 将阿尔喀比亚德与伯利克里比较:185,186; 写作《伯罗奔尼撒战争史》:362; 批评尼基阿斯贻误战机:237; 挽尼基阿斯:351,369—372; 评价雅典民主政体:180,358—360,371; 评价雅典在西西里的战略:215; 评价尼基阿斯:358,370—372; 评价不利克里:358; 评价西西里远征:157; 与弥罗斯对话:149—152; 论西西里远征的起因:164; 论赫尔墨斯神像损毁案与戏拟密仪渎神案:204; 论尼基阿斯:332; 赞扬赫墨克拉底:243; 在色雷斯的财产:256
Thurii,Thurians		图里;图里人	211,225,250,258,268,308
Thyreatis;Thyrea		苔黎亚堤	269

拉丁转写	英译，别称	中　译	页码（原书页码）
Thyssus		叙修斯	45,143
Timaeus		提麦尤	201
Timaeus		第迈欧	284,287,346
Tisias	Teisias	台遐斯	143,147,149
the Tretus Pass	the Treton	穿途道	96—100
trierarch	trierarch, trier-archy; captains	三列桨战舰舰长	61,63,197,306
triremes	triremes	三列桨战舰	165,169,187,189,191,197, 203,210,214,215,220,242, 249,252,270,272,281,294, 296,299,300,302,304,308, 324—327,329—332,337
Trogilus		沱济庐	244,263,267,271—273,340
	Versova	微索瓦镇	113,117
Xenares son of Cnidis		柯尼迪之子色那列	50—58,65,71,76,77,85
Xenophon		色诺芬	36,38,47,62,113
xenos；xenia	guest-friend； guest-friend-ship	门客；宾友关系	63
xymbouloi	xumbouloi；ad-visors sent to watch king	参谋；参谋团	105,109,114,128,131,132, 258
xynesis	intelligence	才智	371
Zacynthus； Zacynthians		扎金索斯；扎金索斯人	193,196
the Zanovistas		扎诺维斯塔溪	113,117,118,122
Zeus		宙斯	237
Zeus-Ammon		宙斯-阿蒙神庙	192

附表 2. 1　古代文献引述格式举例

引述样本	作者/作品	样本定位信息
Aelian 12. 43.	Claudius Aelianus. *Varia Historia*. 克劳狄乌斯·埃里阿努斯《史林杂辑》	第 12 节,第 43 句。
And. 1. 27. 或作 And. **De Myst.** 27	Andocides. *Speeches*. *On the Mysteries*. 安多基德斯《演说集》第 1 篇"论密仪"。	第 1 篇"论密仪",第 27 节。
And. On the Peace. 或作 And. 3. 8.	Andocides. *Speeches*. *On the Peace with Sparta*. 安多基德斯《演说集》第 3 篇"论与斯巴达议和"	第 3 篇"论与斯巴达议和",第 8 节。
And. Against Alcibiades 30 或作 And. 4. 30.	Andocides. *Speeches*. *Against Alcibiades*. 安多基德斯《演说集》第 4 篇"驳阿尔喀比亚德"	第 4 篇"驳阿尔喀比亚德",第 30 节。
Aristoph. Birds. 186.	Aristophanes. *Birds*. 阿里斯托芬《鸟》	第 186 行。
Aristoph. Frogs 570	Aristophanes. *Frogs*. 阿里斯托芬《蛙》	第 570 行。
Aristoph. Lysis. 410—610.	Aristophanes. *Lysistrata*. 阿里斯托芬《吕西翠妲》	第 410—610 行。
Aristoph. Knights. 128—137.	Aristophanes. *Knights*. 阿里斯托芬《骑士》	第 128—137 行。
Aristoph. Peace 679 ff.	Aristophanes. *Peace*. 阿里斯托芬《和平》	第 679 行及以下。
Arist. Pol. 1298b.	Aristotle. *Politica*. 亚里士多德《政治学》	贝克页码(Bekker page)第 1298 页,b 栏。
Diod. 13. 69. 1.	Diodorus. *Bibliotheca Historica*. 狄奥多罗斯《历史辑丛》	第 13 卷,第 69 节,第 1 句。

引述样本	作者/作品	样本定位信息
Dion. Hal. Thuc. 37—42.	Dionysius of Halicarnassus. *On the Character of Thucydides.* 哈利卡纳苏斯的狄奥尼修斯《论修昔底德的性格》	第 37—42 节。
Eupolis，Maricas.	Eupolis. *Maricas.* 游玻利司《麻隶喀司/娈童》	无。
Hdt. 7. 143.	Herodotus. Histories. 希罗多德《历史》	第 7 卷，第 143 节。
Hell. Oxy. XII. 3.	*Hellenica Oxyrhynchia.* 奥克西林库斯纸草作者《奥克西林库斯希腊志》	第 12 卷，第 3 节。 在巴托勒蒂（Bartoletti）所编辑的托伊布纳（Teubner）校勘本中，为第 17 卷，第 3 节。
Isoc. Panath. 67.	Isocrates. *Panathenaicus.* 伊索克拉底《泛雅典娜赛会演说辞》	第 67 节。 或写作 Isoc. 12.67.
Isoc. Paneg. 72.	Isocrates. *Panegyricus.* 伊索克拉底《泛希腊集会辞》	第 72 节。 或写作 Isoc. 4.72.
Lys. 14. 30.	Lysias. *Speeches.* 14 Against Alcibiades. 吕西阿斯《演说集》第 14 篇演说辞"驳阿尔喀比亚德"	第 14 篇演说辞"驳阿尔喀比亚德"，第 30 节。
Lys. 20. 11—12	Lysias. *Speeches.* 20 For Polystratus. 吕西阿斯《演说集》第 20 篇演说辞"为波吕斯特拉图辩护"	第 20 篇演说辞"为波吕斯特拉图辩护"，第 11—12 节。
Olympia 2. 86—87.	Pindar. *Odes.* Olympia 2. For Theron of Acragas Chariot Race 476 B. C. 品达《奥林匹亚赛会凯歌》第 2 篇，公元前 476 年为战车竞赛运动员阿克剌贾的塞隆所作。	第 2 篇，476 年为战车竞赛运动员阿克剌贾的塞隆所作，第 86—87 行。
Paus. 10. 9. 9	Pausanias. *Description of Greece.* X. Phocis and Ozolian Locri. 保塞尼亚斯《希腊游记》	第 10 卷佛基斯与西洛克里司，第 9 章，第 9 节。

（续表）

引述样本	作者/作品	样本定位信息
Pl. Laws 692a	Plato. *Laws.* 柏拉图《法律篇》	
Pl. Prt. 309a	Plato. *Protagoras.* 柏拉图《普罗泰戈拉篇》	
Pl. Symp. 215e	Plato. *Symposium.* 柏拉图《会饮篇》	
Plut. Arist. 7.3.	Plutarch. *Lives.* *Aristides.* 普鲁塔克《平行列传》	阿里斯提德传，第 3 节，第 1—2 句。
Plut. Alc. 14.2.	Plutarch. *Lives.* *Alcibiades.* 普鲁塔克	阿尔喀比亚德传，第 14 节，第 2 句。
Plut. Lys. 22.3.	Plutarch. *Lives.* *Lysander.* 普鲁塔克《平行列传》	莱山德传，第 22 节，第 3 句。
Plut. Nic. 9.7.	Plutarch. *Lives.* *Nicias.* 普鲁塔克《平行列传》"尼基阿斯传"。	"尼基阿斯传"，第 9 节，第 7 句。
Plut. Per. 22.	Plutarch. *Lives.* *Pericles.* 普鲁塔克《平行列传》	伯利克里传，第 22 节。
Polyaenus 1.45.5.	Polyaenus. *Stratagems.* Book 1 "From Early Times to the 6th Century B. C. ", 45 Lysander. 柏律安努斯《作战方略》第 1 卷 "自鸿蒙到公元前 6 世纪"。	第 45 章"莱山德"，第 5 节。
Theopompus frg. 96b(FGrH)	Theopompus. 迢彭浦斯	残编第 96 号 b（载《希腊史撰残编》）
Thuc. 7.19.1—2.	Thucydides. *The Histories.* 修昔底德 《伯罗奔尼撒战争史》	第 7 卷，第 19 节，第 1—2 句。
Xen. Hell. 1.1.6.	Xenophon. *Hellenica.* 色诺芬《希腊志》	第 1 卷，第 1 节，第 6 句。
Xen. Lac. Pol. 2.12—14. 或引作 Xen. **Resp. Lac.**	Xenophon. *Constitution of the Lacedaimonians.* 色诺芬《拉栖代梦政制》	第 2 章，第 12—14 节。

（续表）

引述样本	作者/作品	样本定位信息
Xen. Mem. 1. 2. 24	Xenophon. *Memorabilia.* 色诺芬《回忆苏格拉底》	第 1 卷，第 2 章，第 24 节。

附表2.2　近现代古典学家所编古代文献辑丛引述格式举例

引述样本	原　文	中　文	说　明
ATL III, 366.	B. D. Meritt, H. T. Wade-Gery, and M. F. McGregor, *Athenian Tribute Lists*	《雅典贡赋表》，第 3 卷，第 366 页。	
FGrH	F. Jacoby, *Die Fragmente der griechischen Historiker*	雅各比： 《希腊史撰残编》	
Nicolaus Damascenus（**Nic. Dame.**），**FGrH** 90, frg. 57, 7. ;		大马士革的尼各劳斯（《希腊史撰残编》第 90 号作者），残篇第 57 条。	
Philochorus，**FGrH** III, 328, Fr. 121.	Philochorus，*Atthis.*	斐洛克茹司《亚狄珈史》（《希腊史撰残编》第 328 号作者），残片第 121 号，录于第三卷。	
GHI ♯77.	R. Meiggs and D. Lewis, *A Selection of Greek Historical Inscriptions.* ♯77.	R. 密格斯、D. 刘易斯：《希腊历史铭文选辑》，第 7 条铭文。	在其他古典学著述中，有些作者根据辑录者姓名所写，引述为 ML。
IG I² 302.	*Inscriptiones Graecae.* I² 302.	《希腊铭文集成》第一卷，第 302 条铭文。	有时可见 *GHI* 77 ＝ *IG* I² 302：《希腊历史铭文选辑》第 77 条铭文，即《希腊铭文集成》第 1 卷，第 302 条铭文。
PW	A. Pauly, G. Wissowa, and W. Kroll, *Realenzyklopädie der klassischen Altertumswissenschaft.*	A. 保理、G. 威梭瓦、W. 克罗尔：《古典科学百科全书》；另，中国出版的版本作《保利古典学百科全书》	

附表 2.3　古代作家及铭文引用索引

附表 3.1　近现代古典学家姓名及著述名对照表

姓名原文	姓名译文	著述名原文	著述名译文
S. Accame	S. 霭坎		
F. E. Adcock	F. E. 埃德科		
A. W. H. Adkins	A. W. H. 艾德金		
A. Amit	A. 阿密特		
D. A. Amyx	D. A. 阿米克斯		
J. K. Anderson	J. K. 安德森		
Antony Andrewes	安东尼·安德鲁斯	*An Historical Commentary on Thucydides.* vol. IV. = HCT IV.	《修昔底德历史评注》第 4 卷
O. Aurenche	O. 奥杭西	*Les groupes d'Alcibiade, de Léogoras et de Teucros：remarques sur la vie politique athénienne en 415 avant J. C.*	《阿尔喀比亚德党社、列奥革剌党社与透刻罗党社：论公元前 415 年的雅典政治生活》
E. Badian	E. 巴笛安	*Ancient Societies and Institutions*	《古代社会与机制》
K. Julius Beloch	K. 尤里乌斯·贝洛赫	*Die Attische Politik seit Perikles.* -AP.	《伯利克里以降的亚狄珈政策》
		Griechische Geschichte. -GG.	《希腊历史》
Alvin Bernstein	埃尔文·伯恩斯坦		
L. Bodin	L. 波丹		修昔底德史书布岱译本。
Böhme	波希密		
D. W. Bradeen	D. W. 布拉丁	*Studies in Fifth-Century Attic Epigraphy.*	《公元前 5 世纪亚狄珈碑铭研究》（与 M. F. 麦格雷戈合著）

姓名原文	姓名译文	著述名原文	著述名译文
I. A. F. Bruce	I. A. F. 布鲁斯	*An Historical Commentary on the* Hellenica Oxyrhynchia	《〈奥克西林库斯希腊志〉历史注疏》
Peter A. Brunt	彼得·A. 布伦特		
Georg Busolt	格奥尔格·布索特	*Griechische Geschichte.* *-GG.*	《希腊历史》
		Griechische Staatskunde. *=GS.*	《希腊治国方略》（与海因里希·所柏答合著）
		Forschungen zur Griechischen Geschichte. *=Forsch.*	《希腊史研究》
G. M. Calhoun	G. M. 卡尔珲	*Athenian Clubs in Politics and Litigation.*	《政治与诉讼中的雅典党社》
F. Camon	F. 迦蒙		
Jérôme Carcopibi	杰罗姆·卡柯彼诺	*L'Ostracisme athénien.*	《雅典陶片放逐制》
J. W. Cole	J. W. 科尔		
W. R. Connor	W. R. 康纳	*The New Politicians of Fifth-Century Athens.*	《公元前 5 世纪雅典的新政客》
F. Courby	F. 库尔庇		
Richard Crawley	理查德·克劳利	*Thucydides' Peloponnesian War.*	《修昔底德著伯罗奔尼撒战争史》（克劳利英译本）
Ernst Curtius	厄恩斯特·柯提思	*Peloponnesos* II.	《伯罗奔尼撒半岛》第 2 卷
J. K. Davies	戴维斯	*Athenian Propertied Families.* *-APF.*	《雅典有产家庭论》
M. W. Dickie	M. W. 第积		
G. Donini	G. 多尼尼	*La posizione di Tudidide verso il governo dei cinquemilla.*	《修昔底德论五千人统治》
K. J. Dover	K. J. 多佛	*An Historical Commentary on Thucydides.* vol. IV. *=HCT* IV.	《修昔底德历史评注》第 4 卷

姓名原文	姓名译文	著述名原文	著述名译文
Hans-Peter Drögemüller	汉斯-彼得·德霍格穆勒	*Syrakus：zur Topographie und Geschichte einer griechischen Stadt. Gymnasium* Beiheft VI.	《叙拉古：一座希腊城邦的地形与历史》，作为《体育期刊》增刊第6期出版。
K. Fabricius	K. 法不利修	*Das Antike Syrakus. Klio* Beiheft XXXII	《古叙拉古》，作为《克丽娥学刊》增刊第32期出版。
William Scott Ferguson	威廉·司格特·弗格森	*The Cambridge Ancient History*，V.	《剑桥古代史》第5卷(1940)(1927)
John H. Finley Jr.	约翰·J.芬力	*Thucydides.*	《修昔底德》
Fornara	佛纳瓦	*The Athenian Board of Generals.*	《雅典将军委员会》
W. G. Forrest	W. G. 弗罗斯特	*A History of Sparta，950—192. B. C.*	《斯巴达史：公元前950年到公元前192年》
G. Fougères	G. 弗热	*Mantinée et l'arcadie orientale.*	《曼提尼亚及阿卡狄亚东部》
Freeman	弗里曼	*History of Sicily* III.	《西西里史》第3卷
Charles Fuqua	查尔斯·孚夸		
Gustav Gilbert	古斯塔夫·吉尔伯特	*Beiträge zur innern geschichte Athens im zeitalter des peloponnesischen Krieges*	《伯罗奔尼撒战争期间雅典城邦内幕考》
		Handbuch der Griechischen Staatsalterthümer	《古代希腊城邦手册》
D. Gillis	D. 基历		
A. W. Gomme	A. W. 戈姆	*A Historical Commentary on Thucydides*，I. IV.	《修昔底德历史评注》第1卷《修昔底德历史评注》第4卷
		Essays in Greek History and Literature.	《希腊历史文学文选》
		More Essays in Greek History and Literature.	《希腊历史与文学补论》

姓名原文	姓名译文	著述名原文	著述名译文
Peter Green	彼得·格林	*Armada from Athens.*	《无敌舰队来自雅典》
A. H. Greenidge	A. H. 格林尼齐	*A Handbook of Greek Constitutional History*	《希腊政体历史手册》
B. D. Grenfell	B. D. 格伦菲	*Oxyrhynchus Papyri* V.	《奥克西林库斯纸草》第 5 卷（与 A. S. 亨特合编）
G. T. Griffith	G. T. 格里菲斯		
George Grote	乔治·格罗特	*A History of Greece.*	《希腊历史》
C. D. Hamilton	C. D. 哈密尔顿		
Jean Hatzfeld	让·哈茨菲尔德	*Alcibiade, Étude sur l'histoire d'Athènes à la fin du Vᵉ siècle.*	《阿尔喀比亚德：关于公元前 5 世纪末的雅典之研究》
B. W. Henderson	B. W. 亨德松	*The Great War between Athens and Sparta.*	《雅典与斯巴达之间的大战》
Hignett	伊涅特	*A History of the Athenian Constitution.* -HAC.	《雅典政制史》
Adolf Holm	阿道夫·霍姆	*Geschichte Siziliens im Altertum* II.	《古西西里史》第 2 卷
P. Huart	P. 瓦尔	*Le vocabulaire de l'analyse psychologique dans l'oeuvre de Thucydide.*	《修昔底德史书中的心理分析词汇》
A. S. Hunt	A. S. 亨特	*Oxyrhynchus Papyri* V.	《奥克西林库斯纸草》第 5 卷（与 B. D. 格伦菲合编）
E. C. Kopff	E. C. 科孚		
Krüger	克鲁格		
U. Laffi	U. 拉斐		
J. A. O. Larsen	J. A. O. 拉尔森	*Greek Federal States.*	《希腊邦联城邦》
D. M. Lewis	D. M. 刘易斯		

尼基阿斯和约与西西里远征

姓名原文	姓名译文	著述名原文	著述名译文
Liebeschütz	列别舒茨		
W. Loring	W. 罗凌		
Detlef Lotze	德勒夫·罗茨		
Henry Stuart Jones	亨利·斯图亚特·琼斯		修昔底德史书牛津古典文本
Jowett	昭伊特		
Donald Kagan	唐纳德·卡根	*The Outbreak of the Peloponnesian War.* -Outbreak.	《伯罗奔尼撒战争的爆发》（《史论》第1卷）
		The Archidamian War	《阿奇达慕斯战争》（《史论》第2卷）
R. C. Kebric	R. C. 恺布利		
Thomas Kelly	托马斯·凯里		
E. C. Kopff	E. C. 科孚		
J. Kromayer	J. 科洛玛耶	*Antike Schlachtfelder.* I. IV.	《古代战场》第1卷《古代战场》第4卷
Douglas M. MacDowell	D. M. 麦克道威尔	*Andokides on the Mysteries.*	《安多基德斯论密仪》
H. B. Mattingly	H. B. 马丁理		
J. L. Marr	J. L. 玛尔		
M. F. McGregor	M. F. 麦格雷戈	*Studies in Fifth-Century Attic Epigraphy.*	《公元前5世纪亚狄珈碑铭研究》（与D. W. 布拉丁合著）
Russell Meiggs	罗素·密格斯	*The Athenian Empire.*	《雅典帝国》
B. D. Meritt	B. D. 梅里特		
Eduard Meyer	爱德华·梅耶	*Forschungen zur alten Geschichte.* -Forsch. II	《古代史研究》第2卷
		Geschichte des Altertums. -GdA.	《古代历史》
Ernst Meyer	欧内斯特·梅耶	*Realenzyklopädie der klassischen Altertumswissenschaft* -PW. XVI	《保-威古典学百科全书》第16卷

(续表)

姓名原文	姓名译文	著述名原文	著述名译文
Arnold Momigliano	阿诺德·莫米利亚诺	*Studies in Historiography.*	《史撰学研究》
J. S. Morrison	J. S. 莫里森	*Greek Oared Ships*, 900—322 *B. C.* with R. T. Williams.	《希腊有桨舰:从公元前 900 年到前 322 年》
H. A. Murray	H. A. 睦雷		
Bernadotte Perrin	B. 佩林	*Lives.* With an English translation by Bernadotte Perrin.	普鲁塔克《平行列传》佩林译本(娄卜版)
A. Pippin	A. 毗品		
H. Popp	H. 波普	*Die Einwirkung von Vorzeichen, Opfern und Festen auf die Kriegführung der Griechen.*	《征兆、奉献、节庆对希腊人作战的影响》
Paul Poralla	保卢·泼剌拉	*Prosopographie der Lakedaimonier.*	《拉栖代梦群英传》
C. A. Powell	C. A. 包威尔		
W. K. Pritchett	W. K. 普利切特	*Studies in Ancient Greek Topography.* Part II "Battlefields"	《古希腊地形学研究:第 2 卷"战场"》
P. A. Rahe	P. A. 莱赫		
A. E. Raubitschek	A. E. 劳彼茨切克		
O. Reverdin	O. 瑞佛丁		
Jacqueline de Romilly	杰奎琳·德·萝蜜莉	*La guerre du Péloponnèse*, II, VIII.	《伯罗奔尼撒战争史》第 2 卷 《伯罗奔尼撒战争史》第 8 卷 (布岱法译本, the Budé edition)
Gaetano De Sanctis	贾他诺·德·桑悌	*Problemi di storia antica.*	《古代历史诸问题》
G. E. M. de Ste. Croix	G. E. M. 德·圣·克洛瓦	*The Origins of the Peloponnesian War.*	《伯罗奔尼撒战争的起源》
F. Sartori	F. 萨托利	*Le eterie nella vita politica ateniese del VI e V sec. a. C.*	《公元前 6 与前 5 世纪雅典政治生活中的党社》

姓名原文	姓名译文	著述名原文	著述名译文
J. D. Smart	J. D. 司玛特		
C. Forster Smith	C. 福斯特·史密斯	*History of the Peloponnesian War*	《伯罗奔尼撒战争史》（娄卜英译本）
Heinrich von Staden	海因里希·冯·史塔登		
Hans-Peter Stahl	汉斯-彼得·施塔尔	*Thukydides, Die Stellung des Menschen im geschichtlichen Prozess.*	《修昔底德：历史进程中个人之地位》
Henrich Swoboda	海因里希·所柏答	*Griechische Staatskunde. =GS.*	《希腊治国方略》（与格奥尔格·布索特合著）
		Realenzyklopädie der klassischen Altertumswissenschaft IX -PW. IX	《古典科学百科全书》第 9 卷——"保-威百科全书"第 9 卷
L. A. Thiers	L. A. 梯也尔	*Histoire du Consulat et de l'Empire. VII.*	《法兰西执政府与法兰西第一帝国史》第 7 卷
M. N. Tod	M. N. 托德	*A Selection of Greek Historical Inscriptions to the End of the Fifth Century B. C. 2d ed.*	《希腊铭文选辑》
Max Treu	马克思·托伊		
Rex Warner	雷·华尔纳	*The Peloponnesian War.*	《伯罗奔尼撒战争史》（企鹅英译本）
H. Wentker	H. 文柯	*Sizilien und Athen.*	《西西里与雅典》
H. D. Westlake	H. D. 韦斯特莱克	*Individuals in Thucydides.*	《修昔底德史书人物列传》
		Essays on the Greek Historians and Greek History.	《希腊史家与希腊历史论丛》
T. E. Wick	T. E. 魏珂		
Eduard Will	爱德华·维尔	*Korinthiaka.*	《科林斯志》

（续表）

姓名原文	姓名译文	著述名原文	著述名译文
R. T. Williams	R. T. 威廉姆斯	*Greek Oared Ships*, 900—322 B. C. with J. S. Morrison.	《希腊有桨舰：从公元前 900 年到前 322 年》
W. J. Woodhouse	W. J. 伍德豪斯	*King Agis of Sparta and his Campaign in Arcadia in* 418 B. C.	《斯巴达国王阿吉斯及其公元前 418 年在阿卡狄亚的征战》
A. G. Woodhead	A. G. 伍德海德	*Thucydides on the Nature of Power.*	《修昔底德论权力本质》

附表3.2　古典学期刊刊名缩写与译名对照表

刊名缩写	刊　　名	译　　名
AHR	*American Historical Review*	美国历史评论
AJA	*American Journal of Archeology*	美国考古学期刊
AJP	*American Journal of Philology*	美国古典语文学期刊
	Athenaeum	雅典娜神庙期刊
BCH	*Bulletin de correspondance hellénique*	希腊研究通讯
BICS	*Bulletin of the Institute of Classical Studies of the University of London*	伦敦大学古典研究所通讯
BSA	*Proceedings of the British School at Athens*	雅典不列颠学校辑刊
	Klio	克丽娥学刊
CP	*Classical Philology*	古典语文学
CQ	*Classical Quarterly*	古典学季刊
CQ N. S.	*Classical Quarterly* New Series	古典学季刊新编
CR	*Classical Review*	古典评论
GRBS	*Greek, Roman, and Byzantine Studies*	希腊罗马拜占庭研究

（续表）

刊名缩写	刊　名	译　名
	Gymnasium	体育期刊
Hermes	*Hermes*	赫尔墨斯学刊
Hesperia	*Hesperia：the Journal of the American School of Classical Studies at Athens*	西土学刊：雅典美国古典学学校辑刊
Historia	*Historia*	历史学刊
HSCP	*Harvard Studies in Classical Philology*	哈佛古典语文学研究
JHS	*Journal of Hellenic Studies*	希腊研究期刊
	Mnemosyne	涅默叙涅期刊
	Museum Helveticum	瑞士缪斯宫
	Parola del Passato	古代语文
PCPS/PCPhS	*Proceedings of the Cambridge Philological Society*	剑桥古典语文学会会刊
Phoenix	*Phoenix*	凤凰学刊
	Revue de Philologie	古典语文学评论
REG	*Revue des études grecques*	希腊研究评论
Riv. fil.（Riv. di Fil.）	*Rivista di filologia e d'istruzioine classica*	古典语文学与古典学教学评论
SC	*Rivista di Studi Classici*	古典学评论
RIL	*Rendiconti dell' Istituto Lombardo，Classe di Lettere，Scienze morali e storiche*	伦巴第学会会刊-文学、道德与历史科学版
RSI	*Rivista Storica Italiana*	意大利历史评论
TAPA	*Transactions of the American Philological Association*	美国古典语文学会通讯

附表3.3　近现代古典学家引用索引

尼基阿斯和约与西西里远征

附表3.4 参考文献

Accame, S. "Le archeresia degli strateghi ateniesi nel V secolo," *Riv. Fil.* LXIII (1935), 341-355.

Adcock, F. E. "The Archidamian War, 431-421 B.C.," *AH* V (1940), 193-253.

Adkins, A. W. H. "The *Arete* of Nicias: Thucydides 7.86," *GRBS* XVI (1975), 379-392.

Amit, M. "The Melian Dialogue and History," *Athenaeum* XLVI (1968), 216-235.

Amyx, D. A. "Attic Stelai, Part III," *Hesperia* XXVII (1958), 113-310.

Anderson, J. K. "A Topographical and Historical Study of Achaea," *BSA* XLIX (1954), 72-92.

Andrewes, A. "The Melian Dialogue and Pericles' Last Speech," *PCPbS* n.s. VI (1960), 1-10.

Aurenche, O. *Les groupes d'Alcibiade, de Léogoras et de Teucros.* Paris, 1974.

Badian, E., ed. *Ancient Societies and Institutions: Studies Presented to Victor Ehrenberg on His 75th Birthday.* Oxford, 1966.

Beloch, K. J. *Die Attische Politik seit Perikles.* Leipzig, 1884.

———. *Griechische Geschichte.* 2d ed. Strassburg, Berlin, and Leipzig, 1912-1927.

Bodin, L., and J. de Romilly. *Thucydide Livres VI et VII.* Paris, 1955.

Bradeen, D. W. and M. F. McGregor. *Studies in Fifth-Century Attic Epigraphy.* Norman, 1973.

Bruce, I. A. F. *An Historical Commentary on the Hellenica Oxyrhynchia.* Cambridge, 1967.

Brunt, P. A. "Thucydides and Alcibiades," *REG* LXV (1952), 59-96.

———. "Review of H. Wentker, *Sizilien und Athen,*" in *CR* VII (1957), 243-245.

Busolt, G. *Forschungen zur Griechischen Geschichte.* Breslau, 1880.

———. *Griechische Geschichte.* 3 vols. Gotha, 1893-1904.

——— and Heinrich Swoboda. *Griechische Staatskunde,* in Müller's *Handbuch der Allertumswissenschaft.* 2 vols. Munich, 1920-1926.

Calhoun, G. M. *Athenian Clubs in Politics and Litigation*. Austin, 1913.

Camon, F. "Figura e ambiente di Iperbole," *RSC* IV (1961), 182–197.

Carcopino, J. *L'ostracisme athénien*. 2d ed. Paris, 1935.

Cole, J. W. "Perdiccas and Athens," *Phoenix* XXVIII (1974), 55–72.

Connor, W. R. *The New Politicians of Fifth-Century Athens*. Princeton, 1971.

Courby, F. "Le sanctuaire d'Apollon Délien," *BCH* XLV (1921), 174–241.

Curtius, E. *Peloponnesos*. 2 vols. Gotha, 1851.

Davies, J. K. *Athenian Propertied Families*. Oxford, 1971.

De Sanctis, G. "I precedenti della grande spedizione ateniese in Sicilia," *Riv. Fil.* n.s. VII (1929), 433–456.

———. *Problemi di storia antica*. Bari, 1932.

Dickie, M. W. "Thucydides, not Philistus," *GRBS* XVII (1976), 217–219.

Donini, G. "Thuc. 7.42.3: Does Thucydides Agree with Demosthenes' View?" *Hermes* XCII (1964), 116–119.

Dover, K. J. "Anapsephisis in Fifth-Century Athens," *JHS* LXXV (1955), 17–20.

———. "Review of H.-P. Drögemüller, *Syrakus*," in *Phoenix* XXV (1971), 282–285.

———. "Review of P. Green, *Armada from Athens*," in *Phoenix* XXVI (1972), 297–300.

Drögemüller, H.-P. *Syrakus, Gymnasium*. Beiheft VI. Heidelberg, 1969.

Fabricius, K. *Das Antike Syrakus, Klio*. Beiheft XXXII. Leipzig, 1932.

Ferguson, W. S. "Sparta and the Peloponnese," *CAH* V (1940), 254–281.

———. "The Athenian Expedition to Sicily," *CAH* V (1940), 282–311.

Finley, J. H. "The Unity of Thucydides' History," *HSCP*, Suppl. I, 1940, 255ff.

———. *Thucydides*. Cambridge, Mass., 1942.

Fornara, C. *The Athenian Board of Generals*. Wiesbaden, 1971.

Forrest, W. G. *A History of Sparta, 950–192 B.C.* London, 1968.

Fougères, G. *Mantinée et l'arcadie orientale*. Paris, 1895.

Freeman, E. A. *A History of Sicily*. 4 vols. Oxford, 1891–1894.

Fuqua, C. "Possible Implications of the Ostracism of Hyperbolus," *TAPA* XCVI (1965), 165–179.

Gilbert, G. *Handbuch der Griechischen Staatsalterthümer*. Leipzig, 1865.

———. *Beiträge zur innern geschichte Athens im zeitalter des peloponnesischen Krieges*. Leipzig, 1877.

Gillis, D. "Collusion at Mantineia," *RIL* XCVII (1963), 199–226.

Gomme, A. W. *Essays in Greek History and Literature*. Oxford, 1937.

———. *A Historical Commentary on Thucydides*. I–III. Oxford, 1950–1956. 1956.

———. "Four Passages in Thucydides," *JHS* LXXI (1951), 70–80.

_____. *More Essays in Greek History and Literature.* Oxford, 1962.

_____, A. Andrewes, and K. J. Dover. *A Historical Commentary on Thucydides.* IV. Oxford, 1970.

Green, P. *Armada from Athens.* New York, 1970.

Greenidge, A. H. *A Handbook of Greek Constitutional History.* London, 1896.

Grenfell, B. D. and A. S. Hunt, eds. *Oxyrhynchus Papyri.* V. London, 1908.

Griffith, G. T. "The Union of Corinth and Argos (392–386 B.C.)," *Historia* I (1950), 236–256.

Grote, G. *A History of Greece.* 12 vols. New York, 1855.

Hamilton, C. D. "The Politics of Revolution in Corinth, 395–386 B.C.," *Historia* XXI (1972), 21–37.

Hatzfeld, J. *Alcibiade: Etude sur l'histoire d'Athènes à la fin du Ve siècle.* 2d ed. Paris, 1951.

Henderson, B. W. *The Great War between Athens and Sparta.* London, 1927.

Hignett, C. *A History of the Athenian Constitution.* Oxford, 1952.

Hiller von Gaertringen, F. *Inscriptiones Graecae.* I, *editio minor, Inscriptiones Atticae Euclidis anno anteriores.* Berlin, 1924.

Holm, A. *Geschichte Siziliens im Altherthum.* 3 vols. Leipzig, 1870–1898.

Huart, P. *Le vocabulaire de l'analyse psychologique dans l'oeuvre de Thucydide.* Paris, 1968.

Jacoby, F. *Die Fragmente der griechischen Historiker.* 3 vols.: I–II, Berlin, 1923–1930; III, Leyden, 1940.

Kagan, D. "Corinthian Diplomacy after the Peace of Nicias," *AJP* LXXXI (1960), 291–310.

_____. "The Economic Origins of the Corinthian War (395–387 B.C.)," *Parola del Passato* LXXX (1961), 333–339.

_____. "Argive Politics and Policy after the Peace of Nicias," *CP* LVII (1962), 209–218.

_____. "Corinthian Politics and the Revolution of 392 B.C.," *Historia* XI (1962), 447–457.

_____. *The Outbreak of the Peloponnesian War.* Ithaca, 1969.

_____. *The Archidamian War.* Ithaca, 1974.

Kebric, R. C. "Implications of Alcibiades' Relationship with Endius," *Mnemosyne* XXIX (1976), 72–78.

Kelly, T. "The Traditional Enmity between Sparta and Argos: The Birth and Development of a Myth," *AHR* LXXV (1970), 971–1003.

_____. "Cleobulus, Xenares, and Thucydides' Account of the Demolition of Panactum," *Historia* XXI (1972), 159–169.

_____. "Argive Foreign Policy in the Fifth Century B.C.," *CP* LXIX (1974), 81–99.

Kopff, E. C. "Thucydides 7.42.3: An Unrecognized Fragment of Philistus," *GRBS* XVII (1976), 23–30.

_____. "Philistus Still," *GRBS* XVII (1976), 220–221.

Kromayer, J. *Antike Schlachtfelder in Griechenland*. I. Berlin, 1903.

—— and G. Veith. *Antike Schlachtfelder*. IV. Berlin, 1926.

Laffi, U. "La spedizione ateniese in Sicilia del 415 a.C.," *Rivista Storica Italiana* LXXXII (1970), 277-307.

Larsen, J. A. O. *Greek Federal States*. Oxford, 1968.

Lewis, D. M. "After the Profanation of the Mysteries," *ASI*, 177-191.

Liebeschütz, W. "Thucydides and the Sicilian Expedition," *Historia* XVII (1968), 289-306.

Loring, W. "Some Ancient Routes in the Peloponnese," *JHS* XV (1895), 25-89.

Lotze, D. "Mothakes," *Historia* XI (1962), 427-435.

MacDowell, D. *Andokides on the Mysteries*. Oxford, 1962.

Marr, J. L. "Andocides' Part in the Mysteries and Hermae Affairs, 415 B.C.," *CQ* n.s. XXI (1971), 326-338.

Mattingly, H. B. "The Growth of Athenian Imperialism," *Historia* XII (1963), 257-273.

——. "Athenian Finance in the Peloponnesian War," *BCH* XCII (1968), 460-485.

McGregor, M. F. "The Genius of Alcibiades," *Phoenix* XIX (1965), 27-46.

Meiggs, R. *The Athenian Empire*. Oxford, 1972.

—— and D. Lewis. *A Selection of Greek Historical Inscriptions to the End of the Fifth Century B.C.* Oxford, 1964.

Meritt, B. D. "Athens and Carthage," *Athenian Studies Presented to William Scott Ferguson*. HSCP, Suppl. I. Cambridge, Mass., 1940, 247-253.

——. "The Alliance between Athens and Egesta," *BCH* LXXXVIII (1964), 413-415.

——, H. T. Wade-Gery, and M. F. McGregor. *The Athenian Tribute Lists*. 4 vols.: I, Cambridge, Mass., 1939; II-IV, Princeton, 1949-1953.

Meyer, Eduard. *Forschungen zur alten Geschichte*. II. Halle, 1899.

——. *Geschichte des Altertums*. 5th ed., reprinted in 1954 and 1956, Basel.

Meyer, Ernst. "Methydrion," *PW* XV (1932), 1287-1391.

——. "Oresthasion," *PW* XVIII (1939), 1014-1016.

Momigliano, A. "Le cause della spedizione in Sicilia," *Riv. Fil.* n.s. VII (1929), 371-377.

Morrison, J. S. and R. T. Williams. *Greek Oared Ships 900-322 B.C.* Cambridge, 1968.

Murray, H. A. "Two Notes on the Evaluation of Nicias in Thucydides," *BICS* VIII (1961), 33-46.

Pippin, A. "The *Demioprata* of Pollux, Attic Stelai, Part II," *Hesperia* XXV (1956), 318-325.

Popp, H. *Die Einwirkung von Vorzeichen, Opfern und Festen auf die Kriegführung der Griechen*. Würzburg, 1957.

Poralla, P. *Prosopographie der Lakedaimonier*. Breslau, 1913.

Powell, C. A. "Religion and the Sicilian Expedition," *Historia* XXVIII (1979), 15-31.

Pritchett, W. K. "Attic Stelai, Part I," *Hesperia* XXII (1953), 225-299.

———. "Dotted Letters in Greek Epigraphy," *AJA* LIX (1955), 55-61.

———. "Attic Stelai, Part II," *Hesperia* XXV (1956), 178-317.

———. "Five New Fragments of the Attic Stelai," *Hesperia* XXX (1961), 23-29.

———. *Studies in Ancient Greek Topography*. 2 vols. Berkeley and Los Angeles, 1965 and 1969.

Rahe, P. A. "The Selection of Ephors at Sparta," *Historia* XXIX (1980), 385-401.

Raubitschek, A. E. "Athens and Halikyai," *TAPA* LXXV (1944), 10-12.

———. "The Case against Alcibiades (Andocides IV)," *TAPA* LXXIX (1948), 191-210.

Reverdin, O. "Remarques sur la vie politique d'Athènes au Vᵉ siècle," *Museum Helveticum* II (1945), 201-212.

Ste. Croix, G. E. M. de. *The Origins of the Peloponnesian War*. London and Ithaca, 1972.

Sartori, F. *Le eterie nella vita politica ateniese del VI e V sec. a.C.* Rome, 1957.

Seager, Robin. "After the Peace of Nicias: Diplomacy and Policy, 421-416 B.C.," *CQ* n.s. LXX (1976), 249-269.

Smart, J. D. "Athens and Egesta," *JHS* XCII (1972), 128-146.

Stahl, H.-P. *Thukydides*. Munich, 1967.

Swoboda, H. "Hyperbolos," *PW* IX (1916), 254-258.

Tod, M. N. *A Selection of Greek Historical Inscriptions to the End of the Fifth Century B.C.* 2d ed. Oxford, 1946.

Treu, M. "Athen und Karthago und die Thukydideische Darstellung," *Historia* III (1954/55), 41-57.

Wentker, H. *Sizilien und Athen*. Heidelberg, 1956.

Westlake, H. D. "Corinth and the Argive Coalition," *AJP* LXI (1940), 413-421.

———. "Nicias in Thucydides," *CQ* XXXV (1941), 58-65.

———. "Thucydides 2.65.11," *CQ* n.s. VIII (1958), 102-110.

———. *Individuals in Thucydides*. Cambridge, 1968.

———. *Essays on the Greek Historians and Greek History*. Manchester, 1969.

———. "Review of H.-P. Drögemüller, *Syrakus*," in *CR* XXI (1971), 97-99.

Wick, T. E. "Athens' Alliance with Rhegium and Leontini," *Historia* XXV (1976), 288-304.

———. "A Note on the Date of the Athenian-Egestan Alliance," *JHS* XCV (1978), 186-190.

Will, E. *Korinthiaka*. Paris, 1955.

———. "Review of O. Aurenche, *Les groupes*," in *Revue de Philologie* LI (1977), 92–96.

Woodhead, A. G. "I.G., I², 95 and the Ostracism of Hyperbolus," *Hesperia* XVIII (1949), 78–83.

———. *Thucydides on the Nature of Power*. Cambridge, Mass., 1972.

Woodhouse, W. J. "The Campaign and Battle of Mantinea in 418 B.C.," *BSA* XXII (1916–1918), 51–84.

———. *King Agis of Sparta and His Campaign in Arcadia in 418 B.C.* Oxford, 1933.

图书在版编目(CIP)数据

尼基阿斯和约与西西里远征 / (美)唐纳德·卡根(Donald Kagan);李隽旸译.
--上海:华东师范大学出版社,2019
ISBN 978 - 7 - 5675 - 8653 - 6

Ⅰ.①尼… Ⅱ.①唐…②李… Ⅲ.①古希腊—历史—研究
Ⅳ.①K125

中国版本图书馆 CIP 数据核字(2019)第 004937 号
审图号 GS(2018)5614 号

华东师范大学出版社六点分社
企划人 倪为国

尼基阿斯和约与西西里远征

著　者　(美)唐纳德·卡根
译　者　李隽旸
责任编辑　徐海晴
封面设计　吴元瑛

出版发行　华东师范大学出版社
社　　址　上海市中山北路 3663 号　邮编　200062
网　　址　www.ecnupress.com.cn
电　　话　021 - 60821666　行政传真　021 - 62572105
客服电话　021 - 62865537
门市(邮购)电话　021 - 62869887
地　　址　上海市中山北路 3663 号华东师范大学校内先锋路口
网　　店　http://hdsdcbs.tmall.com

印 刷 者　上海盛隆印务有限公司
开　　本　787×1092　1/16
印　　张　27.25
字　　数　320 千字
版　　次　2019 年 2 月第 1 版
印　　次　2019 年 2 月第 1 次
书　　号　ISBN 978 - 7 - 5675 - 8653 - 6/K · 524
定　　价　118.00 元
出 版 人　王　焰

(如发现本版图书有印订质量问题,请寄回本社客服中心调换或电话 021 - 62865537 联系)